Hale Usak-Sahin
Psychoanalyse in der Türkei

D1706173

Forschung Psychosozial

Hale Usak-Sahin

Psychoanalyse in der Türkei

Eine historische und aktuelle Spurensuche

Psychosozial-Verlag

Diese Publikation wurde mit finanzieller Unterstützung aus den Fördermitteln der Gesellschaft für psychotherapeutische Versorgung Tirols sowie der Pro Mente Tirol mit dem Vorstand Prim. Dr. Harald Meller und des Vizerektorats für Forschung der Leopold-Franzens-Universität Innsbruck gedruckt.

pro mente tirol

GESELLSCHAFT FÜR PSYCHOTHERAPEUTISCHE VERSORGUNG TIROLS
6010 Innsbruck / Postfach 200   Tel. 0512/565958   Fax 565958-20

Die vorliegende Arbeit wurde im Juli 2011 von der Fakultät für Psychologie und Sportwissenschaft/Institut für Psychologie der Leopold-Franzens-Universität Innsbruck als Dissertation angenommen.

Bibliografische Information der Deutschen Nationalbibliothek
Die Deutsche Nationalbibliothek verzeichnet diese Publikation in der Deutschen Nationalbibliografie; detaillierte bibliografische Daten sind im Internet über http://dnb.d-nb.de abrufbar.

Originalausgabe
© 2013 Psychosozial-Verlag
Walltorstr. 10, D-35390 Gießen
Fon: 0641-969978-18; Fax: 0641-969978-19
E-Mail: info@psychosozial-verlag.de
www.psychosozial-verlag.de

Umschlagabbildung: Hanspeter Ludwig,
Collage: Brief von Sigmund Freud
und zugehöriger Umschlag
Umschlaggestaltung & Satz: Hanspeter Ludwig, Wetzlar
www.imaginary-world.de
Druck: PRINT GROUP Sp. z o.o., Stettin
ISBN 978-3-8379-2073-4

Inhalt

Für Yade Lâl und Tolga
Yade Lâl ve Tolga'ya

Danksagung

Zuallererst möchte ich mich herzlichst bei meinen Interview- und Gesprächs-partnerInnen für die ausführliche Erzählung über ihre Berufsbiografien und die aufschlussreichen Informationen über die geschichtliche Entwicklung der Psychoanalyse in der Türkei bedanken: Elda Abrevaya, Nesim Bitran, Ferhan Özenen, Talat Parman, Vehbi Keser, Günsel Koptagel-Ilal, Berrak Ciğeroğlu, Bella Habip, Ayça Gürdal Küey, Yavuz Erten, Gülgün Alptekin, Vamık D. Volkan, Tevfika Tunaboylu-Ikiz, Celal Odağ, Ayla Yazıcı, Ulviye Etaner, Levent Kayaalp, Elif Ülkü Gürışık, Işıl Vahip, Stella Ovadia, Emre Kaplın, Saffet Murat Tura, Altan Deliorman, Şahap Erkoç, Fatma Gökçe Özkarar und Inci Vural Kayalp.

Ich bin Victor Lidz sehr dankbar für die Erlaubnis zur Veröffentlichung der Materialien über seine Mutter Ruth Wilmanns Lidz und für seine Bereitschaft, mir über die Lebens- und Wirkungsgeschichte seiner Mutter im Detail zu erzählen. Herzliches Dankeschön an David Weigert, der mir Fotos und weitere Dokumente zu seiner Großmutter Edith Weigert-Vowinckel überreichte.

Bei Ernst Falzeder bedanke ich mich innigst für all seine Hilfestellungen für meine Doktorarbeit. Er bereicherte meine Bibliothek mit wertvollen Büchern und stand mir stets mit fachlichem Rat und kollegialer Motivation zur Seite. Ich bedanke mich ganz besonders bei John Burnham, der mich während meiner Forschungsphase kollegial und professionell unterstützte, und auch bei seiner Frau Marjorie Burnham für die herzlichen Gespräche.

Ich danke folgenden Personen für wichtige Hinweise und Hilfestellungen im Rahmen meiner Dissertation: Maren Holmes, Fulya Ibanoğlu, Fulya Kardeş, Melek Abaylı, Ann-Louise Silver, Peter Wilmanns, Patricia Priviett, Jim Anderson, Allen Siegel, Aydan Özdağlar, Güner Özkul, Dietmar Kratzer, Gerhard Fichtner, Monika

Altenreiter, Melis Tanık, Nilüfer Erdem, Gamze Özçürümez, Nilgün Taşkıntuna, Yunus Emre Aydın und Sevgi Türkmen.

Folgenden Einrichtungen und Personen gebührt mein besonderer Dank: Archiv der Guraba Klinik Istanbul, Medizinische Fakultät der Istanbul Universität – Mehmet Bilgin Saydam, Robert Kollegium Istanbul – Tulu Derbi, Türk Tarih Kurumu Ankara, Freud Museum London – Michael Molnar, Library of Congress Washington – Harold P. Blum, Archiv der Universität Innsbruck – Peter Goller, Landes- und Stadt Archiv Innsbruck, Staatsarchiv Basel – Hermann Wichers, Wiener Stadt- und Landesarchiv, Sigmund-Freud-Institut Frankfurt – Herbert Bareuther, Museum des Departments für Deontologie und Medizingeschichte der Istanbul Universität – Nuran Yıldırım, Archiv der Ludwig-Maximilians-Universität München – Wolfgang J. Smolka und Claudius Stein, Yale University Library – Cynthia Ostroff, Universitätsarchiv Heidelberg – Werner Moritz und Heinz-Uwe Eppel, Alan Mason Chesney Medical Archives Johns Hopkins Medical Institutions – Marjorie W. Kehoe, Service des Archives de l'AP-HP – Maïlys Mouginot und Bağlam Yayıncılık.

Für finanzielle Unterstützung, ohne die meine Dissertation nicht durchführbar gewesen wäre, danke ich folgenden Einrichtungen der Leopold-Franzens-Universität Innsbruck: Fakultäten Servicestelle, Büro für Internationale Beziehungen – Elisabeth Watzdorf, Studienabteilung – Maria Schiessling, und Vizerektorat für Forschung – Barbara Aufschnaiter, Kirsten Valeruz und Vizerektor Tilmann Märk. Für finanzielle Unterstützung danke ich ebenfalls dem Arbeitsmarkt Service Innsbruck. Für das finanzielle Zustandekommen dieser Publikation danke ich herzlichst der Gesellschaft für psychotherapeutische Versorgung Tirols und der Pro Mente Tirol.

Ich bedanke mich ganz besonders bei meinen Eltern Atila und Fatma Şahin sowie meinen Schwiegereltern Ahmet und Asuman Usak für ihre emotionale, organisatorische und finanzielle Unterstützung meiner Dissertation. Bei meinem Bruder Osman Şahin, meiner Schwägerin Ayşe Şahin und den beiden »Sonnenschein-Regenbogen-Kindern« Berkay und Ilayda bedanke ich mich innigst für ihren emotionalen Beistand. Vor allem bin ich meinem Schwager Erman Usak für die Herberge während meiner Forschungsaufenthalte in der Türkei und für seine Gastfreundschaft dankbar. Ich habe mich in seiner gemütlichen Wohnung wie zu Hause gefühlt.

Für freundschaftlichen Rückhalt und fachliche Unterstützung danke ich meiner engen Freundin Selvihan Akkaya sowie meiner lieben Freundin und Kollegin Derya Mungan-Genç. Für die interessanten Gespräche über das Osmanische Reich danke ich Hamdi Cara. Für fachlichen Rat sowie kollegiale Unterstützung danke ich Doris Peham. Für die freundschaftliche Begleitung meines Forschungsprozesses bedanke ich mich bei Bedia Karaağaç.

Edith Seifert danke ich für ihr Interesse an der türkischen Kultur und der Psychoanalyse in der Türkei. Unsere Aufenthalte in Istanbul und Izmir werden mir stets in schöner Erinnerung bleiben. Auch an die gemeinsam verbrachte Zeit in Istanbul mit Klaus Posch, dem ich für die herzlichen Gespräche danke, werde ich mit Freude zurückblicken.

Bei meinen geschätzten FreundInnen und KollegInnen Arin Sharif-Nassab, Clemens Drechsel und Yvonne Egger-Habib aus der eigeninitiativ gegründeten psychoanalytischen »Cafe-Central-Gruppe« aus Innsbruck, die mich durch den gesamten Forschungsprozess begleiteten, bedanke ich mich von ganzem Herzen für die bereichernden Rückmeldungen meiner Manuskripte. Meinem Kollegen Sertan Batur danke ich sehr für seine wichtigen Hinweise zur sozio-psycho-politischen Geschichte und Gegenwart der Türkei. Bei Franziska Weissenbach bedanke ich mich ganz besonders für ihr präzises Vorgehen bei der sprachlichen Korrektur meiner Dissertation.

Ich bedanke mich herzlichst beim ärztlichen Primar Harald Meller, der die finanzielle Unterstützung der Publikation dieser Forschungsarbeit bewilligt hat, der Bereichsleiterin für Psychotherapie und Psychologie Astrid Hoyer und dem gesamten Team meiner Arbeitsstelle »Sonnenpark Lans – Zentrum für psychosoziale Gesundheit« für deren Interesse an meiner Dissertation.

Gabriella Hauch danke ich sehr herzlich für ihre fachliche Mithilfe in der Endredaktion meiner Dissertation.

Für die Zweit-Begutachtung meiner Dissertation bedanke ich mich herzlichst bei Eva Bänninger-Huber.

Brigitte Uhl danke ich zutiefst für die emotionale Begleitung meiner Höhen- und Tiefflüge während des gesamten Forschungsprozesses.

Meinem »Doktorvater« Karl Fallend, der mich seit meinem Diplomstudium fachlich betreut und durch seine konstruktive Kritik sowie professionelle Unterstützung ich als Forscherin gewachsen bin, sage ich nun ein zweites Mal: Nochmals und nicht genug – Dankeschön.

Meinem Lebens- und auch Forschungsbegleiter, meinem geliebten Mann Tolga Usak danke ich von tiefstem Herzen – weiß gar nicht, wo ich anfangen soll und daher – für alles.

Kurze Zeit nach Fertigstellung meiner Dissertation wurde ich mit meiner Tochter Yade Lâl schwanger. Wir tragen sie nun auf Händen und im Herzen ... und danken ihr für das besondere Lebensglück, das sie uns geschenkt hat.

Vorwort

Der türkische Nachbar

Sigmund Freuds Beziehungen zur Türkei haben anscheinend nachbarschaftlichen Ursprung. So schrieb es jedenfalls Zeki Velidi Togan (1890–1970), ein Historiker, Turkologe und ehemaliger Anführer der baschkirischen Revolutions- und Befreiungsbewegung gegen die russische Sowjetrepublik, in seinen Memoiren (Hatıralar) (1969).

Geboren in Baschkortostan, lebte Togan ab dem Jahre 1925 in der Türkei und war unter anderem auch an der Istanbul Universität tätig. Für Studienzwecke befand er sich Anfang der 1930er Jahre sowohl in Deutschland als auch in Österreich und promovierte 1935 in Wien in den Fächern Geschichte und Orientalistik. Seiner Erzählung zufolge wohnte er während seines Studiums für eine gewisse Zeit einen Stock über »Freuds psychoanalytischem Institut« (1969, S. 26), wo es zu einem kleinen Nachbarschaftskonflikt, aber auch interessanten Diskussionen mit Sigmund Freud gekommen sein soll:[1]

---

1 Der Historiker İnanç Atılgan hat in dessen Memoiren den kurzen Abschnitt über die Begegnung zwischen Freud und Togan entdeckt und zum ersten Mal dazu publiziert (Atılgan 2006). In *Freuds verschwundene Nachbarn* (Marinelli 2004) gibt es zu diesem Nachbar in der Berggasse 19 keine Hinweise. Togan schreibt in seinen Memoiren auch fälschlicherweise, dass er »über dem psychoanalytischen Institut in der Berggasse 9« (1969, S. 26) wohnhaft war. Laut Sandra Sparber von der Sigmund Freud Privatstiftung in Wien gab es kein psychoanalytisches Institut in der Berggasse 9, jedoch in der Berggasse 7 (Persönliche Mitteilung am 31. Mai 2011). Da in Togans Memoiren eben die Rede von einem »psychoanalytischen Institut« ist, könnte es auch möglich sein, dass er in der Berggasse 7 gewohnt hatte, wo in den 1930er Jahren die Sitzungen der Wiener Psychoanalytischen Vereinigung stattfanden und diese Adresse von 1936 bis 1938 der Sitz der WPV und des Internationalen Psychoanalytischen Verlages war, und er diese bei der Verfassung seiner Erinnerungen mit der Berggasse 9 verwechselte. Togan gibt zudem an, dass er deswegen ein Zimmer über dem »psychoanalytischen Institut« gemie-

Schon einige Male habe ihm die Hauseigentümerin nahe gelegt, dass sich die Bewohner aus dem unteren Stockwerk wegen seiner stumpfen Schritte beschwert hätten und er doch künftig in der Wohnung Hausschuhe anziehen sollte. Da Togan es immer wieder vergaß, dieser Anordnung Folge zu leisten, wurde die Mahnung auch einige Male wiederholt. An einem Abend stand die Dame wieder an seiner Tür und habe ihm gesagt, dass ihn diesmal »der Professor sprechen wolle« (ebd.), denn er hätte Besorgnis um seine »sensiblen Gegenstände« (ebd.) und bitte ihn deshalb, wenn möglich, Hausschuhe in der Wohnung zu tragen. Der Nachbar von oben habe Sigmund Freud geantwortet: »Ich stamme von den Steppen Asiens. Ich bin mir daher nicht sicher, ob sich meine Füße an die hiesige Tradition, Hausschuhe in der Wohnung zu tragen, gewöhnen können« (ebd.).

Togans Erinnerungen zufolge hatten die beiden Herren nach diesem ersten Nachbarschaftskonflikt noch einige Male die Gelegenheit, sich zu Diskussionen über die Unterschiede der ödipalen Verstrickungen in okzidentalen und orientalischen Kulturen zu treffen. An einem dieser hitzigen Abende habe sich Togan an die Stimme seiner Mutter erinnert:

---

tet hatte, damit er nicht soweit zum Seminar des Prof. Strezegovski für Kunstgeschichte zu gehen brauchte. Da das Institut für Kunstgeschichte (Spitalgasse 2) näher zur Berggasse 7 als zur 19 ist, bekräftigt sich die Vermutung, dass er in der Berggasse 7 gewohnt haben könnte. Aus den historischen Wohnungsmeldezettelbeständen des Wiener Stadt- und Landesarchivs konnten unter seinem, unterschiedlich geschriebenen Namen folgende Einträge ermittelt werden. Erich Denk: amtliche Mitteilung am 12.08.2008; Mehmet Urhan: amtliche Mitteilung am 09.06.2010:

Als Ahmet-Zeki VALIDI, geboren 10.12.1890 in Güzen,
12.10.1934–05.02.1935: 7., Museumstraße 7/48
06.02.1935–01.04.1935: 7., Kaiserstraße 62
02.04.1935–08.06.1935: 6., Kopernikusgasse 4/10
abgemeldet: Bonn, Deutschland
05.06.1935–11.06.1935: 7., Museumstraße 7/47
vorher: 6., Kopernikusgasse 4/10
abgemeldet: Berlin.
Als Achmet-Zeki VALIDI, geb. 10.12.1890 in Sozen, Türkei, Professor, ledig,
07.08.1936–09.08.1936: 6, Gumpendorfer Str. 81/3/3/31
vorher: Bonn a.R.
abgemeldet: Berlin
Als Achmed Zeci Validi TOGAN, geb. 10.12.1890 in Kuzen, Türkei, Professor der Hochschule, ledig,
14.09.1938–? : 7, Museumstr. 7/2/3/106
vorher: Küzen 115 Türkei
Auf dem Meldezettel ist keine Abmeldung vermerkt. Es konnte von ihm unter den bekannten Namen keine spätere Meldung in Wien ermittelt werden.

»Senden özge söylegeli yar bitmegendir mi dediŋ
Özgeni yar etmegeyniŋ özgelendiŋ mi öziŋ
la'l-i lebim tadın algan mührümi bozgan öziŋ
ecnebî bigâne siŋ mi, bu lâtife ne söziŋ? «[2]

In seinen Kinderjahren trugen Togans Eltern einen Konflikt miteinander aus, weil sein Vater ein geliebtes Zuchttier seiner Mutter ohne ihre Zustimmung verkauft hatte. Ihrem Groll entgegnete sein Vater mit der Androhung, sich eine andere Frau zu suchen, woraufhin sie in ihrer Verzweiflung jene Zeilen verfasste.

Als Kind fand Togan dieses Gedicht zwischen den Büchern seines Vaters und rezitierte es sogar mit seiner jüngeren Schwester, doch konnte er damals die darin angesprochene erotische Beziehung nicht erkennen. Erst nachdem er einige Werke Freuds gelesen und mit ihm über den Ödipuskomplex diskutiert hatte, wurde er sich der Sexualität seiner Eltern bewusst. Freuds infantiler Sexualtheorie stand er aber dennoch skeptisch gegenüber, da seinem Glauben nach in der kasachischen Kultur junge Mädchen keine erotischen Gefühle für ihre Väter empfinden würden. Einmal habe er Freud sogar vorgeworfen, dass seine Bücher nur eine willkommene Literatur für sexuell perverse Männer seien.

Doch Freud habe sehr gelassen auf diese Äußerung reagiert und mit Togan noch tiefgehender über dieses Thema diskutieren wollen. Die Gelegenheit ergab sich nicht mehr, da der Nachbar bald darauf nach Deutschland zog. Die beiden Herren sahen sich nie wieder.

Togans Verweigerung, Freuds klassischen Ödipuskomplex auf die Kultur Asiens zu übertragen, hatte sich aber schon zu Beginn ihrer Begegnung quasi als Symptom bemerkbar gemacht: Der türkische Ödipus konnte seinen »Schwellfuß« nicht in Hausschuhe zwängen ...[3]

---

2 »Sagtest du nicht, es gebe keine Geliebte außer mir? Bis heute hast du keine andere geliebt, hat sich das etwa geändert? Du warst es doch, der den Geschmack meiner rubingleichen roten Lippen kostete und meine Unbeflecktheit zerstört hat. Bist du ein Fremder geworden, was bedeutet dieser Scherz nur?«

3 Für diesen Hinweis danke ich Brigitte Uhl und Klaus Posch.

Einleitung

Zur Verspätung der Psychoanalyse in der Türkei

>»Rank geht es gut,
er wird am 4/9 über Budapest
nach Konstantinopel auf Ferien gehen.«
S. Freud an M. Eitingon, 26.8.16 (2004, S. 115)[4]

Betrachten wir die weltweite Verbreitung der Psychoanalyse, so ist sie nach Kayaalp (2004) in Zentraleuropa, in Nordamerika und in einigen Ländern Südamerikas stark verankert. Eine mittelmäßige Etablierung können wir in den osteuropäischen Staaten erkennen, wobei sie am wenigsten in muslimischen Ländern »heimisch« (Zwiebel 1993, S. 106) geworden ist. Auch in der Türkei konnte sich die Psychoanalyse jahrzehntelang weder als Beschreibungs- und Erklärungsmodell der menschlichen Psyche noch als eine Therapieform bei seelischen Konflikten etablieren.

Ziehen wir die Gesamtzahl von 19 PsychoanalytikerInnen[5] in Betracht, die 2010 in der Türkei praktizierten und ihre Ausbildung entweder im Rahmen der Internationalen Psychoanalytischen Vereinigung oder in einem ausländischen psychoanalytischen Institut absolviert haben, und vergleichen wir sie mit der türkischen Gesamtpopulation von fast 73 Millionen, stellt sich vermutlich auch für die Leserschaft sehr bald die Frage nach dem Warum.

Auch PsychoanalytikerInnen aus der Türkei setzen sich besonders mit dieser Frage auseinander, wobei sie sich mit dem Begriff »Verspätung« vor allem auf den klinisch-praktischen Bereich der Psychoanalyse in der Türkei beziehen (vgl. Tunaboylu-Ikiz 2004b; Kayaalp 2004; Habip 2007; Gülerce 2008; Gürdal 2009; Parman 2009 u.v.m.).

---

4 Otto Rank war vom 4. bis 18. September 1916 in Istanbul auf Urlaub. Siehe Briefwechsel von Sigmund Freud und Karl Abraham (1916, S. 534).

5 Hinweis: Für Personenkreise, in denen Männer dominieren, benutze ich die männliche und im Falle der Dominanz von Frauen die weibliche Form (-innen). Bei gleichmäßiger Verteilung der Geschlechter verwende ich die weibliche Schreibweise implizierende Endung (-In oder Innen). Bei Nationalitätsangaben habe ich die männliche Form belassen.

Die Verspätung und die spärliche Verbreitung könnten damit begründet werden, dass der muslimische Kontext der Türkei mit dem modern-bürgerlichen Menschenbild der Psychoanalyse, welche sich in einem christlich-jüdischen Kulturraum entwickelt hat, nicht kompatibel ist und sie daher für die türkische Bevölkerung keine passende Repräsentanz darstellt. Doch diesen verzögerten Eingang einzig mit dem religiösen Hintergrund dieses Landes zu beleuchten, wäre eine einseitige Betrachtungsweise. Für die Beantwortung der Frage nach dem Warum müssen daher auch die gesellschaftlich-kulturellen, wirtschaftlichen und berufspolitischen Entwicklungslinien der Türkei berücksichtigt werden.

Die späte Verbreitung der Psychoanalyse in der Türkei ist besonders vor dem Hintergrund der jahrzehntelangen Orientierung dieses Landes an westlichen Errungenschaften sehr erstaunlich (vgl. Koptagel-Ilal 1993). Bereits gegen Mitte des 19. Jahrhunderts leiteten die Herrscher des Osmanischen Reiches in der sogenannten *Tanzimat-Periode* (1839 bis 1876) einschneidende Reformen in die Wege. Der Sultan gab seine unbegrenzten Rechte über Leben und Eigentum seines Volkes auf. Viele Bereiche wie das Finanz-, Militär-, Gesundheits- und Bildungswesen wurden nach europäischem Modell neu organisiert und die zivilrechtliche Gleichberechtigung für alle BürgerInnen wurde ausgesprochen. Auch in verschiedenen Wissenschafts- und Kunstrichtungen begannen weitreichende Transferprozesse aus Europa, da die Osmanen durch die Einführung moderner Wissenschaften aus dem Westen den Zerfall ihres angeschlagenen Reiches zu verhindern beabsichtigten. Dafür wurden viele osmanisch-türkische Intellektuelle ins Ausland gesandt, die europäische Sprachen erlernen und bei ihrer Rückkehr westliche Errungenschaften in ihre Heimat einführen sollten. Zudem wurden auch zahlreiche Wissenschaftler und Ordensbrüder aus Europa, vor allem aus Frankreich, in das Osmanische Reich eingeladen, die bei der Gründung von fremdsprachigen Einrichtungen wie Schulen und Spitälern eine zentrale Rolle spielten (vgl. Tunaboylu-Ikiz 1996).

In der Tanzimat-Periode wurden zudem erste Versuche zur Gründung von Universitäten nach westlicher Struktur, als *Darülfünun* bezeichnet, unternommen. Die bis dahin gängigen islamischen Hochschulen, sogenannte *Medrese*, in denen neben Theologie auch Medizin, Mathematik, Geografie und weitere Naturwissenschaften gelehrt wurden, begannen langsam an Bedeutung zu verlieren. Als Folge dieser Reformen wurde eine »Universität-Medrese-Debatte« (Batur 2002, S. 8) als ein (Klassen-)Kampf zwischen den bürgerlichen »Fortschrittlichen« (ebd.) und den religiösen »Reaktionären« (ebd.) ausgelöst, die mit der Abschaffung der islamischen Hochschulen im Jahr 1924 offiziell beendet wurde. Doch die Gründung und Führung der Darülfünun erfolgte nicht reibungslos. Einige Male mussten sie durch ungünstige sozialpolitische Bedingungen des Osmanischen Reiches schließen, wurden dann jedoch wieder neu eröffnet.

Da im Zuge der osmanisch-deutschen Waffenbrüderschaft im Ersten Weltkrieg die Osmanen an der Seite Deutschlands gekämpft hatten, unterstützten deutsche Wissenschaftler und Politiker als eine Art Gegenleisung das Osmanische Reich in seinen Modernisierungsprojekten, unter anderem bei der Entwicklung der Darülfünun. Dabei wollte Deutschland auch den starken französischen Einfluss auf osmanisch-türkische Intellektuelle unterbinden, die mit den Ansichten von französischen Psychologen, Soziologen, Philosophen und Literaten wie Émile Durkheim, Gabriel Tarde, Auguste Comte, oder Gustave Le Bon sehr vertraut waren.[6]

Durch die »deutsche Bildungshilfe« wurde im Jahre 1915 der Psychologe Georg Anschütz (1886–1953) in das Osmanische Reich gesandt, der wie die Mehrheit seiner deutschen Kollegen einem experimentellen und nicht einem psychodynamischen Ansatz folgte.[7] Da auch die Jungtürken für ihre westliche Reformideologie und ihr militantes Gedankengut die positivistische Wissenschaftstradition und speziell die »pragmatisch-funktionalistische Psychologie« (Batur 2002, S. 25) als nutzbringend erachteten, ließen sie unabhängig von Anschütz vor allem experimentell-psychologische Werke ins Türkische übersetzen und in das Programm der Lehrerbildungsanstalten einbauen. Zudem waren sie – dem Reformgeist der damaligen politischen Bewegungen entsprechend – nicht an der Psychologie des Individuums, sondern an jener der Massen interessiert. Deswegen ist es nach Batur (ebd., S. 14) kein Zufall, dass die erste Übersetzung eines psychologischen Werkes das 1895 erschienene Buch *Psychologie des Foules* (Psychologie der Massen) von Gustav Le Bon ist, welches Abdullah Cevdet 1917 ins Osmanische übertragen hat.

Somit konnte um die Jahrhundertwende weder der französisch-positivistische Einfluss noch die deutsche Bildungshilfe die Rolle einer »Eingangspforte« für die Psychoanalyse in der Türkei einnehmen (vgl. Tunaboylu-Ikiz 1996, 2004a, b; Batur/Aslıtürk 2006).

Gegen Ende des 19. Jahrhunderts wurde das nach europäischem Modell erst kurz zuvor gegründete Parlament durch den Sultan Abdülhamid II. (Amtszeit von 1876 bis 1909) aufgelöst und die Repressalien wurden nach einem gescheiterten

---

6 Sertan Batur: Persönliche Mitteilung am 8. Mai 2011.

7 Unmittelbar nach dem Ersten Weltkrieg sind viele der durch die »deutsche Bildungshilfe« in die Türkei gesandte Wissenschaftler in ihre Heimat zurückgekehrt, obwohl sie nach offizieller Vereinbarung dort noch zwei Jahre arbeiten hätten müssen. Auch Anschütz verließ das Osmanische Reich nach nicht einmal drei Jahren. So ist es nach Batur (2002, S. 24) schwer zu sagen, dass er für die Psychologie in der Türkei einen ideellen Gewinn hinterlassen hat und insofern sollte er auch nicht als der Pionier der Psychologie in der Türkei betrachtet werden. Die deutsche Bildungshilfe konnte auch den französischen Einfluss auf das Osmanische Reich nicht beseitigen (ebd., S. 25).

Umsturzversuch seiner reformistischen Gegner erheblich verstärkt. Infolge dieser politischen Schwierigkeiten mussten sich beispielsweise osmanisch-türkische Schriftsteller in sozialen und politischen Themen eine Selbstzensur auferlegen, wobei auch die Veröffentlichung psychiatrischer Lehrbücher vom Sultan nicht genehmigt wurde. Wie der bekannteste Psychiater der Türkei, Mazhar Osman Uzman, im Vorwort der dritten Auflage seines psychiatrischen Lehrbuches *Tababet-i Ruhiye* (1941) anführt, erinnerte sich Abdülhamid II. bei psychiatrischen Begriffen an seinen vermeintlich psychisch kranken Bruder und verbot daher die Publikation psychiatrischer Werke.

Viele Schriftsteller begannen aufgrund der Zensur, sich in ihren Werken vermehrt auf psychologische Gesichtspunkte zu konzentrieren. So ist laut Tunaboylu-Ikiz (2004a, S. 279) z. B. der Roman eine Gattung, die erst zu Beginn des 20. Jahrhunderts Eingang in die osmanisch-türkische Literatur gefunden hat. Exemplarisch hierfür ist das im Jahre 1900 erschienene Werk *Aşk-ı Memnu* des Literaten Halid Ziya Uşaklıgil (1865–1945), der darin die erotischen Beziehungskonstellationen seiner Figuren darstellt. Da er lange Jahre in Europa gelebt hatte, war er vom französischen Symbolismus und Realismus beeinflusst und entwickelte, wie auch andere Dichter seiner Zeit, progressive Techniken für den neuen türkischen Roman (vgl. Riemann 2007). Auch in den Werken des später geborenen Belletristen Ahmet Hamdi Tanpınar (1901–1962) können nach Angaben von Kayaalp[8] psychologisch-psychoanalytische Muster erkannt werden.[9]

Zudem begannen ab den 1930er Jahren einige türkische Literaten, Psychologen oder Psychiater, die – dem türkischen Zeitgeist um die Jahrhundertwende entsprechend – einige Jahre in Europa verbracht hatten, Fremdsprachen erlernten und dadurch auch die europäische Kultur näher kennen lernten, psychoanalytische Werke ins Türkische zu übersetzen (vgl. Koptagel-Ilal 1993; Parman 2009). Der eigentliche Transfer der Psychoanalyse von einer Kultur in eine andere kann aber nach Habip (2007) nur durch die »Übertragung im analytischen Prozess« (S. 30) und durch die »Identifikation« (ebd.) mit den Grundwerten der Psychoanalyse erfolgen (vgl. auch Tunaboylu-Ikiz/Habip 1996). Trotz des Interesses an der Psychoanalyse durchlief keiner der osmanisch-türkisch Gelehrten während seiner Zeit in Europa eine Eigenanalyse. Insofern genoss die Psychoanalyse um den Beginn des 20. Jahrhunderts in den westlich orientierten Literatur- und Akademikerkreisen in der Türkei einen gewissen Grad an Bekanntheit, doch konnte sie nicht über eine theoretisch-intellektuelle Ebene hinausgehen (Tunaboylu-Ikiz 2004a; Gülerce 2008; Gürdal 2009).

---

8 Levent Kayaalp: Persönliche Mitteilung am 6. Mai 2009.

9 Der Psychotherapeut Haluk Sunat hat die psychoanalytischen Aspekte der Werke Tanpınars in einem Buch herausgearbeitet (vgl. Sunat 2004).

Der Zerfall des Osmanischen Reiches und die Gründung der Republik am 29. Oktober 1923 riefen große Veränderungen in den Gesellschaftsstrukturen des jungen Staates hervor. Der entfachte Nationalgedanke und der starke Fortschrittsglaube wurden nach den zerrütteten Erfahrungen des Osmanischen Reiches und dem kurz zuvor gewonnen Befreiungskrieg intensiv verteidigt und öffentlich propagiert. Die Reformen des Republikgründers Mustafa Kemal Atatürk wurden in fast allen Bereichen des öffentlichen und privaten Lebens, besonders in der Sprache, Schrift und der Kleidungsordnung, mit großer Geschwindigkeit eingeleitet und die Hinwendung zu Europa wurde drastisch verstärkt. Transferprozesse aus Europa führten aber nach Gülerce (2008) viel eher zum Okzidentalismus und zu einem »unfinished project of modernization« (S. 244), denn trotz dieser Reformen lebten sozial schwächere Schichten der Gesellschaft nach muslimischen Traditionen weiter. Die Identifikation mit den Grundwerten der Psychoanalyse (Habip 2007), wie mit ihrem antireligiösen Ansatz, ihrer Fokussierung auf das Innenleben eines Individuums und ihrer Hervorhebung der Bedeutung der Sexualität, fand demnach im Großteil der türkischen Bevölkerung nicht statt.

Für die klinisch-praktische Etablierung der Psychoanalyse in der Ära Atatürks wären besonders zwei Faktoren ausschlaggebend gewesen, die moderne Psychiatrie und die Emigration deutsch-jüdischer WissenschaftlerInnen aufgrund des Nationalsozialismus. Im Jahre 1933 wurde durch die Instruktion Atatürks eine umfassende Universitätsreform durchgeführt, in deren Folge die Darülfünun geschlossen und der Name *Üniversite* für die Hochschulen angenommen wurde. Vor allem durch Asyle für geflüchtete deutsch-jüdische Universitätsangehörige erhoffte sich die junge Republik, europäische Wissenschaftsstandards in den neuen Strukturen der Universitäten zu gewährleisten. Unter diesen EmigrantInnen befand sich nur die Psychoanalytikerin Edith Weigert-Vowinckel, die Frau eines von Atatürk ins türkische Wissenschaftsministerium eingeladenen Hochschulprofessors. Laut Volkan (2006) konnte Weigert-Vowinckel während ihres Exils in der Türkei das Interesse türkischer Intellektueller für die Psychoanalyse entfachen, sie hatte jedoch keinen entscheidenden Einfluss auf ihre praktisch-klinische Etablierung.

Auch die Einführung der modernen Psychiatrie in den 1920er und 1930er Jahren, die Atatürk und seine Minister weitreichend unterstützten, wurde nicht zu einer »Eintrittspforte« für die Psychoanalyse in die Türkei, da sich die Mehrheit der modernen türkischen Psychiater an der biologisch ausgerichteten deutschen Psychiatrie orientierte (vgl. Koptagel-Ilal 1993) und der Psychoanalyse gegenüber sehr distanziert war.

Nach Beendigung der Allianz mit den Deutschen und dem Übergang in das Mehrparteiensystem am Ende des Zweiten Weltkrieges wurde laut Gülerce (2008) der amerikanische Einfluss auf die Türkei deutlich sichtbar. Besonders ab den 1950er

Jahren gelangten amerikanische Technologien und Wissenschaftsrichtungen mit kognitiven Denkmodellen und pharmakologischen Errungenschaften in den Bereich der Psychologie und Medizin. Psychoanalytische Theorien wurden demnach in universitären Lehrprogrammen der Türkei kaum unterrichtet und fanden auch im klinisch-praktischen Feld keine große Nachfrage.

Auch der Marxismus, der durch die politisch-kulturellen Bewegungen Ende der 1960er Jahre in Europa aufblühte und im Zuge dessen die Werke linksgerichteter PsychoanalytikerInnen großes Ansehen erlangten, trat in der soziopolitischen Szene der Türkei vermehrt in den Vordergrund. Diese Bewegung kann aber nach Tunaboylu-Ikiz (2004a, b) ebenfalls nicht als eine Schleuse für die Verbreitung der Psychoanalyse in der Türkei angesehen werden. Ihrer Ansicht nach war nämlich der türkische Marxismus nicht an der Frankfurter Schule, sondern an der sowjetischen Richtung orientiert, die der Psychoanalyse – insbesondere in der Ära Stalins – ablehnend gegenüberstand (vgl. z. B. Etkind 1996).

Batur[10] fordert jedoch, den Marxismus in der Türkei differenzierter zu betrachten, denn dieser bestand damals aus zwei Strömungen. Die größere und mächtigere Gruppe der linksgesinnten Intellektuellen der Türkei richtete sich nach dem sowjetischen Marxismus. Die im Hintergrund der öffentlichen Politik stehende Gruppe war zahlenmäßig kleiner, orientierte sich aber sehr wohl am europäischen Marxismus. In den späten 1970er und frühen 1980er Jahren wurden dementsprechend viele Werke von gesellschaftskritischen PhilosophInnen wie Louis Althusser, Simone De Beauvoir, Elias Canetti, Georg Lukács und von PsychoanalytikerInnen wie Erich Fromm, Karen Horney und Wilhelm Reich von politisch linksorientierten türkischen Verlagen, insbesondere vom Payel-Verlag, in türkischer Sprache publiziert. Demnach wurde die psychoanalytische Literatur von beiden marxistischen Gruppen in der Türkei gelesen, obwohl manche sowjetisch-orientierte türkische Intellektuelle die Psychoanalyse als »ein kleines Denkgebilde der Bourgeoisie«[11] kritisierten. Nach Parman[12] muss in diesem Zusammenhang aber auch beachtet werden, dass Wilhelm Reich oder Erich Fromm bei türkischen Intellektuellen nicht in erster Linie als Psychoanalytiker, sondern als politische Vorbilder bekannt wurden. Insofern führte der Marxismus in der Türkei bei gesellschaftskritischen Gelehrtenkreisen teils zu Interessensbekundungen für die Psychoanalyse, spielte aber nach Tunaboylu-Ikiz (2004a, b) oder auch Gülerce (2008) für die praktische Anwendung der Psychoanalyse keine bedeutende Rolle.

Der dritte Militärputsch in der Geschichte der Türkei, der am 12. September 1980 unter dem Befehl des Generalstabchefs Kenan Evren durchgeführt wurde,

---

10 Sertan Batur: Persönliche Mitteilung am 26. Juli 2008.
11 Sertan Batur: Persönliche Mitteilung am 26. Juli 2008.
12 Talat Parman: Persönliche Mitteilung am 27. April 2010.

hat nach Gürdal (2009) eine Wende sowohl in der türkischen Gesellschaft als auch im Individuum selbst hervorgebracht, die mit großen psychischen Schmerzen verbunden war. Zahlreiche Regimegegner wurden verhaftet, gefoltert und ermordet, und manche mussten ins Exil nach Europa flüchten.

Aufgrund von Erfahrungen strenger Freiheitsberaubung durch die militärische Diktatur, die vom türkischen Volk strikte nationale Einigkeit und Gemeinsamkeit forderte, begann ab den 1980er Jahren in der türkischen Gesellschaft eine Umorientierung in Richtung individueller Freiheit. Das Individuum mit seinen subjektiven Empfindungen und Erinnerungen geriet trotz oder gerade wegen dieses aufgedrängten Gemeinschaftsjargons in den Mittelpunkt des gesellschaftlichen Interesses. Als Zeichen dieses neuen Selbstverständnisses betrachtet Gülerce (2008) beispielsweise die Konzentration der türkischen Romane auf das individuelle Subjekt der damaligen Zeit. Nach diesem Kollektivtrauma des türkischen Volkes begann nach Gürdal (2009) auch ein Prozess der Vergangenheitsbewältigung, die von jedem Individuum ein gewisses Maß an Introversion forderte und zum Erwachen des Interesses an der Dynamik seelischer Prozesse und infolgedessen auch an der Psychoanalyse führte.

Zudem verstärkte sich laut Tunaboylu-Ikiz (2004a), Gülerce (2008) und Gürdal (2009) die Individualisierungsbewegung der Türkei insbesondere in den 1990er Jahren, in denen die Globalisierung und Liberalisierung in der ganzen Welt durch technische Entwicklungen vorangetrieben wurden. Massenmedien spielten hierbei eine bedeutende Rolle (vgl. Gürdal 2009), welche die Übertragung kulturübergreifender Inhalte in alle Schichten der Bevölkerung ermöglichten und beschleunigten.[13] Nach Gülerce (2008) sind beispielsweise viele psychoanalytische Jargons durch die Medien, hier vor allem durch das amerikanische Kino, in der Türkei eingetroffen.

In jener Zeitspanne des gesellschaftlichen und individuellen Umbruchs mit Modernisierungs- und Liberalisierungsbestrebungen haben sich nach Tunaboylu-Ikiz die Sphären für die klinisch-praktische Entwicklung der Psychoanalyse in der Türkei »von selber« (2004a, S. 285) eröffnet. Auch Parman (2009) nennt als Voraussetzung für die Entfaltung der Psychoanalyse in einer neuen Kultur »die freie Umgebung« (S. 6) hinsichtlich ökonomischer, gesellschaftlicher und kultureller Verhältnisse eines Landes. Zudem führt er an, dass beispielsweise in den USA, welche sich als das »Land der Freiheiten« (ebd., S. 7) bezeichnen würden, die Psychoanalyse schneller Eingang

---

13 Für mich persönlich war es eine außerordentliche Erfahrung, als schätzungsweise Ende der 1990er und Anfang der 2000er Jahre türkische Popsongs von Tarkan oder Mustafa Sandal in einigen Einkaufszentren Österreichs zu hören waren. Das Gefühl der Globalisierung und der Partizipation der Türkei an der europäischen (Pop-)Kultur erwachten bei mir erstmals zu jener Zeit.

gefunden hat, während die Bedingungen der Freiheit in Europa erst passen mussten, ehe sich die Psychoanalyse auf kontinentalem Boden gut etablieren konnte.

Gülerce (2008) und Gürdal (2009) stellen fest, dass die Psychoanalyse in der Türkei ein postmodernes Phänomen darstellt. Ab den 2000er Jahren – vor allem in der Metropole Istanbul – beeinflussten die verbesserten ökonomischen Verhältnisse, die Erleichterung der Kommunikation sowie die Eins-zu-eins-Übertragung von Weltgeschehnissen auf medialem Weg auch die kulturellen und individuellen Entwicklungen in Richtung freies Denken und Handeln. Auf verschiedensten Gebieten wie der Soziologie, Philosophie, Literatur und auch der Psychoanalyse sind daher in jüngster Vergangenheit auch eigenständiges Wachstum und Fortschritt zu beobachten. Vor dem Hintergrund dieser progressiven gesellschaftlichen, kulturellen und ökonomischen Entwicklungen ist es kein Zufall, dass die Institutionalisierungsbewegung der Psychoanalyse in der Türkei in den 1990er Jahren in die Wege geleitet wurde und die psychoanalytische Ausbildungsmöglichkeit seit dem Jahr 2004 besteht.

Um die hier nur kurz geschilderten Thesen für den verspäteten Eingang der Psychoanalyse in die Türkei und ihre aktuelle Situation vor dem gesellschaftlich-historischen und insbesondere vor dem berufsbiografischen Hintergrund türkischer PsychoanalytikerInnen tiefgreifender nachzuvollziehen, habe ich in meiner Dissertation die Entwicklungslinien der Psychoanalyse in der Türkei ab Beginn des 20. Jahrhunderts bis in die Gegenwart näher untersucht.

Dabei beleuchte ich zunächst die Stellung der Psychoanalyse in der ersten Hälfte des 20. Jahrhunderts innerhalb der Psychiatrie sowie der Emigrationsbewegung deutsch-jüdischer WissenschaftlerInnen in den 1930er Jahren und lege danach den Schwerpunkt auf die geschichtliche Entwicklung der türkischen Übersetzungen psychoanalytischer Werke.

Der Methodikteil gewährt vorerst einen kurzen Einblick in meinen persönlichen Zugang zum Dissertationsthema und beschreibt die inhaltlichen, methodischen und zeitlichen Hauptstränge des gesamten Forschungsprozesses.

Das eigentliche Herzstück meiner Forschungsarbeit stellen die Berufsbiografien der heute in der Türkei lebenden und praktizierenden PsychoanalytikerInnen dar. Besonders ihr soziokultureller Hintergrund stand im Mittelpunkt meines Forschungsinteresses, um einen Einblick in deren Ausbildungs- und Berufswege als Angehörige einer »fremden« Kultur zu erhalten und den Transferprozess der Psychoanalyse in die Türkei ausführlicher nachzuzeichnen. Im Rahmen der Darstellung dieser Berufsbiografien bin ich auch auf den Institutionalisierungsprozess der Psychoanalyse in der Türkei umfassend eingegangen.

Das letzte Kapitel über die Klientel der Psychoanalyse in der Türkei soll einen Einblick in die Probleme der klinisch-psychoanalytischen Arbeit und des analytischen Prozesses geben.

I Interessen und Widerstände – Zur Frühgeschichte der Psychoanalyse in der Türkei

> »Rank war bis gestern abends hier
> auf der Rückfahrt von Konstantinopel,
> wo er seinen Urlaub verbracht hatte,
> und sehr entzückt vom Orient«
>
> S. Freud an K. Abraham, 26.9.16 (2009, S. 533f.)

Vorbemerkungen zu Behandlungsmethoden in der türkisch-islamischen Kultur

Behandlungsansätze von psychischen Erkrankungen, angefangen in der Zeit der Türkenstämme in Mittelasien (ab dem 6. Jh. n. Chr.) über die Zeit der Seldschuken (1040 bis 1194) bis in das Osmanische Reich (1299 bis 1923), stellen in der medizinischen und psychiatrischen Fachliteratur der Türkei ein weit erforschtes Thema dar.[14] Dabei wird aus der vorislamischen Epoche (bis ins 8. Jh.) von Behandlungsmethoden türkischer Nomadenstämme berichtet, welche die sogenannten *Kam* (Schamanen), denen übermächtige Attribute wie die Kontaktaufnahme zu Verstorbenen zugeschrieben wurden, durchgeführt hatten (Sarı/Akgün 2008). Die Schamanen wurden in die weißen Kam, die mit den »guten Seelen« Kontakt aufnahmen, und in die schwarzen Kam, die mit den »schlechten Seelen« in Verbindung traten, eingeteilt. Durch Feuertänze, Lieder und Klänge, mit denen sie sich in Trancezustände versetzten, baten die Kam die Verstorbenen aus dem Jenseits um Hilfe bei der Heilung von kranken Angehörigen. In ihren Behandlungsmethoden setzten sie auch Methoden der Suggestion ein.

---

14 Auswahl aus der weiterführenden Literatur: Die Zeitschriftenreihe von Sarı, Nil (Hg.): (Yeni) Tıp Tarihi Araştırmaları. İstanbul (İşaret Basım); Sarı, Nil et al (2007): Tıp Tarihi ve Tıp Etiği Ders Kitabı. İstanbul (İ. Ü. Basım ve Yayınevi Müdürlüğü); Samuk, Fevzi (1980): Türkiye'de Akıl Hastanelerinin Dünü ve Bugünü. İ. Ü. Cerrahpaşa Tıp Fakültesi Psikiyatri Kliniği Vakfı Yayınları 3. İstanbul (Güray Matbaası); Atabek, Emine & Görkey, Şefik (1998): Başlangıçtan Rönesansa Kadar Tıp Tarihi. İstanbul (İ. Ü. Cerrahpaşa Tıp Fakültesi Yayınları); Tunaboylu-Ikiz, Tevfika (1996): Mizah ve Türkiye'de Psikanalizin Doğuşu. Unveröffentlichte Dissertation, Universität Paris – Nord XIII.

Nach der Islamisierung der Türkenstämme ca. im 8. Jahrhundert waren auch Veränderungen im Verständnis körperlicher und geistiger Krankheiten zu verzeichnen, da zu jener Zeit die Araber in den Gebieten um das Mittelmeer viele Schulen und Universitäten zu gründen begannen (von Braun/Mathes 2007, S. 231). Viele Werke antiker Ärzte wie Hippokrates, Aristoteles, Galen u. v. m. wurden von arabischen Ärzten und Gelehrten wie zum Beispiel von Ibn Sina (dt. Avicenna, 980–1037)[15] übersetzt und auch weiterentwickelt. Die wissenschaftliche Annäherung an körperliche und psychische Krankheiten hatte in der Islamisierungsperiode auch die Türken stark beeinflusst, wodurch die rituelle Heilpraxis der Schamanen langsam verschwand.

Türkische Ärzte schrieben fortan psychische Erkrankungen hauptsächlich dem Ungleichgewicht der Körpersäfte zu, wie das beispielsweise aus dem Begriff der *Kara Sevda* (der schwarzen Liebe) hervorgeht (Sarı/Akgün 2008, S. 4). Bei Personen, die an starker Sehnsucht nach einer geliebten Person litten und dabei wahnhafte Symptome zeigten, vermuteten türkische Ärzte eine Störung der schwarzen Galle. In vielen türkischen Volksliedern ist das Thema der sogenannten »schwarzen Liebe« existent, wobei die medizinische Behandlung der seelischen Leidenszustände als vergeblich erachtet wird.[16]

Trotz der nun wissenschaftlichen Annäherung türkisch-islamischer Ärzte an psychische und körperliche Krankheiten und trotz des Aussterbens schamanistischer Praktiken entwickelten sich in der Islamisierungsperiode der Türkenstämme auch religiöse Heilmethoden, die mit volkstümlichen Vorstellungen vermischt waren. Aus dem 11. Jahrhundert ist ein Werk namens *Kutadgu Bilig* (Glücksbringendes Wissen) (Hâcib 2006) erhalten, eines der wichtigsten Zeugnisse für damalige Denk- und Lebensweisen der islamisch-alttürkischen Kultur. Darin ist von *Otacı* und *Efsuncu* (vgl. Tunaboylu-Ikiz 1996, S. 21; Gülerce 2008, S. 242; Sarı/Akgün 2008) die Rede. *Otacı* hatten eine naturwissenschaftliche Einstellung zu körperlichen und psychischen Erkrankungen, behandelten diese mit verschiedenen Pflanzen und Kräutern und bezogen den Glauben an überirdische Mächte nicht in ihre Arbeit

---

15 Ibn Sinas ethnische Herkunft, ob arabisch oder türkisch, ist heute noch in Fachkreisen umstritten.

16 »Mendilimin yeşili, ben kaybettim eşimi. Al bu mendil sende kalsın, sil gözünün yaşını. Amam doktor, canım gülüm doktor, derdime bir çare. Çaresiz dertlere düştüm, aman doktor, bana bir çare« (Grün ist mein Tuch, verloren habe ich meine/n Liebste/n. Das Tuch soll bei dir bleiben, damit kannst du deine Tränen abwischen. Ach mein Doktor, mein lieber Doktor, ich bitte dich um Heilung von meinem Kummer. Ich bin gefangen in heillosen Sorgen, ach Doktor, mir k/eine Heilung). Der letzte Teil ist doppeldeutig: »bir çare« heißt wörtlich »eine Heilung« oder kann in Form einer Redewendung auch »keine Heilung« bedeuten. Das Tuch stellt in der türkischen Volkskultur ein starkes Liebessymbol dar.

ein. *Efsuncu* waren religiöse Heilpraktiker, die mit Gebeten, Gesängen, Suggestion u. v. m. psychisch kranke Menschen zu behandeln versuchten.

Im Osmanischen Reich führten sogenannte *Hoca* (religiöse Heiler), die große Autorität in traditionell-muslimischen Kreisen genossen und zum Teil auch heute noch genießen, religiös-traditionelle Heilpraktiken in den *Tekke* (den Gebetshäusern) durch. Eine der bekanntesten Tekke aus der osmanischen Zeit, die dem Sultan und Mediziner Karaca Ahmet aus dem 14. Jahrhundert geweiht ist, liegt in Üsküdar/Istanbul.[17] In den Tekke wurden psychotische PatientInnen oftmals mit Schockmethoden »behandelt«, indem sie alleine in dunkle Räume dieser Gebetshäuser gesperrt wurden. Man erhoffte sich, dass die massiv erlebte Angst zur Beseitigung der Wahnzustände führen würde.

In Bezug auf psychische Erkrankungen spielten neben zeremonieller »Behandlungstechniken« in den Tekke auch die *Türbe* (die Grabstätten eines Heiligen) eine große Rolle. An die Heiligen wurden Bitten ausgesprochen, die zur Besserung des Zustandes von kranken Angehörigen beitragen sollten.

Als die folgenreichste Veränderung im Verständnis psychischer Krankheiten durch die Islamisierung der Türken wird die wohlwollende Zuwendung zu psychisch kranken Menschen erachtet, die damals als *deli* (irr, geistig krank) bezeichnet und mit Erbarmen, Herzlichkeit und sogar mit Ehrfurcht behandelt wurden. Da sie sogar im Koran als hilfsbedürftige Menschen Erwähnung finden, wurden psychisch kranke Personen als liebenswürdige Geschöpfe Allahs mit außergewöhnlichen Begabungen betrachtet. Das Sprichwort *Deli velidir* (Der Irre ist ein Weiser) (vgl. Tunaboylu-Ikiz 1996) stellt diese Einstellung der türkisch-muslimischen Kultur zu psychisch kranken Personen beispielhaft dar. Aber nicht alle »Irren« wurden als weise Personen angesehen, denn nach der islamischen Auffassung wurde zwischen *deli* und *meczûb* unterschieden (Sarı/ Akgün 2008, S. 7). Verließ »der Geist den Menschen«, wurde dieser als deli erachtet, verließ jedoch »der Mensch den Geist«, wie z. B. bei Alkoholkonsum, wurde er als meczûb bezeichnet (ebd.). Somit hatten nur Menschen, die ohne eigenes »Verschulden« psychische Erkrankungen erlitten, den Status eines Heiligen und nicht z. B. die »selbstverantwortlichen« Alkohol- oder Drogenabhängigen (ebd., S. 8). Auch in den *Hadis-i şerif* (den Überlieferungen des Propheten Mohammed) nahm der Prophet Mohammed Bezug auf die von Geburt an geistig kranken Menschen und sprach sie von jeder Verantwortung und der Sünde frei.

Neben religiös-volkstümlichen »Behandlungshäusern« wurden im Osmanischen Sultanat durch großzügige Spenden der Bevölkerung, insbesondere durch die

---

17 In einer ihm gewidmeten *Ilahi* (Gebetslied) werden folgende Worte gesungen: »Karaca Ahmed ulu veli, akıllanır gelen deli« (Karaca Ahmed, der große Weise, gesund wird der Irre, der bei ihm war) (Sarı/Akgün 2008, S. 12; Tunaboylu-Ikiz 1996, S. 15).

Initiative der weiblichen Mitglieder der osmanischen Herrscherhäuser, zahlreiche *Darüşşifa* (Pflegeanstalten), die zur Heilung sowohl von körperlichen als auch geistigen Erkrankungen dienen sollten, errichtet. Eine der berühmtesten Darüşşifa in der Türkei ist das von Beyazıd II. in den Jahren 1484 bis 1488 errichtete Gebäude in Edirne, welches heute als Museum zugänglich ist

Für psychisch kranke Menschen wurden spezielle Anstalten, sogenannte *Bimarhane*, überwiegend in Seitenbauten von Moscheen errichtet. Diese Nähe war beabsichtigt, da die Kranken nicht vom sozialen und alltäglichen Geschehen ausgeschlossen, sondern in die Gemeinschaft und religiöse Praxis der Bevölkerung einbezogen werden sollten. Die wahrscheinlich bekannteste Anstalt für psychisch kranke Menschen ist die ehemalige *Toptaşı Bimarhanesi* in Istanbul, die im 16. Jahrhundert von der Mutter des Sultans Murad III. gegründet wurde und in der Geschichte der Psychiatrie der Türkei eine besondere Rolle spielt.[18]

Evliya Çelebi (1611–1683), ein osmanischer Geistlicher und ein berühmter Schriftsteller, der verschiedenste Gebiete des Osmanischen Reiches wie auch seiner Nachbarländer bereiste, verfasste Schriften über seine Reisen, die ein wichtiges Zeitdokument für die Lebensführung im Osmanischen Reich des 17. Jahrhunderts darstellen. In seiner *Seyahatname* (seinem Reisebuch) berichtet er ausführlich, dass in den Darüşşifa und Bimarhane psychische Störungen neben Heilbädern und verschiedenen Diäten auch mit Musiktherapien behandelt wurden (vgl. Güvenç 1985)

Abb. 1: Musiktherapie in der Toptaşı Bimarhanesi

---

18 Näheres dazu in den Kurzbiografien von Mazhar Osman Uzman und Izeddin A. Şadan.

Im Zuge der Reformen der jungen türkischen Republik in den 1920er Jahren wurden Aufenthalte in den Tekke und den Türbe durch Mustafa Kemal Atatürk verboten, der diesen volkstümlich-religiösen Behandlungsmethoden ein Ende setzen wollte. Auch die Pflegeanstalten aus dem Osmanischen Reich wurden geschlossen und es wurde beabsichtigt, die Medizin nach europäischen Standards in der Türkei einzuführen. Der Übergang von traditionellen, türkisch-islamischen Heilverfahren zu europäischen Naturwissenschaften hat sich aber in der türkischen Geschichte als nicht unkompliziert erwiesen und ist bis heute nicht in der damals erhofften Weise geschehen. Trotz der Reformen der jungen Republik blieben volkstümlich-religiöse Anschauungen über psychische Erkrankungen in manchen Teilen der damaligen Bevölkerung stark verbreitet und sind es teils heute noch (vgl. Öztürk 1964). Erkoç und Yazıcı schreiben, dass sogar ein Großteil der türkischen Ärzte in den Anfängen des 20. Jahrhunderts »Geisteskrankheiten« noch als von übernatürlichen Mächten zugefügte Leiden ansah (2006, S. 3).

Mazhar Osman Uzman (1884–1951): Pionier der modernen Psychiatrie – Gegner der Psychoanalyse

Die moderne Psychiatrie ist in die Türkei durch Mazhar Osman Uzman[19] und seinen engen Mitarbeiterkreis, die rege Wissenschaftsbeziehungen insbesondere mit deutschen Psychiatern pflegten, eingeführt und weiterentwickelt worden. Die Nähe zur deutschen Psychiatrie rührt vermutlich von den engen Bündnissen beider Reiche aufgrund der Waffenbrüderschaft im Ersten Weltkrieg her. Zu jener Zeit fand zwischen dem Osmanischen Reich und Deutschland auch auf weiteren Gebieten wie im Handels- und Militärwesen oder anderen Wissenschaftsrichtungen ein reger Austausch statt.

Ab der Gründung der türkischen Republik im Jahre 1923 entwickelte sich der Name Mazhar Osman in der breiten türkischen Bevölkerung zu einem Synonym für psychiatrische Erkrankungen, wurde jahrzehntelang mit allen »Psy-Schulen« assoziiert und nahm auch in der alltäglichen Sprache einen festen Platz ein. »Du bist ein Fall für Mazhar Osman!« oder »Wir schicken dich gleich zu Mazhar Osman!« waren beziehungsweise sind auch heute noch nicht selten anzutreffende Aussagen. Seine im Stadtteil Bakırköy in Istanbul gegründete psychiatrische Klinik, die *Bakırköy Hastahanesi*, ist heute die bekannteste Klinik der Türkei für psychiatrische Störungen.

Zwar bekämpfte er, dem Reformgeist seiner Zeit entsprechend, zeitlebens

---

19 Durch die gesetzliche Vorschreibung von Familiennamen durch Mustafa Kemal Atatürk im Jahre 1934 gab sich Mazhar Osman den Nachnamen »Uzman« (der Experte).

volkstümliche Heilpraktiken, doch seine türkisch-islamischen Wert- und Moralvorstellungen beeinflussten sein Verständnis von psychischen Erkrankungen und insbesondere seine Einstellung zur Psychoanalyse. Deswegen wäre es ein Irrtum, von einer analogen Übertragung der europäischen Wissenschaftstradition und des europäischen Kulturguts in die Türkei auszugehen.

Mazhar Osman Uzman wurde 1884 im osmanischen Herrschaftsgebiet Sofulu/ Dedeağaç (heute Alexandropolis in Griechenland) geboren. Nachdem er seine Gymnasialausbildung im Jahre 1898 beendet hatte, begann er sein Medizinstudium in einer militärischen Hochschule, das er 1904 mit 20 Jahren absolvierte. Danach erhielt er eine Anstellung in der *Gülhane Seririyat Hastahanesi*[20] und arbeitete dort unter der Leitung des bekannten Psychiaters Raşit Tahsin (1870–1936), welcher Ende des 19. Jahrhunderts mit Emil Kraepelin zusammengearbeitet hatte und ab 1896 in der *Gülhane Seririyat Hastahanesi* die Fächer Neurologie und Psychiatrie lehrte. Vier Jahre später reiste Mazhar Osman Uzman nach Deutschland, um an der Berliner Charité bei Theodor Ziehen (1862–1950) und in München bei Emil Kraepelin (1856–1926) und Alois Alzheimer (1864–1915) seine Kenntnisse in Psychiatrie und Neurologie zu vertiefen. Wegen der Konflikte um seine antizipierte Versetzung in seiner Heimat nach seiner Rückkehr und finanzieller Schwierigkeiten endete sein Aufenthalt in Deutschland aber schon nach einem Jahr. Er kehrte 1909, dem Jahr der *zweiten Meşrutiyet*[21], in das Osmanische Reich zurück und konnte seine Arbeit an der Gülhane Seririyat Hastahanesi wieder aufnehmen.

---

20 Gülhane Klinik. Am 30. Dezember 1898, dem Geburtstag des damaligen Padischahs Abdülhamid II., in den Räumen des Topkapı Palastes in Istanbul gegründet. Nach der anfänglichen Leitung von Robert Rieder (Amtszeit von 1898 bis 1904) und George Deycke (Amtszeit von 1904 bis 1907) übernahm Julius Wieting bis 1914 die Direktion und änderte den Namen der Klinik auf *Gülhane Tatbikat-ı Askeriye Tatbikat Mektebi ve Seririyatı* (Gülhane militärische Akademie und Klinik).

21 Als zweite Verfassungsperiode des Osmanischen Sultanats bezeichnet, die von der Machtübernahme der *jön türkler* (Jungtürken, die eine politisch-revolutionäre Bewegung bildeten) im Jahre 1908 bis 1923, dem Ende des Osmanischen Reiches nach dem Ersten Weltkrieg, gedauert hat. Zu jener Zeit stand die osmanische Herrschaft unter dem Zeichen großer ökonomischer, politischer und militärischer Unruhen. Der Bedrohung des Zerfalls des Osmanischen Reiches wollten die Jungtürken entgegentreten und die absolute Macht des damaligen Sultans Abdülhamid II. (1842–1918) brechen. Ihr Ziel war eine konstitutionelle Staatsform mit Projekten zur wirtschaftlichen, politischen und militärischen Modernisierung. Unter der Führung von Enver und Talat Paşa wurde eine Militärrevolte gegen den religiösen Sultan geführt, wobei er schließlich im April 1909 abgesetzt wurde. Der Thronfolger wurde bis 1918 sein jüngerer Bruder Mehmed V. Reşad (1844–1918) und nach ihm ein weiterer Bruder Mehmed VI. Vahdettin (1861–1926), der bis 1922 als letzter Sultan das Osmanische Reich regierte. Vgl. dazu Steinbach (2007). Laut Sertan Batur beteiligte sich auch Mazhar Osman in der jungtürkischen Bewegung, der *Ittihat ve Terakki*. Persönliche Mitteilung am 30. Jänner 2011.

Mit dem Ausbruch des Ersten Weltkrieges verließ Mazhar Osman Uzman nach fünf Arbeitsjahren die Klinik und verbrachte die Kriegsjahre in anderen Krankenhäusern in Istanbul, wie z. B. in der Haseki, Haydarpaşa und La Paix Klinik, bis er 1920 die Leitung der Toptaşı Bimarhanesi übernahm.

Die Darüşşifa und die Bimarhane gerieten sowohl wegen der instabilen wirtschaftlichen und politischen Situation als auch wegen Seuchenwellen gegen Ende des Osmanischen Reiches in eine äußerst kritische Lage. Zwischen den Jahren 1857 und 1882 wurde der im Osmanischen Reich im Exil lebende italienische Arzt Luigi Monceri (1818–1882) zum Leiter der *Süleymaniye Bimarhanesi* und anschließend der Toptaşı Bimarhanesi ernannt, konnte jedoch durch seine gesetzlichen Erneuerungen in der Anstaltsführung und Patientenbehandlung keine längerfristigen Verbesserungen einleiten (Sarı/Akgün 2008, S. 19). Die Menschen lebten dort in inhumaner Weise zusammengepfercht, litten an mangelnder medizinischer Behandlung und Pflege und vegetierten an Ketten gefesselt dahin. Şükrü Hazim Tiner, ein Mitarbeiter des Arbeitskreises von Mazhar Osman Uzman, erzählt in *Istanbul Seririyatı*[22] über den Zustand der PatientInnen in der Toptaşı Bimarhanesi:

»Der Krieg war vorbei, die La Paix Klinik wurde wieder den Franzosen übergeben. Wir bekamen eine Anstellung in der Toptaşı. Die Leitung wurde Mazhar Osman übertragen. Die Toptaşı Klinik war weniger eine Klinik, sondern eher ein Konzentrationslager für psychisch Kranke. Für uns, die aus einer Klinik in Şişli kamen, war es unmöglich, durch die Wirkung dieses Anblickes keinen Schmerz zu empfinden.« (Tiner 1951, S. 21–24; zit. n. Naderi 2004, S. 16)

Mazhar Osman Uzman kündigte wegen Konflikten in der Leitungskommission schon nach zwei Jahren seine Stelle als Oberarzt und schickte einige seiner engen Mitarbeiter, die ebenfalls ihre Stellen gekündigt hatten, in europäische Länder wie Österreich, Deutschland und Frankreich, damit sie sich im Westen in Psychiatrie und Neurologie weiter spezialisieren konnten.[23] Indes verschlechterte sich der Zustand der Kranken in der Toptaşı Bimarhanesi zusehends.

---

22 Klinische Zeitschrift, die in den Jahren 1919–1951 von Mazhar Osman Uzman herausgegeben wurde. Bis zur Schriftreform im Jahre 1928 wurde sie in osmanischer Schrift und Sprache gedruckt.

23 Şükrü Hazım Tiner spezialisierte sich in Hamburg bei Max Nonne in Neurologie; Ihsan Şükrü Aksel in München bei Walther Spielmeyer und Emil Kraepelin in Neurologie und Psychopathologie sowie in Hamburg bei Alfons Maria Jakob und Wilhelm Weygant in Neuropathologie; Ahmed Şükrü Emed in München bei Felix Plaut in Neuropsychiatrie; Fahrettin Kerim Gökay in München bei Emil Kraepelin in experimenteller Psychiatrie und in Wien bei Julius Wagner-Jauregg in Neuropsychiatrie; Abdülkadir Cahit Tuner in Breslau bei Otfrid Foerster in Neurochirurgie (vgl. Naderi 2004, S. 19).

Kurz nach der Gründung der türkischen Republik am 29. Oktober 1923 wurde Mazhar Osman Uzman im Jahre 1924 das zweite Mal zum Oberarzt der Toptaşı Bimarhanesi berufen und hegte diesmal innovative Modernisierungspläne für die Anstalt. Dafür versammelte er seinen engen Mitarbeiterkreis wieder und begann mit großen Reformen sowohl in Therapie und Pflege der PatientInnen als auch in der psychiatrischen und neurologischen Ausbildung seiner Mitarbeiter (Naderi 2004, S. 19ff.).

Im Zuge dieser Erneuerungen erschienen Mazhar Osman Uzman die Lage und die Architektur der Toptaşı Bimarhanesi für die Behandlung der PatientInnen veraltet. Er wollte die Anstalt in eine flächenmäßig größere und der Natur nähere Umgebung über-

Abb. 2: Mazhar Osman Uzman in den 1920er Jahren

siedeln und setzte sich vehement für die Realisierung seines Vorhabens ein. Mit der Erlaubnis des Republikgründers Mustafa Kemal Atatürk und des damaligen Gesundheitsministers Refik Saydam konnte er schließlich den Umzug der Toptaşı Bimarhanesi in den Istanbuler Stadtteil Bakırköy, welcher damals als Makırköy[24] bezeichnet wurde, verwirklichen. In ehemaligen Kasernen des Osmanischen Reiches gründete er im Frühsommer des Jahres 1927 die in der Alltagssprache als Bakırköy Hastahanesi[25] bezeichnete erste moderne Psychiatrie der türkischen Republik. Die Leitung dieser Klinik hatte er bis 1941 inne und bis zu seinem Tode zehn Jahre später blieb er ihr eng verbunden.

Während seiner Bakırköy-Jahre hatte Mazhar Osman Uzman an sehr vielen Psychiatrie-Kongressen in Europa teilgenommen. Wie schon in früheren Jahren schickte er viele seiner Mitarbeiter und Studenten ins Ausland und lud auch europäische Psychiater und Neurologen in die Türkei ein, um die Etablierung der modernen Psychiatrie und Neurologie in der jungen türkischen Republik voranzutreiben. Im Zuge der 1933 eingeführten Universitätsreform wurde er zum Ordinarius Professor

---

24 Fulya Kardeş: Persönliche Mitteilung am 28. April 2010.
25 Heute mit der offiziellen Bezeichnung: *Prof. Dr. Mazhar Osman Ruh Sağlığı ve Sinir Hastalıkları E. A. Hastahanesi.*

der psychiatrischen Klinik der Istanbul Universität, die in der Bakırköy Hastahanesi angesiedelt wurde, ernannt und trat dort seine Professur an.

Die Modernisierungsbewegungen in der Türkei erwähnt sogar Otto Fenichel in seinem Rundbrief vom 15. Juli 1939, »so berichtete [...] Goekay (Türkei) über die psychohygienischen Einrichtungen in ihren Ländern« (1998, S. 1160). Fenichels Informant war der Psychiater Fahrettin Kerim Gökay (1900–1987), ein enger Mitarbeiter Mazhar Osman Uzmans, der zu Beginn der 1920er Jahre in Wien gearbeitet hatte (vgl. Naderi 2004, S. 21).

Trotz seiner engen Wissenschaftsbeziehungen zu Europa und seiner Modernisierungsbestrebungen bezeugen Mazhar Osman Uzmans wissenschaftliche Artikel seine orientalische Weltanschauung, vor allem im Hinblick auf die Sexualauffassung und die »Sittlichkeit« seiner Landsleute, wodurch er auch die Ätiologie der psychiatrischen Erkrankungen im Orient von derjenigen im Okzident unterscheidet. Schon im Jahre 1909, vor der gesetzlichen Einführung von Nachnamen, erschien in Deutschland unter dem Namen Massar Bey sein Feuilleton *Zur Pathogenese der Geistes- und Nervenkrankheiten im Orient*[26]. Dort werden als Hauptfaktor für Erkrankungen des Nervensystems im Orient Intoxikationen, wie etwa Malaria, genannt, die als Auslöser für verschiedene Arten von Psychosen in Betracht kommen würden. Der Konsum von Morphium, Kokain, Atropin, Opium, Haschisch und vor allem Alkohol käme aber bei den Orientalen kaum vor. Zudem seien »geistige Überanstrengung« und »Einwirkungen auf das Gemüts- und Seelenleben« (Massar Bey 1909, S. 805) nicht so nachhaltig wie im Westen, da die Religion und die Landessitten die Orientalen in der Verarbeitung ihrer Trauer und ihrer Verlusterfahrungen stärken würden. Ebenso nennt er den luxuriösen und »morallosen« Lebensstil des Westens als Grund für das verbreitete Auftreten von psychischen Erkrankungen im Okzident:

> »Ein weiterer Vorteil für die Diätetik des Nervensystems im Orient liegt in der Einfachheit und Natürlichkeit der Lebensweise. Abendgesellschaften, Bälle, Varietétheater im Sinne des Abendlandes gibt es bei uns kaum. Übermaß am Genießen jeglicher Art verabscheut der Orientale. Er sucht sein Lebensglück im Familienleben. Er verheiratet sich früh, ohne vorher in den Abgründen der Unmoralität erschöpft oder gealtert zu sein« (ebd.).

Indes sei Malaria im Orient sehr verbreitet und führe zu verschiedensten Formen von Psychosen. Bei Behandlung der organischen Krankheit mit Chinin ver-

---

26 Nach einem Vortrag von Cemil Paşa mit dem Titel »Un Cas d'epilepsie Jacksonnienne querir par la trepanation« in Paris wahrscheinlich die erste Publikation eines türkischen Facharztes für Psychiatrie und Neurologie im Ausland (vgl. Naderi 2004, S. 8).

schwinde auch der psychotische Zustand. Allgemeine Paralysen, die Dementia Praecox (Anfang des 20. Jahrhunderts als eine Form der Schizophrenie verstanden), die Syringomyelien (mit Flüssigkeit gefüllte Beutel im Rückenmark) und Myopathien (Muskelerkrankungen) zählt er als organische Krankheiten des Nervensystems im Orient auf. Als einzigen psychischen Grund für Geisteskrankheiten im Orient nennt er alte Glaubensvorstellungen, aus denen hysterische und mystische Krankheiten hervorgehen würden. Wie auch aus seinen weiteren Aufsätzen ersichtlich wird, sah Mazhar Osman Uzman zwar die Religiosität des Orientalen an sich als Schutz vor psychischen Erkrankungen an, kämpfte aber auch während seiner gesamten Berufslaufbahn gegen »volkstümlich-religiöse Heilungen« (Osman Uzman 1941, S. 90) in der Türkei an, die er als »primitiv und gefährlich« (ebd.) erachtete.

Auffällig ist schon in diesem kurzen Artikel, dass Mazhar Osman Uzman für Geisteskrankheiten im Orient organische Ursachen anführt, die außerhalb der Verantwortlichkeit der betroffenen Menschen stehen, und jenen aus dem Westen viel mehr schä(n)dliches Verhalten im Hinblick auf die Auslebung von triebhaftem Verlangen attribuiert. An diesem Punkt kann meines Erachtens seine gegnerische Haltung gegenüber der Psychoanalyse, die der Sexualität und dem Triebleben des Menschen große Bedeutung beimisst, beobachtet werden. Der Psychiatriehistoriker Şahap Erkoç[27] erwähnt, dass Mazhar Osman Uzman seine oppositionelle Einstellung zur Psychoanalyse insbesondere in seinem ebenfalls im Jahr 1909 in osmanischer Schrift und Sprache veröffentlichten ersten Band seines psychiatrischen Lehrbuches *Tababet-i Ruhiye*[28] (Die Lehre der Seele) zum Ausdruck gebracht hat. Ungefähr 30 Jahre später, als die Psychoanalyse in Europa einen hohen Bekanntheitsgrad erlangte, erschien die dritte Auflage der Tababet-i Ruhiye (1941) in türkischer Schrift und Sprache. In dieser Ausgabe lässt Mazhar Osman Uzman zwar einige wenige psychoanalytische Konzepte wie die Neurosenlehre und die Traumdeutung zum Teil gelten, orientiert sich aber sehr stark an der Tradition der deutschen psychiatrischen Schule der ersten Hälfte des 20. Jahrhunderts.

Er schreibt in dieser Ausgabe, dass die Psychoanalyse weltweit Massen an begeisterten Anhängern gefunden hätte, jedoch in vielen psychiatrischen Kliniken in

---

27 Şahap Erkoç: Persönliche Mitteilung am 28. April 2010.
28 Im Jahre 1910 erschien der zweite Band dieses Werkes, das im Hinblick auf das damals verbreitete volkstümliche Verständnis psychiatrischer Erkrankungen als reformerisch gelten kann. »Vor der Revolution [1909; Anm. d. Verf.in] war es nicht erlaubt über Geisteskrankheiten zu schreiben. Einer der irrsten Nachkommen der osmanischen Herrscher, Hamid der Zweite, zensurierte vehement alle Publikationen, bei denen Begriffe wie Verrücktheit, Liebeswahn oder Anstaltsinhaftierung vorkamen, weil er sich dadurch an seinen vom Thron abgesetzten Bruder erinnerte, besser gesagt, glaubte, an ihn erinnert zu werden« (Osman Uzman 1941, S. 3, Vorwort zur zweiten Auflage).

Europa wie in München, Wien, Hamburg, Heidelberg und Berlin nicht anerkannt werde und fügt hinzu:

> »Auch wir erkennen sie [die Psychoanalyse. Anm. d. Verf.in] nicht als ein Geniewerk an und messen ihr in Bezug auf Diagnostik und Therapie sehr wenig Wertschätzung bei, doch haben wir ihr, der Mode des Jahrhunderts folgend, diese Seiten gewidmet« (ebd., S. 411).

Grundsätzlich haben Geisteskrankheiten seiner Ansicht nach sowohl Anlage- als auch Umweltgründe (tr. şahsi ve umumi sebepler) (ebd., S. 159), wobei er die biologischen für eindeutig ausschlaggebender hält als die psychischen oder die sozialen Faktoren. Insgesamt zählt er zur Ätiologie der psychiatrischen und neurologischen Erkrankungen die Vererbung, das Alter, das Geschlecht, den Charaktertyp, die Drüsenfunktionen, die Vitamine, die Drogen, die Infektionen und auch die Erziehung, den Beruf und die Zivilisation.

Unter dem Oberbegriff »manevi sebepler« (seelische Gründe) (ebd., S. 395) für psychiatrische Störungen geht er unter anderem auch auf die Psychoanalyse (tr. Freudism, wörtlich: Freudismus) ein, indem er ihre verschiedenen Grundannahmen wie die Entstehung der Neurosen, die Verführungstheorie, die Traumdeutung, die psychosexuellen Phasen, die Fehlleistungen, die freie Assoziation und die gleichschwebende Aufmerksamkeit beschreibt. Auch wichtige psychoanalytische Termini wie das Unbewusste, der Widerstand, die Lust, der Konflikt, die Zensur und einige Abwehrmechanismen legt er in seiner Arbeit dar.

Bereits am Anfang seines Werkes erwähnt Mazhar Osman Uzman, dass psychoanalytische Konzepte, hier besonders die Libidotheorie, schon in alttürkischen Zeiten bekannt waren, und führt dazu den Arzt Ibn Sina an, der bei Symptomen wie Schlaf- und Appetitlosigkeit, abwechselnd manisch-depressiven Zuständen und psychotischen Denkstörungen zunächst die Gemütslage der *mecnun* (Menschen mit Liebeswahn. Auch als Synonym zu *deli* verwendet) untersucht und dabei psychologische Techniken angewandt hatte (ebd., S. 48ff.).[29]

---

29 Mazhar Osman Uzman geht hier auf ein Werk des Nizami Aruzi ein, der über die Behandlungsmethoden Ibn Sinas schrieb, und führt an: »Als man Ibn Sina zur Behandlung eines jungen Verwandten des Königs von Cürcan [Gorgan; die Hauptstadt der iranischen Provinz Golestan. Anm. d. Verf.in] gerufen hatte, sah er einen schönen Jüngling, dessen Bart lang angewachsen war, der stark abgenommen hatte, geschwächt aussah, mit niemandem redete, weder aß noch schlief, und maß zunächst den Puls und untersuchte seinen Urin. Danach ließ er jemanden die Namen der Stadtteile von Cürcan und der Umgebung aufsagen und bemerkte, dass der ruhige und schwere Puls bei einem bestimmten Ortsnamen schneller und intensiver wurde. Dann ließ er die Straßen dieses Ortes aufsagen und merkte bei einem bestimmten Namen die Veränderung des schnellen Pulsschlages.

Als den Hauptkritikpunkt an der Psychoanalyse nennt Mazhar Osman Uzman ihren »Pansexualismus« (ebd., S. 409). An einer Stelle schreibt er beispielsweise, dass »[wir] angeblich für Menschen, mit denen wir mit Ehrfurcht und Würde verbunden sind, erotische Gefühle empfänden« (ebd., S. 408) und dementiert diese Theorien vehement. Seine Moralvorstellungen und Rollenzuschreibungen sind auch in anderen Passagen dieses Buches vorzufinden, in denen er z. B. anführt, dass für Frauen die bestgeeignete Rolle die der Ehefrau und Mutter sei (ebd., S. 252). Eine ehrenhafte Hausfrau würde sich seiner Ansicht nach eher für den Tod entscheiden anstatt eine »Hure« (ebd., S. 275) zu werden. Die Frauen hätten durch die Zivilisation unerfreulicherweise auch Beschäftigungen annehmen müssen, die den Männern zugemutet werden und dadurch entwickelten sich bei ihnen psychische Schäden, wie z. B. Hysterien, Neurasthenien und Melancholien (ebd., S. 252). Auch misst er der Religion, speziell dem Islam, eine wichtige prophylaktische Rolle in Bezug auf Geisteskrankheiten und »Abartigkeiten« zu. Der Islam fördere die Herzlichkeit und das Erbarmen, mäßige im Essen und Trinken und sei der Feind des Ehebruchs und des Alkoholismus (ebd., S. 257).

Mazhar Osman Uzmans Orientierung an der deutschen, biologisch ausgerichteten Psychiatrie lag meines Erachtens nicht ausschließlich an den engen Beziehungen zwischen der Türkei und Deutschland am Anfang des 20. Jahrhunderts, sondern auch an seinen kulturell und religiös bedingten Wertvorstellungen. Wie aus seinen zwei kurz dargestellten Werken ersichtlich wird, erachtete er – wie viele Psychiater seiner Zeit – Lebensweisen des Westens, insbesondere die Sexualauffassung, als moralisch minderwertig. Daher konnte die Psychoanalyse, die der Sexualität große Bedeutung einräumte und auf ein westlich-modernes Menschenbild aufbaute, für ihn und seine engen Mitarbeiter nicht als Erklärungsmodell oder Therapieform für psychische Krankheiten im Orient dienen. Durch die ausschließliche Aufnahme biologischer Konzepte aus dem Westen konnten somit eigene kulturelle Überzeugungen unangetastet bleiben.

Da die Psychoanalyse für Mazhar Osman Uzman nur einen Nennungswert als Modeerscheinung der Jahrhundertwende und keinen praktischen Stellenwert in der Behandlung und Ursachenerklärung psychiatrischer Krankheiten hatte, lud er im Zuge seiner regen Wissenschaftsbeziehungen mit Europa auch keine

---

Schließlich ließ er die Häuser in der jeweiligen Straße, dann bei einem besonderen Haus die Namen der darin wohnenden Menschen aufsagen und brachte hervor, dass der Name, auf den der Puls mit Irritation reagierte, der Grund für seine Melancholie war. Und so war auch das Heilmittel gefunden. Nach der Zusammenkunft des Verwandten des Königs [mit dem bestimmten Mädchen. Anm. d. Verf.in] verschwand auch sein melancholischer Zustand!« (Osman Uzman 1941, S. 49f.). Auffällig ist hier die Ähnlichkeit der Verfahren Ibn Sinas mit den Jung'schen Assoziationstests.

Psychoanalytiker in die Türkei ein und schickte keinen seiner Mitarbeiter zur psychoanalytischen Ausbildung ins Ausland. Durch die Pionierarbeit Mazhar Osman Uzmans und seines engen Mitarbeiterkreises auf den Gebieten der biologischen Psychiatrie, der Neurologie und auch der Neurochirurgie wurde in der jungen Republik somit der Grundstein für die Lehre einer organischen Psychiatrie vor allem nach deutscher Auffassung gelegt und psychoanalytische Sichtweisen nicht in die Ausbildungs- und Therapieprogramme einbezogen. Da die enge Orientierung an der deutschen Psychiatrie bis in die 1950er Jahre andauerte, konnte sich die Psychoanalyse in der ersten Hälfte des 20. Jahrhunderts in der Türkei als eine Therapieform im klinischen Bereich nicht etablieren.

Izeddin A. Şadan (1893–1975):
Der türkische Pionier der Psychoanalyse

Ab dem Jahre 1925 arbeitete in der Toptaşı Bimarhanesi unter der Leitung Mazhar Osman Uzmans ein Arzt namens Izeddin A. Şadan.[30] Nach Angaben aus seiner kurzen Erinnerungsschrift *Hatırat* (Şadan 1977) bekam er die Stelle aufgrund der Empfehlung eines nahen Freundes von Mustafa Kemal Atatürk.

Izeddin A. Şadan wurde am 23. September 1893[31] als Sohn des Staatsrates Abdurrahim Şadan in Sarıyer/Istanbul geboren und hat nach Yalçıner und Hanoğlu (2001, S. 35) für die damaligen sozioökonomischen Verhältnisse eine sehr gute Ausbildung genossen. Nachdem er seine mittlere Ausbildung zunächst im französischen Kumkapı Gymnasium begonnen und anschließend im amerikanischen Robert Kollegium beendet hatte, nahm er sein Medizinstudium 1919 an der *Mekteb-i Tıbbiye-i Şahane* auf, die am 14. März 1827 unter der Herrschaft des Mahmut II. als erste Medizinische Fakultät des Osmanischen Reiches gegründet

---

30 Sein Vorname wurde, wie aus dem Zeugnis des Robert Kollegiums ersichtlich ist, zunächst mit Doppel-Z geschrieben. Da er aber 1932 in der Zeitschrift *Imago* (vgl. Exkurs: »Eine mohammedanische Legende. Ein psychoanalytischer Versuch« mit einem Z gedruckt wurde, soll Şadan seinen Vornamen fortan als »Izeddin« geschrieben haben (Niyazi 2007, S. 278). In der gegenwärtigen türkischen Fachliteratur wird sein Vorname fälschlicherweise häufig als Izzettin oder Ismail angegeben. Bei A. handelt es sich wahrscheinlich um seinen zweiten Vornamen Ahmed, der jedoch in seinem Zeugnis des Robert Kollegiums durchgestrichen ist.

31 Sein Geburtsdatum ist aus dem Zeugnis des Robert Kollegiums in Istanbul entnommen, welches auch nach dem Osmanischen Kalender (rumi takvim) als 23. September 1311 angegeben wird. In seinem Diplom der Facharztausbildung für Psychiatrie und Neurologie wird als sein Geburtsjahr 1314 angeführt. Erkoç und Kazancıgil (2006, S. 63) und Yalçıner und Hanoğlu (2001, S. 35) nennen 1895 als sein Geburtsjahr.

wurde, und hegte schon vor seinem Studium den Wunsch, sich auf das Gebiet der Psychiatrie und Neurologie zu spezialisieren. Kurz nach Beendigung seines Studiums wollte er zur Weiterbildung nach Frankreich reisen, musste jedoch dem kurz zuvor für Ärzte eingeführten Pflichtdienst (tr. hizmet-i mecburiyye) in Anatolien nachkommen. Aufgrund seines Gesundheitszustandes – aus Erinnerungsschriften von Personen, die ihn persönlich gekannt haben, geht hervor, dass er (im Alter) Probleme mit einem Bein hatte und stark hinkte (Deliorman 2009, S. 222; Niyazi 2007, S. 174) – wurde Izeddin A. Şadan nicht ins Militär einberufen.

Im Gegensatz zu den damaligen und gegenwärtigen Schriften über die zweite, von Reformprojekten gekennzeichnete Periode Mazhar Osman Uzmans (1924 bis 1927) in der Toptaşı Bimarhanesi (vgl. Naderi 2004, S. 19), beschreibt Izeddin A. Şadan in seiner Erinnerungsschrift jene Anstalt als »ein richtiges Irrenhaus nach altem System« (1977, S. 131). Das Gebäude war sehr alt, die Fenster befanden sich hoch oben, die Tore waren mit Gittern versehen und zu seiner Dienstzeit wurden 300 PatientInnen von vier Assistenzärzten und sechs Fachärzten behandelt.

Abb. 3. Izeddin A. Şadan in den 1930er Jahren

Er idealisiert Mazhar Osman Uzman nicht wie viele Kollegen seiner Zeit und wie gegenwärtige Medizinhistoriker als eine Kult- und Leitfigur der türkischen Psychiatrie, sondern erzählt über ihn aus einem kritischen und eher nüchternen Blickwinkel. Mazhar Osman Uzman habe manchmal Kriterien der Diagnostik verwechselt, sei nicht immer während seiner Dienstzeiten in der Toptaşı Bimarhanesi anwesend gewesen und habe auch keine ausführlichen diagnostischen Untersuchungen durchgeführt. Die Psychologie, die damals an geisteswissenschaftlichen Fakultäten gelehrt wurde, hätten er und seine engen Mitarbeiter als eine literarische Angelegenheit angesehen und ihr keine Bedeutung in ihrer praktischen Arbeit beigemessen. Obwohl Mazhar Osman Uzman vorgab, der Kraepelin'schen Schule zu folgen, erachtete Izeddin A. Şadan seine Abneigung der Psychologie gegenüber als ein Paradoxon, da Kraepelin sich sehr stark mit psychologischen Fragestellungen befasst habe. Seinen Worten nach war Mazhar Osman Uzman auch in einen lebenslangen Streit mit seinem Lehrer Raşit Tahsin verwickelt (1977, S. 131).

Während seiner Dienstzeit in der Toptaşı Bimarhanesi als psychiatrischer

Assistenzarzt praktizierte auch Izeddin A. Şadan zunächst nach organisch-psychiatrischem Verständnis der Kraepelin'schen Schule und zeigte anfangs kein Interesse an der französischen Psychiatrie-Tradition. Er verfasste Anamnesen von neu aufgenommenen PatientInnen auf oberflächliche Weise, etwa mit Fragen wie: »Wie ist dein Name, wer sind deine Eltern, warum nennt man dich einen Irren?« (ebd.), da er weder von Mazhar Osman Uzman noch von Raşit Tahsin ausführliche Anamnesemethoden erlernen konnte. Weiters arbeitete er hauptsächlich mit psychiatrischen und nicht mit PatientInnen mit neurologischen Störungen. Bald nach Beginn seiner Arbeit in jener Anstalt erwarb er ein psychiatrisches Lehrbuch des französischen Psychiaters Joseph Rogues de Fursac (1903), der ebenfalls Schüler von Kraepelin war, und vertiefte sich in dessen Werk.

Izeddin A. Şadan berichtet, dass er einige Monate nach Beginn seiner Arbeit in der Toptaşı Bimarhanesi in der englischen Zeitschrift *The Lancet* erstmals über Grundkonzepte der Psychopathologie und der Psychoanalyse wie zum Beispiel über *Şuuraltı* (das Unbewusste)[32] las. Diese für ihn vollkommen neuen Erklärungsweisen und Behandlungsmethoden von psychopathologischen Störungen, die im Gegensatz zu seinen bisher erlernten Kraepelin'schen Lehren standen, faszinierten ihn. Bislang hatte sich seine Arbeit auf die Erhebung der Anamnese, die Diagnostik und die Beobachtung des Verlaufes einer Krankheit beschränkt, während er durch die psychoanalytische Herangehensweise an psychische Störungen die Wichtigkeit der »Frage nach dem Warum« (ebd., S. 133) erfahren konnte. Er schildert, wie er sogar vor seiner einzigartigen Entdeckung in der Zeitschrift Istanbul Seririyatı einen Artikel gegen die Lehre der Psychoanalyse veröffentlicht hatte, worüber sich Mazhar Osman Uzman sehr gefreut hatte.[33] Nachdem er der Psychoanalyse gewahr wurde, vertiefte er sich in die Werke von Abraham Arden Brill, der laut Izeddin A. Şadan psychoanalytische Theorien in die Psychiatrie eingeführt und in den USA verbreitet hatte, und von Carl Gustav Jung, welcher weitreichende Untersuchungen zur Bedeutung von Psychosen durchführte. In der Toptaşı Bimarhanesi wurde seinen Erkundungen jedoch keinerlei Interesse entgegengebracht:

---

32 Wörtlich übersetzt heißt *Şuuraltı* »das Unterbewusste«, gemeint ist aber »das Unbewusste«. Auch das Wort *Bilinçaltı*, welches jahrzehntelang in der türkischen psychoanalytischen Literatur benutzt wurde, bedeutet wörtlich »das Unterbewusste«. In der gegenwärtigen psychoanalytischen Literatur wird für »das Unbewusste« das Wort *Bilinçdışı* (wörtlich: das Außerbewusste) verwendet. Der Vergleich zwischen den Synonymen für »das Bewusstsein« *Şuur* und *Bilinç* wirft weitere Verständnisfragen auf. Näheres zu diesem Thema vgl. Kapitel zu den Übersetzungen psychoanalytischer Werke ins Türkische.

33 Dieser Artikel ist nicht in türkischer, sondern in osmanischer Schrift und Sprache verfasst. Dem Psychiatriehistoriker Şahap Erkoç zufolge, der der osmanischen Schrift und Sprache mächtig ist, enthalte der Artikel aber keine grundlegende Kritik an der Psychoanalyse. Persönliche Mitteilung am 28. April 2010.

»Zu jenen Zeiten wurden in der Toptaşı weder Brill noch Freud noch Bleuler noch Jung erwähnt. Ich hörte, wie einmal Mazhar Osman mit seinem Bekannten über Freud sprach und ›Lass doch diesen dreckigen Juden‹ [34] sagte. Einmal hatte ich ihn etwas über Bleuler gefragt und er begnügte sich, nur mit ›Sehr interessant‹ [spöttisch. Anm. d. Verf.in.] zu antworten. Man war also in der Toptaşı nur mit Kraepelin, besser gesagt mit Ansichten, die Kraepelin zugeschrieben wurden, beschäftigt« (ebd.).

In seiner Erinnerungsschrift erzählt Izeddin A. Şadan auch über einen »Wendepunkt« (ebd.) in seinem Leben, nämlich als er 1925 das Buch *Traite Theorique et Pratique de Psychanalyse*[35] von Ernest Jones in die Hände bekam. Die darin beschriebene Methode der freien Assoziation sowie neue Betrachtungs- und Erklärungsweisen zu Psychosen begeisterten ihn und waren eine Vertiefung der Darstellungen, die er aus der Zeitschrift *The Lancet* erfahren hatte. Das entscheidende »zweite Ereignis« (ebd.) hängt ebenfalls mit Ernest Jones zusammen, der in einer Fußnote seines, an klinischen Fallbeispielen reichen Buches den Zusammenhang zwischen Paranoia und Homosexualität anführte. Izeddin A. Şadan berichtet, dass auch ein Buch von Abraham Arden Brill mit dem Titel *Psychoanalysis* von 1923, das ebenfalls diesen Zusammenhang behandelte, einen faszinierenden Einfluss auf ihn ausübte (ebd., S. 134).[36] Denn bis dahin hätte er nicht einmal ein ausreichendes Wissen über Paranoia besessen und verwechselte sie öfters, wie auch Mazhar Osman Uzman, mit der Dementia Praecox und der Paraphrenie. In der Toptaşı Bimarhanesi entdeckte er diesen Zusammenhang von Paranoia und Homosexualität an einem 25- bis 30-jährigen Patienten aus Anatolien, der in einen Lehrling verliebt war und mit der Zeit paranoide Halluzinationen entwickelte. Diesen Fall präsentierte er in einem Vortrag vor seinen Kollegen, von denen viele seine Darstellungen vehement kritisierten und anschließend das Thema für beendet hielten und nie wieder darüber diskutierten. Izeddin A. Şadan

---

34 Wie ich im vorherigen Kapitel die islamischen Wertvorstellungen Mazhar Osman Uzmans schon dargestellt habe, könnten diese ein Grund gewesen sein, dass er die Psychoanalyse als eine »semitische Lehre« betrachtete und sie daher ablehnte.

35 Die französische Übersetzung der dritten Auflage von Jones, Ernest (1923): *Papers on Psychoanalysis*. London (Ballière, Tindall & Cox). Auf Deutsch ist dieses Werk nicht erschienen. Ich danke Ernst Falzeder für diesen Hinweis.

36 Zu jener Zeit hatte Abraham Arden Brill zwei Bücher veröffentlicht, die »Psychoanalysis« im Titel tragen: Brill, Abraham Arden (1912): Psychoanalysis. Its theory and practical application. Philadelphia (Saunders); Ders. (1921): Fundamental Conceptions of Psychoanalysis. New York (Brace and company). Laut Ernst Falzeder beschäftigen sich andere Texte von ihm mit »Psychoanalysis« im Titel nicht mit dieser Frage. Einen Artikel über diesen Zusammenhang publizierte Brill erst in den 1930er Jahren: Brill, Abraham Arden (1934): Homoerotism and paranoia. American Journal of Psychiatry 13, 957–974.

erzählt, dass er im Jahre 1926 in der Istanbul Seririyatı einen Artikel von Frederick Mott über demente Erkrankungen übersetzte und ein Kollege namens Ihsan Şükrü[37] ihn daraufhin mit den Worten:»Ja, genau solche Schriften solltest du übersetzen, was willst du denn mit unsinnigen Sachen wie der Psychoanalyse«, (ebd.) gelobt hatte.

Die Meinungsverschiedenheiten ließen bald eine Kluft zwischen Izeddin A. Şadan und seinen Kollegen entstehen. Tunaboylu-Ikiz berichtet diesbezüglich, dass ihm sogar die Befähigung zur Diagnoseerstellung entzogen wurde (2000, S. 132). Mit der Zeit wurde der »einsame Interessent der Psychoanalyse« von der Mentalität in dieser Anstalt sehr beengt. Doch aufgrund der fehlenden Literatur konnte er sich nicht ausreichend in psychoanalytische Theorien vertiefen und konzentrierte sich so auf die vorhandenen Werke von Carl Gustav Jung, Ernest Jones, Abraham Arden Brill, Rogues De Fursac und Emanuel Régis.

Als die Toptaşı Bimarhanesi im Frühling 1927 geschlossen und die PatientInnen in den ehemaligen Kasernen in Bakırköy untergebracht wurden, arbeitete Izeddin A. Şadan nur noch wenige Monate in der Bakırköy Hastahanesi. Er beschreibt die Umgebung der ehemaligen Kasernen als ein »Metier der Banditen« (1977, S. 135), in dem »Frauen der unteren Klasse« (ebd.) sich mit ihren Kunden trafen und auch illegale Glücksspiele stattfanden:

> »Am Anfang waren die Reşadiye Kasernen sehr veraltet und da wir nicht einmal einen Platz hatten, unsere Kleider in einem Schrank aufzuhängen, lagen sie alle auf meinem Sessel. Das größte Problem betraf die Toiletten. Die Patienten mussten ihre Notdurft im Freien erledigen. Der zur Klinik führende Weg war voller Schlamm, so ging ich zur Arbeit immer mit einer Kutsche, die Eigentum der Klinik war. Einmal konnte ich sie nicht lenken, krachte gegen die Wand, und sie wurde vollkommen zerstört. [...] Mazhar Osman war sehr zufrieden, dass er die Kasernen in eine Klinik umbauen ließ und war dort auch häufig anwesend. [...] Ich begann am Morgen auf der Station zu arbeiten, verließ sie aber spätestens um 12.00 Uhr, ging fast jeden Nachmittag nach Istanbul [Stadtzentrum] und kam erst am Abend wieder zurück. Festgelegte Dienstzeiten gab es nicht« (ebd.).

Trotzdem geriet Izeddin A. Şadan mit Mazhar Osman Uzman wegen der Regelung seiner Dienstzeiten in einen Konflikt, woraufhin er seine Stelle noch

---

37 Ihsan Şükrü Aksel (1889–1987), ein enger Mitarbeiter Mazhar Osman Uzmans, der in den 1920er Jahren mit Emil Kraepelin, Walter Spielmeyer, Wilhelm Weygandt und weiteren deutschen Psychiatern und Neurologen zusammengearbeitet hatte. Er wurde in der Türkei ein sehr bekannter Psychiater und Neuropathologe und trotz seines biologischen Psychiatrie-Verständnisses war er der Mentor der Psychoanalytikerin Günsel Koptagel-Ilal.

im Sommer 1927 kündigte und bis zur Niederschrift seiner Erinnerungen nie wieder einen Fuß nach Bakırköy setzte. Noch im selben Jahr reiste er nach Paris und wurde in der psychiatrischen Klinik in Villejuif Assistent von Rogues De Fursac, mit dessen Werken er schon in der Türkei in Kontakt gekommen war, und konnte nach Tunaboylu-Ikiz in Frankreich sein psychoanalytisches Wissen vertiefen (2000, S. 132).[38]

Im Jahre 1930 kehrte er in die Türkei zurück, schloss 1934 an der Medizinischen Fakultät der Istanbul Universität seine Facharztausbildung in Psychiatrie und Neurologie ab und begann am Pädagogischen Gazi Institut in Ankara, aus der die heutige Gazi Universität hervorgeht, zu arbeiten.

Dr. İZEDDİN ŞADAN
Birinci Sınıf Akliye ve Asabiye Mütehassısı

İstanbul

Abb. 4: Izeddin A. Şadans Visitenkarte, Facharzt für Psychiatrie und Neurologie

In den 1930er Jahren veröffentlichte er viele psychoanalytische Aufsätze in angesehenen Zeitschriften wie etwa in *Tanrı Dağ* (Der Gottesberg), in welcher er sogar in der Redaktion mitwirkte (vgl. Erkoç/Kazancıgil 2006, S. 63), oder in der Literatur- und Kulturzeitschrift *Yeni Adam* (Der neue Mann), in welcher er insgesamt ca. 80 Artikel veröffentlichte und in einem dieser Aufsätze Sigmund Freud als den *Viyana Kâşifi* (Den Wiener Entdecker)

---

38 Joseph Rogues De Fursac (1872–1942) war zwar ein biologisch orientierter Psychiater, kannte sich aber auch mit psychoanalytischen Methoden aus und brachte Izeddin A. Şadan die Anwendung der freien Assoziation bei (Şadan 1977, S. 133). Yalçıner und Hanoğlu (2001, S. 44) schreiben, dass Izeddin A. Şadan in Frankreich auch in der Salpêtrière gearbeitet haben soll, doch scheinen im Archiv dieser Klinik keinerlei Dokumente zu seiner Person auf. Mouginot Mailys – Archiv Service-Assistance Publique Hôpitaux de Paris: Amtliche Mitteilung am 12. Februar 2009. Der türkische Journalist Dücane Cündioğlu behauptet in einem Zeitungsartikel von *Yeni Şafak* (25.11.2007), dass Izeddin A. Şadan mit Sigmund Freud zusammengearbeitet habe, was sich aber nicht nachweisen lässt. Im Wiener Stadt- und Landesarchiv sind zu seiner Person keine Meldezettel registriert. Erich Denk: amtliche Mitteilung am 4. Februar 2009. Der Journalist führt ebenfalls an, dass Izeddin A. Şadan vermutlich ein Onkel des berühmten türkischen Schauspielers Münir Özkul sei. Auf meine Anfrage haben die Angehörigen des Schauspielers angegeben, dass ein solcher Verwandter nicht existiert. Güner Özkul: Persönliche Mitteilung am 1. Februar 2009.

bezeichnete (ebd.). In seinen beiden 1934 veröffentlichten Aufsätzen *Batıl İtikatler ve Freud* (Aberglaube und Freud) und *Psikanalize göre sanatta cinsiyet* (Die Sexualität in der Kunst nach psychoanalytischer Auffassung) bereitete er allgemeine psychoanalytische Konzepte didaktisch auf und fügte seine eigenen Anmerkungen hinzu, in denen er die Gefahr des Missverständnisses der allgemeinen und infantilen Sexualtheorie der Psychoanalyse betonte. Seine feste Überzeugung von Freuds Theorien bezeugt Mehmed Niyazi, der Izeddin A. Şadan persönlich kennen gelernt hatte:»In Gesprächsrunden sagte er ›Freud hat Recht!‹ und hielt die Diskussion für beendet. Bei weiterem Nachfragen wurde er sehr zornig« (2007, S. 279).

Grundsätzlich können Izeddin A. Şadans Artikel als die ersten psychoanalytischen Originalarbeiten in der Türkei bezeichnet werden.[39] Als eine der ersten psychoanalytischen Originalschriften eines anderen türkischen Autors gilt der 21-seitige Aufsatz »Untersuchung über die Psychologie Freuds«, welchen der Psychiater Mustafa Hayrullah Diker (1875–1950) in osmanischer Schrift und Sprache im Jahre 1917 verfasst hat (Batur 2002, S. 25, Taştan 2011a, S. 9f.). Daneben haben sich in den 1920er Jahren, wenn auch nicht in der Intensität wie Izeddin A. Şadan, auch andere Autoren mit der Psychoanalyse auseinandergesetzt, deren Schriften Coşkun Taştan (2011a, b) herausgearbeitet hat.

Wie Tunaboylu-Ikiz (1996) feststellt, haben sich die ersten psychoanalytischen Originalschriften ab den 1930er Jahren, wegen der damals fehlenden psychoanalytischen Anwendung in der Türkei, fast nur auf kulturanthropologische Aspekte der Psychoanalyse bezogen. Diese Tendenz ist auch in den Werken Izeddin A. Şadans zu erkennen, in denen keine klinischen Fallvignetten vorhanden sind. Neben seinen psychoanalytischen Originalwerken übersetzte Izeddin A. Şadan auch einige Werke von Sigmund Freud, die jedoch im Rahmen meiner Recherchen nicht eruiert werden konnten. Den Hinweisen von Erkoç und Kazancıgil (2006, S. 63) und Koptagel-Ilal (1998, S. 225) folgend, dass Izeddin A. Şadan

---

39 Weitere seiner eruierten Artikel: Die Artikelreihe »Izdirari Hareketler ve Dini Ibadetler« (Triebhafte Handlungen und religiöse Gebete). In: *Yeni Adam*. 26 März 1936, S. 117; 2. April 1936, S. 118; 9. April 1936, S. 119. Eine weitere Artikelreihe heißt »Aşk (Eros) ile Mücadele« (Der Kampf mit dem Eros). In: *Yeni Adam*. 16. April 1936, S. 120; 30. April 1936, S. 122; 14. Mai 1936, S. 124; 21. Mai 1936, S. 125; 4. Juni 1936, S. 127; 18. Juni 1936, S. 129. Weitere Artikel: »Tehlikeli bir Tabip, Hasta bir Kitap« (Ein gefährlicher Arzt und ein krankes Buch) In: *Yeni Adam*. 28. Mai 1936, S. 126; »Istiklal Harbi sıralarında Türk Edebiyatı« (Türkische Literatur während des Befreiungskrieges) In: *Açıksöz*. 20. Juli 1936, S. 5. Ich danke Frau Fulya Ibanoğlu für die Bereitstellung der Kopien dieser Zeitungs- und Zeitschriftenartikel. Ausgeforschte Bücher: Şadan, Izeddin A. (1943): Birsam-i Saadet (Der Glückswahn). Işık Dizgievi, İstanbul; Das Erscheinungsjahr und der Verlag seiner zwei Bücher »Deliliğin Psikolojisi« (Die Psychologie des Irreseins) und »Ilm-i Beşer« (Die Lehre des Menschen) konnten nicht eruiert werden.

nicht alle seine Übersetzungen veröffentlichte, dürfte er auch diese vermutlich nicht publiziert haben.

Zu Beginn der 1930er Jahre nahm Izeddin A. Şadan bezüglich des Verfassens seiner Originalschriften und seiner Übersetzungen Kontakt mit Sigmund Freud auf und veröffentlichte im Jahre 1932 eine psychoanalytische Abhandlung mit dem Titel *Eine mohammedanische Legende. Ein psychoanalytischer Versuch* in der von Sigmund Freud editierten Zeitschrift *Imago*. Sigmund Freud ließ diesen Aufsatz, welcher meines Wissens die erste Publikation eines türkischen Autors in einer psychoanalytischen Zeitschrift im deutschsprachigen Raum darstellt, von Felix Schottländer[40] aus dem Französischen ins Deutsche übersetzen.

Über diesen Aufsatz wurde 1934 auch im *International Journal of Psychoanalysis* berichtet (Middlemore 1934). Da das türkische Original nicht gefunden werden konnte, übersetzten Erkoç und Kutlar (2007) diesen Aufsatz aus der deutschen Ausgabe in die türkische Sprache und vermuten, dass Izeddin A. Şadan aufgrund von Bedenken um Reaktionen seitens orthodoxer MuslimInnen die psychoanalytische Abhandlung nicht auf Türkisch verfasst oder veröffentlicht haben könnte (S. 14). Die Autoren führen zudem auch an, dass Izeddin A. Şadan das 1916 erschienene *Totem und Tabu*, welches eine bereichernde Quelle für seine psychoanalytische Abhandlung gewesen wäre, womöglich nicht gelesen hat, da er in seinem Aufsatz Freud nicht zitiert, stattdessen nur Sekundärliteratur benutzt und die Legende nur nach dem topografischen Modell interpretiert.[41] Auch Izeddin A. Şadan selbst berichtet in seiner Erinnerungsschrift, dass er Schwierigkeiten hatte, an umfassende psychoanalytische Literatur zu gelangen (1977, S. 134).

---

40 Felix Schottländer (1892–1958) war Mitglied der Mittwoch-Gesellschaft von Sigmund Freud. Er wurde in Heidelberg geboren und kam 1930 nach Wien, wo er, abwechselnd auch in seiner Geburtsstadt, Psychologie, Philosophie, Geschichte und Geografie studierte. In Wien besuchte er Kurse bei August Aichhorn, Anna Freud, Helene Deutsch, Grete Bibring und Robert Wälder. 1932 war er zwei Jahre lang außerordentliches Mitglied der Wiener Psychoanalytischen Vereinigung. Danach wechselte er in die Deutsche Psychoanalytische Gesellschaft. Gemeinsam mit Alexander Mitscherlich begann er 1947 die Zeitschrift *Psyche* herauszugeben. Siehe Mühlleitner, Elke (1992): Biographisches Lexikon der Psychoanalyse. Tübingen (edition diskord), S. 291f.; URL: http://www.akademie-stuttgart.de/schottlaender. htm (Stand: 10.06.2012); Bley, Simone (2010): Felix Schottländer. Leben und Werk. Frankfurt am Main (Brandes & Apsel).

41 In den Fußnoten seiner psychoanalytischen Abhandlung wird auf Vergleiche mit *Der Wahn und die Träume in W. Jensens Gradivia* von Sigmund Freud und mit *Traum und Mythus* von Otto Rank hingewiesen. Möglich ist, dass diese Fußnoten der Übersetzer Schottländer hinzugefügt haben könnte.

Exkurs: Eine mohammedanische Legende.
Ein psychoanalytischer Versuch

In dieser Abhandlung untersucht Izeddin A. Şadan die berühmte Legende eines Derwisches mit dem Namen *Merkez Efendi* und stellt, anhand einer psychoanalytischen Betrachtung seiner Beziehungen zu anderen Figuren der Legende, den Ödipuskomplex in der Tradition des Sufismus dar.

Zur historischen Person dieses Heiligen führt Izeddin A. Şadan einige Daten an: Mit ihrem eigentlichen Namen hieß die Hauptfigur der Legende Musa Muslihiddin Merkez Efendi und wurde in Denizdli (tr. Denizli) im Jahre 1462 n. Chr. geboren. Sein Vater trug den Namen Mustafa, über die Mutter ist in der Historie nichts bekannt. Muslihiddin Musa Merkez Efendi besuchte in Konstantinopel die Schule des bekannten Ahmed Pascha. Nach seiner Heirat predigte er in der Hagia Sophia und besuchte regelmäßig die Mönchsschule des berühmten Sufisten Sunbuli Sinan (tr. Sümbüllü Sinan). Als Sunbuli Sinan starb, wurde Muslihiddin Musa Merkez Efendi nach dem Wunsch seines Lehrers zum Scheich des Sunbuli-Ordens ernannt, dessen Sitz in Magnisa (tr. Manisa) war. Dann kehrte er wieder zurück nach Konstantinopel und lebte dort bis zu seinem Tode im Jahre 1552 n. Chr. Da er nicht neben seinem Meister begraben werden durfte, liegt sein Grabmal[42] (tr. Türbe) außerhalb der großen Mauer, weshalb ihm der Name *Merkez Efendi* (Herr der Mitte/des Zentrums) gegeben wurde.

Nach Izeddin A. Şadan bestand das Ritual um diesen Heiligen darin, dass in schwierigen Situationen wie etwa Prüfungen, Geschäften oder unfruchtbaren Ehen von dem kleinen Becken neben der Türbe ein Stein aufgelesen, dabei eine Bitte ausgesprochen und ein Gebetopfer gelobt wurde. Wenn der Wunsch in Erfüllung ging, wurde der Stein wieder an den ursprünglichen Ort zurückgebracht. Konnten Frauen, die lange Zeit auf ein Kind warteten, nach der Bitte an den Heiligen schwanger werden, so weihten sie ihm das Neugeborene, welches ihm ein Leben lang verbunden blieb.

Izeddin A. Şadan schildert, dass Merkez Efendi in der Legende als ein Mann

---

[42] »Unmittelbar vor der zerfallenen großen Mauer steht diese Türbe, das Grabmal eines Heiligen, von einer Moschee und einigen anderen Baulichkeiten umgeben. Dicht dabei liegt ein mohammedanischer Friedhof, denn die Bevölkerung liebt es, ihre Toten in der Nähe eines Dieners des Glaubens zu betten. Das Grab ist ein bescheidenes rechteckiges Bauwerk aus weißem Marmor mit einem roten Ziegeldach und liegt in einem kleinen Hof. Durch die vier Fenster der Vorderfront kann man in das Innere des Bauwerks sehen, das in zwei Teile geteilt ist. Der kleinere Teil birgt das Grab des Heiligen, das die Form einer halben Pyramide hat und mit einem Gitter umgeben ist. Durch das erste Fenster rechts kann man das Hauptende des Sarkophags sehen. Er ist mit gestickten Decken umhüllt. Am Fußende befindet sich ein Epitaph in türkischer Sprache« (Şadan 1932, S. 189).

Abb. 5: Grabmal des Merkez Efendi in Zeytinburnu/Istanbul

asketischer Natur beschrieben wurde. Fern von den weltlichen Geschehnissen wusste er sich mit dem Wenigen zu begnügen. Eines Tages hegte er den Wunsch, zu heiraten und verliebte sich in die Tochter des Sultans. Bevor er den Vater um die Hand seiner Tochter bat, entschloss er sich, zuerst der Sultanstochter von seiner Liebe zu berichten. Da er sich ihr nicht nähern konnte, erschien er ihr im Traum und offenbarte ihr seine Liebe. Die Sultanstochter erwiderte die Liebe des Derwisches »trotz seines zerrissenen Mantels« (Şadan 1932, S. 191). Merkez Efendi begab sich sogleich zum Sultan und bat ihn um die Hand seiner Tochter. Der König geriet in großen Zorn, entschied sich aber, seine Tochter dem Derwisch zu geben, unter der Bedingung, dass er ihm 40 Kamelladungen Gold bringe. Merkez Efendi war damit einverstanden, aber nun in großer Sorge. Er legte sich schlafen, um einen prophetischen Traum zu haben. Da erschien ihm ein erhabener Greis und sprach, er solle sich nicht fürchten, sondern 40 Tage lang Erde schaufeln, sie in Säcke füllen, damit ein Kamel beladen und sich danach zum Sultan begeben. Nach 40 Arbeitstagen erschien Merkez Efendi, den Rat des Greises befolgend, beim Sultan. Die Erde verwandelte sich vor der Schatzkammer des Sultans zu Gold und so war er gezwungen, sein Versprechen einzulösen. Er hoffte nun auf eine Absage seiner Tochter, doch diese war in den Derwisch verliebt und willigte in die Ehe ein. Wütend verwies der Sultan die

Verliebten seines Schlosses. Neben der Grube, aus der Merkez Efendi die Erde ausgehoben hatte, grub er sich und seiner Frau eine »Kammer des Leidens« (tr. Çilehane) (ebd., S. 192), in der sie hausen sollten.

Da sie sehr arm waren und nichts zu essen hatten, mussten sie die Hochzeitsnacht »nüchtern« (ebd.) (enthaltsam) verbringen. Doch am nächsten Morgen fanden sie die Grube mit Wasser gefüllt und Fische darin schwimmend vor, die sie fingen und an der Sonne kochten. Nachdem sie satt geworden waren, legten sie sich nieder. »Die Sultanstochter verliebte sich dermaßen in ihren armseligen Gatten, daß sie sehr glücklich war« (ebd.). Nach einem Jahr wurde ihnen ein Kind geboren. Das Paar hatte jedoch kein Brennholz zum Waschen der Wäsche des Kindes und so hielt die Sultanstochter ihren Fuß auf den heißen Stein, um damit das Wasser zu erwärmen. Eines Tages kam der König, um seine Tochter zu besuchen. Als die Tochter aufstehen wollte, um ihren Vater zu begrüßen, stürzte sie und starb. Am Abend kam Merkez Efendi nach Hause, sah seine Frau regungslos liegen und »sank entseelt neben ihr zu Boden« (ebd.).

In Anlehnung an Charles Baudouin (1929) äußert Izeddin A. Şadan die Vermutung, dass der mohammedanische Mythos, ähnlich wie die christlichen und heidnischen Legenden, der Traumtheorie folgend, den manifesten Inhalt darstellt, und versucht anhand seiner Analyse, den latenten Inhalt zu erkunden. Er zerlegt die Legende in ihre Motivelemente und stößt dabei auf die gleichen zensurierenden Vorgänge des Traumes, wie die Entstellung, die Verschiebung, die Verdichtung, die sekundäre Bearbeitung und die Verkehrung ins Gegenteil.

Er stellt auch fest, dass die von Sigmund Freud beschriebenen Mechanismen und symbolischen Ausdrucksformen der Libido in mohammedanischen Legenden ebenso wirkungsvoll sind, obwohl deren Wurzeln von denjenigen der Psychoanalyse weit entfernt sind. Zudem bemerkt er, dass die Libido im Islam beeindruckende Ausdrucksformen angenommen habe und nennt hier als Beispiel den im Westen noch unbekannten Sufismus, der im eigentlichen Islam weder als Bezeichnung noch als Lehre existiere. Der Islam habe durch die ständigen iranischen, hinduistischen, griechischen und auch christlichen Einflüsse seine Eigenheit verändert, indem er die Verbreitung der Lehren des Propheten Mohammed als sein Hauptziel definierte. Den Theorien Edgar Blochets (1899) zufolge führt er an, dass der Islam den Sufismus in seiner Selbsterneuerung lediglich durch die Auslegung der mohammedanischen Heiligen Schrift und der Hadithen (Überlieferungen des Propheten Mohammed) hervorgebracht hat.

Izeddin A. Şadan beschreibt die Tatsache, dass die Sufisten fern von weltlichen Geschehnissen lebten und sich Allah hingaben, als Sublimierung der Libido. Derjenige, der in den Orden aufgenommen werden sollte, wurde als *Talik* (der Reisende) bezeichnet. Der Sufi begann seine Reisen mit der ersten Stufe, welche »die Reise zu Allah«[43] (Şadan 1932, S. 204) ist. Hier wendet sich der Sufi zu Allah und zieht sich ins Kloster zurück. Die zweite Reise wird als diejenige »für Allah« (ebd.) bezeichnet. Auf dieser Stufe ist es vorgesehen, dass der Sufi die menschlichen und somit sterblichen Eigenschaften aufgibt. Auf der dritten Reise, die »mit Allah« (ebd.) unternommen wird, schwindet die Freiheit und der Suchende erreicht Allah. Die vierte Reise ist »die von Allah aus« (ebd.). Auf dieser Stufe erlangt der Reisende das Recht, selbst Sufis auszubilden. Die Identifizierung mit Allah sei ein klassischer Zug des Sufismus, der jedoch Izeddin A. Şadan zufolge im monotheistischen Islam nicht vorkommt.[44]

Er führt weiter aus, dass der Sufismus den kritischen Denkern eine Zufluchtsstätte war, da er den Menschen die »Freiheit des Wortes« (ebd., S. 196) bewilligte. Die Sufisten würden ihren Kult auch mit Gebräuchen, die dem traditionellen Islam fremd sind, gestalten. Die Derwische tanzten beispielsweise während der Gebete in Begleitung von Musik und trugen auch weiblichen Schmuck, wie Ohrringe. Aus den Gründen der Andersartigkeit hätten die Sufisten jahrzehntelang Verfolgungen erdulden müssen.

Wie er bemerkt, ist in der Reise des Merkez Efendi auch das Aufgeben von Werten enthalten, indem der arme Derwisch das Gold, einen irdischen Wert, für seine Läuterung aufbringt und Sühne büßt, um mit seiner Geliebten zusammenzukommen. In dieser mohammedanischen Legende, wie auch in heidnischen Mythologien, ist seiner Ansicht nach die sekundäre Bearbeitung zu erkennen, da der Held in der Legende die Gestalt eines demütigen Derwisches einnimmt, dafür aber – laut Charles Baudouin – mit paranoiden Wesenszügen ausgestattet wird. Izeddin A. Şadan stimmt dabei auch James Hastings Ausführungen zu, dass sich die Sufisten als eine bevorzugte Klasse verstanden, da sie vor allem die esoterische Seite des Islam beherrschten und sich dadurch vom mohammedanischen Volk abgrenzten. So handelt auch Merkez Efendi, indem er als armer Derwisch die Tochter des Padischahs ehelichen will. Das gehobene Milieu der Legende diene dazu, Merkez Efendi mit Größen- und Wahnideen zu versehen.

Izeddin A. Şadan erkennt in den Figuren der Legende, die Merkez Efendi feind-

---

43 Schottländer hat in der Legende Allah als »Gott« übersetzt, was ich in diesem Zusammenhang für nicht richtig erachte, da Allah und Gott in ihren Eigenschaften sehr unterschiedlich wahrgenommen werden. Da in diesem Kontext der Gott im Islam gemeint ist, bezeichne ich ihn als Allah.

44 Die Psychoanalytikerin Tevfika Tunaboylu-Ikiz bemerkt, dass in islamischen Ordensbrüderschaften, in denen die Hingabe zu Allah eine bedeutende Rolle spielt, die Lehrer/Scheich (tr. şeyh) – Schüler/Jünger (tr. mürit) – Beziehung ebenfalls von Aufgabe der Individualität, eiserner Befolgung der Anweisungen des Lehrers und der Kontrolle triebhafter Bedürfnisse gekennzeichnet ist. Die Libido wird auf die Gemeinschaft der Ordensbrüder, auf den Scheich/Lehrer und auf Allah gelenkt (2005b, S. 9ff.).

lich gesinnt sind, Imagines des Vaters und in denjenigen, die ihn zu beschützen trachten, Bilder der Mutter. Zudem entdeckt er darin das Ödipusmotiv, übersetzt man die Legende in die psychoanalytische Sprache. Nach seiner Interpretation stellt der zornige Sultan den Vater, die Sultanstochter die Mutter und Merkez Efendi den Sohn dar, wobei der Konflikt zwischen dem armen Sufi und dem Sultan zur Bestrafung des Sohnes führt. Er schreibt: »Da die Stellung des ›Vaters‹ in den mohammedanischen Anschauungen eine außerordentlich hohe ist, muss Merkez für seine unbewussten Wünsche hart bestraft werden; er wird vertrieben, und über ihn bricht alles Unheil herein. Darin findet die Rache für seinen Frevel ihren Ausdruck« (Şadan 1932, S. 203).

Nach Izeddin A. Şadan nimmt die Vaterfigur sowohl im historischen Leben als auch in der Legende des Merkez Efendi eine zentrale Position ein und weist diesbezüglich auf seine realen und legendären Vater/Sohn- und Lehrer/Schüler-konstellationen hin. Insgesamt identifiziert er drei Vaterfiguren des Merkez Efendi. Der erste Vater ist der historische Vater, über den außer seinem Namen nichts bekannt ist. Der zweite Vater ist der edle und göttliche Vater, welcher der Gestalt des alten Greises entspricht. Der dritte Vater ist der schreckliche Vater, der das Kind bedroht und in der Legende als Sultan in Erscheinung tritt.

Aspekte aus dem Leben dieser Männer ähneln sich in vielen Bereichen und zudem hätten die Namen Muhamed, Achmed und Mustafa dieselbe verdichtete Bedeutung, da sie alle den Propheten bezeichnen. Izeddin A. Şadan findet im historischen Leben und auch im Mythos außerordentlich viele Symbole und Handlungen, die denen aus dem Leben des Mohammed gleichen. Die Bestattung des Merkez Efendi außerhalb seiner Wirkungsräume wie auch die bedeutsame Zahl 40 – denn Mohammed wurde in Mekka beerdigt und erhielt die Konfirmation mit 40 Jahren – sind bedeutsame Analogien. Das Symbol des Fußes in der Legende ist ebenfalls als Gleichnis zum Fuße Abu Bekirs zu betrachten. Der Jünger des Prophe-ten, der bei ihrer gemeinsamen Flucht mit seinem Fuß die Öffnung einer Höhle verschloss und dort einen Schlangenbiss erlitt, ließ den Propheten Mohammed, der auf seinem Knie ruhte, von seinen Schmerzen nichts merken, da er ihn bei seiner Rast nicht stören wollte. Für Izeddin A. Şadan bedeutet die Identifizierung des sufischen Derwisches mit dem Propheten »nichts anderes als ein Element des Ödipuskomplexes: die Identifizierung des Sohnes mit dem Vater zur Gewinnung der Mutter« (ebd., S. 202). Den Kastrationskomplex sieht er in der Beschneidung muslimischer Männer, der wegen der »verpönten Körperstelle« (ebd., S. 209) in der Legende auf den zerrissenen Mantel des Derwisches übertragen wurde.

Zur weiblichen Ecke des Triangels im Ödipuskomplex schreibt Izeddin A. Şadan, dass über die leibliche Mutter des historischen Merkez Efendi nichts bekannt ist, im Mythos aber die Sultanstochter in zweifacher Mutterschaft erscheint. Erstens ist sie die ersehnte Geliebte und zweitens die leibliche Mutter des Heldenkindes. Da Merkez Efendi die Sultanstochter (Mutter) auf rechtmäßigem Weg heiratet, wird das Inzestverbot im Ödipuskomplex umgangen und die begehrte Inzestbefriedigung erfolgt hinter dieser Verschlüsselung. Die Triebabwehr widersetzt sich jedoch weiterhin der Befriedigung, indem beispielsweise die Liebe des Paares vom Sultan nicht anerkannt wird und die jungen Leute die Hochzeitsnacht enthaltsam verbringen müssen.

Izeddin A. Şadan knüpft die Beziehung des Merkez Efendi zu seiner Geliebten (Mutter) an das Verhältnis des Propheten Mohammed zu seiner Frau Hadidje (tr. Hatice) (auch die Frau des Merkez Efendi trägt den Namen Hatice. Anm. d. Verf.in), die eine reiche Witwe und um 20 Jahre älter war als der Prophet, der ihr, solange sie lebte, treu blieb. So deutet er sowohl bei Propheten Mohammed wie auch in Analogie dazu bei Merkez Efendi eine starke Mutterfixierung. »Die Treue eines fünfundzwanzigjährigen Mannes vom Temperamente Mahomets zu einer um zwanzig Jahre älteren Frau, die, als Araberin, schon völlig verblüht war, lässt sich nur durch eine sehr starke Mutterfixierung erklären« (ebd., S. 208). Merkez Efendi sehne sich ebenfalls nach der Mutter und ziehe sich im historischen Leben als Asket aus der Welt zurück. Die Entfernung vom weltlichen Leben erklärt Izeddin A. Şadan mit dem Wunsch nach der Nähe zum Mutterschoße, wobei der Besitz der Mutter Schuldgefühle auslöse. Er bemerkt weiter, dass der Islam, wie auch die jüdische Religion, von Schuldgefühlen und Verlangen nach Selbstbestrafung durchsetzt ist. Die Wiedergeburtsfantasie des Ödipuskomplexes spiegelt sich seiner Ansicht nach in der Geburt des Heldenkindes wider, das nach dem Tod seiner Eltern ebenfalls dem König zürnt und nun als der wahre Held dem tyrannischen Vater gegenübersteht.

Izeddin A. Şadan schließt sich durch seine psychoanalytischen Deutungen der klassischen Auffassung des Ödipuskomplexes an: »[Ob] es sich um den heidnischen Ödipuskomplex handeln [mag] oder um seine christlichen, jüdischen oder mohammedanischen Varianten – immer ist der Sohnesheld, sei er ein Diener Gottes oder ein Feldherr, der Sieger und Triumphator. Die Legende von Merkez macht hier keine Ausnahme« (ebd., S. 202f.). Dabei deutet Izeddin A. Şadan, um der Auffassung des klassischen Ödipuskomplexes zu entsprechen, eine Verkehrung ins Gegenteil bei den Beziehungen der Legendenfiguren. Der Zorn des Sultans dem armen Derwisch gegenüber ist seiner Ansicht nach eigentlich der verborgene Hass des Helden dem Vater gegenüber. Der Sultan (Vater) hat schlussendlich Merkez Efendi (Sohn) auch nicht töten können, da das Heldenkind als »Doublette des Merkez selbst« (ebd., S. 198) weiterhin seinen Rachezug fortsetzt.

Der wichtigste Moment in Izeddin A. Şadans Deutungen der Legende ist meines Erachtens der klassische Ausgang des Ödipuskomplexes. Er steht im Gegensatz zu

gegenwärtigen psychoanalytischen Theorien über den Ödipuskomplex in islamischen Kulturen, die anhand von mohammedanischen Sagen einen umgekehrten
Ausgang – also den Sieg des Vaters über den Sohn – angeben und damit auch
die Machtkonstellation der realen Beziehungen in islamischen Gesellschaften
begründen (vgl. Ardjomandi 1990, 1993). Hätte Izeddin A. Şadan die Geburt
des »wahren Heldenkindes« nicht als die Wiedergeburt des (getöteten) Sohnes
gedeutet, müsste er zu dem Schluss kommen, dass in der Legende tatsächlich der
Vater den Sohn besiegt und auch in realen (traditionellen) Beziehungsmustern der
islamischen Kulturen in der Machtkonstellation über ihm steht. Edith Seifert[45]
bemerkt diesbezüglich, dass in traditionell-islamischen Kulturen eine »andere
Spielart des Ödipuskomplexes« existieren kann, dass Izeddin A. Şadan diese
Spielarten jedoch nicht in Erwägung zog und parallel zu den Theorien Sigmund
Freuds argumentierte.

Der Grund für sein nachhaltiges Festhalten an der Existenz des klassischen Ödipuskomplexes kann in seinem Umfeld vermutet werden. Arin Sharif-Nassab[46] führt
dazu an, dass Izeddin A. Şadan angesichts seiner prekären Stellung in türkischen
Fachkreisen ein »Dissident in der Dissidenz« geworden wäre, wenn er auch den
Annahmen Freuds widersprochen hätte. Zusätzlich dazu vermute ich, dass er bei
einer kontradiktorischen Darstellung des Ödipuskomplexes seinen Artikel nicht in
der *Imago* veröffentlichen hätte können, da Sigmund Freud auf die zustimmende
Rezeption seiner Theorien großen Wert legte.[47]

Ein weiterer Grund für die Darstellung des klassischen Ausganges des Ödipuskomplexes könnte auch darin liegen, dass Izeddin A. Şadan, selbst islamisch-
türkischen Ursprungs, unbewusst die Rolle »des braven Sohnes« eingenommen
hatte. Denn der Widerstand gegenüber den Ansichten seines autoritären »Vaters
Sigmund Freud« würde mit den islamischen Beziehungsstrukturen im Widerspruch
stehen. Somit trachtete Izeddin A. Şadan als »einsamer Sohn«, fern von Vater
und den Geschwistern, zumindest nach geistiger Einigkeit.

Nach Angaben von Volkan (2008a, S. 10) war Izeddin A. Şadan sogar in Analyse bei der Psychoanalytikerin Edith Weigert-Vowinckel, die von 1935 bis 1938

---

45 Edith Seifert: Persönliche Mitteilung am 9. Jänner 2009. Ich bedanke mich bei Edith Seifert
und den TeilnehmerInnen ihres Seminars zur »Religion und Psychoanalyse« (WS 08/09) am
Institut für Erziehungswissenschaften der Leopold-Franzens-Universität Innsbruck für ihre
wichtigen Beiträge.

46 Arin Sharif-Nassab: Persönliche Mitteilung am 5. Jänner 2009.

47 Siehe in Edith Weigert-Vowinckels Kurzbiografie den Konflikt zwischen ihr und Freud um
die Veröffentlichung ihrer kulturanthropologischen Studie über Kleinasien in der Zeitschrift
Imago.

Dr. İzzettin Şadan   Dr. İzzettin Şadan

Abb. 6: İzeddin A. Şadan Karikaturen

im türkischen Exil in Ankara lebte.[48] Im *Korrespondenzblatt der Internationalen Zeitschrift für Psychoanalyse und Imago* wird berichtet, »[dass] ein Psychiater, der gegenwärtig noch in Lehranalyse ist, eine gründliche theoretische Ausbildung gewonnen und verschiedene Arbeiten Freuds ins Türkische übersetzt [hat]« (1939, S. 230). Auch Edith Weigert-Vowinckel selbst berichtet in einem Interview aus dem Jahre 1973,[49] dass sie einen türkischen Psychiater in Lehranalyse genommen hatte: »We conducted this analysis in French because that was the only language in which we could meet« (zit. n. Holmes 2006, S. 62). Laut Holmes (ebd.) erzählt sie in ihrer unveröffentlichten Autobiografie ebenfalls von einem türkischen Analysanden, ohne aber seinen Namen zu nennen. Da sowohl Izeddin A. Şadan als auch Edith Weigert-Vowinckel ab Mitte der 1930er Jahre in Ankara lebten, er die französische Sprache beherrschte und einige Werke Sigmund Freuds in die

---

48 Volkan relativiert in einem anderen Artikel seine Aussage: »I recall that when I spoke with Edith Weigert I got the impression that İzeddin Şadan did not undergo a proper psychoanalytic process. Reading the Turkish translation of his paper [Merkez Efendi. Anm. d. Verf. in] and parts of his memoirs I came to the conclusion that İzeddin Şadan's approach to psychoanalysis was highly intellectualized« (Volkan 2011, S. 426). Für Näheres zu Edith Weigert-Vowinckel im türkischen Exil siehe ihre Kurzbiografie.

49 Interview Edith Weigert, 13. Juni 1973. In: Washington Center of Psychoanalysis.

türkische Sprache übersetzt hatte, handelt es sich bei dem genannten Analysanden sehr wahrscheinlich um Izeddin A. Şadan.

Laut Tunaboylu-Ikiz soll Izeddin A. Şadan im Jahre 1938 einen Brief an Sigmund Freud geschrieben haben, in dem er ihn für die Übersetzungen seiner Werke um Hilfe bat. Freud habe geantwortet, dass er aus gesundheitlichen Gründen nicht im Stande sei, ihm aktive Hilfe anzubieten, hätte ihn jedoch an seine Kollegen verwiesen, die ihm weiterhelfen könnten (2000, S. 132). Dieser Briefwechsel konnte nicht eruiert werden, doch ein Brief von Sigmund Freud, in dem er Izeddin A. Şadan Hilfe-

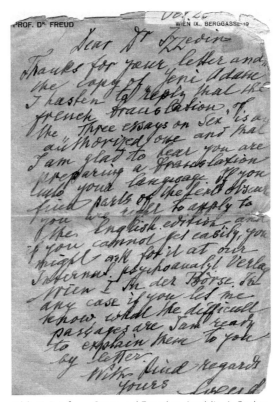

Abb. 7: Brief von Sigmund Freud an Izeddin A. Şadan, Dezember 1925 oder 1926

stellung für die Übersetzung der *Drei Abhandlungen zur Sexualtheorie* zusagt, befindet sich im Museum des Departments für Deontologie und Medizingeschichte der Istanbul Universität.[50] Izeddin A. Şadans vorangegangener Brief konnte nicht ausgeforscht werden.

Dear D^r. Izzedin

Thanks for your letter and the copy of »Yeni Adam«. I hasten to reply that the french translation of the »Three essays on Sex« is an authorized one and

---

50 Ich danke Frau Fulya Kardeş, Projektmitarbeiterin im Bakırköy Museum, für den Hinweis und Frau Nuran Yıldırım, Professorin an der Medizinischen Fakultät der Istanbul Universität, für die Überreichung der Kopien und die Genehmigung für den Abdruck der Faksimiles.

that I am glad to hear you are preparing a translation into your language. If you find parts of the text obscure you are right to apply to the English edition and if you cannot get easily, you might ask for it at our Internat. Psychoanalyt. Verlag Wien I In der Börse. In any case if you let me know, what the difficult passages are, I am ready to explain them to you by letter.

With kind regards

Yours Freud[51]

Tunaboylu-Ikiz (1996) führt in ihrer Dissertation an, dass die *Drei Abhandlungen zur Sexualtheorie* erstmals 1963 auf Türkisch mit dem Titel *Cinsellik Üzerine Üç Deneme* veröffentlicht wurde (S. 61). Höchstwahrscheinlich wurde diese Schrift aber schon früher übersetzt, da sie in türkischer Ausgabe in der Bibliothek des Vaters von Vamık D. Volkan stand, die er als Jugendlicher in den späten 1940er Jahren gelesen hatte.[52] Ob diese frühe Übersetzung von Izeddin A. Şadan stammt, kann Volkan nicht sagen. Auch ich habe im Zuge meiner Recherchen dieses frühe Übersetzungswerk nicht gefunden und es ist nicht gewiss, ob Izeddin A. Şadan die türkische Ausgabe von *Die drei Abhandlungen zur Sexualtheorie* jemals veröffentlichen konnte. Der weitere Briefwechsel über diese Übersetzung liegt im Museum der Istanbul Universität nicht vor, doch kann vermutet werden, dass Freud ihm für die türkische Übersetzung seine volle Unterstützung gewährt hatte, da er an der Verbreitung der Psychoanalyse in ferneren Kulturen sehr interessiert war. Beispielsweise bemerkte Freud die japanischen Übersetzungen seiner Werke des Öfteren in seinem Tagebuch (Molnar 1996, S. 203).

Bis zu Sigmund Freuds Tod 1939 dauerte ihr Briefwechsel an, aus dem die Wertschätzung beider Herren füreinander erkennbar ist. Izeddin A. Şadan versäumte es nicht, Sigmund Freud Geburtstagsglückwünsche zu schicken und ihm über seine aktuellen Lebensumstände zu berichten.

Dear Dr Izeddin

I am glad to have got your news after so long a pause. Thank you very much for your kind wishes but you know my birthday is not to be mentioned until May.

Yours sincerely

Freud

---

51 Für weitreichende Unterstützung bei der Transkription danke ich herzlichst Prof. Dr. Gerhard Fichtner.

52 Siehe Kurzbiografie Vamık D. Volkans.

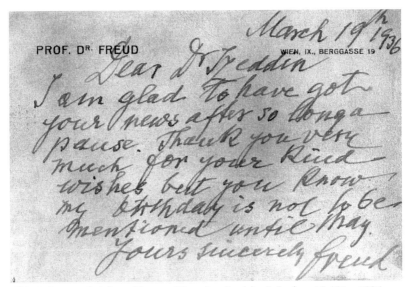

PROF. DR. FREUD

WIEN, IX., BERGGASSE 19

Abb. 8: Antwortbrief von Sigmund Freud an Izeddin A. Şadan, 19. März 1936

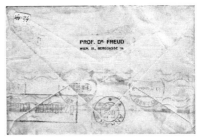

Abb. 9: Vorderseite des Kuverts vom 19. März 1936

Abb. 10: Rückseite des Kuverts vom 19. März 1936

Dr A. Izeddin
Physician to the Ghazi
Pedagogical Institute
Ankara
Türkei

Aus zwei Briefen an Sigmund und Anna Freud ist herauszulesen, dass Izeddin A. Şadan aufgrund des Zweiten Weltkrieges von der europäischen und amerikanischen psychoanalytischen Community weitgehend isoliert arbeitete. In seinem Brief[53] vom 12. August 1938 an Sigmund Freud, den Izeddin A. Şadan als seinen »Illustrious Master« anredet, drückt er sein Bedauern über Freuds erzwungene Emigration aus und fügt hinzu, dass er über einen längeren Zeitraum nicht gewusst hatte, wo sich Freud aufhielt und ihn zunächst in den USA vermutete. Freud berichtete ihm über seinen Verbleib in England und fügte in seinem nüchternen Humor hinzu, dass er die Flucht genießen würde.

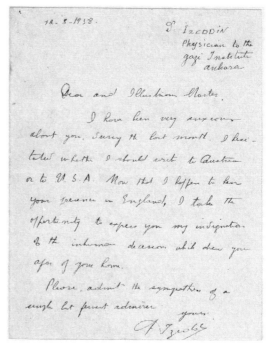

Abb. 11: Brief von Izeddin A. Şadan an Sigmund Freud, 12. August 1938

Dr. Izeddin
Physician to the
Gazi Institute
Ankara

Dear and Illustrious Master,

I have been very anxious about you, during the last month. I hesitated whether I should write to Austria or to the U. S. A. Now that I happen to hear your presence in England, I take the opportunity to express you my indidnation of the inhuman decision, which drew you afar of your home.

Please admit the sympathies of a single but fervent admirer

Yours
A Izeddin

---

53 Ich danke Harold Plum, Library of Congress in Washington, für die Überreichung der Kopie.

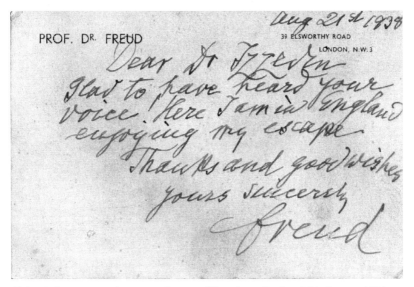

Abb. 12: Antwortpostkarte von Sigmund Freud aus England, 21. August 1938

Dear Dr Izeddin

Glad to have heard your voice. Here I am in England enjoying my escape.
Thanks and good wishes
Yours sincerely
Freud

Der Tod Sigmund Freuds, den er in seinem Kondolenzbrief[54] an Anna Freud von 27. September 1939 als das »größere Unglück als den gegenwärtigen Krieg« bezeichnet, traf Izeddin A. Şadan zutiefst. Er bedauert, aufgrund der prekären Bedingungen nicht am Begräbnis des »ever great Freud« teilnehmen zu können, bekräftigt jedoch, mit seinem Herzen dabei zu sein.

Physician to the Gazi
Institute Ankara

My dear Miss Anna Freud,

---

54 Ich danke Michael Molnar, Freud-Museum England, für die Überreichung der Kopien.

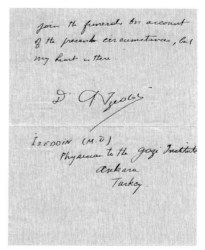

Abb. 13: Kondolenzbrief von Izeddin A. Abb. 14: Kondolenzbrief von Izeddin A.
Şadan an Anna Freud, 27. September Şadan an Anna Freud, 27. September
1939 (erste Seite) 1939 (zweite Seite)

As a distant and faithful admirer of the Ever great Freud I express here my deepest and sincerest condolences to you and to all the members of the family. Believe me, my sorrow is not lesser [sic] than yours'. Freud's death is a greater misfortune than the present War. Excuse me, if I could not [S. II] join the funerals on account of the present circumstances, but my heart is there.

Dr A. Izeddin

Nach Tätigkeiten als medizinischer Inspektor in den Krankenhäusern in Erzurum und Zonguldak (Yalçıner/Hanoğlu 2001, S. 44) arbeitete Izeddin A. Şadan Ende der 1940er Jahre ebenfalls als medizinischer Inspektor im Bildungsministerium in Ankara.

Dem Psychiatriehistoriker Şahap Erkoç[55] zufolge, kann das Leben Izeddin A. Şadans in zwei Phasen geteilt werden, wobei seine psychoanalytische Periode bis ungefähr Anfang der 1950er Jahre dauerte. Danach entfernte er sich von der Psychoanalyse und schloss sich nationaltürkischen Kreisen an. Tatsächlich erschienen seine Schriften ab der zweiten Hälfte des 20. Jahrhunderts vermehrt in nationaltürkischen Journalen, wie zum Beispiel in der Zeitschrift *Orkun*[56].

---

55 Şahap Erkoç: Persönliche Mitteilung am 8. Mai 2009.
56 »Inkilap Nevrozu« (Die Revolutionsneurose). In: *Orkun*. Nummer 3, 20. Oktober 1950 und

Die Entfernung von der Psychoanalyse könnte damit zusammenhängen, dass Izeddin A. Şadan den Kontakt zu psychoanalytischen Kreisen im Ausland aufgrund des Zweiten Weltkriegs zum größten Teil verloren hatte. Ein weiterer Grund könnte aber auch eine narzisstische Kränkung durch Sigmund Freud sein, denn aus einem an den Herausgeber des *Psychoanalytic Quarterly* verfassten Brief (A. Izeddin 1948) geht hervor, dass er von seinem »Master Freud« nicht genügend Anerkennung für seine Theorien über den Monotheismus bekam, die er in seiner Abhandlung über die Legende des Merkez Efendi dargelegt hatte. In Freuds *Der Mann Moses und die monotheistische Religion* befindet sich kein Hinweis zu seiner wissenschaftlichen Arbeit:

> »An old-time psychoanalyst, having lost touch with psychoanalytic centers on account of the war, I failed until recently to read Freud's Moses and Monotheism. [...] What I would like to bring forth is that, as any impartial specialist can determine, the first psychoanalytic study of monotheism was written by me (Izeddin, A.: *Eine mohammedanische Legende.* Imago, XVIII, 1932, pp. 189–213). There I showed – a fact admitted by Freud himself since he had the article translated into German by Schotlander [sic] – that psychoanalytic mechanisms discovered previously, and originating from polytheistic legends, could be applied to monotheistic folklore. Freud's analysis postdates mine by six years, and no one during that period has published anything on that subject. [...] I have written this letter not so much to criticize an author whom I esteem, but rather [...] to obtain justice for my work« (A. Izeddin 1948, S. 572f.).

Gegen Ende seines Lebens wies Izeddin A. Şadan starke Persönlichkeitsveränderungen auf, die sich unter anderem in unberechenbaren und merkwürdigen Verhaltensweisen äußerten. Der Historiker Altan Deliorman, der ihn persönlich kennengelernt hatte, schreibt in seinem Erinnerungsbuch gar über »paranoide Wesenszüge« (2009, S. 224), da er im Alter außerordentlich ängstlich und misstrauisch wurde. Er berichtet, wie ihm seine Freunde einmal gesagt hätten, dass er wegen seiner berühmten Persönlichkeit von einem Stalker verfolgt werden würde. Izeddin A. Şadan verkaufte daraufhin seine Wohnung in Taşkasap und zog aus Angst und Einsamkeitsgefühlen für längere Zeit in einem Hotel namens Ebru Palas ein (Deliorman 2006, S. 64). Auch Mehmed Niyazi (2007) schildert, dass Izeddin A. Şadans Freunde seine ängstlichen Wesenszüge entdeckt und sich immer wieder »Späße« mit ihm erlaubt hätten.

Nummer 6, 10. November 1950; »Komünizm Emrinde Marazi Edebiyat« (Die pathologische Literatur im Dienste des Kommunismus). Nummer 55, 19. Oktober 1951; »Türk Milliyetçiliğin Esasları« (Die Gründer des Türkischen Nationalismus). Nummer 22, 2. März 1951; »Iman ve Tababet-i Akliye« (Der Glaube und die Lehre der Seele). Nummer 60, 4. Jänner 1952.

Yalçıner und Hanoğlu (2001) führen an, dass Izeddin A. Şadan sein Leben lang ein Einzelgänger war, nie geheiratet hatte, kinderlos blieb und lange Jahre in einer dunklen, feuchten Wohnung wohnte.[57] Als Psychiater hatte er nie eine Praxis geführt, lebte hauptsächlich vom finanziellen Erbe seines Vaters und war mit vielen Menschen in Streitigkeiten verwickelt. Beispielsweise hatte ihn Hasan Ali Yücel, ehemaliger Bildungsminister, als einen »Nazi-Plauderer« (ebd., S. 44f.) bezeichnet und ihn aus dem Amt entlassen.

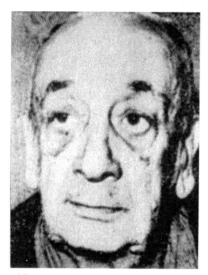

Abb. 15: Izeddin A. Şadan in seinen letzten Jahren

Seine Familie war im symbolischen Sinne die *Marmara Kıraathanesi*, ein ehemals berühmtes Männercafé in Beyazıt/Istanbul, in dem die Intellektuellen der damaligen Zeit verkehrten.[58] Dort genoss Izeddin A. Şadan großes Ansehen und zog viele Besucher in seinen Bann. Nichtsdestotrotz konnte er seine Zuhörer durch sein unberechenbares Verhalten auch irritieren, denn er verlor sich manchmal in hitzige Diskussionen und wütete bei Meinungsverschiedenheiten (Deliorman 2009, S. 222ff.). Im Scherz nannte man ihn seinerzeit nicht »deli doktoru« (den Irrenarzt), sondern »deli doktor« (den irren Arzt) (ebd.).

Laut Yalçıner und Hanoğlu (2001, S. 44) arbeitete er Mitte der 1950er Jahre zwei Jahre lang als Lehrbeauftragter in der neu gegründeten Ege Universität in Izmir und ging im Jahre 1963 von seinem letzten Arbeitsplatz, der Zentralstelle für Museen und Bibliotheken in Istanbul, in den Ruhestand. Seine Diabetes war schon im fortgeschrittenen Stadium und immer öfter hatte er auch Herzbeschwerden. Seine engen Freunde ließen ihn in der *Esnaf Hastahanesi*[59] in Süleymaniye/Istanbul stationär aufnehmen.

---

57 Ich konnte im Zuge meiner Recherchen weder Erben noch einen Nachlass von Izeddin A. Şadan ausfindig machen. Auch in der türkischsprachigen Literatur sind nur vereinzelte biografische Hinweise zu seiner Person vorhanden.

58 Dieses Café existiert nicht mehr. An seiner Stelle steht heute ein Einkaufsladen im *Marmara Bazar* (tr. Marmara Çarşısı).

59 Die Archivarin des Krankenhauses erklärte sich zu Recherchen nach seinen Krankenakten nicht bereit, daher konnten das Aufenthaltsjahr und seine genaue Krankheit nicht eruiert

Nach Aussagen von Şahap Erkoç[60] wurde Izeddin A. Şadan auch in seiner ehemaligen Bakırköy Klinik neurologisch behandelt und ist höchstwahrscheinlich 1975 in einer *Darülaceze* (Pflegeheim für alte und kranke Menschen ohne Angehörige) in Izmir gestorben:

> »Niemand erfuhr von seinem Tod. Wo ist er wann genau gestorben? Wer kümmerte sich um sein Begräbnis? [...] Ich weiß das alles nicht. Mit seinem Namen assoziiere ich einen wunderbaren Schatz, der aber leider vergeudet wurde. Es schmerzt mich zutiefst, dass er ganz leise fortgegangen ist, ohne viele Spuren oder Erinnerungen hinterlassen zu haben« (Deliorman 2006, S. 64).

Izeddin A. Şadan konnte aufgrund persönlicher, sozioökonomischer und geografischer Bedingungen keine intensiven Beziehungen zu PsychoanalytikerInnen in Europa oder Amerika pflegen und arbeitete in der Türkei auch selbst nicht als Psychoanalytiker, obwohl er bei Edith Weigert-Vowinckel eine Eigenanalyse absolviert hatte. Seine Bemühungen begrenzen sich laut Tunaboylu-Ikiz (2000, S. 134) daher auf die theoretische Popularisierung der Psychoanalyse in der Türkei, die er durch seine Schriften erreicht hat. Ich messe Izeddin A. Şadans Wirken im türkisch-historischen Kontext viel mehr Bedeutung zu, denn er war in der ersten Hälfte des 20. Jahrhunderts, trotz vehement feindlicher Stimmen in Fachkreisen, der einzige und leidenschaftliche Verfechter der Psychoanalyse in der Türkei.

Zwei Emigrantinnen in der Türkei

Während der nationalsozialistischen Diktatur waren viele Menschen gezwungen, ihre Heimat und ihre Angehörigen zu verlassen, um in anderen Ländern der drohenden Gefahr zu entkommen. Durch einen »historischen Zufall« (Namal 2003b, S. 432) trafen die durch Mustafa Kemal Atatürk eingeleiteten Reformen der Istanbul Universität vom Jahre 1933 mit der erzwungenen Flucht dieser verfolgten Menschen zusammen, weshalb für manche WissenschaftlerInnen die

---

werden. Da sich das Archiv neben dem Leichenschauhaus im Untergeschoss des Krankenhauses befindet, war meine erste Assoziation, dass Izeddin A. Şadan – ich wusste, dass er bei seiner Einlieferung in die Esnaf Hastahanesi sehr krank war – dort gelegen haben muss und ich »eine Leiche im Keller« suchen würde. Nach weiteren Recherchen fand ich heraus, dass er einige Jahre noch weitergelebt hatte.

60 Şahap Erkoç: Persönliche Mitteilung am 28. April 2010.

Türkei eine lebensrettende Zufluchtsstätte wurde.[61] Dies brachte auch einen großen Nutzen für die junge Republik mit sich, die sich im Zuge ihrer Reformen nicht nur im universitären und Bildungsbereich, sondern auch im Wirtschafts-, Rechts-, Gesundheitswesen und im Kunstbereich des Wissens dieser hervorragenden SpezialistInnen erfreuen konnte, welche europäische Standards in die sich im Aufbau befindende Türkei einführen sollten (vgl. Dalaman 1998).[62]

Die genaue Zahl der deutschsprachigen EmigrantInnen, die entweder aufgrund ihrer jüdischen Herkunft oder aus politischen Gründen in die Türkei geflüchtet waren, ist nicht eindeutig festzustellen. Die gesamte Zahl der weltweit geflüchteten, deutschsprachigen EmigrantInnen bis zum Ende des Zweiten Weltkrieges wird auf ca. 400.000 (Arslan 2008, S. 86) bis 500.000 Personen (Strauss 1991, S. 10) geschätzt. Von den ca. 1.200 bis über 1.500 aus deutschen Hochschulen vertriebenen Personen sind nach Erichsens (1991, S. 73) Einschätzung ca. 200 WissenschaftlerInnen ab 1933 in die Türkei emigriert, wobei »es noch ungeklärte Hinweise auf mögliche Emigranten in den Personalakten der Istanbul-Universität gibt« (ebd., S. 96). Die Mehrheit dieser EmigrantInnen war zwischen 1933 und

---

61 Zur erzwungenen Emigration deutschsprachiger WissenschaftlerInnen in der Türkei zu Beginn der 1930er Jahre ist sowohl von deutscher als auch von türkischer Seite weitläufig geforscht und veröffentlicht worden. Ich werde in der vorliegenden Arbeit nur die Grundrisse dieser Emigrationsgeschichte nachzeichnen, um die nachkommenden zwei Kurzbiografien vor diesem Hintergrund darzustellen. Auswahl aus der weiterführenden Literatur: Bozay, Kemal (2001): Exil Türkei. Ein Forschungsbeitrag zur deutschsprachigen Emigration in der Türkei (1933–1945). Münster (Lit Verlag); Dalaman, Cem (1998): Die Türkei in ihrer Modernisierungsphase als Fluchtland für deutsche Exilanten. Inauguraldissertation, Freie Universität Berlin; Herr, Thomas (1991): Ein deutscher Sozialdemokrat an der Peripherie – Ernst Reuter im türkischen Exil 1935–1946. In: Strauss, Herbert A. (Hg.): Die Emigration der Wissenschaften nach 1933. Disziplingeschichtliche Studien. München (K·G·Saur Verlag), S. 193–218; Neumark, Fritz (1980): Zuflucht am Bosporus: deutsche Gelehrte, Politiker und Künstler in der Emigration 1933–1953. Frankfurt am Main (Knecht Verlag); Widmann, Horst (1973): Exil und Bildungshilfe. Die deutschsprachige akademische Emigration in die Türkei nach 1933. Bern, Frankfurt am Main (Herbert und Peter Lang Verlag). Zu Leben und Wirken aus Deutschland und Österreich emigrierter WissenschaftlerInnen an der Istanbul Universität siehe die Arbeiten von Arın Namal.

62 Volkan und Itzkowitz (2007, S. 384) berichten, dass Mustafa Kemal Atatürk ernsthafte Probleme mit seinen Zähnen hatte und daher einen türkisch-jüdischstämmigen Zahnarzt namens Sami Günzberg aufsuchte, der ihm umfassend über den Antisemitismus Hitlers und das Leid der jüdischen Bevölkerung in Deutschland erzählte. Durch diese Informationen erwägte Atatürk, jüdischen Verfolgten aus Deutschland ein Asyl zu gewähren und sie im Entwicklungsprozess der jungen Republik einzusetzen. Die Wissenschaftsbeziehungen zwischen Europa und der Türkei begannen aber nicht erst in den 1930er Jahren, sondern hatten schon im Osmanischen Reich, hier vor allem ab Beginn der Tanzimat-Periode im Jahre 1839, eine lange Tradition.

1944 an der Istanbul Universität und ein kleiner Teil in Hochschuleinrichtungen in Ankara, die ab 1946 zur Ankara Universität gehörten, tätig (ebd.).

Herr schätzt die Zahl der deutschsprachigen EmigrantInnen in der Türkei auf 400 Personen, einschließlich aller ihrer Angehörigen (1991, S. 199).[63] Arslan (2008, S. 87) setzt die Zahl deutsch-jüdischer WissenschaftlerInnen in der Türkei zwischen 1933 und 1944 auf 700 bis 800 Personen an, von denen 208 namentlich bekannt sind und 264 Familienmitglieder ausgeforscht werden konnten. Von seiner geschätzten Gesamtzahl waren aber etwa 200 bis 300 Personen nur sehr kurz in der Türkei wohnhaft und emigrierten in andere Länder weiter. Im *Biografischen Handbuch der deutschsprachigen Emigration nach 1933* werden insgesamt 134 deutschsprachige EmigrantInnen in der Türkei aufgelistet (Röder 1999, Bd. III, S. 121f.).[64]

Die Erinnerungsschriften der damaligen EmigrantInnen beinhalten idealisierende, nüchterne oder abwertende Erzählungen über ihre Erfahrungen in der Türkei. Die gegensätzlichen Darstellungen können erstens auf die realen Arbeits- und Lebensbedingungen in der Türkei und/oder auf die Verarbeitungsformen von Migrationserfahrungen zurückgeführt werden, denn je nach Alter, sozialem Status, Persönlichkeit und Dauer der Migration oder des Exils werden unterschiedliche psychische Verarbeitungsphasen durchlaufen (vgl. Grinberg/ Grinberg 1990). Aus den Erinnerungsschriften geht auch generell hervor, dass der Kontakt zwischen EmigrantInnen und Einheimischen nicht besonders rege war. Die Beziehungen konzentrierten sich hauptsächlich auf BerufskollegInnen und nur wenige konnten sich an die neue und fremde Kultur des Orients gewöhnen. Viele hatten nach Herr (1991) zudem auch noch Schwierigkeiten, die türkische Sprache zu erlernen (S. 215).

Da sich die Türkei damals im soziopolitischen und wirtschaftlichen Aufbau

---

63 Herr gibt an, dass die Mehrzahl der Deutschen, die von 1933 bis zum Abbruch der Beziehungen der Türkei zum Deutschen Reich im Jahre 1944 in der Türkei lebten, keine EmigrantInnen waren, sondern entsandte »reichsdeutsche« Hochschullehrer sowie Mitarbeiter und Angehörige verschiedener deutscher Institutionen und Firmen. Von dieser deutschen Kolonie, der ca. 2.000 bis 3.000 Personen angehört haben dürften, sind ca. 400 EmigrantInnen und deren Angehörige (1991, S. 199). Somit standen den EmigrantInnen in der Türkei reichsentsandte Deutsche gegenüber, die beiden Gruppen hatten aber kaum Kontakt zueinander (Erichsen 1991, S. 78). Als die Türkei die Beziehungen zu Deutschland abbrach, wurden viele vom türkischen Staat angestellte »reichsentsandte« Experten entlassen und zum Teil interniert (ebd.).

64 Am 17. September 1933 stellte Albert Einstein aus Frankreich an das Bildungsministerium der Türkei einen Antrag, in dem er um Asyl für 40 Wissenschaftler der OCD (Organization for the Protection of Jewish Population) bat. Auf seine Bitte hin nahm Mustafa Kemal Atatürk 30 Wissenschaftler mit ihren Angehörigen in die Türkei auf. Der Antrag Albert Einsteins befindet sich auf der Homepage Vamık D. Volkans. URL: http://www.vamikvolkan.com/ Culture%2C-International-Relations-And-Psychoanalysis.php (Stand: 10.06.2012).

befand, beschränkte sich der Arbeitsbereich der EmigrantInnen hauptsächlich auf Entwicklungshilfe und so konnten sie nicht an bereits existierende wissenschaftliche Strukturen anknüpfen, wie es beispielsweise in den USA der Fall war. Dazu kam, dass der Austausch mit der internationalen Scientific Community von der Türkei aus sichtlich erschwert war. Insofern waren viele EmigrantInnen in Bezug auf ihre eigenen Entfaltungsmöglichkeiten unterfordert, mit den Aufgaben der Entwicklungshilfe der jungen Republik jedoch überfordert.

Mit der Herrschaft des Nationalsozialismus wurde auch den Karrieren von emanzipierten Frauen aus der Weimarer Republik (1918/19–1933), die mehrheitlich jüdischen Ursprungs oder mit jüdischen Männern verheiratet waren, ein jähes Ende gesetzt. Die Weimarer Republik beschreibt Grossmann (1993) als eine wichtige Epoche für die Entwicklung des sozialrechtlichen Status und des Selbstbewusstseins von Frauen, denen erst seit wenigen Jahren der Zugang zu den Universitäten erlaubt war und die sich in bis dahin als männlich geltende Berufsmetiers vorwagten. Pionierärztinnen arbeiteten beispielsweise in jener Epoche hauptsächlich in sozialdemokratisch orientierten Gesundheitszentren, um die proletarischen Frauen im Hinblick auf ihre Sexualität, Verhütung, Familienplanung und Abtreibung aufzuklären. Diese modernen Lebensmodelle übertrugen sie auch auf ihr eigenes Leben und vereinbarten – zwischen »maternity and modernity« (ebd., S. 65) – ihre familiären Pflichten mithilfe von Haushälterinnen und Gouvernanten mit ihren angesehenen Berufen. In diesem soziopolitischen Kontext wurden sie als Akademikerinnen zu herausragenden Persönlichkeiten in der deutschen Gesellschaft nach dem Ersten Weltkrieg.

Laut Grossmann sahen sich diese Frauen in den schwierigen Tagen der Emigration das erste Mal alleine mit haushälterischen Aufgaben konfrontiert (ebd., S. 80). Sie alle erlitten einen »plötzlichen Bruch« (von Villiez 2009, S. 556) in ihren Biografien, vor allem in ihren professionellen Karrieren, aufgrund dessen in der Emigration ein »Prozess der Rekonstruktion« (Grossmann 1995, S. 215) erfolgen musste.[65] Obwohl alle Emigrantinnen unter den psychischen Auswirkungen ihrer Flucht litten, konnten sich manche von ihnen ein erfolgreiches Leben im

---

65 »In terms of the aggregate, neither the overall number of persecuted Jewish women doctors in Germany, Austria and the occupied countries, nor the number of those who emigrated, has been identified. There are some estimates, though, which can be summarized in the following way. At the end of the Weimar Republic, around 3,400 women worked as medical doctors in Germany, and they formed seven per cent of the medical profession. There is some evidence that the number of Jews among the first women to enter the medical profession in the period of the Empire was very high. [...] The estimates for women doctors thereafter being persecuted as ›non-Aryan‹ or Jewish differ widely between 600 and 900, and these figures do not jet include Austria or any of the occupied countries« (von Villiez 2009, S. 558).

Aufnahmeland aufbauen, während andere daran scheiterten und schwere psychische Krankheiten erlitten oder ihrem Leben ein Ende setzten.

So wurde auch die Türkei für mehrere gebildete Frauen eine Zufluchtsstätte, in der sie der lebensbedrohlichen Lage in ihrer Heimat entkommen konnten, doch die kulturellen und wirtschaftlichen Bedingungen des neuen Landes verlangten auch große psychische Anpassungsleistungen. Denn im Gegensatz zu ihren männlichen Schicksalsgenossen hatten weibliche Emigrantinnen viel schwierigere Lebens- und Arbeitsbedingungen in der Türkei, da sie trotz ihrer hohen Qualifikation häufig lediglich für Hilfsdienste eingesetzt wurden (vgl. Erichsen 2005). Emigrierte Hochschulprofessoren, die sogar um einiges höhere Gehälter als ihre türkischen Kollegen bekamen (Batur 2002, S. 21), waren finanziell besser gestellt als sie und hatten größtenteils Leitungspositionen an den Universitäten oder Kliniken inne. Beispielsweise waren im akademischen Jahr 1933/34 die Direktoren der medizinischen Institute an der Istanbul Universität fast zur Gänze deutschsprachige Emigranten (Arslan 2008, S. 88ff.).

Die Lebensgeschichten von Edith Weigert-Vowinckel, die zwischen 1935 und 1938 als einzige Psychoanalytikerin[66] im türkischen Exil lebte, wie auch von der Ärztin Ruth Wilmanns Lidz, die sich im gleichen Zeitraum in der Türkei befand und ihren Weg zur Psychoanalyse in ihrem nächsten Emigrationsland finden sollte, sind vom plötzlichen Bruch ihrer Karrieren wie auch ihres modernen Lebensstils gekennzeichnet. Aufgrund dieser schweren soziopolitischen und ökonomischen Bedingungen wie auch der großen kulturellen Unterschiede zu ihren Heimatländern wurde für sie die Türkei – wie für die Mehrheit der Emigrantinnen – nur ein Zwischenaufenthalt auf ihrem Weg in ein anderes Emigrationsland.

Edith Weigert-Vowinckel (1894–1982)

Edith Vowinckel[67] wurde am 6. Februar 1894 als Tochter von psychisch und körperlich schwer kranken Eltern in Düsseldorf geboren. Ihre Mutter Auguste

---

66 Die Behauptung von Tunaboylu-Ikiz (1996) und Kayaalp (2004), dass unter den EmigrantInnen des Nationalsozialismus keine PsychoanalytikerInnen in die Türkei emigriert waren, muss demnach korrigiert werden. Auch der Psychoanalytiker Nikolaj J. Ossipow, der erste russische Psychoanalytiker und der erste Psychoanalytiker überhaupt, der in die Emigration gezwungen wurde, verbrachte laut Fischer et. al. (2009) im Jahr 1920 eine gewisse Zeit im Exil in Istanbul, doch flüchtete er nicht vor den Nationalsozialisten, sondern vor den Bolschewisten in der Sowjetunion. Nähere Umstände seines Exils in der Türkei konnten nicht eruiert werden.

67 Die Psychologin Maren Holmes hat zu Leben und Werk von Edith Weigert-Vowinckel eine Diplomarbeit in der Freien Universität Berlin verfasst (Holmes 2006, 2007).

Abb. 16: Edith Weigert-Vowinckel

Vowinckel (geb. Pieper) litt an einer Herz-krankheit und ihr Vater Eduard Vowinckel an einem Darmkrebs, weswegen beide lang andauernde, depressive Episoden hatten. So entschied sie sich schon als junges Mäd-chen, Ärztin zu werden, um ihre Eltern wie auch andere kranke Menschen von ihrem Leiden zu befreien (zit. n. Holmes 2006, S. 14). Sie nahm ihr Studium in den späten 1910er Jahren auf, als kurz zuvor Frauen der Zugang zu den Universitäten genehmigt wurde.

Edith Vowinckel und ihre Freundin Edith Jacobsohn hatten während ihrer Studienjahre solidarisch zusammengehalten, als sie durch ihre männlichen Kommilitonen, die das Me-dizinstudium nur für Männer geeignet befan-den, Demütigungen ausgesetzt waren (Cohen 1982, S. 271).

Edith Weigert beendete ihr Medizinstudium im Jahre 1924, doch schon in ihrer Praktikantenzeit ein Jahr zuvor wurde ihr Interesse für die Psychoanalyse geweckt und sie begann ihre Lehranalyse bei Carl Müller-Braunschweig am Berliner Psychoanalytischen Institut. Der genaue Zeitraum ihrer Ausbildung ist unbekannt, doch muss er nach Holmes (2006, S. 29) von 1923 bis zu ihrer Mitgliedschaft bei der Deutschen Psychoanalytischen Gesellschaft im Jahre 1929 liegen.

Nach der psychoanalytischen Ausbildung wurde sie 1929 Assisten-tin von Ernst Simmel im Sanatorium Schloss Tegel, in dem sie Erfahrun-gen in der psychoanalytischen Behandlung von psychotischen PatientIn-nen sammeln konnte. Schloss Tegel wurde am 11. April 1927 als die erste Klinik in Zentraleuropa, die sich auf die psychoanalytische Behandlung von Psychosen spezialisierte, von Ernst Simmel in Berlin gegründet. 40 Jahre später schreibt Edith Weigert-Vowinckel im Vorwort ihrer gesammelten Werke, *The Courage To Love*:

>»In Simmel's open-ward hospital the patients were separated from home base. They were treated with daily psychoanalysis stirring up conflicts which mobilized asocial and antisocial impulses. There were neither the restraints nor the personnel which, in mental institutions with closed wards, prevent patients from acting out dangerous impulses« (Weigert-Vowinckel 1970, p. x).

Trotz guter Erfolge musste diese Klinik aufgrund der Weltwirtschaftskrise nach nur vier Jahren Insolvenz anmelden und schloss im August 1931 ihre Tore (vgl. Tögel 2006).

Edith Vo-winckel heira-tete im Jahre 1930 den Juris-ten jüdischer Abstammung Oscar Weigert. Nachdem 1933 durch die Nati-onalsozialisten das Gesetz zur Wiederherstel-lung des Berufs-beamtentums in

Abb. 17: Oscar Weigert

Kraft getreten war, schied Oscar Weigert aus seinem Amt im Reichsarbeitsministerium (Stiefel/ Mecklenburg 1991, S. 139, S. 158) aus. Als die Situation in Deutschland für Familie Weigert lebensbedrohlich wurde, emigrierte das Ehepaar im Jahre 1935 gemeinsam mit seinem zweijährigen Sohn Wolfgang[68] in die Türkei. Mustafa Kemal Atatürk hatte Oscar Weigert im Zuge des 1933 eingeführten Reformprogramms eine Stelle als Berater des türkischen Wirtschaftsministeriums in Ankara angeboten. Seine Aufgabe bestand darin, ein neues Arbeitsgesetz für die Säkularisierung der jungen Republik zu schaffen (Holmes 2006, S. 58ff.). Obwohl Oscar Weigert auch eine Arbeitseinladung aus Amerika bekommen hatte, hegte das Paar die Hoffnung, dass der Nationalsozialismus nicht sehr lange halten würde, und entschied sich für die geografisch näher liegende Türkei. Familie Weigert wohnte in Ankara[69] direkt beim Palast Atatürks und konnte von ihrem Haus aus seinen Wohnsitz

---

68 Wolfgang Weigert, geb. am 20. November 1932 in Berlin, konnte ich nicht mehr als Zeit-zeugen befragen, da er über längere Zeiten sehr krank war und am 31. September 2009 in Sandy Spring in Maryland verstarb. Wolfgang Weigert wurde wie seine Mutter Psychoanaly-tiker. Im Jahr 1973 beendete er seine psychoanalytische Ausbildung am Washington Center for Psychoanalysis und arbeitete mehr als 30 Jahre lang in seiner Privatpraxis in Chevy Case. Er hat zwei Kinder: David Weigert aus Silver Spring und Robin Weigert aus Los Angeles.

69 Ihre Adressen sind in den *Korrespondenzblättern der Internationalen Zeitschrift für Psychoana-lyse* aufgelistet: Belvü-Palas-Oteli, Ankara (1935, S. 324); Atatürk-Bulvar 54, Ankara-Yenischir (1936, S. 293); Kizil Irmak Sokak, Nihat, Pasa Apartmani, Ankara-Yenischir (1937, S. 586). Laut Fermi (1968, S. 68) lebten in Ankara ca. 50 Familien aus Deutschland.

sehen. Diese Nähe war nach Holmes (ebd., S. 61) wahrscheinlich beabsichtigt, um Oscar Weigert auch in der Nacht zum Staatspräsidenten, der gewöhnlich bis in die frühen Morgenstunden arbeitete (vgl. Volkan/Itzkowitz 2007, S. 391; Volkan 2008b, S. 74), herbeirufen zu können.

Wie die Mehrheit der emigrierten Frauen mit akademischer Ausbildung, stand auch Edith Weigert-Vowinckel eher im Hintergrund ihres Mannes, um seine berufliche Etablierung im Aufnahmeland zu ermöglichen (vgl. auch von Villiez 2009, S. 563f.), und »widmete sich ihrem Sohn« (zit. n. Holmes 2006, S. 60).[70] Zudem erzählte sie in einem mit Volkan und Itzkowitz (2007, S. 385) am 29. Mai 1974 geführten Interview, dass es zwischen den in Çankaya (ein Bezirk in Ankara) lebenden EmigrantInnen und der einheimischen Bevölkerung keine sozialen Beziehungen gab, weswegen sie größtenteils unter sich blieben: »We had a little group of refugees coming together. [...] We lived in Ankara but we were also in constant contact with those refugees who lived in Istanbul« (zit. n. Holmes 2006, S. 60). Edith Weigert-Vowinckel berichtet auch von soziokulturellen Unterschieden zu den Einheimischen in Ankara, die überwiegend noch in feudalen Strukturen lebten:

> »They had factories where the whole family were sitting around the machine and lived there and had babies hung up in a hammock over the machine and the laborers mostly stopped work when they had paid their taxes and they sat in the cafes and took it easy. They didn't work much for money. It was a completely different atmosphere« (zit. n. Holmes, ebd.).

Zudem berichtet sie im oben angeführten Interview mit Volkan und Itzkowitz (2007, S. 385), dass türkische Frauen unter dem Verbot des Schleiers sehr stark litten und bemerkte bei ihnen eine erhöhte Suizidrate, die ihrer Ansicht nach bis dahin nie so hoch war wie in den 1930er Jahren. Die Kopfbedeckung, die über Jahrhunderte hinweg ein Teil ihrer Identitäten gewesen war, schien den Frauen Schutz zu gewähren und durch das Ablegen fürchteten sie sich davor, »nach außen hin offen zu sein« (ebd.). Holmes (2007, S. 26) schildert zudem, dass für »Weigert [...] andererseits einer ihrer Haupteindrücke in der Türkei die traumatische Erfahrung der Beschneidung [war], die türkische Jungen in der Pubertät ohne jede Anästhesie über sich ergehen lassen mussten«.

Edith Weigert-Vowinckel nahm in der Türkei keine offizielle Arbeitsstelle an, erhielt aber von Atatürk eine Sondererlaubnis für die psychoanalytische Berufs-

---

70 Holmes zitiert Edith Weigert-Vowinckel aus einem Interview, das sie am 13. Juni 1973 mit Arcangelo D'Amore, John D. LaTendresse und Joseph L. Sheridan durchgeführt hat. Das Interview befindet sich im Washington Center for Psychoanalysis.

ausübung. Ihre türkische Lizenz war vor und nach ihrem Tod in der Washington Psychoanalytic Association ausgestellt. Vamık D. Volkan (2011) berichtet, dass Atatürk zwar an den psychoanalytischen Privatzirkeln Edith Weigert-Vowinckels nicht teilgenommen hatte, doch an der Psychoanalyse als Zeichen der Modernität interessiert war. Wie Atatürk sammelte auch der zweite Staatspräsident İsmet İnönü türkische Intellektuelle im Präsidentenpalast und führte mit ihnen Diskussionen zu Modernisierungsfragen der jungen Republik. An einem dieser Treffen wurde auch über Sigmund Freud und die Psychoanalyse diskutiert. Als İnönü den damaligen Bildungsminister Hasan Ali Yücel fragte, ob Freud mit seinen Theorien richtig lag, lobte dieser zwar Freuds Errungenschaften, fügte jedoch auch hinzu, dass Freud manchmal »zu weit« (Küçükkaya 2008, S. 129, zit. n. Volkan 2011) ging. İnönü antwortete daraufhin: »Ich wünschte, ich könnte wie Freud sein: über die Wahrheit sprechen und dabei zu weit gehen« (ebd.).

In einer Notiz im *Korrespondenzblatt der Internationalen Zeitschrift für Psychoanalyse* wird erwähnt, dass »Frau Weigert-Vowinckel in Ankara als Lehrzentrum [fungiert] und es verstanden [hat], bei vielen türkischen Ärzten das Interesse für die Psychoanalyse zu wecken« (1937, S. 186). Nach Volkan[71] haben türkische Intellektuelle, die in den 1930er Jahren einige psychoanalytische Werke in die türkische Sprache übersetzt haben, wahrscheinlich den theoretischen Zugang zur Psychoanalyse über Edith Weigert-Vowinckel gefunden.

In ihrem Interview vom Jahre 1973[72] gibt Edith Weigert-Vowinckel zwar an, dass sie in der Türkei nicht praktizieren konnte, meinte damit aber wohl eher die schwierigen Arbeitsbedingungen mit der einheimischen Bevölkerung (s. Holmes 2006, S. 62). Außer Izeddin A. Şadan waren alle ihrer AnalysandInnen und PatientInnen in der Türkei deutschsprachige EmigrantInnen: »I have analysed several German refugees … a brother of the poet Zu[c]kmeyer, who belonged to the Berlin orchestra and the wife of a famous anthropologist« (zit. n. ebd., S. 60).[73]

Während ihrer Emigrationszeit in der Türkei arbeitete Edith Weigert-Vowinckel an zwei theoretischen Studien. Eine davon war eine psychoanalytische Untersuchung der katatonen Schizophrenie, die sie von der Türkei aus in den USA veröffentlichen konnte (Weigert-Vowinckel 1936). Daneben nahm sie auch

---

71 Vamık D. Volkan: Persönliche Mitteilung am 28. Oktober 2009.

72 Edith Weigert-Vowinckel: Interview am 13. Juni 1973 mit Arcangelo D'Amore, John D. LaTendresse und Joseph L. Sheridan. In: Washington Center for Psychoanalysis.

73 Drei Jahrzehnte später wurde ein weiterer Türke, Vamık D. Volkan, ihr Ausbildungskandidat. Kurze Zeit nach Beginn der Lehranalyse musste sie aber abgebrochen werden, da sich Edith Weigert-Vowinckel durch einen Unfall Knochenbrüche zugezogen hatte. Volkan war jedoch gegen Ende seiner Ausbildung bei ihr in Supervision. Vamık D. Volkan: Persönliche Mitteilung am 28. Oktober 2009. Siehe auch Kurzbiografie Vamık D. Volkans.

Bezug auf ihre neue kulturelle Umwelt und beschäftigte sich mit der matriarchalen Frühgeschichte Kleinasiens. Sie verfasste einen kulturanthropologischen Artikel, der die Ambivalenz der inzestuösen Mutter-Sohn-Beziehung in kleinasiatischen Legenden und deren religiösen Kulten behandelt. Das Manuskript *Psychoanalytische Gedanken zum Kultus und Mythos der Magna Mater*, welches sie zunächst von einem ebenfalls im Exil lebenden Altphilologen und einem Ethnologen durchlesen ließ, schickte sie an Sigmund Freud und hoffte auf eine Veröffentlichung in der Zeitschrift *Imago*. In ihrem Begleitschreiben steht: »Eine Veröffentlichung meiner Arbeit würde wohl nur mit Hilfe des psychoanalytischen Verlages möglich sein. Ich möchte mir deshalb erlauben, zunächst Ihnen, sehr verehrter Herr Professor, die Arbeit vorzulegen« (zit. n. Holmes 2006, S. 65).[74] Im Gegensatz zu ihren positiven Erwartungen erhielt sie von Sigmund Freud in einem sehr kurz gehaltenen Brief[75] eine herbe Kritik, weil sie in ihrer Arbeit keinen Bezug zu *Totem und Tabu* hergestellt hatte. Somit gewährte ihr Freud bei der Veröffentlichung ihres Artikels keine Unterstützung und überließ die Entscheidung der Redaktion der *Imago*.[76] Obwohl ihr die Herausgeber eine Publikation zugesagt hatten, wurde ihr Artikel erst während ihrer Emigration in den USA veröffentlicht (Weigert-Vowinckel 1938). Als eine Art Entschuldigung schildert Edith Weigert-Vowinckel in ihrem Antwortbrief[77] an Sigmund Freud die ungünstigen wissenschaftlichen Bedingungen für eine psychoanalytische Arbeit im türkischen Exil:

---

74 Edith Weigert-Vowinckel an Sigmund Freud, 1. Oktober 1937. LC, Collection of the Manuscript Division, The Papers of Sigmund Freud, Box 43, Folder 20. Edith Weigert 1937–1939.

75 Das Original ist laut Holmes (2006, S. 65f.) verloren gegangen. Daher gibt sie nur den Inhalt der englischen Übersetzung wieder: »But I shall not influence the decision about the publication of your paper. Maybe it would be more suitable to another journal. I leave the decision on the staff of readers of the ›IMAGO‹. LC, Collection of the Manuscript Division, The Papers of Sigmund Freud, Box 43, Folder 20. Edith Weigert 1937–1939.

76 Ein halbes Jahr später berichtet Carl Müller-Braunschweig seiner ehemaligen Analysandin, dass Freud »es Ihnen sehr übel genommen [hat], dass [S]ie die Magna Mater-Verehrung und die Selbstkastration nicht einfach aus dem Ödipuskonflikt erklärt haben. Das genüge doch vollkommen. Er findet es immer verdächtig, wenn man sich nicht mit dem Ödipuskomplex, der Kastrationsdrohung und -Angst begnüge. Er meint, die Vorherrschaft der Frau müsse etwas mit der Beseitigung des Vaters zu tun haben und die Selbstkastration mit der Reue darüber« (zit. n. Holmes 2006, S. 67). Carl Müller-Braunschweig an Edith Weigert-Vowinckel, 25. März 1938. LC, Collection of the Manuscript Division, Papers of Edith Weigert 1937–1971.

77 Edith Weigert-Vowinckel an Sigmund Freud, 16. Oktober 1937. LC, Collection of the Manuscript Division, The Papers of Sigmund Freud, Box 43, Folder 20. Edith Weigert 1937–1939.

»True, I am working here alone under conditions that are not amenable to exchange of opinions with scholars of my field. My reason for wishing to be published by the psychoanalytic publishers is because I am afraid of being excluded from the scientific discussion of the psa. collective work. I consider this discussion essential to my whole research, even though, at the moment my emigration status makes a participation difficult« (zit. n. Holmes 2006, S. 66).

In ihrem Brief an Sigmund Freud wird der biografische Bruch in der Karriere von Edith Weigert-Vowinckel sehr deutlich, den auch viele deutsche EmigrantInnen in der Türkei erleben mussten. Sie konnten zwar dem drohenden Tod in Deutschland entfliehen, doch nicht selten erfuhren sie durch die Bedingungen in ihrem Emigrationsland einen »intellektuellen Tod«. Nachdem Oscar Weigert 1938 seine Arbeit in der Türkei beendet hatte, nahm er eine Einladung des amerikanischen Arbeitsministeriums an. Edith Weigert-Vowinckel erhoffte sich persönliche und berufliche Entwicklung in der psychoanalytischen Community in den USA und stimmte der weiteren Emigration zu. Sie wollte auch, dass ihr Sohn Wolfgang, der bereits das Schulalter erreicht hatte, eine westliche Erziehung erhielt, und so war es für Familie Weigert »a natural way for us to go« (zit. n. ebd., S. 69).

Im Jahr ihrer Ankunft in den USA wurde Edith Weigert-Vowinckel Mitglied der Washington-Baltimore Psychoanalytic Society. Durch eine Empfehlung von Frieda Fromm-Reichmann[78] nahm sie eine Stelle im Sheppard and Enoch Pratt Hospital an, welches auf die psychoanalytische Behandlung von Psychosen spezialisiert war. Ihre psychoanalytische Arbeit mit schizophrenen PatientInnen, mit der sie schon in Deutschland begonnen hatte, konnte sie somit in den USA fortsetzen.

Anfang der 1940er Jahre gab sie diese Stelle in der Klinik auf, gründete eine Privatpraxis und wurde 1944 Präsidentin der Washington-Baltimore Psychoanalytic Society. Nach der Spaltung dieser Gesellschaft zwei Jahre später folgte sie der Entscheidung Frieda Fromm-Reichmanns und blieb in der neoanalytischen Washing-

---

78 Frieda Fromm-Reichmann wurde am 23. Oktober 1889 in Deutschland geboren, durchlief ihre psychoanalytische Ausbildung in Berlin und übersiedelte anschließend nach Heidelberg, wo sie mit psychotischen PatientInnen zu arbeiten begann. Nach der nationalsozialistischen Machtübernahme emigrierte sie 1935 über Palästina in die USA. Im selben Jahr wurde sie Lehranalytikerin am Washington Psychoanalytic Institute und nahm eine Stelle in der Chestnut Lodge Clinic in Maryland an, die sie durch 20-jährige Arbeit zu einer prestigereichen Spezialklinik für die psychoanalytische Behandlung von Psychosen formte (Holmes 2006, S. 77). Sie entwickelte auch spezielle Behandlungstechniken für schwer gestörte PatientInnen, insbesondere für Schizophrene, und nannte ihre Methode die »Intensive Psychotherapie« (Fromm-Reichmann 1960), welche vom interpersonellen Ansatz von Harry Stack Sullivan inspiriert war. Für mehr Information zu Leben und Werk von Fromm-Reichmann siehe Hornstein (2000), Siebenhüner (2005) und Peters (1992b).

Abb. 18: Edith Weigert-Vowinckel in den USA

toner Gruppe, welche ein unorthodoxes Verständnis der Psychoanalyse vertrat und neue Methoden in Theorie und Technik entwickelte. Edith Weigert-Vowinckel wurde eine der federführenden Persönlichkeiten in der psychoanalytischen Welt in den USA.

Ruth Wilmanns Lidz (1910–1995)

Ruth Wilmanns war zum Zeitpunkt ihrer Emigration in die Türkei noch keine Psychoanalytikerin, doch hatte ihr Aufenthalt in diesem Land entscheidend dazu beigetragen, dass sie ihren zukünftigen Berufsweg im Bereich der Psychiatrie und schließlich der Psychoanalyse einschlug. Auch aus ihrer Biografie wird ersichtlich, wie sehr sich die Türkei von den kulturellen, politischen und ökonomischen Verhältnissen in Europa unterschied und für sie daher nicht zur Heimat werden konnte wie ihr nächstes Emigrationsland, die USA.

Ruth Wilmanns wurde am 18. Juni 1910 als ältestes Kind von Karl Wilmanns[79] (1873–1945), einem bekannten Psychiater der »Heidelberger Schule«, in Deutschland geboren. Während des Ersten Weltkrieges lebte Familie Wilmanns in einem kleinen Haus auf dem Gelände einer psychiatrischen Klinik am Bodensee. Ruth Wilmanns hatte somit schon als kleines Mädchen die Gelegenheit, mit psychotischen PatientInnen in Kontakt zu treten, und fand ihr Verhalten manchmal sehr sonderbar:

---

79 Karl Wilmanns, ein Schüler von Emil Kraepelin (1876–1926), wurde offiziell am 9. August 1918 zum ordentlichen Professor und Direktor der Psychiatrischen Universitätsklinik Heidelberg ernannt (Hermle 1988, S. 107). Sein wissenschaftliches Interesse galt hauptsächlich der Erforschung des asozialen Verhaltens von Menschen aus der untersten sozialen Schicht, wie beispielsweise der Landstreicher, der Bettler oder der Inhaftierten. Karl Wilmanns arbeitete auch mit psychotischen PatientInnen und betrieb mit seinen Mitarbeitern seit Anfang 1925 Forschungen zur Schizophrenie. Im Jahr 1932 konnte er ein fast 800 Seiten umfassendes Handbuch zur Schizophrenie herausgeben, das zur damaligen Zeit ein Standardwerk wurde (Wilmanns 1932).

»Die Position meines Vaters ermöglichte mir, schon sehr jung Erfahrungen im Umgang mit Patienten zu erlangen und einiges über ihre Empfindungen zu lernen. Er bat mich manchmal, mit genesenden Patienten spazieren zu gehen oder sie zum Einkaufen oder Teetrinken mitzunehmen. [...] Bei solchen Gesprächen erzählten sie mir auch von ihren Eltern und Geschwistern. Ich fand ihre Erzählungen oftmals ziemlich sonderbar, aber sie beeinflußten mich in meiner späteren Arbeit mit Familien schizophrener Patienten« (Wilmanns Lidz 1993, S. 258).

In ihrem autobiografischen Aufsatz erinnert sich Ruth Wilmanns Lidz, wie sie ihre Zukunftswünsche, Medizin zu studieren, zu heiraten und Kinder zu bekommen, ihrem Vater mitteilte. Dieser habe gemeint: »Nun, du brauchst die Kraft eines Elefanten« (Wilmanns Lidz 1994, S. 281).

Kurz nach der Machtergreifung der Nationalsozialisten wurde Karl Wilmanns am 22. Juni 1933 aus seinem Amt entlassen, mit der Behauptung, er habe die vorübergehende Erblindung Adolf Hitlers durch einen Bombenangriff im Ersten Weltkrieg als eine hysterische Reaktion dargestellt und öffentlich verkündigt, es würde ihn nicht wundern, wenn Hitler einmal in einem Irrenhaus lande (Hermle 1988, S. 108).[80] Karl

Abb. 19: Ruth Wilmanns (links) und ihre Schwester Dora

---

80 Ruth Wilmanns Lidz schreibt, dass am 5. Juli 1933 auf der Titelseite der Heidelberger Tageszeitung *Volksgemeinschaft* mit fettgedruckter Schrift »Ungeheure Beleidigung Adolf Hitlers« stand und mehrspaltig über Wilmanns' Äußerungen zu Adolf Hitler und Hermann Göring berichtet wurde. Seiner Tochter folgend, habe Karl Wilmanns wahrscheinlich in seiner Zeit im Karlsruher Sanitätsamt den Lazarettbericht über Hitler gelesen (Wilmanns Lidz 1989a, S. 161). Daraus hat er vermutlich geschlossen, dass Hitlers vorübergehende Erblindung nach einem Bombenangriff keine organischen, sondern psychische Gründe hatte. Karl Wilmanns' Enkelsohn Victor Lidz berichtet über dieses Ereignis: »When the Gestapo searched his home, saying that they were looking for evidence that he called his dog Hitler, which he said he wouldn't do to his dog, they were actually looking to see if he had a copy of the medical record that documented the hysterical blindness. He didn't, but he had heard of the hysteria from a colleague in Munich who had had Hitler as a patient in a military hospital during World War I.« Victor Lidz: Persönliche Mitteilung am 2. Juni 2010.

Abb. 20: Ruth Wilmanns (Mitte) mit ihren Schwestern Dora und Gisela

Wilmanns machte aus seiner Abneigung gegen den Nationalsozialismus keinen Hehl und sprach darüber auch in seinen Vorlesungen. Es ist daher naheliegend, dass politisch anders denkende HörerInnen seine Ansichten nach außen trugen und Wilmanns somit ins Visier der Gestapo geriet. Ruth Wilmanns musste drei nächtliche Hausdurchsuchungen und eine nachfolgende ca. zweiwöchige Inhaftierung ihres Vaters miterleben. Dazu kam, dass ihre Mutter durch die Nationalsozialisten als Dreiviertel-Jüdin eingestuft wurde. So war auch Ruth Wilmanns nach nationalsozialistischer Diktion zu 37,5 Prozent Jüdin und wurde als Tochter eines politischen Gegners und einer Mutter mit jüdischen Wurzeln Benachteiligungen und Schikanen ausgesetzt:

> »37½ Prozent zu sein bedeutete, daß ich keinen Deutschen heiraten, jedoch durchaus arbeiten durfte. Tatsächlich mieden mich die Menschen. [...] Und eines Tages, als ich auf dem Weg zu einer Vorlesung die Voßstraße entlang ging, versuchte ein Assistent aus der Krehlschen Klinik mich mit seinem Auto zu überfahren, wobei er ›Unkraut‹ aus dem Fenster schrie« (Wilmanns Lidz 1994, S. 284f.).

Nach der Entlassung aus dem Gefängnis befand sich Karl Wilmanns in akuter Lebensgefahr. Das Telefon klingelte öfters mitten in der Nacht und anonyme Anrufer drohten ihm mit Ermordung. Karl Wilmanns und seine Frau fanden ein Versteck in einem Erholungsheim eines Ordens, das von Nonnen geführt wurde, von denen einige in der Psychiatrischen Klinik in Heidelberg als Krankenschwestern tätig waren. In dieser äußerst prekären Lage konnte Karl Wilmanns nicht mehr für seine drei Kinder sorgen oder ihnen die Beendigung ihrer Ausbildung ermöglichen.

Trotz seiner nationalsozialistischen Gesinnung warnte ein junger Mann, der in der Nachbarschaft wohnte, Ruth Wilmanns davor, dass die Zukunft nur noch schlechter werden würde und sie dringend das Land verlassen sollte. Die 23-jährige Studentin fand eine Möglichkeit, am Kjellbergs Institut in Stockholm schwedische Massage und Krankengymnastik zu lernen, und fuhr im August 1933 mit dem Nachtzug nach Schweden. Ihr Medizinstudium musste sie somit unterbrechen, glaubte aber, mit der bisher dreijährigen Ausbildung gute Aussichten zu haben, dort als Assistentin bei einem Arzt eine Stelle zu bekommen. Nach anfänglichen Schwierigkeiten – sie litt die ersten zwei Wochen großen Hunger, da sie nur mit 10 Mark Deutschland verlassen hatte – erlebte Ruth Wilmanns ihre Zeit in Schweden als sehr schön und erhielt nach ungefähr neun Monaten ein Zertifikat für ihre Ausbildung. Sie überlegte sich damals, ihr abgebrochenes Studium[81] zu beenden, und fand in Basel die Gelegenheit, bei einem Onkel zu wohnen und ihre Doktorarbeit zu schreiben (ebd., S. 287). Nach ihrer Promotion im Jahre 1935 kam eine Arbeitsstelle in der Schweiz nicht infrage, da eine solche für ein Jahr ausgeschrieben sein musste und nur an Ausländer vergeben wurde, wenn sich keine Schweizer dafür interessierten. Oscar Forel (1891–1982), Sohn des Psychiaters August Forel (1848–1931), bot ihr ein befristetes Zuhause und eine inoffizielle Stelle in Les Rives de Prangins an, einer Privatklinik für sehr wohlhabende Patienten, in der sie lehrreiche Erfahrungen mit psychotischen PatientInnen sammeln konnte.

Nachdem die schwierige Lage ihres Vaters im Ausland bekannt wurde, erhielt Ruth Wilmanns Stellenangebote in weiter entfernten Orten, wie Bangkok, Bombay und Istanbul. Wie ihr Sohn Victor Lidz[82] berichtet, wurde Ruth Wilmanns die Stelle in der Guraba Klinik[83] in Istanbul durch Philipp Schwartz[84], einen emi-

---

81 Ihr Studienverlauf: Sommersemester (SS) 1929: Heidelberg; Wintersemester (WS) 1929/30: München; WS 1930/31: Heidelberg; WS 1931/32: München; SS 1932: Heidelberg; WS 1932/33: Innsbruck; SS 1933: Heidelberg; 1933/34: Dr. Kjellbergs Institut Stockholm; WS und SS 1935: Basel. 6. Juni 1935 Promotion an der Universität Basel. Ich danke Werner Moritz von der Heidelberg Universität für die Übermittlung des Studienverlaufs.

82 Victor Lidz: Persönliche Mitteilung am 28. Februar 2009.

83 Heute mit der offiziellen Bezeichnung: *Bezm-İ-Âlem Vâlide Sultan-Vakıf Gureba Hastahanesi* in Fatih/Istanbul.

84 Philipp Schwartz (1894–1977) gründete Anfang April 1933 in Zürich eine »Beratungsstelle für deutsche Wissenschaftler«. Die Gründung wurde in der *Neuen Zürcher Zeitung* durch eine kleine

grierten Pathologen an der Universität Istanbul, vermittelt. Der Psychiater und Psychotherapeut Metin Özek erinnert sich, dass Schwartz sich »offensichtlich für andere Gebiete ausserhalb der Pathologie wie Musik, Philosophie und Psychologie [interessierte]. Ich kann mich an seine öffentlich für die Bevölkerung vorgetragene Vorlesung über *Sigmund Freud* und die Psychoanalyse heute noch gut erinnern« (2006, S. 17). Möglich ist, dass Ruth Wilmanns in ihrer Emigrationszeit in der Türkei durch seine Vorlesungen Näheres zur Psychoanalyse erfahren konnte und dadurch ihr Interesse geweckt wurde.

Mit nur einem Koffer bestieg sie im Winter 1935 den Orientexpress und wurde schon dort mit der Fremdheit der türkischen Kultur und deren Auswirkung auf das Leben einer jungen Frau konfrontiert:

> »Ich werde nie vergessen, wie bestürzt der zuständige Zugschaffner reagierte, als er eine alleinstehende ›junge Frau‹ vorfand. Er schloss mich jede Nacht bis zum nächsten Morgen um acht Uhr früh in mein Abteil ein« (Wilmanns Lidz 1994, S. 289).

Laut den Akten der Guraba Klinik[85] kam Ruth Wilmanns am 15. Dezember 1935[86] in Istanbul an und nahm einen Tag später ihre Arbeit an der dortigen Hals-Nasen-Ohren-Abteilung auf.

Diese Klinik lag in Fatih, weit außerhalb des Stadtzentrums, in einer ausschließlich türkisch besiedelten Wohngegend. Zunächst konnte Ruth Wilmanns wegen Sprachschwierigkeiten mit niemandem kommunizieren, bis sie von einer

---

Notiz bekannt gegeben. Aus dieser kleinen Beratungsstelle entstand dann die »Notgemeinschaft Deutscher Wissenschaftler im Ausland« (Batur 2002, S. 49). Schwartz nahm an der am 6. Juli 1933 durch den damaligen Erziehungsminister Reşit Galip berufenen Kommission der Universitätsreform teil und konnte so das Leben verfolgter Schicksalsgenossen retten (Namal 2003a, S. 1). Schwartz berichtet von dieser Sitzung in seinen Memoiren: »Ich hatte die Kartothek der ›Notgemeinschaft‹ in Kürschners Gelehrtenkalender eingetragen; so konnte ich ohne Zögern drei Professoren zur Auswahl stellen. [...] ›Können Sie uns einen Professor für ... vorschlagen?‹ Diese Frage wurde im Lauf des Nachmittags 30 mal gestellt und unter zunehmender Spannung beantwortet. Ich und wohl alle Anwesenden vergassen [sic] Zeit, Komplikationen und Widerstände. Ich wusste, dass die schmachvolle Vertreibung aus Deutschland in diesen Stunden einen schöpferischen Sinn erhielt. Ich entdeckte ein wunderbares, von der westlichen Pest unberührtes Land! [...] Es war inzwischen 9 Uhr geworden. Wir haben sieben unvergessliche Stunden gearbeitet. Draussen was es noch hell. Wir verabschiedeten uns. Ich telegraphierte nach Zürich: ›Nicht drei sondern dreissig.‹« (zit. n. Widmann 1973, S. 56).

85 Die Akten befinden sich auch im Archiv des Dekanats der Medizinischen Fakultät der Istanbul Universität. Ich danke Mehmet Bilgin Saydam für die Überreichung der Kopien.

86 In ihrer auf Englisch verfassten und unveröffentlichten Autobiografie für ihre Familienangehörigen gibt Ruth Wilmanns Lidz den November 1935 für die Ankunft in Istanbul an (Wilmanns Lidz, S. 14). Ich danke Victor Lidz für die Übermittlung dieser Autobiografie.

österreichischen Krankenschwester in die Gegend der Klinik eingeführt wurde. Der Geruch der feucht-humiden Luft der Türkei war ihr sehr fremd und die nicht sauber zubereiteten Speisen in der Klinikkantine wie auch weitere Verhältnisse ihrer neuen Arbeitsstelle trugen dazu bei, dass sich ihr innerer Widerstand gegenüber ihrer neuen Umgebung schon in den ersten Tagen bemerkbar machte. Ihr »Zimmer« war ein großer Saal, der für ca. zehn Betten gebaut war. »In einer Ecke standen ein Bett, ein Stuhl, ein kleiner Tisch mit einer Lampe und ein großer Kleiderschrank, dessen eine Seite verschlossen war« (ebd.). Zudem steckte in ihrer Zimmertür kein Schlüssel und da sich Ruth Wilmanns vor den männlichen Patienten, die einen Stock tiefer auf dem Fußboden herumsaßen, fürchtete, bat sie die österreichische Krankenschwester, ihr einen Schlüssel anfertigen zu lassen, den sie immer bei sich trug.

Das »Badezimmer« befand sich am Ende des Flures. Es war von einer metallenen Wand umgeben und ein kleines Loch am Boden diente als Toilette, wobei die Reinigung statt mit Klopapier – da ihren Angaben nach damals Papier für den Koran stand – mit Wasser durchgeführt wurde. Die Gewöhnung an die unterschiedlichen Reinigungssitten und die provisorische

Abb. 21: Türkischer Arbeitsausweis von Ruth Wilmanns

Wohngegebenheit des Krankenhauses war einer jungen Frau aus dem großbürgerlichen »Wilmann'schen Hause« nicht leicht gefallen. Die österreichische Krankenschwester riet ihr, Türken niemals die linke Hand zu geben, da diese sich nach dem WC-Gang mit der linken Hand säuberten. Für Ruth Wilmanns war dieser Ratschlag sehr schockierend, aber auch komisch, denn ihre erste Assoziation dazu war das deutsche Sprichwort: »*Die Linke kommt vom Herzen*« (ebd., S. 290).

Ruth Wilmanns sollte sowohl im Labor als auch im Chirurgiesaal arbeiten und unter anderem dem Chefarzt Ekrem Tezel Behçet[87] assistieren. Ihr Chef betrach-

---

[87] Der Hals-Nasen-Ohren-Arzt Ekrem Behçet Tezel (1893–1965) wurde durch die im Jahre 1933 unternommene Universitätsreform gemeinsam mit dem österreichischen Otolaryngologen Erich Ruttin an die Hals-Nasen-Ohren-Abteilung der Guraba Klinik berufen (Gürkan 1967, S. 42; vgl. auch Namal 2003b). Widmann schreibt, dass nach dem Weggang Erich Rut-

tete sie nach ihren Angaben als sein Eigentum, erlaubte ihr nicht, im Speisesaal gemeinsam mit den männlichen Ärzten zu essen, und scheute sich auch nicht vor sexuellen Bemerkungen. Gleichzeitig betont sie, dass es sich dabei nicht um einen Usus männlicher Umgangsformen handelte, sondern die persönliche Einstellung dieses speziellen Arztes war (ebd.).

Die soziale Stellung emigrierter Frauen in der Türkei zeigt sich auch in der Tatsache, dass Ruth Wilmanns in den Akten der Guraba Klinik offiziell als Krankenschwester geführt wurde und auch dementsprechend niedere Dienste durchführen musste. Sie hatte aber zu jener Zeit bereits promoviert und sollte nach ihrer Arbeitsvereinbarung eigentlich als »research assistant«[88] arbeiten. In ihrem türkischen Arbeitsausweis wird sie als Ärztin angeführt.

Ruth Wilmanns fühlte sich durch die ihren Qualifikationen nicht entsprechende Position in der Klinik wie ein »Mädchen für alles« (ebd.), da sie oft die harte und »schmutzige Arbeit« (ebd.) übernehmen musste, die die männlichen Ärzte nicht erledigen wollten:

> »An eine Sache erinnere ich mich gut: Ein junger Mann, der vom Lande kam, hatte einen großen Tumor an einer Wange, der voller Würmer war! Einer der Ärzte hatte mit ihm gesprochen und ihn untersucht, und ich mußte ihn säubern, bevor eine Operation in Erwägung gezogen werden konnte. Ich brauchte längere Zeit dafür« (ebd.).

Auch die für Frauen geltenden Normen außerhalb der Klinik erschienen ihr sehr befremdlich und sie grenzte sich entscheidend davon ab:

> »[W]hen I first went to the Hamam – the Turkish bath – where an attendant woman threw a blue hair remover paste on my legs and pubic area without even asking. I later learned to stop her by saying, ›I am European‹ in Turkish.«[89]

Ruth Wilmanns arbeitete in der Klinik sieben Tage die Woche von sieben Uhr morgens bis acht Uhr abends und konnte nur ab und zu ihren Chef dazu überre-

---

tins der aus der Universität Würzburg stammende Otolaryngologe Karl Hellmann 1936 an seine Stelle treten konnte und als »Laborantin arbeitete Frl. Willmanns bei ihm« (1973, S. 89). Ruth Wilmanns Lidz erwähnt Karl Hellman des Öfteren in ihrem Tagebuch. Victor Lidz: Persönliche Mitteilung am 28. Februar 2009. In ihrer unveröffentlichten Autobiografie für die Familienangehörigen schreibt sie, dass sie bei Ankunft des »Prof. H.« (Wilmanns Lidz, S. 17) seine Assistentin wurde.

88 Wilmanns Lidz, unveröffentlichte Autobiografie, S. 15.
89 Wilmanns Lidz, unveröffentlichte Autobiografie, S. 15.

den, ihr den Sonntagnachmittag freizugeben. Ihre »beste Zeit« (Wilmanns Lidz 1994, S. 290) verbrachte sie mit einem in Frankreich ausgebildeten türkischen Internisten und einer Familie griechischer Abstammung und ging mit ihnen im Bosporus schwimmen:

> »Einmal kenterte das Boot, und ich mußte ein weites Stück zurück schwimmen, bis uns ein großes Schiff auflas. Die Geschichte stand am nächsten Tag in der Zeitung, und mein Chef war deshalb ärgerlich über mich« (ebd., S. 291).

Die junge Frau wurde während ihrer Zeit in der Türkei ernsthaft krank, da sie sich mit Hepatitis infiziert hatte, und dachte, dass die Ansteckung wahrscheinlich vom Schwimmen im Bosporus herrührte.[90] Obwohl sie im Gesicht schon ersichtlich gelb war, ließ ihr Chef sie trotzdem nicht ausruhen. In dieser schwierigen Lage wurde Ruth Wilmanns depressiv und verlor immer mehr an Lebensenergie. Nachdem sie auch Schwierigkeiten hatte, Nahrung zu sich zu nehmen, wollte sie unter allen Umständen nach Europa zurückkehren, doch ihr Arbeitsvertrag war noch nicht zu Ende. Der Schweizer Psychiater Max Müller berichtet, dass Karl Wilmanns seine Tochter nach ihrer Ankunft in Deutschland wenige Monate später »sehr verändert, deprimiert, mutlos, nicht mehr im Besitz der früheren Vitalität und des Draufgängertums gefunden« (1982, S. 206) hatte. Wie ihr Sohn aber aus dem Tagebuch seiner Mutter erfährt, beklagte sie sich nicht über die strenge Arbeit, sondern brachte zum Ausdruck, dass damals eine Ärztin in der Türkei keine soziale Rolle hatte.[91] In einem ihrer autobiografischen Aufsätze schreibt Ruth Wilmanns Lidz in Bezug auf ihre Zeit in der Türkei über »Gehabte Schmerzen, die hab' ich gern« (Wilmanns Lidz 1993, S. 264) und berichtet, dass es »im Rückblick [...] wahrscheinlich doch nicht so schlimm [war], wie es mir damals erschien, als ich noch jung und in einer sehr ungesicherten Stellung war« (ebd.). Zu ihrem labilen psychischen Zustand hatten wahrscheinlich auch die große Ungewissheit ihrer Zukunft und das Wissen um die schwierigen Verhältnisse ihrer Eltern beigetragen. In dieser schwierigen Zeit stand ihr ein emigrierter deutsch-jüdischer Freund bei, der sich auch während ihrer Hepatitis-Erkrankung um sie kümmerte. Mit großer Wahrscheinlichkeit handelt es sich bei diesem Freund um Dr. Kurt Adler, zu dem sie nach Angaben aus ihrem Tagebuch eine Liebesbeziehung hegte.[92]

90 Victor Lidz: Persönliche Mitteilung am 8. Dezember 2008.
91 Victor Lidz: Persönliche Mitteilung am 28. Februar 2009.
92 Victor Lidz: Persönliche Mitteilung am 28. Februar 2009.

Abb. 22: Ruth Wilmanns um die Zeit ihres Exils in der Türkei

Nach Angaben ihres Sohnes hegte Ruth Wilmanns nach ihrem Medizinstudium die Absicht, sich auf dem Gebiet der Chirurgie zu spezialisieren, weswegen sie wahrscheinlich die Stelle in der Guraba Klinik angenommen hatte.[93] Doch ihre Emigrationszeit in der Türkei, die von großen Unsicherheiten bezüglich ihrer zukünftigen beruflichen Entwicklung geprägt war, wurde für sie zu einer psychischen Moratoriumsphase, in der sie eine grundlegende Entscheidung traf, die sie zur Psychoanalyse führen sollte. Eines Tages musste sie ihrem Chef etwas aus der Bibliothek[94] bringen und entdeckte in einer österreichischen psychiatrischen Zeitschrift vom Februar 1934 eine Arbeit von Manfred Sakel[95] über die

---

93 Victor Lidz: Persönliche Mitteilung am 05. März 2009; »[Her] wish grew out of seeing the injuries of World War I soldiers in Germany. However, her father discouraged this ambition, saying that too many patients for reconstructive surgery were paranoid and dangerous and therefore it was not a good field for a woman physician. In other respects, however, he clearly encouraged her desire to be a physician, I think, from an early age. Certainly it was not every bourgeois German girl whose parents installed a laboratory, with benches, Bunsen burner, chemicals, microscope, etc. for her in their new house, as her father did when they built the large house on the Bergstrasse. At any rate, the ambition to be a surgeon may have made the position in otolaryngology at the Guraba attractive. I know she was proud of the surgery she was able to do there, although she was allowed to do only simple procedures. One day's entry in her diary noted that she had done her first tonsillectomy by herself.« (Victor Lidz: Persönliche Mitteilung am 2. Juni 2010).

94 Gürkan (1967) gibt an, dass die Bibliothek der Guraba Klinik 1912 durch den Leiter des Laboratoriums Mehmet Kamil Bey gegründet wurde, der sich sehr um die Bereicherung der Bibliothek bemühte. 1928 war der Bestand bei 1.300 Büchern und Zeitschriften (S. 44ff.). Ruth Wilmanns war beauftragt, alle »fremdsprachigen Korrespondenzen« (Wilmanns Lidz, unveröffentlichte Autobiografie, S. 15) in der Bibliothek in Ordnung zu bringen.

95 Sakel, Manfred (1934): Schizophreniebehandlung mittels Insulin-Hypoglykämie sowie hypoglykämischer Schocks. Wiener Medizinische Wochenschrift 84 (45), S. 1211–1214; 1265–1269; 1299–1301; 1326f.; 1353ff.; 1383ff.; 1401–1404. Die Arbeiten über die Insulinbehandlung von Manfred Sakel hatten in Wien große Widerstände hervorgerufen. Dort wurde der Schweizer Psychiater Max Müller, der zu jener Zeit in Wien Vorträge hielt, eingeladen, sich die Insulinstation von Sakel anzusehen. Otto Pötzl, der damalige Direktor der

Insulinbehandlung schizophrener PatientInnen. Sie las über diese Behandlungsmethode und überlegte sich, ob sie dieses Verfahren erlernen und nach Amerika auswandern sollte. Wie Ruth Wilmanns Lidz berichtet, hatte ihr der Gedanke, in die Vereinigten Staaten zu gehen, nie zugesagt, da sie sich bei Amerikanern an »laute, Bier trinkende und demnach nicht sehr wohlerzogene Leute« (1994, S. 291) erinnerte, die sich im Sommer in Heidelberg aufhielten. Am Ende entschloss sie sich aber dennoch dazu, Adolf Meyer vom Johns Hopkins Hospital, dessen Namen sie von ihrem Vater kannte, einen Brief zu schreiben und ihn zu fragen, ob sie dort eine Stelle bekommen könnte, wenn sie die Insulinbehandlung in Europa erlernen und in seiner Klinik einführen würde. Karl Wilmanns war seiner Tochter in der Vermittlung behilflich und schrieb aus Deutschland ebenfalls einen Brief an Meyer.

Da Ruth Wilmanns aber einen einjährigen Vertrag mit der Guraba Klinik hatte, bestand das Problem der Vertragsauflösung. Dem Rat eines türkischen Freundes, einfach wegzugehen, wollte sie nicht folgen, weil sie »einen schwarzen Fleck in [ihrem] Lebenslauf [...] nicht machen wollte« (ebd., S. 292). Sie fragte auch ihren deutsch-jüdischen Freund, der schon länger in der Türkei lebte und die Mentalität gut kannte, wie sie in der Situation vorgehen sollte:

> »Er antwortete: ›Lass mich darüber nachdenken, morgen bekommst du eine Antwort.‹ Am nächsten Tag sagte er zu mir: ›Ruth, bist du eine gute Schauspielerin?‹ Ich war verdutzt und erschüttert. Er erklärte mir, dass ich meinen Vertrag dem Dekan in seinem Büro direkt auf den Tisch knallen sollte. – Er würde ihn automatisch unterschreiben. Auf meine Mitteilung, dass ich weggehen wollte, würde er sagen, ›aber, was ist mit ihrem Vertrag?‹ Und dann sollte ich lächelnd erklären: ›Vielen Dank – sie haben gerade meine Entlassung unterschrieben‹. Genauso passierte es dann. Offensichtlich unterschreiben Türken die Dinge in gewisser Weise automatisch!« (ebd.)

Adolf Meyer antwortete sehr rasch auf ihr Ansuchen und bot ihr eine Arbeitsstelle in der Phipps Clinic am Johns Hopkins Hospital in Baltimore an, voraus-

---

Psychiatrischen Universitätsklinik in Wien wollte, dass Müller die Methode Sakels nachprüfe und ihn sozusagen entlarve. Um diese Methode an seiner Station durchzuführen und zu überprüfen, nahm Müller den engsten Mitarbeiter Sakels, Karl Theo Dussik, mit nach Münsingen in die Schweiz. Die Ergebnisse der Insulinbehandlung waren trotz der negativen Erwartungen erstaunlich positiv. Die Insulintherapie Sakels erhielt somit ihre internationale Anerkennung laut Peters (2001, S. 128f.) durch Max Müller. Müller spielte als Zwischen- und Vermittlungsstation auch für viele EmigrantInnen eine entscheidende Rolle, die – wie auch Ruth Wilmanns – an seiner Station die Insulinbehandlung erlernten, um diese dann in den zukünftigen Emigrationsländern einzuführen (ebd., 1992a, S. 356).

gesetzt, sie würde die Insulinmethode in der Klinik einführen. Ruth Wilmanns verließ somit am 6. September 1936 die Türkei[96] und arbeitete »mit großem Interesse in Münsingen« (ebd.) in der Schweiz bei Max Müller. Nachdem sie dort die Insulinmethode erlernt hatte, traf sie Vorkehrungen für ihre Emigration in die Vereinigten Staaten und reiste schließlich Anfang 1937 mit dem amerikanischen Schiff »Manhattan« von Bremen aus über den Atlantik nach Amerika.

Unter dem Einfluss Adolf Meyers[97] wurde ihr Interesse für die Psychoanalyse geweckt. Zwei Jahre nach ihrer Ankunft in den USA heiratete sie Theodore Lidz, den sie in der Phipps Klinik kennen gelernt hatte.[98] Als dieser 1942 mit der medizinischen Einheit der Johns Hopkins Klinik in den Südpazifik zog und Ruth Wilmanns Lidz ihren Mann daher drei Jahre nicht sehen konnte, litt sie an Depression. Sie suchte einen älteren Therapeuten namens Lewis Hill auf und »schlidderte ohne die geringste Vorahnung in eine Analyse« (ebd., S. 300). Sie begann bei ihm im Jahre 1943 mit vier Mal pro Woche ihre Lehranalyse, beendete ihre Ausbildung im Mai 1947 und wurde Mitglied bei der Washington-Baltimore Psychoanalytic Society. Gemeinsam mit ihrem Mann, der nach dem Zweiten Weltkrieg ebenfalls

Abb. 23: Ruth Wilmanns Lidz, hier wahrscheinlich 60 Jahre alt

---

96 Die Akte »Frl. R. Willmanns« [sic] in der Guraba Klinik endet schon mit dem Dokument vom 13. Februar 1936. Einige Jahre vor ihrem Tod bereiste sie gemeinsam mit ihrem Mann nochmals ihr ehemaliges Emigrationsland, die Türkei. Diese Reise war die letzte, die sie außerhalb der USA unternommen hatte. Victor Lidz: Persönliche Mitteilung am 31. Jänner 2011.

97 Der gebürtige Schweizer Psychiater Adolf Meyer (1866–1950) trug zum Bekanntwerden der Psychoanalyse in den USA entscheidend bei, obwohl er nie als Psychoanalytiker praktizierte. Für mehr Informationen zum Leben und Werk von Adolf Meyer siehe die Arbeiten von Ruth Leys: Ruth Leys (mit Rand B. Evans) (1990): Defining American Psychology: The Correspondence Between Adolf Meyer and Edward Bradford Titchener. Baltimore, London (The Johns Hopkins University Press); Ruth Leys (1991): Types of One: Adolf Meyer's Life Chart and the Representation of Individuality. Representation 34, S. 1–28; Ruth Leys (1984): Meyer, Watson, and the Dangers of Behaviorism. Journal of the History of the Behavioral Sciences 20 (2), S. 128–149; Ruth Leys (1985): Meyer, Jung, and the Limits of Association. Bulletin of the History of Medicine 59 (3), S. 345–360; Ruth Leys (1981): Meyer's Dealings with Ernest Jones: A Chapter in the History of the American Response to Psychoanalysis. Journal of the History of the Behavioral Sciences 17 (4), S. 445–465.

98 Ruth Wilmanns Lidz und Theodore Lidz bekamen drei Söhne, Victor, Jerome und Charles Lidz.

eine psychoanalytische Ausbildung durchlief, entwickelten sie die psychoanalytische Familientherapie für schizophrene PatientInnen, die in den USA große Erfolge erzielte (vgl. R. Lidz/Th. Lidz 1949; Lidz 1972; Wilmanns Lidz 1989b; Wilmanns-Lidz/Lidz 1984).

Die Lebenswege von Edith Weigert-Vowinckel und Ruth Wilmanns Lidz überkreuzten sich in Baltimore. Sie wurden Arbeitskolleginnen und trugen in den USA, inspiriert von Frieda Fromm-Reichmanns Arbeiten, wichtige Beiträge zur psychoanalytischen Theorie und Behandlung der Schizophrenie bei. Victor Lidz erinnert sich über die Beziehung beider Frauen:

>»Yes, my mother and Edith Weigert knew each other well. My mother looked on Dr. Weigert as a wise and helpful senior colleague. [...] I know that Dr. Weigert long remained a good friend of my parents. [...] After my mother left her academic position at Johns Hopkins Hospital around the end of World War II, she shared offices with several other psychiatrists in Baltimore. I believe that Dr. Weigert was the senior member of the several psychiatrists there. They shared a receptionist-secretary and a waiting room. Each of them had a private office off of the waiting room. It was not a group practice, but just several individual physicians who managed costs by sharing the rent and salary for the receptionist-secretary.«[99]

Neben ihren gemeinsamen beruflichen Interessen und Entwicklungen in den USA haben auch die Emigrationserfahrungen aus der Türkei diese zwei Frauen miteinander verbunden. Edith Weigert-Vowinckel und Ruth Wilmanns Lidz – beide waren Psychoanalytikerinnen mit der Kraft eines Elefanten.[100]

---

99 Victor Lidz: Persönliche Mitteilung am 23. Februar 2009.
100 Für mehr Informationen zu Leben und Wirken beider Psychoanalytikerinnen in den USA siehe Usak-Sahin (2012).

II Türkische Übersetzungen psychoanalytischer Werke

Geschichtliche Entwicklung, Besonderheiten und Schwierigkeiten

Frühe Übersetzungen

Wie Amati Mehler et al. (2010) es für die französischen Übersetzungen der Schriften Freuds feststellen, so herrschte diesbezüglich auch in der Türkei über lange Jahrzehnte »absolute Anarchie« (S. 394). Einzelne und willkürliche Übersetzungen wurden ab der ersten Hälfte des 20. Jahrhunderts von türkischen Wissenschaftlern und Literaten vorgenommen, die der okzidentalen Denktradition, nicht zuletzt durch ihre Aufenthalte in verschiedenen Ländern Europas, sehr nahe standen. Die wahrscheinlich erste türkische Übersetzung von einem Werk Freuds ist meinen Recherchen nach das Buch *Über Psychoanalyse*, welches aus den fünf Vorlesungen, die Freud 1909 an der Clark Universität gehalten hatte, besteht. Dieses Werk wurde vom Psychologen, Pädagogen und Philosophen Mustafa Şekip Tunç (1886–1958) im Jahre 1927 in die osmanische Sprache mit arabischen Schriftzeichen übersetzt. Da die moderne Sprach- und Schriftreform der jungen türkischen Republik ein Jahr später erfolgte, erschien die zweite Auflage seiner Übersetzung 1931 in türkischer Sprache und lateinischer Schrift unter dem Titel *Froydizm. Psikanalize dair beş ders* (Freudianismus. Die fünf Vorlesungen zur Psychoanalyse).

Mustafa Şekip Tunç wurde 1886 in Istanbul geboren und interessierte sich schon in seiner Gymnasialzeit für Fragen der Religion und Philosophie (vgl. Batur 2002, S. 31ff.). Er studierte zunächst Politologie und erlernte während seines Studiums Französisch. Der Einfluss französischer Autoren ist daher schon in seinen frühen Schriften zur Schulpädagogik deutlich zu erkennen. Obwohl das Erziehungsministerium ihn 1913 für das Studium der Literaturgeschichte nach Lausanne schicken wollte, bekundete er sein verstärktes Interesse für Pädagogik und

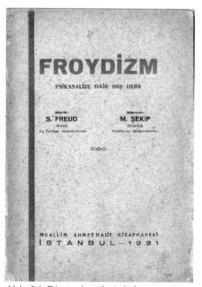

Abb. 24: Die wahrscheinlich erste türkische Übersetzung eines Werkes von Sigmund Freud

Psychologie. Seinem Interesse nachkommend, erlaubte ihm das Ministerium die Aufnahme eines Pädagogikstudiums am Institut Jean Jacques Rousseaus in Genf. Nachdem er an der Genfer Universität zusätzlich Psychologie studierte und dieses Studium dort auch beendet hatte, kehrte er wieder in seine Heimat zurück. Im Jahre 1919 wurde er nach Istanbul an die Geisteswissenschaftliche Fakultät der *Darülfünun* berufen, welche die islamischen Hochschulen, sogenannte *Medrese*, durch Neuorganisation nach europäischen Standards ersetzt hatten, und arbeitete dort bis zu den modernen Universitätsreformen von 1933 als Professor für Psychologie. Im Zuge dieser Reformbewegung wurde diese Darülfünun nach einer Neustrukturierung in *Istanbul Üniversitesi* (Istanbul Universität) umbenannt und Mustafa Şekip Tunç wurde zum Ordinariusprofessor für Psychologie ernannt. Er war somit eine der ersten Lehrkräfte des Instituts für Pädagogik und Psychologie an der Istanbul Universität und übersetzte in seiner akademischen Laufbahn viele Werke von europäischen sowie amerikanischen Psychologen und Philosophen, beispielsweise von Hermann Ebbinghaus, Henri Bergson, William James, Thédule Ribot und Georges Dwelshauvers, in die türkische Sprache.

Im Vorwort des *Froydizm* schreibt Mustafa Şekip Tunç über die Motive für seine Übersetzungsarbeit. Da zu seiner Zeit in der Türkei kaum psychoanalytische Originalschriften[101] existierten, die Psychoanalyse aber durch ihre »einzigartige Analyse der menschlichen Seele« (Tunç 1931, S. 3) schon in vielen Ländern zu einem hohen Bekanntheitsgrad gelangt war und Freuds Werke in einige moderne Sprachen übersetzt wurden, beabsichtigte er, diese Leere in der Türkei ein Stück weit auszufüllen. Zudem sollten dadurch bei der türkischen Leserschaft, die zum Großteil keiner Fremdsprache mächtig war und Freud daher nur vom »Hören-

---

101 Als eine der frühen psychoanalytischen Originalschriften gilt der 21-seitige Aufsatz »Untersuchung über die Psychologie Freuds«, welchen der Psychiater Mustafa Hayrullah Diker (1875–1950) in osmanischer Schrift und Sprache im Jahre 1917 verfasst hat (Batur 2002, S. 25). Für biografische Angaben zu Mustafa Hayrullah Diker siehe Eraksoy (2003).

sagen« (ebd., S. 4) kannte, die vorurteilsbehafteten Vorstellungen über die Psychoanalyse revidiert werden. Wieso er sich speziell für die Übersetzung von *Über Psychoanalyse* entschieden hat, begründet er damit, dass Freud in diesem Werk die Grundkonzepte der Psychoanalyse wie die Entstehung der Neurosen oder die infantile Sexualität in der psychischen Entwicklung des Menschen ausführlich erklärt. Weiterführende psychoanalytische Theorien können seiner Ansicht nach daher ohne dieses »Handbuch« (ebd.) nicht richtig verstanden werden. Grundsätzlich betrachtet Tunç Freuds Ansichten über die Psychologie des Menschen als sehr eindrucksvoll, da sie neue Sichtweisen zum bisherigen mechanistischen Verständnis psychologischer Abläufe einführten. Nach Meinung Baturs schätzte Tunç zwar Freuds Theorien, kritisierte ihn jedoch auch wegen seines »psychischen Determinismus und Naturalismus« (Batur 2002, S. 37).

Durch dieses Buch von Tunç wie auch durch weitere Übersetzungen, die hauptsächlich von osmanisch-türkischen Psychiatern, Psychologen und Literaten geleistet wurden, begann ab den 1930er Jahren in der Türkei allmählich das Interesse an der Psychoanalyse, das jedoch weitgehend auf westlich orientierte Gelehrtenkreise beschränkt blieb (Koptagel-Ilal 1993, S. 324), zu wachsen.

Ein weiterer Vertreter der ersten Übersetzer psychoanalytischer Schriften ist der Psychiater und »Pionier der Psychoanalyse« Izeddin A. Şadan. Neben seinen psychoanalytischen Originalschriften, die als die ersten in der Türkei bezeichnet werden können (Tunaboylu-Ikiz 2000), übersetzte er ab den 1930er Jahren nicht nur einige Schriften Freuds[102], sondern auch Werke

Abb. 25: Die türkische Übersetzung von Papers on Psychoanalysis *von Ernest Jones*

---

102 Im Rahmen meiner Recherchen habe ich keine publizierten Übersetzungen Izeddin A. Şadans von Schriften Sigmund Freuds gefunden. Vermutlich konnte er die meisten von ihnen – wie Erkoç und Kazancıgil (2006, S. 63) und Koptagel-Ilal (1998, S. 225) anführen, dass Izeddin A. Şadan nicht alle seine Übersetzungen veröffentlichte – nie publizieren. Über seine Übersetzungsabsicht von *Drei Abhandlungen zur Sexualtheorie* korrespondierte er mit Sigmund Freud.

von anderen Psychoanalytikern, etwa von Abraham Arden Brill und Ernest Jones (Kayaalp 2004, S. 124f.).

Insbesondere Ernest Jones hatte für ihn einen wichtigen Stellenwert, da er durch seine Werke erstmals auf die Psychoanalyse aufmerksam wurde. So übersetzte Şadan beispielsweise 1941 die französische Version der dritten Auflage der *Papers on Psychoanalysis*[103] von Ernest Jones in die türkische Sprache. Der Grund, wieso Izeddin A. Şadan dieses Werk nicht aus seiner Originalsprache übersetzt hat, liegt vermutlich darin, dass er Französisch besser beherrscht hatte als Englisch.[104]

Da die Psychoanalyse in der Türkei bis in die jüngste Vergangenheit nur vereinzelt im klinischen Bereich angewandt wurde, beeinflusste die jahrzehntelange, theoretische Beschäftigung mit der Psychoanalyse auch die Wahl der zu übersetzenden Werke. Wie Tunaboylu-Ikiz (1996) bemerkt, wurden in der Türkei bis in die 1990er Jahre vorwiegend psychoanalytische Werke didaktischen oder kulturanthropologischen Inhalts in die türkische Sprache übersetzt. Klinische Fallgeschichten sind sehr selten und erst in der zweiten Hälfte des 20. Jahrhunderts vorzufinden, wie etwa die Übersetzung der *Analyse der Phobie eines fünfjährigen Knaben (der kleine Hans)* von Muammer Sencer aus dem Jahre 1977. Weitere der frühen Übersetzungen von Sigmund Freuds Werken sind laut Tunaboylu-Ikiz (ebd., S. 61) *Hayatım ve Psikanaliz* (Selbstdarstellung) von Selmin Evrim (1944), *Totem ve Tabu* (Totem und Tabu) von Niyazi Berkes (1947) und *Cinsellik Üzerine Üç Deneme* (Drei Abhandlungen zur Sexualtheorie) von 1963.[105]

Ab den 1970er Jahren begann der Philologe Kâmuran Şipal, der 1926 in der anatolischen Provinz Adana geboren wurde und an der Istanbul Universität Deutsche Sprache und Literatur studierte, einige Werke von Sigmund Freud und anderen Psychoanalytikern wie Alfred Adler, Carl Gustav Jung, Hans Zulliger und Gustav Hans

---

103 Jones, Ernest (1923): Papers on Psychoanalysis. London (Ballière, Tindall & Cox); französische Ausgabe: Ders. (1925): Traite Theorique et Pratique de Psychanalyse. Paris (Payot); türkische Ausgabe: Ders. (1941) (Übersetzer Şadan, Izeddin): Psikanaliz. İstanbul (Sebat Basımevi). Auf Deutsch ist dieses Werk nicht erschienen. Ich danke Ernst Falzeder für den Hinweis.

104 Izeddin A. Şadan lernte Französisch bereits in seiner Gymnasialausbildung und lebte Anfang der 1930er Jahre drei Jahre lang in Frankreich. Auch die Analyse bei Edith Weigert-Vowinckel absolvierte er auf Französisch.

105 Den Autor führt Tunaboylu-Ikiz nicht an und auch ich konnte weder den Autor noch das Buch mit dem Erscheinungsjahr 1963 ausfindig machen. Höchstwahrscheinlich wurde die *Drei Abhandlungen zur Sexualtheorie* auch viel früher übersetzt, da sie in türkischer Ausgabe in der Bibliothek des Vaters von Vamık D. Volkan stand, die er als Jugendlicher in den späten 1940er Jahren gelesen hatte. Siehe Vamık D. Volkans Kurzbiografie. Wie aus dem Briefwechsel zwischen Sigmund Freud und Izeddin A. Şadan hervorgeht, arbeitete auch Letzterer an der Übersetzung der *Drei Abhandlungen zur Sexualtheorie*. Ob er sie jemals veröffentlichen konnte, ist nicht bekannt. Siehe Izeddin A. Şadans Kurzbiografie.

Graber ins Türkische zu übersetzen. Neben seinen psychoanalytischen Übersetzungen ist er in der Türkei insbesondere für seine Übersetzungen deutscher Schriftsteller wie etwa Hermann Hesse, Rainer Maria Rilke, Thomas Mann und Franz Kafka bekannt geworden. Seine Freud-Übersetzungen erschienen in den 1970er Jahren im Bozok Verlag, während einige davon gegenwärtig im Cem Verlag erhältlich sind.[106]

Die 1970er und 1980er Jahre sind ein besonderer Zeitabschnitt, da sich auch die politische Gesinnung von türkischen Gelehrten auf die Übersetzungen psychoanalytischer Schriften ausgewirkt hat. Nachdem in Frankreich durch die kulturellen Bewegungen des Mai 1968 die Werke von gesellschaftskritischen PsychoanalytikerInnen in die französische Sprache übersetzt worden sind (Barande/Barande 1982, S. 583), übertrug sich diese Strömung durch türkische Intellektuelle auch auf die Türkei, indem beispielsweise ab den 1970er Jahren die Werke von Wilhelm Reich und Erich Fromm kontinuierlich ins Türkische übersetzt wurden.

Bertan Onaran etwa ist ein politisch linksgesinnter Schriftsteller und Journalist, der viele Bücher von Wilhelm Reich aus dem Französischen in die türkische Sprache übertrug und im Payel Verlag publizierte.[107] Durch den stark betonten politischen Hintergrund wurden aber Wilhelm Reich und Erich Fromm in der Türkei eher als politische Vorbilder und weniger als Psychoanalytiker bekannt. Obwohl durch die türkische Militärjunta von 1980 Übersetzungen marxistischer Literatur z. B. von

---

106 Şipal, Kâmuran (2000): Kitle Psikolojisi (Massenpsychologie und Ich-Analyse). İstanbul (Cemyayınevi); Ders. (1996): Amatör Psikanalizi (Die Frage der Laienanalyse). İstanbul (Cemyayınevi); Ders. (2000): Psikanaliz Üzerine (wörtl. Über Psychoanalyse, beinhaltet aber nicht Sigmund Freuds Clark Vorlesungen, sondern ist eine Zusammenstellung einiger kürzerer Schriften). İstanbul (Cemyayınevi); Ders. (1996): Beş Konferans ve Psikanalize Toplu Bakış (Die fünf Konferenzen [an der Clark Universität=Freuds deutsche Ausgabe Über Psychoanalyse] und Abriss der Psychoanalyse). İstanbul (Cemyayınevi); Ders. (1998): Musa ve Tektanrıcılık (Der Mann Moses und die monotheistische Religion). İstanbul (Cemyayınevi).

107 Die von Bertan Onaran ins Türkische übersetzten und im Payel Verlag herausgegebenen Bücher Wilhelm Reichs mit dem Erscheinungsjahr sind wie folgt: Onaran, Bertan (1974): Cinsel Devrim (Die sexuelle Revolution); Ders. (1975): Faşizmin Kitle Ruhu Anlayışı (Die Massenpsychologie des Faschismus); Ders. (1976): Cinsel Ahlakın Boy Göstermesi (Der Einbruch der Sexualmoral); Ders. (1978): Bedensel Boşalmanın İşlevi (Die Funktion des Orgasmus); Ders. (1981): Reich Freud'u Anlatıyor (Reich Speaks of Freud); Ders. (1983): Kanser (Der Krebs); Ders. (1983): Kişilik Çözümlemesi (Charakteranalyse); Ders. (1985): İnsanın Doğadaki Yeri (Äther, Gott und Teufel und Cosmic Superimposition); Ders. (1986): Geleceğin Çocukları (Children of the Future); Ders. (1989): Dirimin Öldürülüşü (Christusmord); Ders. (1990): Başı Dertte İnsanlar (Menschen im Staat); Ders. (1995): Gençlik Tutkusu (Leidenschaft der Jugend). Die Rede an den kleinen Mann (Dinle Küçük Adam) erschien im Payel Verlag in der Übersetzung von Şemsa Yeğin und wurde auch von vielen anderen Personen (z.B. von Selma Koçak, Murat E. Cengiz, Yüksel Pazarkaya, Yezda Erdem, Hasan İhsan) übersetzt und in verschiedenen Verlagen publiziert. Sie ist die meist übersetzte Schrift Wilhelm Reichs ins Türkische.

Leo Trotzki verboten wurden, haben Übersetzungen psychoanalytischer Schriften laut Talat Parman[108] keine militärische Zensur erfahren. Die Schriften Sigmund Freuds oder linksgesinnter, gesellschaftskritischer PsychoanalytikerInnen waren in militärischen Kreisen unbekannt und wurden somit auch niemals als eine Gefahr angesehen.

In ihrer auf Französisch verfassten Dissertation zum Witz und der Geburt der Psychoanalyse[109] in der Türkei hat die Psychoanalytikerin Tevfika Tunaboylu-Ikiz (1996) die auf Türkisch vorhandenen psychoanalytischen Übersetzungen und Originalschriften untersucht. Aus dem Zeitraum von 1931 bis 1996 fand sie 138 türkische Originalschriften und 104 Übersetzungen zur Psychoanalyse (1996, S. 60). Da in der Türkei die gesetzliche Vorschrift zur Archivierung von Zeitschriften erst 1944 eingeführt wurde, hatte sie Schwierigkeiten, Zeitschriften aus den früheren Jahren aufzufinden. Auch die Literatursuche der letzten vier Jahre konnte sie nur beschränkt betreiben, weil die türkische Nationalbibliothek damals nur Werke bis in das Jahr 1992 zur Ansicht bereitstellte.

Die türkischen Originalschriften hat Tunaboylu-Ikiz in vier Bereiche unterteilt. Ein Teil dieser Werke ist didaktischer Natur (59 Artikel und 35 Bücher). Sie handeln von Sigmund Freuds Leben und Werk und beschreiben grundlegende psychoanalytische Konzepte und Techniken. Eine weitere Gruppe besteht aus Büchern (16), die den Zusammenhang zwischen Psychoanalyse und anderen Gebieten wie Soziologie, Kunst, Literatur oder Philosophie ausarbeiten und die Popularisierung der Psychoanalyse in der Türkei beabsichtigen. Die dritte Gruppe (14 Werke) beschäftigt sich speziell mit Politik und Psychoanalyse und der vierte Teil (12 Werke) besteht aus Originalschriften, die von türkischen PsychiaterInnen, PsychotherapeutInnen oder PsychologInnen zur Psychoanalyse geschrieben worden sind.

Laut Tunaboylu-Ikiz (1996) sind in allen vier Bereichen Bücher vorzufinden, die die Psychoanalyse in sehr aggressiver Form angreifen, vor allem wegen ihrer atheistischen Grundhaltung. Einige dieser Bücher wurden beispielsweise von islamischen Gelehrten geschrieben, die die Psychoanalyse für nichtig erklären.[110] Sie

---

108 Talat Parman: Persönliche Mitteilung am 27. April 2010.
109 Zur Bedeutung des Witzes in der türkischen Kultur siehe auch Tunaboylu-Ikiz (2001).
110 Vgl. z.B. Özcan (1985). In seinem in jüngster Vergangenheit erschienenen Buch über Freud und die Religion erklärt beispielsweise Ali Köse, Professor der Religionspsychologie und Theologe, dass in der wissenschaftlichen Zeitspanne nach Darwin auch Sigmund Freud der Religion »einen Schlag versetzt« (2000, hint. KT) hätte. Denn Freud habe wie die westliche Philosophie, Biologie und Physik »den Menschen seines erhabenen Wesens enthoben und Gott auf die Geistesschöpfung des Menschen herabgewürdigt« (ebd.). So fügt er in seiner Übersetzung des Titels *Die Zukunft einer Illusion* (Bir Yanılsamanın Geleceği) die Frage hinzu, ob es nicht *Die Illusion einer Zukunft* (Bir Geleceğin Yanılsaması) (ebd., S. 119) heißen sollte und deutet damit auf die Psychoanalyse hin.

kritisieren Freuds Ansichten über Religionen und behaupten, wenn Freud den Islam genügend studiert hätte, hätte er erkannt, wie offen diese Religion gegenüber den Wissenschaften ist. Tunaboylu-Ikiz (ebd.) zufolge verteidigen islamische Gelehrte grundsätzlich die Theorien von Carl Gustav Jung, in denen Freuds Konzepte zur infantilen Sexualität nicht zur Gänze übernommen wurden.

Die türkischen Übersetzungen unterteilt Tunaboylu-Ikiz in zwei Bereiche. Die ersten Bücher (90) sind Übersetzungen von Originalwerken, die von europäischen oder amerikanischen PsychoanalytikerInnen verfasst wurden, während die übrigen Bücher (13) Übersetzungen der Werke von Intellektuellen sind, die über Psychoanalyse und ihre Verbindung zu Politik, Soziologie, Musik und Literatur reflektieren. Hier wurden die Übersetzungen kaum von türkischen PsychoanalytikerInnen, sondern von interessierten Gelehrten vorgenommen.

Aus Tunaboylu-Ikiz' Darstellungen geht hervor, dass die Mehrheit der psychoanalytischen Originalschriften und Übersetzungen bis in die 1990er Jahre größtenteils der Popularisierung der Psychoanalyse in der Türkei gedient hatte und zu keiner weitreichenden Entwicklung psychoanalytischer Theorien geführt hat. Ein enormer Vorstoß bei psychoanalytischen Originalschriften und Übersetzungen ist seit Mitte der 1990er Jahre, dem Beginn der Institutionalisierungsbewegung der Psychoanalyse in der Türkei, zu verzeichnen. Vor allem durch den Einsatz von türkischen PsychoanalytikerInnen, die ihre Ausbildung in Deutschland, Frankreich und den USA absolviert haben, wie auch durch die Ausbildung jüngerer PsychoanalytikerInnen in der Türkei, hat das Repertoire an psychoanalytischen Originalwerken und Übersetzungen ein beachtliches Ausmaß angenommen. Eine zusammenfassende Darstellung der gegenwärtig vorhandenen Übersetzungen ist wegen der Fülle nicht durchführbar. Da die ÜbersetzerInnen der Gegenwart selber PsychoanalytikerInnen oder psychoanalytisch orientierte PsychotherapeutInnen sind, sind Übersetzungsfehler, die die Inhalte der Originalschriften verzerren, viel seltener als in den früheren Übersetzungen. Eine Schriftenreihe des Metis Verlages, die sich ausschließlich Übersetzungen psychoanalytischer Werke widmet, trägt den Titel *Ötekini Dinlemek* (Dem Anderen Zuhören) und wird von Saffet Murat Tura editiert.[111]

---

111 Die Bücher der Reihe mit dem Verzeichnis der Werke, aus denen die Übersetzung in die türkische Sprache erfolgte, der ÜbersetzerInnen und der Übersetzungsjahre sind nach alphabetischer Reihenfolge der OriginalautorInnen wie folgt: Anzieu, Didier: L'auto-analyse de Freud et la découverte de la psychanalyse – Freud'un Otoanalizi ve Psikanalizin Keşfi. Übersetzerin Nesrin Tura, 2003; Anzieu, Didier: Le moi-peau – Deri-Ben. Übersetzerin Nesrin Tura Demiryontan, 2008; Chasseguet- Smirgel, Janine: L'Idéal du Moi Essai psychanalytique sur la »maladie d'idéalité« – Ben Ideali. »Ideal Hastalığı« üzerine bir Psikanaliz Denemesi. Übersetzerin Nesrin Tura, 2005; Freud, Anna: Normality and Pathology in

Sprachliche Besonderheiten

Die türkische Sprache hat seit der Sprach- und Schriftreform der jungen türkischen Republik ab den späten 1920er Jahren gewaltige Änderungen erfahren. Wurden noch bis Anfang des 20. Jahrhunderts die osmanische Sprache und die arabische Schrift durch die Osmanen benutzt, instruierte Mustafa Kemal Atatürk die Neuorganisation der modernen türkischen Sprache, wodurch nach und nach europäische Wörter, hier vor allem aus dem Französischen, eingebunden und persische wie auch arabische Sprachelemente eliminiert wurden. Da diese Sprachreform erst allmählich in die Praxis umgesetzt wurde, sind in den frühen

Childhood Assessments of Development – Çocuklukta Normallik ve Patoloji Gelişimin Değerlendirilmesi. Übersetzer Ali Nahit Babaoğlu, 2000; Freud, Anna: Das Ich und die Abwehrmechanismen – Ben ve Savunma Mekanizmaları. Übersetzerin Yeşim Erim, 2004; Freud, Sigmund: On Narcissism und Psycho-Analytic Notes on an Autobiographical Account of a Case of Paranoia – Narsizm Üzerine ve Schreber Vakası. ÜbersetzerInnen Saffet Murat Tura & Banu Büyükkal, 1998, 2007; Freud, Sigmund: Das Unbehagen in der Kultur – Uygarlığın Huzursuzluğu. Übersetzer Haluk Barışcan, 1999, 2009; Freud, Sigmund: Jenseits des Lustprinzips/ Das Ich und das Es – Haz İlkesinin Ötesinde/ Ben ve İd. Übersetzer Ali Nahit Babaoğlu, 2001, 2009; Green, André: Le complexe de castration – Hadım Edilme Kompleksi. Übersetzer Levent Kayaalp, 2004; Guntrip, Harry: Schizoid Phenomena, Object Relations and the Self – Şizoid Görüngü. Nesne İlişkileri ve Kendilik. Übersetzer Hayrullah Doğan, 2003; Hartmann, Heinz: Ego Psychology and the Problem of Adaptation – Ben Psikolojisi ve Uyum Sorunu. Übersetzerin Banu Büyükkal, 2004; Jacobson, Edith: The Self and the Object World – Kendilik ve Nesne Dünyası. Übesetzer Selim Yazgan, 2004; Jung, Carl Gustav: Die Archetypen und das kollektive Unbewusste – Dört Aketip. Übersetzerin Zehra Aksu Yılmazer, 2003, 2009; Kernberg, Otto: Borderline Conditions and Pathological Narcissism – Sınır Durumlar ve Patolojik Narsisizm. Übersetzer Mustafa Atakay, 1999, 2006; Kernberg, Otto: Aggression in Personality Disorders and Perversions – Sapıklıklarda ve Kişilik Bozukluklarında Saldırganlık. Übersetzerin Banu Büyükkal, 2000, 2010; Klein, Melanie: Envy and Gratitude – Haset ve Şükran. Übersetzer Yavuz Erten & Orhan Koçak, 1999, 2008; Kohut, Heinz: The Analysis of the Self. A Systematic Approach to the Psychoanalytic Treatment of Narcissistic Personality Disorders – Kendiliğin Çözümlenmesi. Narsisistik Kişilik Bozukluklarının Psikanalitik Kişilik Tedavisine Sistemli bir Yaklaşım. ÜbersetzerInnen Cüneyt İşcan, Banu Büyükkal & Cem Atbaşoğlu, 1998, 2004; Kohut, Heinz: The Restoration of the Self – Kendiliğin Yeniden Yapılanması. Übersetzer Oğuz Cebeci, 1998, 2006; Mahler, Margaret S., Pine, Fred & Bergman, Ani: The Psychological Birth of the Human Infant – İnsan Yavrusunun Psikolojik Doğumu. Übersetzer Ali Nihat Babaoğlu, 2003; Rank, Otto: Das Trauma der Geburt – Doğum Travması ve Psikanalizdeki Anlamı. Übersetzer Sabir Yücesoy, 2001; Winnicott, Donald W.: Playing and Reality – Oyun ve Gerçeklik. Übersetzer Tuncay Birkan, 1998, 2007. Neben dieser Buchreihe existieren heute zahlreiche Übersetzungswerke, die psychoanalytisch-psychotherapeutische Fachpersonen aus den psychoanalytischen Vereinen und den Study Groups in Istanbul, Izmir, Ankara oder aus anderen Städten wie Bursa verfasst haben.

psychologischen, psychiatrischen und psychoanalytischen Werken der ersten Hälfte des 20. Jahrhunderts neben den fremdsprachigen Ausdrücken auch die osmanischen Wurzeln der türkischen Sprache noch sehr deutlich erkennbar. Ab der zweiten Hälfte des 20. Jahrhunderts, durch die politische Annäherung der Türkei an die USA und die Wissenschaftsbeziehungen beider Staaten, wurden zusätzlich zu französischen Begriffen auch englische Termini in die türkische Sprache einverleibt. Viele der heutigen psychiatrischen Begriffe stammen beispielsweise aus dem amerikanischen Englisch. Im Vergleich der frühen Übersetzungen mit jenen ab der zweiten Hälfte des 20. Jahrhunderts fällt daher auf, dass sich die in die türkische Sprache übersetzten psychoanalytischen Begriffe oft gewandelt haben, denn durch die

Abb. 26: Die türkische Übersetzung von Das Unbewusste und die Technik der Psychoanalyse

Sprachveränderungen in der türkischen Sprache konnten sich auch die psychoanalytischen Fachtermini über viele Jahrzehnte nicht festigen und wurden immer wieder neu kreiert.

Als Beispiel können hier die unterschiedlichen Begriffe für das *Unbewusste* in verschiedenen Epochen angeführt werden. So wurde dafür in den 1930er Jahren der Begriff *Gayri Şuur* verwendet, der meiner Ansicht nach das Unbewusste adäquat übersetzt. *Gayri* ist ein ursprünglich arabisches Wort, das in der heutigen türkischen Sprache keine rege Verwendung mehr findet. Es deutet, vor ein bestimmtes Nomen gesetzt, auf dessen Nichtexistenz hin und kann im Deutschen mit der Vorsilbe »un-« gleichgesetzt werden. Das Wort *Şuur* bedeutet einerseits *Bewusstsein*, andererseits beinhaltet es aber auch eine metaphysische Bedeutung wie etwa *Besinnung, Gewissen, Wissen um die eigene Existenz*.[112] Insofern weist der Ausdruck *Gayri Şuur* zutreffende Konnotationen von Ungewissheit, Unberechenbarkeit,

---

112 Die Bedeutungen der türkischen Wörter sind aus dem offiziellen *Türkçe Sözlük* (1998) (türkisches Wörterbuch) der *Türk Dil Kurumu* (Gesellschaft der türkischen Sprache) entnommen und die der osmanischen Wörter aus dem medialen Osmanisch-Türkisch Wörterbuch: URL: http://www.osmanlicaturkce.com/ (Stand: 10.06.2012).

Gewissenslosigkeit auf, welche zu den Eigenschaften des Unbewussten zählen, in dem die triebhaften Regungen des Menschen ihren Platz haben.

Ab den 1950er Jahren, in denen sich die Psychiatrie und Psychologie in der Türkei an der amerikanischen deskriptiven Wissenschaftstradition zu orientieren begannen, trifft man als Übersetzung für das Unbewusste auf das Wort *Bilinçaltı* (das Unterbewusste), das aber eine irreführende Übersetzung ist. *Bilinç* drückt ebenfalls wie das Wort *Şuur* das Bewusstsein aus, hat aber viel eher einen neurologischen Bedeutungshintergrund. Dieses Wort wird beispielsweise in den gegenwärtigen medizinischen und neuropsychologischen Büchern in der Türkei verwendet. Gleichzeitig enthält das Wort *Bilinç* eine auf die Vernunft oder den Verstand anspielende Bedeutung, was in anderen, seinen Wortstamm teilenden Wörtern erkennbar wird, wie z. B. *Bilgi* (das Wissen), *Bilim* (die Wissenschaft), *Bilge* (der/die Weise) oder *bilmek* (etwas wissen, sich auskennen). Das türkische Wort *alt* heißt *unten* oder *unterhalb* und hat keine weiterführende Nebenbedeutung.

Diese Falschübersetzung des Unbewussten als *Bilinçaltı* herrschte bis vor ca. 20 Jahren noch in den meisten psychoanalytischen Übersetzungen vor und hat auch wegen seiner starken Popularität in die türkische Alltagssprache Eingang gefunden. Der Grund für dieses aus dem Englischen übersetzte Wort könnte darin liegen, dass für Freuds Begriff der *Verdrängung* der nicht korrekte englische Ausdruck *Repression* (Unterdrückung) verwendet wurde, der eine Richtung nach unten vorgibt, die aber laut Bettelheim (1984, S. 105) mit dem deutschen Wort nicht beabsichtigt war, weil Freud dabei keine Richtung angedacht hatte. Eine richtige Übersetzung für Verdrängung wäre seiner Ansicht nach auf Englisch *Repulsion* (ebd., S. 106) und meines Erachtens auf Türkisch *Itilme* gewesen, in denen keine Richtung vorgegeben ist, sondern das *Fortdrängen von etwas* impliziert wird. So wurde als Äquivalente für *Repression* das türkische Wort *Bastırma* verwendet und in der Weise übertrug sich die nach unten vorgegebene Richtung auf das Unbewusste und wurde fälschlicherweise im Türkischen als das *Bilinçaltı* (das Unterbewusste) übersetzt und verstanden. In der heutigen türkischen Alltagssprache wird z. B. der Ausdruck *Bilinçaltına bastırmak* (in das Unterbewusste unterdrücken) anstatt *Bilinçdışına itmek* (in das Unbewusste verdrängen) benutzt.[113]

Durch türkische PsychoanalytikerInnen, die sich in jüngster Vergangenheit der Übersetzung psychoanalytischer Schriften angenommen haben, wurde das irreführende Wort *Bilinçaltı* weitgehend durch den Begriff des *Bilinçdışı* ersetzt, der durch das Wort *dış* (außen, außerhalb) das *Außerhalb-des-Bewusstseins-Seiende*

---

113 Laut Selvihan Akkaya, die umfassende Erfahrungen mit deutsch-türkischen Übersetzungen psychoanalytischer Werke besitzt, könnte der Ausdruck *bilinçaltına bastırmak* (in das Unterbewusste unterdrücken) vom Eisberg-Modell bildlich beeinflusst sein. Persönliche Mitteilung am 5. Februar 2011.

bedeutet und das Unbewusste daher eher wiedergibt. Das auf das Wissen und die Vernunft anspielende Wort *Bilinç* ist aber nach wie vor erhalten. Meines Erachtens kommt daher die frühe Übersetzung *Gayri Şuur* dem Unbewussten mit seinen unberechenbaren und »unvernünftigen« Eigenschaften sehr viel näher als die Wörter *Bilinçdışı* oder gar *Bilinçaltı*.

Trotz vieler, über die Jahrzehnte hinweg entstandener Übersetzungsvarianten für ein und denselben psychoanalytischen Fachausdruck, wie etwa für die *Laienanalyse* die Begriffe *Amatör psikanalizi* (Amateurpsychoanalyse), *Tıp dışı psikanalizi* (Außermedizinische Psychoanalyse) oder *Uzman olmayan bireyin çözümlemesi* (Analyse eines nicht professionellen/medizinischen Individuums), konnten sich dennoch, besonders in den letzten zwei bis drei Jahrzehnten, einige Ausdrücke in der türkischen Sprache festigen. Beispielsweise werden für die Begriffe *Übertragung – Gegenübertragung* fast ausschließlich *Aktarım – Karşıaktarım*, für die *Abwehrmechanismen* der Ausdruck *Savunma mekanizmaları*, für die *Projektion* das türkische Wort *Yansıtma*, für den *Widerstand* der geläufige Terminus *Direnç* oder für die *Freie Assoziation* der Begriff *Serbest çağrışım* verwendet. Ein Grund hierfür könnte darin liegen, dass diese Ausdrücke aus dem klinischen Bereich der Psychoanalyse stammen und mehrheitlich von türkischen PsychoanalytikerInnen, PsychologInnen oder PsychiaterInnen, die sich seit der jüngsten Vergangenheit auf die klinisch-therapeutische Anwendung der Psychoanalyse spezialisiert haben, eingeführt wurden.

Ein anschauliches Beispiel für eine seltsame türkische Übersetzung von Sencer (1977) ist in der Fallgeschichte des *Kleinen Hans* zu finden. Darin wird der *Wiwimacher* mit dem Begriff *Çiş aygıtı* übersetzt, was so viel wie *Pinkelapparat* bedeutet und auch auf Türkisch einen ungewohnten Klang hat.[114] Ein türkischer Junge würde in keinem Fall dieses neu erfundene Wort benutzen, sondern würde am ehesten das Wort *Pipi* (Pimmel, Zipfelchen) gebrauchen oder vielleicht selber das Wort *Çiş yapan şey* (ein Ding zum Pinkeln) erfinden. Hier stellt sich die Frage, ob auf die infantile Sexualität anspielende Wörter durch eine derart mechanistische Übersetzung entsexualisiert werden sollten.

Eine interessante Doppeldeutigkeit weist Eğrilmez' (1996) Übersetzung des *Rattenmannes* als *Sıçan Adam* auf. Das Wort *Sıçan* heißt auf Türkisch einerseits *die Ratte* und andererseits *der Scheißende*. In dieser Fallgeschichte gab Freud seinem Patienten das Pseudonym *Rattenmann*, weil dieser an der Zwangsvorstellung litt, dass ihm während der Verrichtung seiner Notdurft Ratten in den Anus eindringen könnten. Mit dem Wort *Sıçan Adam* ist im eigentlichen Sinne der Rattenmann

---

114 Selvihan Akkaya musste bei diesem Wort sofort an einen medizinischen Katheter denken. Persönliche Mitteilung am 5. Februar 2011.

gemeint, aber gleichzeitig wird die Vorstellung *des scheißenden Mannes* aktiviert, was eine zufällige, aber eine passende Analogie darstellt.

Eine weitere Problematik in den türkischen Übersetzungen besteht darin, dass die Titel der übersetzten Werke einerseits nicht mit den originalen Titeln von Sigmund Freud übereinstimmen und eigens erfunden wurden. Andererseits gibt es jedoch umgekehrt Bücher, deren Titel zwar den Originalen entsprechen, aber inhaltlich völlig andere Schriften von Freud enthalten.

Ein Beispiel für den ersten Fall ist ein Buch mit dem Titel *Espiri Sanatı* (Alkan 1996), das wörtlich *Die Kunst des Witzes* bedeutet, aber die Übersetzung von *Der Witz und seine Beziehung zum Unbewussten* ist. Dieses Buch wurde von der französischen Übersetzung von Marie Bonaparte aus dem Jahr 1930 übersetzt, doch weist der türkische Titel auch mit der französischen Übersetzung *Le Mot d'Esprit et ses Rapports avec l'Inconscient* keine Gemeinsamkeiten auf. Für den zweiten Fall ist die Übersetzung eines Buches anzuführen, das den Titel *Psikanaliz Üzerine* (Öneş 1991) trägt, was wörtlich *Über Psychoanalyse* heißt. Das deutsche Buch von Sigmund Freud mit diesem Titel beinhaltet die fünf Vorlesungen, die er 1909 an der Clark Universität gehalten hatte. Doch schlägt man das türkische Buch auf, so findet man darin erstaunlicherweise die *Neue Folge der Vorlesungen zur Einführung in die Psychoanalyse*. Ein anderes Buch, das ebenfalls *Psikanaliz Üzerine* heißt und von Kâmuran Şipal im Jahre 2000 aus der deutschen in die türkische Sprache übersetzt wurde, beinhaltet aber auch nicht die Clark Vorlesungen, sondern eine Zusammenstellung einiger kürzerer Schriften von Sigmund Freud.

Nicht selten kommt es auch vor, dass ein und dieselben Bücher manchmal in aufeinanderfolgenden Auflagen unterschiedliche Titel haben. Laut Tevfika Tunaboylu-Ikiz (1996) ist ein Grund dafür das ökonomische Interesse der Verlage, da diese Bücher mit unterschiedlichen Aufschriften als »neue Produkte« (S. 63) auf den Markt eingeführt wurden.

Die systematische Übersetzung der Werke Sigmund Freuds ins Türkische

Gegenwärtig ist in der Türkei im Payel Verlag eine Schriftenreihe von Sigmund Freud vorhanden, die Emre Kapkın unter Mithilfe seiner Frau Ayşen Tekşen Kapkın und Ayhan Eğrilmez übersetzte und herausgab. Kapkın wurde 1946 geboren und beendete sein Medizinstudium im Jahre 1969. Nachdem er vier Jahre lang in Giresun, einer Stadt an der Schwarzmeerküste, als praktischer Arzt gearbeitet hatte, begann er Ende 1973 seine Facharztausbildung in Psychiatrie und Neurologie an der Ege Universität in Izmir, die er 1977 abschloss. Nach dem Militärputsch von 1980 verlor er wie 1.300 KollegInnen die Arbeitsstelle an der Universität und arbeitete infolgedessen ca. zehn Jahre in seiner Privatpraxis. 1985 begann er seine Psychodrama-Ausbildung, die in der Türkei damals erst kurz zuvor eingeführt worden war, und beendete sie 1991. Bis heute arbeitet er als Lehrdramatiker und hat zahlreiche KandidatInnen in dieser Psychotherapierichtung ausgebildet. Ab 1993 war er vier Jahre lang in der psychiatrischen Klinik in Manisa tätig. Seit 1984 arbeitet er zudem als Sexualtherapeut nach Masters und Johnson und ist der einzige Spezialist auf diesem Gebiet in Izmir. Sein dritter Arbeitsschwerpunkt liegt in der psychotherapeutischen Behandlung von Folteropfern und der Dokumentation von Foltererfahrungen, die als Beweisgrundlage von klinischen Gutachten dient.

Sein Hauptmotiv für die systematische Übersetzung der Werke Sigmund Freuds benennt Kapkın als eine »Revolte gegen die Ungerechtigkeit« (2000, S. 118). Die Bücher von Sigmund Freud waren seiner Ansicht nach bis in die 1990er Jahre nur willkürlich und zum Teil falsch übersetzt. Beispielsweise wurde ein Übersetzungswerk, das eigentlich eine unzusammenhängende Kurzfassung der Traumdeutung war, in der Türkei lange Zeiten für *die* Traumdeutung gehalten. Die Willkür einzelner Übersetzer führte auch dazu, dass Freuds Theorien beziehungslos aufgefasst und lange Jahre vielen psychiatrischen AssistentInnen auch in der Weise gelehrt wurden. Nachdem Kapkın im Zuge der Militärdiktatur suspendiert wurde, begann er, um seine »Freizeit« (Interview am 28.9.10, Izmir) sinnvoll zu nützen und dem bruchstückhaften Verständnis der Psychoanalyse entgegenzuwirken, mit der systematischen Übersetzung von Sigmund Freuds Werken in die türkische Sprache.

Durch seine gewaltige Arbeitsleistung entstand die 16-bändige Schriftenreihe im renommierten Payel Verlag, die Kapkın aus der verkürzten englischen Ausgabe der Edition *Pelican/Penguin Books* von James Strachey und Angela Richards übersetzt hat. Wegen des großen Umfangs erschien die *Traumdeutung* in zwei Bänden, von denen der erste Band als erstes Buch der Reihe 1991 mit dem Titel *Düşlerin Yorumu I* erschien, der zweite Teil folgte ein Jahr später. Daher enthält die Schriftenreihe des Payel Verlages einen Band mehr als die 15-bändige Ausgabe der Pelican Edition.

Der letzte Band *Ruhçözümlemesinin Tarihi* (Zur Geschichte der psychoanalytischen Bewegung und weitere historische Schriften) der Schriftenreihe erschien 2006. Obwohl Kapkın das Buch *Espriler ve Bilinçdışı ile İlişkileri* (Der Witz und seine Beziehung zum Unbewussten) schon zuvor übersetzt hatte, entschied er sich für die Erstveröffentlichung der Traumdeutung, da diese bis zu seiner Übersetzung auf Türkisch nicht vorhanden war. Bei den weiteren Übersetzungen und Veröffentlichungen gab er ebenfalls jenen Werken Vorrang, die noch nicht in die türkische Sprache übersetzt wurden. Die Reihenfolge der herausgegebenen Bände entspricht jener der Pelican Edition, die einer historischen Chronologie folgt. Obwohl also die *Traumdeutung* die zuerst erschienene Übersetzung auf Türkisch ist, befinden sich diese zwei Bände in der vierten und fünften Reihe der gesamten Ausgabe des Payel Verlages:

Die Reihenfolge der im Payel Verlag herausgegebenen Bände:
Band 1:   Ruhçözümlemesine Giriş Konferansları – I (Introductory Lectures on Psychoanalysis)
Band 2:   Ruhçözümlemesine Giriş Konferansları – II (New Introductory Lectures on Psychoanalysis)
Band 3:   İsteri Üzerine Çalışmalar (Studies in Hysteria)
Band 4:   Düşlerin Yorumu – I (The Interpretation of Dreams)
Band 5:   Düşlerin Yorumu – II (The Interpretation of Dreams)
Band 6:   Günlük Yaşamın Psikopatolojisi (The Psychology of Everyday Life)
Band 7:   Espriler ve Bilinçdışı ile İlişkileri (Jokes and their Relations to the Un-conscious)
Band 8:   Cinsellik Üzerine (On Sexuality)
Band 9:   Olgu Öyküleri – I (Case Histories – I)
Band 10: Olgu Öyküleri – II (Case Histories – II)
Band 11: Psikopatoloji (On Psychopathology)
Band 12: Metapsikoloji (On Metapsychology – The Theory of Psychoanalysis)
Band 13: Uygarlık, Toplum ve Din (Civilization, Society and Religion)
Band 14: Dinin Kökenleri (The Origins of Religion)
Band 15: Sanat ve Edebiyat (Art and Literature)
Band 16: Ruhçözümlemesinin Tarihi (Historical and Expository Works on Psy-choanalysis)

In seiner Übersetzung entschied sich Kapkın dafür, die bereits in die türkische Fach- und Alltagssprache eingebürgerten englischen oder lateinischen Fachausdrücke beizubehalten und keine neuen Begriffe dafür zu entwickeln. Er kritisiert daher diejenigen ÜbersetzerInnen, welche diese Termini, auch wenn sie bereits eine rege Verwendung haben, durch neue türkische Wortkreationen ersetzen, weil sie wegen ihrer Nichtgeläufigkeit den türkischen LeserInnen große Schwierigkeiten bereiten. Beispielsweise wird in einigen anderen Übersetzungen statt *nevrotik* (neurotisch) das türkische Wort *sinirce* benutzt, das in der Form in keinem türkischen Wörterbuch zu finden ist. Für den Ausdruck *Konversyon isterisi* (Konversionshysterie) findet man manchmal die Übersetzung *dönüşümlü* (umkehrende) *Sinirce* (Neurose). Statt des gängigen Begriffs *anxiyete* (engl. anxiety) werden verschiedene türkische Wörter wie *Bunaltı* (Gefühl der Stickigkeit,

Beklemmung, manchmal auch Synonym für Depression), *Korku* (Angst, Schrecken, Furcht) oder *Sıkıntı* (Bedrücktheit, Bedrängung) verwendet. Wie aber auch Amati Mehler et al. (2010) diesbezüglich die Frage stellen, »ob nicht viele terminologische Revolutionen am Ende mehr Verwirrung stiften als Klarheit schaffen« (S. 397), entschied sich eben auch Kapkın, die geläufigen Begriffe aus dem Englischen und Lateinischen nicht durch türkische Neukreationen zu ersetzen. Zudem versuchte er in seinen Übersetzungen stets wortgetreu zu bleiben, um die Gefahr der Sinnveränderungen durch freies Übersetzen zu minimieren.

Abb. 27: Der 12. Band der Schriftenreihe von Emre Kapkın und Ayşen Tekşen Kapkın

Kritische Anmerkungen und Diskussion der Schriftenreihe

Da Kapkıns Schriftenreihe nicht aus der Originalsprache Freuds übersetzt wurde, sondern die Übersetzung der englischen Übersetzung ist und er deshalb viele englische Ausdrücke in die türkische Fassung übernommen hat, stellt sich hier die interessante Frage, inwiefern sich dieser Umstand auf das psychoanalytische Verständnis im Türkischen ausgewirkt hat.

Um diese Frage zu beantworten, werde ich zunächst anhand der englischen Übersetzungen der Schriften Freuds die Veränderungen im Verständnis der Psychoanalyse durch Ausführungen Bruno Bettelheims (1984) nachzeichnen und anschließend die Übertragung dieser Veränderungen in die türkische Sprache untersuchen. An manchen Stellen vergleiche ich die türkischen Übersetzungen aus dem Englischen mit den neueren Übersetzungen aus dem Französischen, um die Unterschiede in der sprachlichen und inhaltlichen Übertragung aufzuzeigen.

Die englischen Übersetzungen wurden von vielen PsychoanalytikerInnen (vgl. Amati Mehler et al. 2010; Steiner 1999; Bettelheim 1984; Likierman 1990) dahingehend kritisiert, dass sie das deutsche Original in eine mechanistische und trockene Wissenschaftssprache eingezwängt haben, die fern von jeglicher Doppeldeutigkeit ist, die von Freud jedoch bewusst eingesetzt wurde. Bruno Bettelheim sieht beispielsweise in seiner kritischen Arbeit über die *Standard Edition* »[den] größte[n] Mangel der Übersetzungen darin [...], dass sie es durch ihre Verwendung von Abstraktionen dem Leser leichtmachen, sich von dem zu distanzieren, was Freud über das innere Leben des Menschen und des Lesers selbst zu lehren versuchte« (1984, S. 15f.). Die Fachjargons führen seiner Ansicht nach zu einer sicheren Distanz, aus der sich die LeserInnen zwar Wissen über psychische Vorgänge aneignen können, dabei aber nicht in ihre eigenen blicken müssen und fügt hinzu, dass durch diese Abstraktionen die humanistische Weltsicht Freuds fast zur Gänze verlorengegangen ist (ebd., S. 13ff.).

Auch nach Amati Mehler et al. hat die englische Übersetzung von James Strachey »zu dem paradoxen Ergebnis [geführt], dass der englische Text wissenschaftlicher erscheint als das Original« (2010, S. 393). Die sprachliche Anpassung der *Standard* und der *Pelican Edition* an die amerikanische und englische Kultur sollte sie für das »wissenschaftliche Establishment schmackhaft« (Steiner 1999, S. 360) machen und führte auch erfolgreich zu ihrem Ziel einer fast widerstandslosen Aufnahme in den USA In diesem Zusammenhang spricht Laplanche in einem Interview mit Gathelier (1991) sogar von einer »Ideologie, die der Strachey-Übersetzung zugrunde liegt und die auf eine Art Verwissenschaftlichung Freuds hinausläuft, eine abstrakte Sprache einführt, mit all diesen lateinischen Wörtern, und andererseits zur Verflachung des Freudschen Denkens im Sinne der Ich-Psychologie führt« (S. 701f.).

Diese Pragmatisierung hat nach Angaben der oben zitierten KritikerInnen dazu beigetragen, dass in den USA und in anderen englischsprachigen Ländern die Psychoanalyse zweckgemäß als eine naturwissenschaftliche Disziplin verstanden wurde. Meiner Meinung nach hat die türkische Ausgabe der Schriftenreihe im Payel Verlag – zwar nicht willentlich, durch die wortgetreue Übersetzung aus dem Englischen jedoch zwangsläufig – die naturwissenschaftliche Auslegung der Psychoanalyse weitgehend übernommen. Auf meine Frage nach der Sprach- und Verständnisproblematik ist Kapkın nicht linguistisch, sondern inhaltlich eingegangen. Er sieht in seiner Übersetzung keine Medizinalisierung oder »verwissenschaftlichte Amerikanisierung« der türkischen Ausgabe. Wenn man die gesamte Schriftenreihe chronologisch lese, werde man erkennen, dass Freud selbst zuerst seine Theorien vermehrt physiologisch begründete und erst dann mehr und mehr die kulturellen Faktoren in sein Theoriegebilde einführte. Diese Entwicklung sei in seiner Arbeit zu erkennen und die medizinisch konnotierte Schreibweise daher auf die Übersetzung der frühen Werke Freuds beschränkt (Kapkın, Interview am 28.9.10, Izmir).

Anhand von einigen Beispielen soll diese Übertragung im Folgenden aufgezeigt werden:

Sigmund Freud bediente sich bei der Wahl seiner psychoanalytischen Grundbegriffe mehrheitlich Wörtern aus der Alltagssprache (Bakacsy 1994, S. 125), um durch deren gebräuchliche Verwendung Gefühle und Assoziationen bei den Lese-rInnen hervorzurufen. Als Liebhaber der klassischen Literatur legte er auch großen Wert auf Rhetorik und einen Prosa-Stil seiner wissenschaftlichen Abhandlungen (Schönau 2006, S. 6; vgl. auch Goldschmidt 2005, 2008; Mahony 1989). So sind laut Bettelheim (1984) die alltägliche Bedeutung der ausgewählten Begriffe und die Ästhetik seiner Sprache durch die vielen assoziationsarmen lateinischen Ausdrücke in der Standard Edition verlorengegangen. Er erachtet beispielsweise die englische Übersetzung der Pronomen *Ego, Id, Super Ego* als »kalte Termini technici, die keine persönlichen Assoziationen hervorrufen« (ebd., S. 65). Kein weiteres Wort als das *Ich* nämlich habe eine intimere Bedeutung für den Menschen, durch welches er in der Kindheit sich selbst zu entdecken vermochte. Daher zwinge das *Ich* den Menschen, »introspektiv in sich selbst hineinzuschauen« (ebd., S. 66). Das sächliche *Es* beinhalte alle Regungen, die der Mensch in seinen Kinderjahren erlebt hatte und vermag das Unbewusste mit seinen sexuellen, aggressiven und anderen asozialen Impulsen in seiner ganzen Intensität widerzugeben. Das *Es* erleichtere somit den Zugang zu den Gefühlen aus jener frühen Zeit, die im Unbewussten verborgen sind. Diese Erinnerungen erlauben »ein unmittelbares Einfühlen in das, was Freud sagen wollte, als er diesen Ausdruck für das Unbewußte gebrauchte« (ebd., S. 70). Das Wort *Über* im *Über-Ich* führe zu der Assoziation, dass eine größere Autorität über das *Ich* herrsche. Das *Ich* als ein Teil des *Über-Ichs* vermittle die Vorstellung, »daß der Mensch selbst diese Kontrollinstanz seines Geistes schuf, daß das Über-Ich das Ergebnis seiner eigenen Erfahrungen, Wünsche, Bedürfnisse und Ängste ist [...]« (ebd., S. 71), die aber im Wort *Super* nicht gegeben sei.

Die Assoziationen, die von *Ego, Id, Super Ego*, die eins-zu-eins in die türkische Sprache übernommen wurden, hervorgerufen werden, sind bei türkischen Lese-rInnen noch karger als bei englischen, da die Grammatik und der Wortschatz der türkischen Sprache über keinerlei Beziehungen zur lateinischen Sprache verfügen, wie dies eben in den meisten europäischen Sprachen der Fall ist. Außer für jene türkischen LeserInnen, die einen gewissen Wortschatz in Latein für das Medizinstudium aufgebaut haben, müssen die lateinischen Ausdrücke für türkische Laien sehr wesensfremd klingen. In den neueren Übersetzungen von türkischen PsychoanalytikerInnen, die ihre Ausbildung in Frankreich durchlaufen haben, wurden die türkischen Begriffe *Ben* (Ich), *O* (Es) und *Üstben* (Über-Ich) als Äquivalente zu *le moi, le ça* und *le surmoi* verwendet, die von türkischen LeserInnen als assoziationsreich und gefühlsbetont empfunden werden können, wie Bettelheim (1984) dies auch als Intimität der deutschen Pronomen für deutschsprachige LeserInnen beschrieben hat.

Betrachten wir die türkischen Überschriften oder die Fachtermini in dieser Schriftenreihe, so ist die direkte Übersetzung aus dem Englischen und damit einhergehend das übertragene Verständnis der Psychoanalyse als strikt wissenschaftliche, empirisch orientierte Disziplin erkennbar.

Das Unbehagen in der Kultur wurde in der englischen Übersetzung zur *Civilization and its Discontents* und in der wörtlich übersetzten türkischen Fassung zur *Uygarlık ve Hoşnutsuzlukları*, was ins Deutsche rückübersetzt *Die Zivilisation und ihre Unzufriedenheit* bedeutet. Das Wort *Kultur* bezieht sich laut Bettelheim (ebd., S. 111) bei Freud auf die ethnischen, intellektuellen, ästhetischen und nicht auf die technologischen Errungenschaften, die die Zivilisation hervorgebracht hat. Freud unterschied seiner Ansicht nach deutlich die Wörter *Kultur* und *Zivilisation* voneinander und stand Letzterer kritisch gegenüber. Zudem meinte er mit der Präposition *in*, »daß eine bestimmte Unannehmlichkeit notwendigerweise oder unvermeidlich der Kultur innewohnt« (ebd., S. 112), da sie auf Aggressionsunterdrückung aufbaut. Das *in* verbinde beide Wörter miteinander und verweise auf das Ganze und das Zusammenhängende zwischen dem *Unbehagen* und der *Kultur*. Das englische Wort *discontent* gebe Freuds Absicht, mit dem Wort *Unbehagen* ein Gefühl zu bezeichnen, in keinster Weise wieder, sondern deute eher auf eine intellektuelle Unzufriedenheit hin.

Die von Bettelheim dargestellte Problematik der englischen Übersetzung ist in der türkischen Fassung ebenfalls erkennbar. Statt der Übersetzung *Hoşnutsuzlukları* würde das Wort *Huzursuzluğu* dem *Unbehagen* am ehesten entsprechen, da es ein Gefühl von Beklemmung bezeichnet. Obwohl das türkische Wort *Ekin* nicht sehr gebräuchlich ist, wäre es dem deutschen Ausdruck für Kultur nähergekommen als *Uygarlık*, da es sowohl *Kultur* als auch *Saat* bedeutet und nicht die Errungenschaften der Zivilisation, sondern die erdige und archaische Seite der Kultur ausdrückt. Yardımlı (2000, S. 4) beispielsweise bemerkt in seiner Übersetzung von *Die Zukunft einer Illusion* (Bir Yanılsamanın Geleceği), dass Freud in dieser Arbeit sowohl die Probleme der Zivilisation als auch die der Kultur erörtert hat und unterscheidet daher auch seine ins Türkische übersetzten Begriffe *Uygarlık* für die Zivilisation und *Ekin* für die Kultur.

Ein weiteres Beispiel kann mit der englischen Übersetzung *Zur Psychopathologie des Alltaglebens* aufgezeigt werden. Nach Bettelheim erzeugt die englische Übersetzung *Psychopathology of Everyday Life* durch das Weglassen der Präposition *zur*, die mit *on the* zu übersetzen wäre, eine gewisse »Sicherheit« (Bettelheim 1984, S. 95) über die bevorstehende Abhandlung, die sich mit schwierigen Problemen auseinandersetzt. Freud intendierte mit *zur* eine »Zurückhaltung« (ebd.), die die LeserInnen aufmuntern sollte, trotz der Schwierigkeit seiner Theorien nicht aufzugeben und seine Abhandlung leichter zu akzeptieren. Der englische Titel klinge daher viel »eindeutiger und bestimmter« (ebd.) als der deutsche. Diese Eindeutigkeit findet sich auch in dem eins zu eins übersetzten türkischen Titel

Günlük Yaşamın Psikopatolojisi. Eine von Freud beabsichtigte Zurückhaltung wäre durch den Titel *Yaşamın Psikopatolojisine dair* gegeben. Der Untertitel der 1931 veröffentlichten türkischen Übersetzung von *Über Psychoanalyse. Fünf Vorlesungen* heißt beispielsweise *Psikanalize dair beş ders* und kommt mit dem Wort *dair* (über, zur) Freuds allgemeiner Absicht der Zurückhaltung bei komplizierten Abhandlungen viel näher.

Auch die türkische Übersetzung der *Traumdeutung* vom Englischen *The Interpretation of Dreams* als *Düşlerin Yorumu* ist beachtenswert. Zwar bedeutet das Wort *Düş* der *Traum*, hat aber auch die Nebenbedeutung des *Tagtraumes* und des *Fantasierens* (düş kurmak). Das Wort *Yorum* bedeutet sowohl *Interpretation* als auch *Deutung*, obwohl der Schwerpunkt auf der Interpretation als eine intellektuelle Vorgehensweise liegt. Das deutsche Wort *Deutung* beinhaltet aber nach Bettelheim (1984) viel eher den Versuch, einen tieferen Sinn von etwas zu erfassen. So beabsichtigte Freud mit seiner Traumdeutung, »die vielschichtige Natur der Träume aufzuzeigen, ihre Bedeutung zu erhellen, indem er darlegte, was dahintersteckte« (ebd., S. 78). Freud war sich laut Bettelheim bewusst, dass die Traumdeutung weitreichende Assoziationen zu altertümlichen und abergläubischen Traumauslegern hervorrufen musste. Er habe weiters beabsichtigt, einen Sinn in empirisch unerklärbaren Phänomenen zu suchen, die von den Naturwissenschaften oftmals für nicht untersuchungswürdig gehalten wurden. Das Ziel und die Methode seiner Traumdeutung seien aber der traditionellen Traumauslegung entgegengesetzt, denn Freud zeigte auf, »daß wir durch die Auslegung von Träumen nicht die Zukunft voraussagen, wohl aber umgekehrt unbekannte Ereignisse der Vergangenheit entdecken können« (ebd., S. 79).

Die volkstümliche Traumauslegung der islamisch-traditionellen Kreise ist in der Türkei sehr stark verankert und wird als *Rüya tabiri* oder *Rüya tefsiri* bezeichnet. Das Wort *Rüya* ist im Gegensatz zu *Düş* kein ursprünglich türkisches, sondern ein arabisches Wort, das aber im Türkischen sogar häufiger für den *Traum* benutzt wird als das türkische Wort *Düş*. Da auch die Sprache des Korans arabisch ist, wird *Rüya* viel eher mit der Religion in Beziehung gesetzt. Die Ausdrücke *Tabir* oder *Tefsir* bedeuten *Auslegung* und/oder *Deutung*, die der Absicht Freuds, mit diesem Begriff Assoziationen zu volkstümlichen Traumauslegungen hervorzurufen, sehr nahe kommen.

Der Unterschied zu Traumauslegungen im Okzident ist aber der, dass die islamische Traumdeutung keine abergläubische oder astrologische Ausübung ist, sondern als ein Teil der religiösen Praxis angesehen und ausgeführt wird. Prophetische Träume haben beispielsweise durch ihre voraussagende Kraft in den Weissagungen von Heiligen oder in den Hadithen, den Überlieferungen des Propheten Mohammeds, hohe Priorität. Sie gelten als Introjektionen von heiligen und autoritären

Mächten, die nach dem islamischen Glauben existent sind. Ein in der islamischen Geschichte bekannter, über Generationen tradierter Traum des Heiligen Evlia Çelebi (2006, S. 15f.) etwa, der für seine zehnbändige *Seyahatname* (Reiseberichte von 1630 bis 1672) aus dem Osmanischen Reich und den Nachbarländern bekannt wurde, ist ein treffendes Beispiel für einen prophetischen Traum. In einer Nacht im Jahr 1670 träumte er von der schwierigen Lage muslimischer Soldaten gegen russisch-azakische Kampfeinheiten und wollte den Propheten Mohammed um *Sefaahat* (Schutz, Gnade) für sich und die Soldaten bitten. Ihm rutschte jedoch das Wort *Seyahat* (Reise) aus dem Munde, die ihm sein barmherziger Prophet auch gewährte, und er verbrachte sein zukünftiges Leben auf Reisen. Aus der islamischen Perspektive betrachtet, führt Evliya Çelebis Fehlleistung im Traum schlussendlich dazu, dass sein ersehnter Wunsch des Reisens in der Realität in Erfüllung geht.

Insofern gelten Träume in der islamischen Tradierung als eine Schnittstelle zwischen dem realen Leben der TräumerIn und der für existent gehaltenen, aber nicht fassbaren Welt der Heiligen, welche über den »Königsweg« dem Menschen bei Entscheidungen helfen, die Zukunft voraussagen und Wünsche erfüllen. Dementsprechend ist die Angemessenheit des türkisch-arabischen Ausdrucks *Rüya tabiri* für die *Traumdeutung* fraglich, da mit diesem Ausdruck nicht die Absicht Freuds, Assoziationen zu astrologischen und volkstümlichen Traumauslegungen hervorzurufen, getroffen wird, sondern der praktisch-religiöse Ansatz der islamischen Traumdeutung in den Vordergrund rückt. Daher befinde ich den von Kapkın verwendeten türkischen Ausdruck *Düşlerin Yorumu* für die Traumdeutung trotz seiner wissenschaftlichen Konnotation für angemessener als *Rüya tabiri*, weil dadurch eine sprachliche Distanz zur islamischen Deutungspraxis gegeben ist.

Eine interessante Übersetzung für *Psychoanalyse*, die nicht nur in der Ausgabe des Payel Verlages, sondern in den meisten Übersetzungen ab der zweiten Hälfte des 20. Jahrhunderts verwendet wurde, ist der Begriff *Ruhçözümlemesi*. Freuds Werk *Vorlesungen zur Einführung in die Psychoanalyse* wurde z. B. von Kapkın als *Ruhçözümlemesine Giriş Konferansları* (Einführungsvorlesungen in die Psychoanalyse) übersetzt.

Das Wort *Ruh*, dessen Ursprung im Arabischen liegt und der *Lebenshauch* oder auch der *Leib* bedeutet, hat eindeutig einen islamischen Bedeutungshintergrund und würde am ehesten dem deutschen Ausdruck *Seele* entsprechen. Für das Sterben wird im Deutschen beispielsweise der religiöse Ausdruck *die Seele aushauchen* verwendet und ein ähnlicher türkischer Ausdruck heißt *ruhu teslim etmek* (die Seele übergeben/ein nicht im menschlichen Besitz stehendes Gut seinem Besitzer, Allah, überreichen). Im Islam werden nämlich der eigene Körper und die Seele als »Besitz Gottes« (Allahın emaneti) angesehen.

Heute wird im Türkischen für psychiatrische und neurologische Krankheiten der Ausdruck *Ruh ve Sinir Hastalıkları* (Seelen- und Nervenkrankheiten) verwendet. Bis ca. in die 1930er Jahre wurden aber für psychiatrische Krankheiten *Akliye hastalıkları* und für neurologische Krankheiten der Ausdruck *Asabiye hastalıkları* gebraucht, die weniger Konnotation zum religiösen Seelenverständnis beinhalten. Das alte Wort *Akliye* bezieht sich eher auf Geistesfunktionen im Sinne von Geisteskrankheiten, da es von dem Wort *Akıl* (der Verstand, die Vernunft, der Geist, die Intelligenz) stammt. Ein Grund dafür könnte darin liegen, dass die frühen Psychiater in der Türkei viel stärker an der deutschen Psychiatrie orientiert waren und daher psychiatrische Krankheiten als vom Geist ausgehend verstanden. Mit der Ersetzung des Wortes *Akliye* durch das Wort *Ruh* nach der Sprachreform von 1928 wurde eigentlich beabsichtigt, moderne Ausdrücke in die türkische Sprache einzuführen, doch in diesem Fall wurde das Gegenteil erzielt. Meiner Ansicht nach sind bei dem Ausdruck *Ruh* die Assoziationen zu archaischen und religiösen Dimensionen viel stärker, nicht zuletzt deshalb, weil *Ruh* einerseits für die *Seele* nach islamischer Auffassung steht und psychische Krankheiten in der türkischen Geschichte auch stark mit islamischen Vorstellungen verbunden waren.[115]

Freud aber verwendete nach Bettelheim (1984) den Begriff *Seele* häufig synonym zu *Psyche*, wollte damit keinesfalls einen religiösen, übernatürlichen oder unsterblichen Aspekt betonen, sondern meinte damit den Sitz des Menschlichen mit seinen unbewussten Dimensionen (S. 87ff.). Insofern gibt der Begriff *Ruh* an sich nicht den von Freud bezweckten Sinn der Seele als menschliche Existenz wieder, da er einen stark religiösen Bedeutungshintergrund im Türkischen hat. Doch durch die Einverleibung dieses Terminus in die türkische Fachsprache der Psychiatrie und Psychologie und durch jahrzehntelangen Gebrauch im Zusammenhang mit psychiatrischen Krankheiten hat das Wort *Ruh* im Fachjargon eine menschlichere Dimension im Sinne der Bedeutung *Psyche* angenommen und hierbei immer mehr seinen islamischen Bedeutungshintergrund verloren. Gemeinsam mit dem Wort *Çözümleme* (Analyse, Zerlegung) verwendet, hat der Ausdruck *Ruhçözümlemesi* zwar einen ungewohnten Klang, ist aber dem Original *Psychoanalyse* vom Bedeutungsgehalt näher, als es beispielsweise bei dem Wort *Akıl çözümlemesi* (Verstandssanalyse) wäre, wenn man eben für Psyche oder Seele nach Freuds Auffassung die türkische Übersetzung *Akıl* für das englische Wort *mental* benutzt hätte. In gegenwärtigen türkischen Übersetzungen wird das aus dem Französischen *Psychanalyse* übernommene Wort *Psikanaliz* benutzt.

In der türkischen Ausgabe des Payel Verlages wurde das ursprünglich deutsche Wort *Trieb*, gemäß der englischen Übersetzung *Instinct*, als *İçgüdü* übersetzt und somit wurde der Bedeutungswechsel zum Biologischen hin auch in die türkische

---

115 Siehe das Kapitel zur Frühgeschichte der Psychoanalyse in der Türkei.

Sprache übernommen. Freud implizierte nach Bettelheim (1984, S. 118) mit dem Ausdruck *Trieb* seine Veränderlichkeit im Sinne der Möglichkeit seiner Verwandlung ins Gegenteil, der Richtung gegen die eigene Person, der Verdrängung und Sublimierung. Da Instinkte nach Bettelheim aber prinzipiell unveränderbar sind, wäre eine entsprechende Übersetzung in die englische Sprache *drive* gewesen, denn Freud »gebrauchte das deutsche Wort Instinkt, wenn es ihm angemessen schien – um auf die angeborenen Instinkte von Tieren zu verweisen –, und er vermied es, wenn er von Menschen sprach« (ebd., S. 117).

Wie der englische Titel von *Triebe und Triebschicksale* somit zu *Instincts and their Vicissitudes* wurde und wegen der biologischen Ausrichtung kaum menschliche Gefühlsreaktionen auslöst, so enthält auch der türkische Titel *Içgüdüler ve Değişimleri* weder die besondere Konnotation des Wortes *Schicksal*, das wir »auf uns selbst und andere Menschen beziehen« (ebd., S. 118), noch die Bedeutung der menschlichen Triebregung. Dennoch ist das türkische Wort *Değişimleri* um eine Spur näher am Original, da es die *Veränderungen* ausdrückt und nicht – wie das englische Wort *Vicissitudes* – *Wechselfälle* bedeutet. In den neueren Übersetzungen, vor allem der französischsprachigen türkischen PsychoanalytikerInnen, findet man für den Trieb das Wort *Dürtü*, das aus dem Französischen *la pulsion* übersetzt wurde und dem deutschen Begriff als eine menschliche Antriebskraft näherkommt.

Eine weitere Fehlübersetzung bezieht sich auf die *Massenpsychologie und Ich-Analyse*, die auf Englisch zu *Group Psychology and the Analysis of the Ego* wurde und durch die Übersetzung der *Masse* als *Gruppe* die Assoziationen zum besonderen Verhältnis zwischen dem Führer und seiner Masse nicht hervorruft. Diese irreführende Übersetzung von *Masse* als *Gruppe* wurde auch in die Ausgabe des Payel Verlages übernommen, zusätzlich dazu wurde der zweite Teil der Überschrift *the Analysis of the Ego* weggelassen und Freuds Werk schlicht als *Grup Psikolojisi* (Gruppenpsychologie) übersetzt. Auch der Philologe Kâmuran Şipal, der als einziger türkischer Übersetzer einige Werke Freuds direkt aus dessen Muttersprache übersetzt hat, verwendete zwar die *Masse* richtigerweise als *Kitle*, doch ist auch in seinem Titel *Kitle Psikolojisi* die *Ich-Analyse* einfach weggelassen worden. Da kein Gespräch oder ein schriftlicher Kontakt mit ihm zustande kommen konnte, war der Grund für die Entscheidung, die *Ich-Analyse* aus dem Originaltitel zu streichen, nicht zu erfahren.

Die gewichtige Funktion des Unbewussten, die Sigmund Freud in seinen Werken durch seine mehrdeutigen Worteinfälle auszudrücken vermochte, zeigt sich in seinem Brief an Wilhelm Fließ vom 12. Juni 1900, in dem Freud auf einer fantasierten Marmortafel mit der Aufschrift *Hier enthüllte sich am 24. Juli 1895 dem Dr. Sigm. Freud das Geheimnis des Traumes* (Freud/Fließ 1962, S. 277), seinem Freund Fließ über seine Wunschvorstellung berichtet. Das Wort *enthüllen* deutet nicht auf seine eigene Handlung, sondern die einer anderen Macht, in diesem Fall jener des Unbewussten, hin. Das Geheimnis des Traumes, welches lange Zeit im Verborgenen lag, entledigte sich seinem schleierhaften Gewand und gab sich Freud zu erkennen. Obwohl er dieses Geheimnis schon länger bewusst zu enträtseln versuchte, hatte »es« seine eigenen Regeln und enthüllte sich Freud in seinem »Traum von Irmas Injektion« (Freud 1900a, S. 111). Die türkische Wiedergabe Kapkıns (2001, S. 173) von Freuds Fantasie lautet *24. Temmuz 1895'de bu evde düşlerin gizi Dr. Sigmund Freud tarafından ortaya çıkarılmıştır* (Am 24. Juli 1895 wurde in diesem Haus das Geheimnis der Träume durch Sigmund Freud hervorgebracht/herausgefunden). Dieser Satz gibt eine willentliche, intellektuelle Handlung Freuds vor und schließt jegliche Rolle des Unbewussten aus.

Eine Übersetzung aus dem Französischen, die die Psychoanalytikerin Ayça Gürdal Küey (2000, S. 74) vorgenommen hat und die *Bu evde 24 Temmuz 1895'te Dr. Sigmund Freud'a rüyaların sırrı malum oldu* lautet, gibt viel eher die von Freud durch seine Formulierungen beabsichtigte Darlegung der Kraft des Unbewussten wieder. Der türkische Ausdruck *malum olmak* wird nämlich bei Vorahnungen benutzt, die einer Person durch eine unerklärliche/unbewusste Macht – wie auch das Synonym *içime doğdu* beschreibt – in ihr *Inneres hineingeboren* werden.

Zu *Eine Erinnerungsstörung auf der Akropolis* (tr. Akropolis'te bir Bellek Karışıklığı, Kapkın 2002, S. 427) schreibt Bettelheim, dass Freud in dieser Abhandlung sehr viel Persönliches berichtet, wie beispielsweise seine Gefühle bei der Erinnerung an seine Schulzeit oder die Beziehung zu seinem Vater (1984, S. 9). Daher erklärt er, dass das von Freud gewählte Wort *heimsuchen* – Freud wurde auf der Akropolis von seinen Erinnerungen *heimgesucht* – eine tiefere und vor allem eine religiöse Bedeutung des katholischen Wien beinhalte, während das Wort *visit* in der englischen Übersetzung diese Konnotation nicht wiedergeben könne. Auf Türkisch wurde das Wort *heimsuchen*, wie auch das Wort *enthüllen* aus dem vorherigen Beispiel, zu einer aktiven Handlung Freuds gemacht, weil »*Akropolis'teki bu olayı anımsamanın*« (Kapkın 2002, S. 436) ins Deutsche übersetzt: »[*mich*] *an die Begebenheit auf der Akropolis zu erinnern*«, heißt. Genauso beachtenswert ist der gewählte Ausdruck *Bellek Karışıklığı* für die *Erinnerungsstörung*. Das Wort *Bellek* bedeutet zwar auch Erinnerung, aber vielmehr im Sinne einer neurologischen Funktion des Gedächtnisses und nicht im Sinne der von Freud bekundeten persönlichen Erinnerungen an seine Vergangenheit. Daher wäre das Wort *Anı* (Erinnerung in Form von Reminiszenz als Anklang an etwas Früheres) im Sinne einer gefühlsbetonten Erinnerung dem viel näher gekommen. Das Wort *Karışıklık* bedeutet *Verwirrung* oder *Konfusion* und nicht *Störung*, die auf Türkisch *Bozukluk* heißt. *Anımsama bozukluğu* wäre meiner Ansicht nach eine angemessenere Übersetzung für die *Erinnerungsstörung* gewesen.

Übersetzungen von Übersetzungen laufen Gefahr, gewisse Verzerrungen des Originals weiterzuleiten, oder gar zu verdoppeln. Wie aus meinen Versuchen, die türkischen Übersetzungen mit deutschen, englischen und französischen psychoanalytischen Begriffen zu vergleichen auch hervorgeht, beinhalten sowohl das Beibehalten von fremdsprachigen Termini als auch die Erfindung neuer Ausdrücke und sowohl wortgetreue als auch sinngemäße Übersetzungen ihre Vor- und auch Nachteile. Viele Übersetzungsprobleme sind auch nicht lösbar, viele werden noch lange für Diskussionen sorgen.

Dessen ungeachtet bleibt es das Verdienst Kapkıns, dass die Werke Sigmund Freuds erstmals in der Geschichte der türkischen Übersetzungen in systematischer Weise und chronologischer Reihenfolge für türkische LeserInnen zugänglich sind.

Amati Mehler et al. schreiben, dass die babylonische Sprachverwirrung[116] dazu geführt hat, die Illusion *einer* gemeinsamen Ursprache zu zerstören (2010, S. 61f.). So sollen auch die »verwirrenden Vergleiche« dieses Kapitels verdeutlichen, dass es nicht die *eine* richtige Übersetzung gibt. Übersetzungen werden daher immer »mögliche und unmögliche Übersetzungen« (ebd., S. 365) bleiben.

---

116 Nach der Genesis (11, 1–9) bauten die Nachkommen Adams mit derselben Sprache einen Turm, dessen Spitze an den Himmel reichen und sie berühmt machen sollte. Gott zerstörte als Strafe für ihre Selbstliebe den Turm und in der Folge konnte niemand mehr die Sprache des anderen verstehen. Daher der Name »der Turm zu Babel« (Babel heißt auf Deutsch »die Verwirrung«).

III Methodik

Mein Zugang zum Forschungsthema

Welche Motive haben mich bewogen, die historische und aktuelle Situation der Psychoanalyse in der Türkei zu erforschen? Durch die Bekanntschaft mit Karl Fallend an der Leopold-Franzens-Universität Innsbruck im Jahre 2001 hat für mich eine Wende in meinem akademischen Werdegang stattgefunden. Hatte ich mich im Studium bis dahin vermehrt mit statistischen Aufgaben oder diagnostischen Kriterien psychischer Störungsbilder beschäftigt, so eröffnete sich mir durch seine Vorlesungen eine ganz andere Welt, nämlich die der Psychoanalyse. Wir StudentInnen hörten bis dahin kaum Gehörtes, denn über die Lebensgeschichten von Vertriebenen und Tätern des Nationalsozialismus aus psychoanalytischer Sicht zu erfahren, war eine vollkommene Neuigkeit an unserem Institut. Im Laufe seiner Vorlesungen und Seminare drängte sich mir eine Frage ins Bewusstsein: »Studierte ich nicht schon seit einiger Zeit das Leben von Flüchtlingen, Exilanten, Vertriebenen etc. und vergaß dabei, dass ich selbst ein Kind von türkischen EmigrantInnen bin und viele Aspekte von historischen Exilantenschicksalen teilte?« (Şahin 2006, S. 11). Die Arbeitsmigration der Mitglieder meiner Elterngeneration war zwar nicht durch politische Notlagen erzwungen worden, doch hatten auch sie die Bürden von schmerzhaften Trennungserfahrungen von ihren Angehörigen und Anpassungsschwierigkeiten an die »neue Heimat« zu ertragen. Insbesondere die Lebensgeschichten von türkischen Frauen lagen im Mittelpunkt meines persönlichen und wissenschaftlichen Interesses und so entschied ich mich, in meiner Diplomarbeit die Biografien türkischer Pioniermigrantinnen der ersten Generation nach psychoanalytischen Gesichtspunkten zu erforschen. Einerseits wurde ich durch das intensive Studium von Lebensgeschichten für die qualitative Sozial- und Biografieforschung (vgl. Fallend/Hofstadler 2004; Mayring 1983, 1999; Nadig 1986; Bruder 2003; Rosenthal et al. 2005) sensibilisiert, andererseits hatte die Veröffentlichung meiner Diplomarbeit (Şahin 2006) dazu beigetragen, dass mein Wunsch, mich auf dem Gebiet der wissenschaftlichen Forschung zu vertiefen, immer stärker wurde. Karl Fallend schlug mir nach Beendigung meiner Diplomarbeit das Thema »Psychoanalyse des Kopftuchs« für meine Dissertation vor. Ungefähr nach einem halben Jahr der Recherche bemerkte ich jedoch, dass mein Interesse für das vorgeschlagene Thema nicht ausreichend war, um eine Doktorarbeit darüber verfassen zu können. Ich war mir aber dessen bewusst, dass das Thema meiner Dissertation weiterhin den mir am Herzen liegenden Komplex »Psychoanalyse – Türkische Kultur – Biografieforschung« beinhalten würde, doch die genaue Fragestellung wollte sich mir zum gegebenen Zeitpunkt noch nicht entschleiern.

An einem jener Abende im Februar 2006, an denen ich in Büchern stöberte oder am Computer saß und auf mystische Weise auf eine Eingebung wartete bzw. hoffte, kam mir plötzlich eine brennende Frage in den Sinn: Was ist mit der Psychoanalyse in der Türkei? Gibt es sie dort überhaupt? Wenn ja, wie hat sie sich in diesem Land entwickelt und wie hört sich die türkische Psychoanalyse an? Meine Assoziationen hatten mich so sehr fasziniert, dass ich gleich die Wörter »Psikoanaliz« (Psychoanalyse) und »Türkiye« (Türkei) in Google eintippte, woraufhin seitenweise Einträge erschienen, die ich mit großer Neugierde zu lesen begann. An jenem Abend wusste ich, dass ich mich auf »die historische und aktuelle Spurensuche nach der Psychoanalyse in der Türkei« begeben würde. Diese wissenschaftliche Spurensuche wurde aber gleichzeitig eine sehr persönliche, denn schon im Rahmen meiner Diplomarbeit bewegte ich mich zu meinen eigenen Wurzeln hin, indem ich die Geschichte meiner Müttergeneration untersuchte. Mit der Dissertation konnte ich einen weiteren Schritt »back to the roots« wagen, da ich als österreichisch-türkisches Emigrantenkind diesmal die Möglichkeit erhielt, die – in meiner Welt lange im Verborgenen gebliebene – Urheimat näher kennen zu lernen.

Viele Namen von Personen, die später meine InterviewpartnerInnen werden sollten, waren auf den Internetseiten aufgelistet, doch konnte ich sie zur damaligen Zeit natürlich noch nicht einordnen. Dennoch drängte es mich, ihre Namen und ihre psychoanalytischen Artikel laut zu lesen und dabei wurde ich von der Schönheit und Neuheit dieser besonderen Sprache – der Psychoanalyse auf Türkisch – gefesselt. Mit großer Zufriedenheit entdeckte ich die deutsche Bedeutung der türkischen Wortkreationen, was für mich zu einem Spiel wurde.

Einer meiner ersten Schritte war die nähere Untersuchung der türkischen Übersetzungen von Sigmund Freuds Werken. Welches seiner Bücher wurde wann, durch wen, aus welcher Sprache ins Türkische übersetzt? In meiner Bibliothek fand ich zu jener Zeit die türkische Übersetzung des Buches *Der Witz und seine Beziehung zum Unbewussten*, das aber im Türkischen schlichtweg *Espiri Sanatı* (Die Kunst des Witzes) (Alkan 1996) hieß. Dieser türkische Titel klang für mich ziemlich seltsam und ich war mir anfangs nicht einmal sicher, ob dieses Buch überhaupt die Übersetzung von Sigmund Freuds Werk war. So begann ich es zu lesen und verglich dabei manche türkischen Begriffe mit dem deutschen Original und merkte erst dann, wie anstrengend und schwierig die türkische Übersetzung zu verstehen war.

Wenige Monate später, im Mai 2006, erschien in der Wochenzeitung *Die Zeit* eine Artikelserie über die Psychoanalyse in verschiedenen Kulturen und Ländern wie in Afrika, Südamerika oder China. Auch zur Psychoanalyse in der Türkei erschien ein Beitrag, dessen Verfasser ein Psychoanalytiker namens Vamık D. Volkan (2006) ist, der – ursprünglich ein zypriotischer Türke – in den USA lebt und praktiziert. Sein Artikel wurde für mich eine sehr nützliche Orientierung, da ich darin zum ersten Mal über die Psychoanalytikerin Edith Weigert-Vowinckel las, die in den 1930er Jahren im türkischen Exil gelebt hatte, und auch weitere Eindrücke für mein Forschungsvorhaben gewinnen konnte.

Durch diesen Artikel inspiriert, entschloss ich mich wenige Tage später, an zwei türkische PsychoanalytikerInnen, deren Namen ich am häufigsten im Internet gelesen hatte, E-Mails zu schreiben, und fragte sie, ob sie im Sommer für ein Informationstreffen bezüglich meines Forschungsvorhabens Zeit hätten. Sehr bald nach meiner Anfrage erhielt ich deren Interessensbekundung und konnte mit ihnen auch Gesprächstermine fixieren.

Im Sommer 2006, zum ersten Mal in meinem Leben, in Istanbul angekommen, eröffnete sich mir eine neue Welt. Fasziniert von dieser seltsam europäisch und zugleich osmanisch anmutenden Metropole und den Namen der Stadtteile, die ich bis dahin nur in den Medien oder in türkischen Märchen, Gedichten und Liedern gehört hatte, besuchte ich mit meinem Mann berühmte Orte in Istanbul und sah zudem, in welcher soziokulturellen Umgebung die Psychoanalyse in der Türkei existierte.

An einem dieser Tage suchten wir die Praxis des Psychoanalytikers Talat Parman auf, die sich in einem Wohnblock im noblen Stadtteil Şişli befand. Nachdem ich ihn genauer über mein Forschungsvorhaben informiert hatte, erzählte er mir über die vielfältigen Aktivitäten seines psychoanalytischen Vereins, über die Grundzüge der Psychoanalyse in der Türkei und über seine psychoanalytische Ausbildung in Frankreich. Zudem gab er mir wichtige Literaturhinweise für mein Projekt.

Zwei Tage später reisten wir auf die asiatische Seite Istanbuls, um die Psychoanalytikerin Tevfika Tunaboylu-Ikiz kennen zu lernen. Zwischenzeitlich hatte ich einige psychoanalytische Bücher auf Türkisch gekauft und blätterte darin auf unserer Schiffsfahrt von der europäischen zur asiatischen Seite Istanbuls. Nach diesem Treffen wollten wir Istanbul wieder verlassen und so hatten wir unser Gepäck mitgenommen. Nachdem wir an der Eingangstür des Appartements geklingelt hatten, schaute eine charmante Frau aus dem Fenster und ich fragte sie, ob wir das Gepäck in ihre Wohnung mitnehmen dürften.»Ja, nehmen Sie alles mit, Ihr Gepäck, Ihren Mann und wenn Sie noch Verwandte dabei haben, können die auch noch hochkommen!« Frau Tunaboylu-Ikiz entzückte mich auch während unserer weiteren Korrespondenz mit ihrer amüsanten Art und die Tatsache, dass mich bei dieser ersten »Schnupperforschungsreise« mein Mann begleitete und er – der Familienorientiertheit der türkischen Kultur nach – keine »Störvariable« in beiden Informationsgesprächen darstellte, erleichterte mir die ersten Schritte auf meinem Forschungsweg ganz besonders. Tunaboylu-Ikiz erzählte ebenfalls über ihre eigene psychoanalytische Ausbildung in Frankreich und über ihre Doktorarbeit zum »Witz und Geburt der Psychoanalyse in der Türkei« (Tunaboylu-Ikiz 1996), die sie mir dann auch überreichte. Sie hatte ihre Dissertation bereits 1996 beendet und betonte, dass seitdem enorme Veränderungen in der psychoanalytischen Landschaft der Türkei stattgefunden hätten. Zudem erhielt ich von ihr einen Aufsatz (Tunaboylu-Ikiz 2004b), in dem sie die »Gründe, wieso die Psychoanalyse 100 Jahre später in die Türkei kam« erforscht hatte. Inspiriert durch diese zwei sehr aufschlussreichen Gespräche und mit vielen türkischen psychoanalytischen Büchern und Aufsätzen im Koffer, traten wir unsere Heimreise an.

In Österreich angekommen, erschwerte sich der weitere Zugang zu meinem Thema vehement. Ich hatte zwar viele lehrreiche Bücher mitgebracht, pflegte auch weiterhin E-Mail-Kontakt zu Talat Parman und Tevfika Tunaboylu-Ikiz und benutzte das Internet, um mich einigermaßen auf dem Laufenden der psychoanalytischen Aktivitäten in der Türkei zu halten, doch erwies sich die Entfernung vom Ort des Geschehens als sehr schwierig. Ich wurde mir darüber klar, dass ich einige Zeit in der Türkei verbringen musste, doch war ich zu jener Zeit vollzeit-berufstätig und konnte schwer kündigen, da mein Mann als Heiratsmigrant erst kurz vorher nach Österreich gezogen und daher arbeitslos war.

So verbrachte ich das ganze Jahr 2007 damit, neben meiner praktischen Arbeit psychoanalytische Literatur zu lesen, mir Gedanken über die zukünftigen Forschungsreisen zu machen und besuchte an der Leopold-Franzens-Universität mehrere Vorlesungen zur allgemeinen Geschichte und Gegenwart der Psychoanalyse. Neben meinem Doktorvater Karl Fallend wurden in der Zeit Edith Seifert und Ernst Falzeder zu wichtigen MentorInnen für mich.

Verlauf des Forschungsprozesses, Material und methodische Vorgehensweise

Da ich großes Interesse und weitreichende Erfahrungen in der Biografieforschung hatte, war ich mir dessen bewusst, dass das eigentliche Herzstück meiner Forschungsarbeit die unmittelbare Nähe zu persönlichen Lebensgeschichten sein würde. Bei weiteren Bestimmungs- und Eingrenzungsversuchen meiner genauen Fragestellung stieß ich auf eine interessante Passage aus einem Buch der Soziologin Katrin Hartmann (2007), die sich mit der Psychoanalyse im Libanon auseinandersetzte:

> »Die berufliche Sozialisation einer Analytikerin oder eines Analytikers aus einer nicht-westlichen Kultur scheint ein blinder Fleck zu sein. Müsste es, wenn die kulturelle Andersartigkeit so zentral ist, nicht bereits in der Ausbildung zu Schwierigkeiten oder Reibungen kommen? Wenn nicht, weshalb nicht? Entstammen die werdenden Berufsleute aus bereits derart okzidentalisierten Kreisen, dass es zu keinem *clash of civilizations* kommt? Müssen diese nicht ihre kulturelle Herkunft unterdrücken, abstreifen, um in das Gewand einer modernen psychoanalytischen Berufsperson schlüpfen zu können? Oder verfügen sie über bestimmte Strategien, mittels derer sie die verhängnisvollen Kulturgräben, die es auch in der psychoanalytischen Ausbildung geben muss, überbrücken zu können?« (S. 98)

Dieser bedeutende Abschnitt löste in mir eine lange Assoziationskette aus. Wie kommen muslimische Türken überhaupt dazu, sich für ein derart westliches Erklärungs-, Untersuchungs- und Behandlungsmodell zu interessieren? Müsste ihre türkisch-muslimische Identität nicht im Gegensatz zur Psychoanalyse stehen, die durch ihre religions- und kulturkritischen Aussagen und ihre Hervorhebung der Sexualität schon ein Dorn im Auge so mancher westlicher BürgerInnen war bzw. oft noch ist? Einmal hatte ich beispielsweise mein Forschungsthema in einer Diskussionsrunde unter BerufskollegInnen angesprochen. Daraufhin kam von einem Kollegen die Idee, dass es interessant wäre herauszufinden, ob die türkischen PsychoanalytikerInnen zwischen den Analysestunden beten würden.

Weshalb aber hatten ich und der Großteil meiner KollegInnen gleich das Bild von gläubigen türkischen PsychoanalytikerInnen in unserer Fantasie? Könnten sie nicht auch aus westlich orientierten Kulturkreisen der Türkei stammen? Wieso aber nun diese Dichotomie, ein unbedingtes »Entweder-Oder«? Ralf Zwiebel (1993) etwa führt die Vereinbarkeit von modernen und religiösen Wertesystemen mit einem Beispiel aus Indien an, wonach »ein Computerspezialist [...] wenig Schwierigkeiten [hat], einen Astrologen oder seinen Guru aufzusuchen, bevor er eine wichtige persönliche Entscheidung zu treffen hat« (S. 112). Vielleicht konnten ja auch türkische PsychoanalytikerInnen orientalische und okzidentale Kulturelemente in ihrem Leben vereinbaren und gerade diese Schnittstelle führte sie zur Psychoanalyse? So entschied ich mich – mit allerlei Fantasien, Fragen, Wünschen und Ängsten –, die Bühne für die ProtagonistInnen der Psychoanalyse in der Türkei zu öffnen. Besonders ihr soziokultureller Hintergrund stand im Mittelpunkt meines Forschungsinteresses, um auf diese Weise einen Einblick in ihre psychoanalytischen Ausbildungs- und Berufswege als Angehörige einer »fremden« Kultur zu erhalten.

Sind die ProtagonistInnen der Psychoanalyse aber nur die PsychoanalytikerInnen? Was ist mit den Personen, die den Mut aufbrachten, den beschwerlichen Weg ihrer eigenen Psychoanalyse anzutreten? Großes Interesse erweckten bei mir demnach auch die türkischen PatientInnen, über die zunächst ähnliche Fantasien auftauchten wie schon zuvor über die türkischen PsychoanalytikerInnen. Wie kommen muslimische Türken dazu, bei persönlichen Konflikten eine Behandlungsmethode in Anspruch zu nehmen, die auf ein aufgeklärtes, bürgerliches Menschenbild aufbaut und sich in einem christlich-jüdischen Kulturraum entwickelt hat?

Bei der Frage nach den PatientInnen antizipierte ich jedoch forschungsspezifische Schwierigkeiten. Wie sollte ich neben der für eine qualitative Arbeit schon recht großen Anzahl türkischer PsychoanalytikerInnen auch noch deren PatientInnen interviewen und bei welcher Zahl müsste ich dabei ansetzen? Wie könnte ich sie ausfindig machen? Mir war bewusst, dass die Auslassung der Frage nach den PatientInnen eine große Lücke in meiner Arbeit hinterlassen würde, und so kam ich zu der Entscheidung, die Fragen zu den türkischen PatientInnen direkt an die türkischen PsychoanalytikerInnen zu stellen. Insofern konzipierte ich meine Erhebungsmethode als eine Mischform von narrativen Interviews (Flick 2002) und Experteninterviews (Bogner et al. 2005), um einerseits Informationen über die Lebens-, Ausbildungs- und Berufswege von PsychoanalytikerInnen aus der Türkei zu erhalten und andererseits sie als ExpertInnen über ihre psychoanalytische Arbeit mit türkischen PatientInnen zu befragen.

Doch war es für mich sehr schwierig, im »Wirrwarr« von vielen Namen auf türkischen Internetseiten auszuloten, welche Personen für mein Forschungsvorhaben infrage kommen würden. Da im türkischen Bundesministerium für Gesundheit wegen des fehlenden Psychotherapiegesetzes auch keine PsychotherapeutInnenliste vorhanden war bzw. heute noch nicht ist, wurde meine anfängliche Orientierung erheblich erschwert. Manchmal stand nämlich vor den Namen einiger Personen der Titel »Psikanalist« (PsychoanalytikerIn), bei anderen wiederum der Titel »Psikanalitik Psikoterapist« (psychoanalytische/r PsychotherapeutIn) und die Unterscheidung war mir zu jenem Zeitpunkt nicht durchsichtig.

Dazu kam, dass die zwei psychoanalytischen Vereine in Istanbul erst im Laufe meines Forschungsprozesses an die Internationale Psychoanalytische Vereinigung angegliedert wurden und die von ihr anerkannten türkischen PsychoanalytikerInnen erst zu Beginn des Jahres 2010 auf der Homepage der IPV aufgelistet waren, sodass ich erst ab diesem Datum die Gesamtzahl ihrer Mitglieder aus der Türkei erfahren konnte. Somit entfaltete sich meine Forschungsarbeit in mancher Hinsicht zeitgleich mit den Entwicklungen der Psychoanalyse in der Türkei. Beispielsweise waren während meiner ersten zwei Forschungsaufenthalte die heutigen PsychoanalytikerInnen der dritten Generation noch AusbildungskandidatInnen und erschienen aus diesem Grund nicht auf der offiziellen Homepage der Internationalen Psychoanalytischen Vereinigung. Daher erfuhr ich von ihnen erst nach Beendigung ihrer Ausbildung und interviewte sie somit erst während meines vierten Forschungsaufenthaltes.

Da ich aber schon 2006 mit Talat Parman und Tevfika Tunaboylu-Ikiz in Kontakt getreten war und daher wusste, dass einige türkische PsychoanalytikerInnen ihre Ausbildung in Frankreich absolviert hatten, beabsichtigte ich in meiner ersten Forschungsreise, die PsychoanalytikerInnen mit französischem Ausbildungshintergrund und den Psychoanalytiker Celal Odağ, der seine psychoanalytische Ausbildung in Deutschland absolviert hatte, zu interviewen.

Mein erster Forschungsaufenthalt, der mir durch eine Bildungskarenz ermöglicht wurde, fand im Zeitraum von September bis Oktober 2008 statt. Neben einigen Informationsgesprächen führte ich mein erstes Interview mit Celal Odağ auf dem Kongress seiner Halime Odağ Stiftung für Psychoanalyse und Psychotherapie in Izmir und sah dort auch zum ersten Mal ein Gebäude, in dem Psychoanalyse praktiziert wird. Durch dieses erstmalige Gewahrwerden der »physischen Existenz« der Psychoanalyse in der Türkei wurden mir auch deren weitreichende Entwicklungen in diesem Land deutlich vor Augen geführt.

Die erste Hälfte des Jahres 2009 las ich dann in der für mein Dissertationsprojekt wichtigen Literatur weiter und verfeinerte meine Fragen an meine zukünftigen InterviewpartnerInnen, denn von Ende April bis Ende Mai 2009 war meine zweite Forschungsreise in die Türkei geplant. Ich schrieb alle türkischen PsychoanalytikerInnen und Informationspersonen an, von denen ich im Zuge meiner Recherchen erfahren hatte, und bekam sehr schnell Antworten mit Vorschlägen, wann und wo ein Treffen stattfinden könnte. Interviewtermine, Bibliotheks- und Archivrecherchen, die Teilnahme an Tagungen und das Aufsuchen von historischen Orten standen auf meinem Forschungsplan. Meine erste Interviewpartnerin dieses zweiten Forschungsaufenthalts war Ulviye Etaner, eine emeritierte Psychoanalytikerin, die in Deutschland ihre psychoanalytische Ausbildung absolviert hatte und in den 1970er Jahren in die Türkei remigriert war. Die Themenbereiche, die ich in ihrem und in den kommenden Interviews angesprochen hatte, waren:

Der soziokulturelle Hintergrund ihrer Herkunftsfamilien
Das beginnende Interesse für die Psychoanalyse
Emigrationswünsche
Besonderheiten ihrer psychoanalytischen Ausbildung als Angehörige einer
»fremden« Kultur
Remigrationsmotive in die Türkei
Bestrebungen, die Psychoanalyse in die Türkei einzuführen
Psychoanalytische Arbeit mit PatientInnen in der Türkei

Die Entscheidung zu schrittweisen Forschungsreisen erwies sich als sehr vorteilhaft, da nach jedem Interview mein Horizont erweitert wurde, sodass ich meine Fragen bei den nachfolgenden Interviews verfeinern konnte und ich nach jedem Aufenthalt in der Türkei genügend Zeit für die Verarbeitung des Materials in Österreich hatte. Zudem kamen mir auch durch wachsendes Hintergrundwissen viel öfter »Ad-Hoc Fragen« (Witzel 1985, S. 245) während der Interviews in den Sinn, die ich aber erst nach Beendigung des Erzählflusses meiner InterviewpartnerInnen stellte, damit deren Assoziationen nicht unterbrochen wurden.

Die ersten Interviews leitete ich mit der Frage: »Wie sind Sie zum ersten Mal der Psychoanalyse begegnet?« ein, doch die Beantwortung fiel generell mit der Beschreibung ihrer Gymnasialzeit, in der viele meiner InterviewpartnerInnen in den Fächern Psychologie oder Literatur erstmals über die Psychoanalyse erfuhren, sehr kurz aus. So entschied ich mich, die kommenden Interviews mit der breiteren Frage: »Können Sie über Ihren psychoanalytischen Lebensweg erzählen?« einzuleiten, und konnte dadurch mein Material aus dem Reichtum ihrer Assoziationen schöpfen.

Viele PsychoanalytikerInnen fingen ihre Erzählung auch mit der Bekundung an, dass sie dabei den Regeln der freien Assoziation folgen würden. Für mich war es sehr eindrucksvoll, wie schnell sich die schweigsam fantasierten PsychoanalytikerInnen während der Interviews selbst in die Rolle der frei Assoziierenden einfinden konnten. Wahrscheinlich führte – verglichen mit dem psychoanalytischen Setting – die umgekehrte Positionierung der Rollen und die retrospektive Betrachtung ihres psychoanalytischen Werdeganges dazu, dass sie sich während der Interviews in ihre ehemalige Zeit als AnalysandInnen versetzten und sich daher in der freien Assoziation schwungvoll bewegen konnten (vgl. Tunaboylu-Ikiz 2005a, S. 7). Durch die Benutzung eines Diktiergerätes musste ich keine schriftlichen Notizen anfertigen und konnte dadurch mit gleichschwebender Aufmerksamkeit ihren Erzählungen folgen. Nach den Interviews nahm ich meine unmittelbaren Gedanken und Gefühle ebenfalls mit dem Diktiergerät auf, die mir eine spätere Reflexion meiner Gegenübertragungsprozesse (vgl. Devereux 1976) ermöglichten und bei der Auswertung der auditiven Aufzeichnungen sehr hilfreich wurden.

Als großer Vorteil erwies sich auch meine österreichisch-türkische Identität, denn durch die türkische Sprache, in der alle Interviews durchgeführt wurden, konnte ich besonders nah an meinen Forschungsgegenstand gelangen. Gleichzeitig erleichterte mir aber meine österreichische Identität die Distanzierung, da mich viele InterviewpartnerInnen als eine ausländische Forscherin betrachteten, die fern von allen Gruppierungen und Konflikten in der psychoanalytischen Szene der Türkei war. Durch meine unparteiische Stellung konnten sie freier über ihre Berufsbiografien berichten.

Zusätzlich zu den Interviews betrieb ich während dieses Forschungsaufenthaltes – mich an Jordans (2005) Anleitungen zum historischen Forschen orientierend – umfangreiche Archiv- und Bibliotheksrecherchen, um die ersten Stunden der Psychoanalyse in der Türkei nachzeichnen zu können. In Österreich Ende Mai 2009 angekommen, begann ich über die Lebensgeschichten der Psychoanalytikerinnen Ruth Willmanns Lidz und Edith Weigert-Vowinckel, die sich in den 1930er Jahren im türkischen Exil befanden, zu schreiben und erhielt von Ernst Falzeder die außerordentlich erfreuliche Möglichkeit, meine bisherigen Forschungen in den USA öffentlich vorzutragen. Mit dem Artikel in meinem Koffer flog ich im Oktober 2009 zum ersten Mal nach Amerika und stellte den Zwischenbericht meiner Dissertation einem breiteren Publikum im Rahmen des von John Burnham organisierten Symposiums »After Freud Left: Centennial Reflections on His 1909 Visit to the U. S. A.« in der New York Academy of Medicine vor (Usak-Sahin 2012). Nach dieser spannenden Reise war ich im November 2009 zusammen mit Edith Seifert auf dem Jahreskongress des *Istanbul Psikanaliz Derneği* (Psychoanalytischer Verein Istanbul) und führte bei diesem Aufenthalt weitere Interviews mit türkischen PsychoanalytikerInnen durch. Im Anschluss an meine einjährige Bildungskarenz erhielt ich von der Leopold-Franzens-Universität in Innsbruck für 18 Monate ein Nachwuchsstipendium für DoktorandInnen.

Ab Dezember 2009 begann ich die bisher geführten Interviews zu transkribieren, wobei die Transkripte aller Interviews eine Gesamtseitenanzahl von fast 1.000 Seiten (12p, 2 Za) aufweisen. Nach der Autorisierung der Transkripte begann ich das äußerst umfangreiche Material nach der Methode der qualitativen Inhaltsanalyse (Mayring 1983; Flick 2002) zu bändigen, indem ich die verschiedenen Interviews miteinander verglich, Themenzusammenhänge bildete, sie nach bestimmten Gesichtspunkten in einen größeren Rahmen setzte und mich insbesondere auf die Muster der soziokulturellen Hintergründe sowie der Ausbildungs- und Berufswege meiner InterviewpartnerInnen konzentrierte.

Während dieses Arbeitsprozesses markierte ich auch die markantesten Interviewpassagen, die ich in meine Arbeit als direkte Reden einbauen wollte, und übersetzte sie dann in die deutsche Sprache. Dabei stand ich vor der Frage, ob ich primär wortgetreu oder – mich auf den Inhalt beziehend – freier übersetzen sollte. Ich entschied mich für die zweite Variante, denn einige Versuche einer wortgetreuen Übersetzung führten nur dazu, dass der Text im Deutschen sehr konfus klang und manchmal sogar grammatikalisch schlichtweg falsch war. Freier zu übersetzen hieß aber nicht, das Gesagte zu ändern oder meine eigenen Urteile hinzuzufügen, sondern den Inhalt sinngemäß vom Türkischen ins Deutsche zu übertragen. An manchen Stellen der direkten Reden musste ich daher zusätzliche Erläuterungen in eckigen Klammern oder Fußnoten einfügen. Ich verließ mich während dieser Übersetzungsphase auf mein inneres Gespür, das durch meine Zweisprachigkeit, meine Kenntnis österreichischer und türkischer Kulturelemente sowie meine wissenschaftlichen und praktischen Übersetzungserfahrungen stark ausgeprägt ist.

Anfang 2010 trug ich all meine Materialien aus den Interviews sowie den Bibliotheks- und Archivrecherchen zusammen und arbeitete am genauen Inhaltsverzeichnis meiner Dissertation. Mit meinen FreundInnen und KollegInnen – Clemens Drechsel, Arin Sharif-Nassab und Yvonne Egger-Habib – aus der eigeninitiativ gegründeten psychoanalytischen »Cafe-Central-Gruppe« in Innsbruck, die mich durch den gesamten Forschungsprozess mit ihren konstruktiven Rückmeldungen begleiteten, diskutierte ich das Verzeichnis. Anschließend schickte ich es samt den Übersetzungen der Interviewpassagen an meinen Betreuer Karl Fallend und wir besprachen den bevorstehenden Schreibprozess.

Nachdem ich im Frühjahr 2010 meine letzte längere Forschungsreise in Istanbul beendet hatte, bei der ich zusammen mit Klaus Posch und Monika Altenreiter auch eine Unterredung mit Talat Parman durchführte (Usak et al. 2010), begann ich abschnittsweise mit der Verfassung meiner Dissertation. Ein letzter Kurzaufenthalt fand im Herbst 2010 statt, bei dem ich zusammen mit Edith Seifert am Kongress der Halime Odağ Stiftung für Psychoanalyse und Psychotherapie teilnahm, die letzten Interviews und Archivforschungen durchführte und somit der Rechercheprozess endgültig abgeschlossen war.

Forschungsaufenthalte in der Türkei:
Juli 2006 drei Tage in Istanbul
17.09. bis 27.10.2008 in Izmir
29.04. bis 24.05.2009 in Istanbul
12.11. bis 16.11.2009 in Istanbul
11.04. bis 28.04.2010 in Istanbul
23.09. bis 04.10.2010 in Izmir

Der Schreibprozess gestaltete sich – vor allem in der Nachzeichnung der Institutionalisierungsgeschichte – sehr schwierig. Da einige InterviewpartnerInnen bei der Autorisierung der Transkripte manche Gesprächsstellen gestrichen hatten, konnte ich nicht alle im Zuge meiner Recherchen erhaltenen Informationen für die Verfassung der Dissertation verwenden. Ich respektierte ihre Entscheidung, einige Begebenheiten und Auskünfte, die besonders mit persönlichen Kränkungen verbunden waren, nicht für die Öffentlichkeit zugänglich zu machen. Auch wenn daher an mancher Stelle die spezifischen, häufig sehr persönlichen Gründe für eine bestimmte Problematik nicht im Detail angeführt werden konnten, habe ich dennoch ihren generellen Aspekt dargestellt.

Da die Institutionalisierungsgeschichte der Psychoanalyse nur schwer unabhängig von den PsychoanalytikerInnen dargestellt werden kann, habe ich deren Diskussion in die Berufsbiografien eingegliedert. Neben einigen »harten Fakten« der chronologischen Darstellung habe ich daher auch bei der Nachzeichnung des institutionellen Werdegangs der Psychoanalyse in der Türkei die ProtagonistInnen zu Wort kommen lassen. Dabei war es mir äußerst wichtig, allen »Parteien« den ihnen gebührenden Platz zu gewähren. Natürlich gab es meinerseits Sympathien für die einen oder anderen InterviewpartnerInnen und deren Wirkungsbereich, aber ich versuchte stets, meine neutrale Haltung während des Schreibprozesses beizubehalten. Bei blinden Flecken hatte ich die Unterstützung meines Doktorvaters, meiner »Cafe-Central-Gruppe«, weiterer sensibler FreundInnen und KollegInnen und meiner Psychotherapeutin. Die sprachliche Korrektur meiner Dissertation führte mit größter Sorgfalt und sprachlichem Feingefühl Franziska Weissenbach durch.

Soziodemografische Daten meiner InterviewpartnerInnen

Nach Aussage des Psychoanalytikers Talat Parman lag im Jahre 2010 die Gesamtzahl der gegenwärtigen PsychoanalytikerInnen und der AusbildungskandidatInnen in der Türkei bei etwa 100 Personen.[117] Diese Zahl entspricht denjenigen Personen, die eine offiziell anerkannte psychoanalytische Ausbildung absolviert haben oder gerade durchlaufen. Die zahlreichen PsychologInnen und PsychiaterInnen, die sich ihr psychoanalytisches Handwerkzeug durch Fortbildungsmodule im In- und Ausland eigeninitiativ zusammengestellt haben, sich jedoch (noch) in keinem gesetzlich geregelten Ausbildungscurriculum befinden, sind darin nicht enthalten. Auch ich habe diese Fachpersonen aus folgenden Gründen nicht in meine Untersuchung einbezogen: die Unüberschaubarkeit ihrer Anzahl, die Unterschiedlichkeit ihres Ausbildungsniveaus, ihre inoffizielle

---

117 Talat Parman: Persönliche Mitteilung am 27. April 2010.

Berufsbezeichnung und -ausübung und die Beschränkung meiner Forschungsarbeit auf eine kalkulierbare Anzahl an InterviewpartnerInnen. Ich bin aber in
meiner Forschungsarbeit auch auf die selbsternannten »psychoanalytisch orientierten PsychotherapeutInnen« näher eingegangen, da ihr Wirken einen »Konflikt« in der türkischen psychoanalytischen Community darstellt. Denn für die
Behandlung auf der Couch wird in der Türkei der Begriff »Psikanaliz« (Psychoanalyse) verwendet, die PsychoanalytikerInnen mit einer standardisierten Ausbildung durchführen. Die Behandlung von Gesicht zu Gesicht wird als »Psikanalitik Psikoterapi« (psychoanalytische Psychotherapie) bezeichnet und wird auch
von »psychoanalytisch orientierten PsychologInnen oder PsychiaterInnen« ausgeübt. Die erste Berufsausübung und -bezeichnung ist durch die IPV, nicht aber
durch türkische Berufsgesetze geschützt, und die zweite liegt zum größten Teil im
persönlichen Ermessen der jeweiligen Fachperson.

Insgesamt habe ich im Rahmen meiner Dissertation mit 19 türkischen PsychoanalytikerInnen, die heute in der Türkei praktizieren und ihre Ausbildung entweder
im Rahmen der Internationalen Psychoanalytischen Vereinigung[118] oder in einem
ausländischen psychoanalytischen Institut absolviert haben, Interviews durchgeführt. Einen türkischen Psychoanalytiker, Vamık D. Volkan, der zwar nicht in der
Türkei wohnhaft ist, aber bei der Etablierung der institutionellen Psychoanalyse
in der Türkei eine wichtige Rolle spielte, habe ich ebenfalls interviewt. Zur Zeit
meiner letzten Recherchen vor Ort im Herbst 2010 entsprachen diese Personen
der Gesamtpopulation der PsychoanalytikerInnen in der Türkei mit einer offiziell
anerkannten Ausbildung. Danach haben weitere KandidatInnen ihre Ausbildung
in der Türkei beendet und arbeiten heute als PsychoanalytikerInnen in Istanbul.
Diese Personen habe ich jedoch nicht mehr zu ihren Berufsbiografien befragt.
Zusätzlich zu den Interviews mit türkischen PsychoanalytikerInnen führte ich auch
Informationsgespräche mit folgenden Personen: Emre Kapkın, Saffet Murat Tura,
Altan Deliorman, Şahap Erkoç, Fatma Gökçe Özkarar und Inci Vural Kayaalp. Ein
Ausbildungskandidat, mit dem ich ebenfalls ein Gespräch führte, bevorzugte es,
anonym zu bleiben.

Die Auflistung meiner InterviewpartnerInnen erfolgt in alphabetischer Reihenfolge der Nachnamen. In Klammer sind angegeben: das Geburtsjahr; die Stadt, in
der sie leben und praktizieren; das Jahr, in dem sie ihre offizielle psychoanalytische
Ausbildung beendet haben; die Grundausbildung; die Sprache, in der sie ihre
Lehranalyse absolvierten, und das Datum der Interviews:

---

118 Da in der Türkei für die Internationale Psychoanalytische Vereinigung die englische
Bezeichnung International Psychoanalytical Association verwendet wird, führe ich diese
im Folgenden mit der Abkürzung »IPA« an.

1. Abrevaya, Elda (1950, Istanbul, 2005, Psychologin, Französisch, 19.05.2009)
2. Alptekin, Gülgün (1968, Istanbul, 2007, Psychiaterin, Englisch, 16.11.2009)
3. Bitran, Nesim (1945, Istanbul, 2005, Allgemeinmediziner, Französisch, 15.04.2010)
4. Ciğeroğlu, Berrak (1965, Istanbul, 2009, Psychiaterin, Türkisch, 12.04.2010)
5. Erten, Yavuz (1962, Istanbul, 2009, Psychologe, Türkisch, 06. u. 18.05.2009)
6. Etaner, Ulviye (1929, Istanbul, 1972, Psychiaterin, Deutsch, 04.05.2009)
7. Gürdal Küey, Ayça (1962, Istanbul, 2008, Psychiaterin, Französisch, 14.04.2010)
8. Gürışık, Ülkü Elif (1939, Ankara, 1974, Psychiaterin, Englisch, 26.09.2010)
9. Habip, Bella (1958, Istanbul, 2000, Psychologin, Französisch, 11.05.2009)
10. Ikiz-Tunaboylu, Tevfika (1961, Istanbul, 2005, Psychologin, Französisch, 13.11.2009)
11. Kayaalp, Levent (1957, Istanbul, 2006, Psychiater, Französisch, 06.05.2009)
12. Keser, Vehbi (1963, Istanbul, 2008, Psychiater, Türkisch, 26.04.2010)
13. Koptagel-Ilal, Günsel (1933, Istanbul, 1964, Psychiaterin, Deutsch, 20.04.2010)
14. Odağ, Celal (1931, Izmir, 1973, Psychiater, Deutsch, 20. u. 22.09.2008)
15. Ovadia, Stella (1944, Istanbul, 2001, Psychologin, Französisch, 21.05.2009)
16. Özenen, Ferhan (1955, Istanbul, 2008, Psychologin, Türkisch, 22.04.2010)
17. Parman, Talat (1959, Istanbul, 2000, Psychiater, Französisch, 15.05.2009)
18. Vahip, Işıl (1959, Izmir, 2007, Psychiaterin, Englisch, 24.09.2010)
19. Volkan, Vamık D. (1932, Amerika, 1971, Psychiater, Englisch, 28.10.2009)
20. Yazıcı, Ayla (1965, Istanbul, 2009, Psychiaterin, Türkisch, 13.04.2011)

Meine InterviewpartnerInnen	Gesamt	Weibl.	Männl.
	20	13	7
Wohnhaft in Istanbul	16	11	5
Wohnhaft in Izmir	2	1	1
Wohnhaft in Ankara	1	1	
Wohnhaft in Amerika	1		1
Vorbildung: Psychiatrie	14	7	7
Vorbildung: Psychologie	6	5	1
Jüdisch-stämmig	4	3	1
Lehranalyse auf Französisch	8	5	3
Lehranalyse auf Deutsch	3	2	1
Lehranalyse auf Englisch	4	3	1
Lehranalyse auf Türkisch	5	3	2

Tab. 1: Auflistung der soziodemografischen Daten meiner
20 InterviewpartnerInnen

Praxis	– Talat Parman – Yavuz Erten – Gülgün Alptekin – Vehbi Keser – Ayça Gürdal Küey – Ferhan Özenen
Wohnung = Praxis	– Bella Habip – Elda Abrevaya – Stella Ovadia – Günsel Koptagel-Ilal – Berrak Ciğeroğlu – Nesim Bitran
Wohnung	– Ulviye Etaner
Klinik	– Levent Kayaalp
Kongress	– Tevfika Tunaboylu-Ikiz – Elif Ülkü Gürışık – Işıl Vahip
Ausbildungsinstitut	– Celal Odağ (Praxis im Institut) – Ayla Yazıcı
Telefonat	– Vamık D. Volkan

Tab. 2: Der Ort der Interviewführung

Erste Generation	– Günsel Koptagel-Ilal (Berliner Institut für Psychoanalyse, DPV, IPA) – Ulviye Etaner (Berliner Institut für Psychotherapie, DGPT) – Celal Odağ (Institut für Psychoanalyse und Psychotherapie Göttingen, DPG) – Elif Ülkü Gürışık (British Psychoanalytical Society, IPA) – Vamık D. Volkan (Washington Psychoanalytic Institute, IPA)
Zweite Generation	– Talat Parman (Société Psychanalytique de Paris = SPP, IPA) – Bella Habip (SPP, IPA) – Tevfika Tunaboylu-Ikiz (SPP, IPA) – Elda Abrevaya (SPP, IPA) – Levent Kayaalp (SPP, IPA) – Ayça Gürdal Küey (SPP, IPA) – Stella Ovadia (SPP, IPA) – Nesim Bitran (IPA DM = Direct Member, Shuttle Ausbildung in Frankreich, nicht SPP) – Işıl Vahip (IPA DM, Shuttle-Analyse in Griechenland, theoretische Ausbildung in der Türkei) – Gülgün Alptekin (IPA DM, Shuttle-Analyse in Griechenland, theoretische Ausbildung in der Türkei)
Dritte Generation	– Yavuz Erten (Türkei, IPA DM) – Berrak Ciğeroğlu (Türkei, IPA DM) – Ayla Yazıcı (Türkei, IPA DM) – Vehbi Keser (Türkei, IPA DM) – Ferhan Özenen (Türkei, IPA DM)

Tab. 3: Aufteilung in Generationen und das Ausbildungsinstitut

123

IV   Biografien und Besonderheiten

Eine Generationenfrage

»Die biographische Wahrheit ist nicht zu haben« (Freud/Zweig 1936, S. 423)
erklärte Sigmund Freud schon in einem Brief von 31. Mai 1936 an Arnold Zweig
und benannte damit auch die einzige Wahrheit der Biografieforschung, nämlich
die der Unerreichbarkeit ihrer objektiven Wahrheit. Der Behauptung Freuds
kann ich mich nur anschließen, zumal sich jede Biografie für »den anderen« in
Worte kleidet und daher »[a]uch im biografischen Interview davon ausgegangen
[wird], dass der Erzähler sich so darstellt, darzustellen versucht, wie er vom anderen gesehen werden möchte« (Bruder 2003, S. 11). Sogar eine Autobiografie
wird für »den anderen« geschrieben, denn im Augenblick der Aufzeichnung
machen Erinnerungen auf Papier deren VerfasserIn gleichzeitig zu ihrer LeserIn
(Parman 2008, S. 9). Die biografische Wahrheit ist demnach nur als Wahrheit des
Subjekts zu haben (Bruder 2003, S. 10).

Auch die Nachzeichnung von Berufsbiografien entspricht nicht der biografischen Wahrheit, sie »ist vielmehr eine ›Bestandsaufnahme‹ des Forschers, der
seine Stellungnahme zum Diskurs seiner Zeit artikuliert, indem er die Biographie
des anderen konstruiert, erfindet, das Individuum erfindet, als Schnittpunkt
von Entwicklungslinien« (ebd., S. 27). So habe auch ich bei der Darstellung
der Berufsbiografien von PsychoanalytikerInnen aus der Türkei eigeninitiative
Unterteilungen getroffen, um gemeinsame Muster oder auch Diskrepanzen ihrer
soziokulturellen Hintergründe sowie ihrer Ausbildungs- und Berufswege her-
auszukristallisieren. Vor dem Kontext ihrer Lebens- und Wirkungsgeschichten
können meines Erachtens auch die Entwicklungslinien der Psychoanalyse in der
Türkei besser nachvollzogen werden.

Demnach habe ich meine InterviewpartnerInnen – und hier ist meine
»konstruktive Wahrheit« angesiedelt – nach Art ihrer Ausbildung und

ihrem Alter in drei Generationen eingeteilt. Diejenigen PsychoanalytikerInnen, die ihre gesamte psychoanalytische Ausbildung im Ausland absolviert haben und während dieser Zeit dort ihren Lebensmittelpunkt
hatten, sind in der ersten Generation dargestellt. Die altersmäßig um
durchschnittlich 20 Jahre jüngeren Mitglieder der zweiten Generation haben
eine besondere Ausbildungsform durchlaufen. Fast alle pendelten im Rahmen
ihrer gesamten psychoanalytischen Ausbildung in das Ausbildungsland, hatten
aber ihren Lebensmittelpunkt in ihrer Heimat. Die dritte Generation hat seit
2004 die Möglichkeit, die gesamte psychoanalytische Ausbildung in der Türkei
zu durchlaufen.

Die Betrachtung unter dem Gesichtspunkt der Generationen spielt auch
aufgrund der besonderen Historie eine bedeutende Rolle, denn die Ausbil-
dungsformen der Mitglieder der ersten beiden Generationen sind abgeschlossen
und werden künftig vermutlich nicht mehr existieren. Durch die Möglichkeit
der psychoanalytischen Ausbildung in der Türkei werden die nachfolgenden
türkischen PsychoanalytikerInnen aus den Ausbildungszentren ihrer Heimat
hervorgehen.

Aus der Darstellung der soziodemografischen Daten aller meiner InterviewpartnerInnen werden einige berufsbiografische Besonderheiten ersichtlich, die ich
hier nur kurz zusammengefasst anführen möchte. In den kommenden Kapiteln
werde ich auf die verschiedenen Merkmale in dem jeweiligen Themenkomplex
näher eingehen.

Von meinen 20 InterviewpartnerInnen leben 16 Personen in Istanbul, der größten Metropole der Türkei, von denen wiederum 12 auf der europäischen Seite ihre
Praxen führen. Vier Personen leben auf der asiatischen Seite, doch nur drei von
ihnen befinden sich im aktiven Berufsleben. Zwei PsychoanalytikerInnen leben
und arbeiten in Izmir, während eine Psychoanalytikerin in Ankara praktiziert. Fast
doppelt so viele Frauen (13) wie Männer (7) sind Psychoanalytikerinnen. Die Zahl
der psychiatrischen PsychoanalytikerInnen (14) ist mehr als doppelt so groß wie
jene ihrer psychologischen KollegInnen (6). Vier der 20 InterviewpartnerInnen
haben jüdische Wurzeln.

Drei PsychoanalytikerInnen der ersten Generation haben ihre Lehranalysen
auf Deutsch und zwei auf Englisch absolviert. Bei den um eine Generation jüngeren PsychoanalytikerInnen überwiegt die Zahl derer, die ihre Lehranalysen
auf Französisch absolviert haben. Die übrigen zwei Psychoanalytikerinnen der
zweiten Generation durchliefen ihre Lehranalysen in Griechenland auf Englisch.
Die PsychoanalytikerInnen der dritten Generation und die gegenwärtigen AusbildungskandidatInnen in der Türkei hatten bzw. haben nun die Möglichkeit, ihre
Lehranalysen auf Türkisch zu absolvieren.

Wie schon aus diesen Vorbemerkungen zu den folgenden biografischen Darstellungen erkennbar wird, sind die soziokulturellen Hintergründe wie auch die Ausbildungs- und Berufswege meiner InterviewpartnerInnen sehr unterschiedlich. Diese verschlungenen Wege sollen nun nachgezeichnet werden, um damit sowohl Einblicke in die Lebens- und Wirkungsgeschichten türkischer PsychoanalytikerInnen zu gewinnen als auch die Entwicklung der Psychoanalyse in der Türkei näher zu beleuchten.

Anmerkungen zu Sonderzeichen in den Interviewsequenzen:

➤ Kurze Gesprächspausen sind mit drei Punkten … gekennzeichnet.

➤ Die Auslassung von Interviewpassagen ist mit eckigen Klammern und drei Punkten angegeben […].

➤ Die Anmerkungen der Verfasserin sind in eckigen Klammern hinzugefügt [damals in den 1990er Jahren].

➤ In runden Klammern sind Gefühlsreaktionen angeführt (lacht).

➤ Durch VERSALIEN hervorgehobene Wörter wurden in den auf Türkisch geführten Interviews in der jeweiligen Sprache der gekennzeichneten Wörter gesprochen.

➤ Die in meiner Dissertation beibehaltene, das weibliche Geschlecht implizierende Schreibweise (-Innen) war meine persönliche Entscheidung, die ich aber meinen InterviewpartnerInnen nicht aufoktroyiert habe. In den Interviewsequenzen habe ich daher die männliche Form belassen.

Die erste Generation: Psychoanalytische Ausbildung im Ausland und Einführung in die Türkei

In diesem Kapitel werden die beruflichen Kurzbiografien von fünf türkischen PsychoanalytikerInnen, namentlich Günsel Koptagel-Ilal, Ulviye Etaner, Celal Odağ, Elif Ülkü Gürışık und Vamık D. Volkan dargestellt. Da sie historisch gesehen einen besonderen Stellenwert in der Etablierung der Psychoanalyse in der Türkei haben und als überschaubare Anzahl eine eingehende Darstellung ermöglichen, möchte ich auf deren Leben und Werk näher eingehen.

Dabei werden ihre Herkunftsfamilien, ihr beginnendes Interesse für die Psychoanalyse, ihre Emigrationswünsche, die Besonderheiten ihrer Analysen als Angehörige einer fremden Kultur, ihre Remigration und das Bestreben, die Psychoanalyse in die Türkei einzuführen, besonders berücksichtigt.

Günsel Koptagel-Ilal

Ab dem Jahr 1839, dem Anfang der reformreichen Tanzimat-Periode des Osmanischen Reiches, entwickelte sich in Istanbul eine intellektuelle Oberschicht, die europäische Denk- und Handlungsweisen in die eigene Lebenswelt einzuführen begann. Günsel Koptagel-Ilal wurde am 30. September 1933 im Stadtteil Beşiktaş

Abb. 28: Günsel Koptagel-Ilal

in Istanbul als drittes Kind in eine solche Familie der Oberschicht geboren, die sich der europäischen Bildung, der Emanzipation der Frau, dem Laizismus, kurz gesagt den Reformen Atatürks sehr verbunden fühlte. Ihre Mutter Hikmet Koptagel stammte ebenfalls aus einer gut situierten Familie, die »in einer Synthese von europäischen und osmanischen Kulturen« (Koptagel-Ilal 2006a, S. 2) lebte. Da der Großvater ihrer Mutter ursprünglich aus Indien stammte und englischer Staatsbürger war, legte er großen Wert darauf, dass seine Kinder und Enkel besonders Englisch, aber auch Französisch sehr gut beherrschten. Neben Fremdsprachen und europäischer Literatur hatte auch die Musik einen hohen Stellenwert in der Familie ihrer Mutter, weshalb sie Piano und ihre Schwester Violine spielte. Hikmet Koptagel besuchte in Istanbul das *Darülmalumat*, ein Gymnasium für Mädchen, absolvierte Gymnastikkurse bei norwegischen LehrerInnen und wurde später selbst im Erenköy Mädchengymnasium Gymnastiklehrerin. Nach ihrer Heirat mit Baha Koptagel begann sie, als Volksschullehrerin zu arbeiten. Koptagel-Ilals Vater war Zahnarzt und hatte eine Praxis im unteren Stock ihres Geburtshauses. Viele Personen aus seinem Freundes- und Verwandtenkreis waren MedizinerInnen und auch in seiner Ursprungsfamilie wurde sowohl der europäischen Musik als auch den bildnerischen Künsten großer Wert beigemessen. Ihren Worten nach war Günsel Koptagel-Ilal ein »Cumhuriyet Çocuğu« (ein Kind der Republik) (Interview am 20.4.10, Istanbul).

Interessiert und mit einem freundlichen Lächeln, das sie während des gesamten Interviews auf ihrem Gesicht trug, beantwortete Koptagel-Ilal meine Eingangsfrage nach ihrer ersten Begegnung mit der Psychoanalyse mit einer Beschreibung ihres familiären Hintergrundes:

Günsel Koptagel-Ilal: »Ich bin das Kind einer gebildeten Familie. Meine Mutter war Lehrerin und die erste Gymnastikerin der jungen türkischen Republik und mein Vater war Zahnarzt. [...] Mein Urgroßvater mütterlicherseits war ein berühmter Arzt, Abdülkerim Han Tarin, der die kranke Tochter des Sultans Abdülhamid erfolgreich behandelt hatte. Mein Großvater väterlicherseits war einer der bekanntesten Generäle der Türkei, der berühmte Koptagel Osman Paşa. Er war Militärkommandant und Lehrer von Mustafa Kemal Atatürk und einer seiner wichtigsten Waffenkameraden im Befreiungskrieg. Ein sehr gebildeter Mann mit Kenntnissen in französischer Sprache, der seine Kinder in Klavier und Violine unterrichten ließ. […] Meine Familie war sehr kultiviert, hatte Beziehungen zu Europa und demzufolge genoss ich eine ausgesprochen europäische und erstklassige Ausbildung. Von Beginn an war es vorgesehen, dass ich und meine Schwester einmal ins Ausland gehen und uns dort weiterbilden würden« (Interview am 20.4.10, Istanbul).

Diese Darstellung der europäischen Lebensweise ihrer Familie auf meine Frage nach der ersten Begegnung mit der Psychoanalyse zeigt, wie eng Koptagel-Ilal ihr Interesse und ihre spätere Ausbildung in Psychoanalyse mit der europäischen Orientierung ihrer Herkunftsgesellschaft in Verbindung setzt.

Ihre Mutter wollte nach der Geburt ihrer Kinder ihre berufliche Tätigkeit nicht unterbrechen und engagierte daher für das Neugeborene Günsel und seine um zwei Jahre ältere Schwester Yüksel eine Gouvernante. Als die Schwestern älter wurden, bekamen sie eine levantinische Mademoiselle, die sie in französischer Sprache und in Musik unterrichten sollte. Günsel entschied sich aber schon als junges Mädchen, Medizin zu studieren und die musikalische Karriere ihrer Schwester zu überlassen, die später eine in der Türkei sehr bekannte Pianistin wurde.

In ihren auf Türkisch erschienenen Memoiren schreibt Koptagel-Ilal (2006a) über den unerwarteten Tod der ersten Tochter der Familie, der für ihre Mutter zu einer traumatischen Erfahrung wurde. Das neugeborene Baby bekam an einem Abend sehr hohes Fieber. Der Vater wollte einen vertrauten Kinderarzt herbeiholen, doch dieser wollte gerade auf einen Ball gehen. Auf die Bitten des besorgten Vaters hin zögerte der Arzt noch eine Weile, zog dann seinen Smoking an, um nach der Untersuchung des Babys an der Abendveranstaltung teilzunehmen. Bis aber die beiden Männer zu Hause ankamen, war das Neugeborene bereits verstorben. Die Trauer der Mutter hatte auf das Seelenleben des kleinen Mädchens Günsel eine starke Wirkung und führte, wie sie selber berichtet, wahrscheinlich unbewusst zu ihrem späteren Interesse an der Arzt-Patient-Beziehung und der Psychoanalyse. Neben diesem Ereignis hinterließ auch der tödliche Verlauf einer schweren Depression ihres Onkels bei ihr tiefe Eindrücke und sensibilisierte sie für emotionale Vorgänge bei Menschen in besonderen Trauersituationen.

Sie besuchte mit ihrer Schwester die »19. Volksschule« in Beşiktaş, in der auch ihre Mutter unterrichtete. Eine ihrer LehrerInnen erachtete für sie den Beruf einer Medizinerin als sehr geeignet und da viele Personen aus ihrem Verwandten- und

Bekanntenkreis auch aus der medizinischen Tradition stammten, hegte Günsel schon als junges Mädchen den Wunsch, später einmal Ärztin zu werden. Nach der Volksschule besuchte ihre Schwester und ein Jahr später auch sie selbst die Unterstufe des Gymnasiums in der English High School Istanbul, in der mehrere vor der nationalsozialistischen Herrschaft geflüchtete LehrerInnen unterrichteten und Günsels Interesse an naturwissenschaftlichen Fächern steigerten. Auch Literatur war eines ihrer Lieblingsfächer, die durch junge LehrerInnen aus England abgehalten wurde. Vor allem die Werke Shakespeares, die »in die Tiefe der menschlichen Psyche« (Koptagel-Ilal 2006a, S. 4) gelangten, brachten sie den Humanwissenschaften näher. Die Oberstufe absolvierte sie im amerikanischen Robert Kollegium im Stadtteil Arnavutköy, in dem die Selbstverantwortlichkeit der SchülerInnen oberste Priorität besaß. Ab der zweiten Klasse entschied sie sich für das Wahlfach Französisch und musste auch zwischen der naturwissenschaftlichen und geisteswissenschaftlichen Richtung wählen. Obwohl sie später Medizin studieren wollte und daher die naturwissenschaftlichen Fächer eine bessere Vorbereitung auf die Universitätsausbildung gewesen wären, wählte sie die geisteswissenschaftliche Richtung, da sie das Fach Philosophie sehr mochte. Der Unterricht in Psychologie und Philosophie wurde von hochqualifizierten LehrerInnen abgehalten. Beispielsweise lernte ihre Klasse damals aus Psychologiebüchern, die ihrer Ansicht nach heute erst UniversitätsstudentInnen zugemutet werden. In diesen Jahren, von ihrem hervorragenden Psychologielehrer inspiriert, begann sie psychoanalytische Werke zu lesen. Zu dieser Zeit wurde ihr Wunsch, später einmal Psychiatrie zu studieren, um anschließend Psychoanalytikerin zu werden, gefestigt. Im Jahr 1953 beendete sie ihre Gymnasialausbildung mit einem Bachelor of Arts.

Ihr Medizinstudium nahm Koptagel-Ilal im Wintersemester 1953/54 auf und erklärte ihren Bekannten schon am Tag ihrer Inskription, dass sie später Fachärztin für Psychiatrie werden wollte. Über diese frühe Klarheit hätten alle sehr gestaunt. Schon als junge Studentin zeigte sie große Erfolge, sodass einige ProfessorInnen ihr vorschlugen, nach Abschluss ihres Studiums an ihrem Institut zu arbeiten. Während ihrer Universitätsjahre nahm Koptagel-Ilal weiterhin Privatunterricht in klassischer Musik und entschloss sich, in ihrer Freizeit auch die deutsche Sprache zu lernen, die ihr in naher Zukunft die Tore der psychoanalytischen Welt eröffnen sollte. Da ihre Familie auch deutschsprachige Bekannte hatte, die oft auf Besuch nach Istanbul kamen, konnte sie mit ihnen Deutsch reden und somit ihre theoretischen Sprachkenntnisse praktisch anwenden und verbessern. Ihre Kenntnisse in Englisch und Französisch erleichterten ihr ebenfalls das Erlernen der deutschen Sprache. Zudem las sie als junge Studentin weiterhin leidenschaftlich gerne psychoanalytische Bücher.

Im Laufe ihres Medizinstudiums begann sie, die Lehrveranstaltungen des bekannten Psychiaters Ihsan Şükrü Aksel zu besuchen. Aksel wurde 1889 in Istanbul geboren und beendete sein Medizinstudium im Jahre 1919. Er war Schüler und später ein enger Mitarbeiter Mazhar Osman Uzmans und verbrachte auf Ansporn und Unterstützung seines Chefs ab 1922 einige Jahre in Deutschland bei Emil Kraepelin, Walther Spielmeyer, Wilhelm Weygandt und Alfons Maria Jakob. Gemeinsam mit Mazhar Osman Uzman und seinem engen Mitarbeiterkreis war er 1927 an der Gründung der Bakırköy Klinik beteiligt, wo er ein neuropathologisches Labor aufbaute und fast 30 Jahre lang einer der bedeutendsten Psychiater in der Führung der Klinik war. Vier Jahre nach dem Tod Osman Uzmans übersiedelte die psychiatrische Universitätsklinik von Bakırköy im Jahre 1955 in ein modernes Gebäude im Stadtteil Çapa in Istanbul. Ihsan Şükrü Aksel hatte auch beim Aufbau dieser neuen Klinik, besonders der Abteilung der Kinderpsychiatrie, eine Vorreiterrolle inne (vgl. Naderi 2004). Da in Istanbul im selben Jahr das berühmte Hilton Hotel eröffnet hatte, wurde die neue psychiatrische Klinik auch »Das Hilton von Çapa« (Koptagel-Ilal 2006a, S. 10) genannt. Im letzten Jahr des Medizinstudiums besuchte Koptagel-Ilal in diesem neuen Gebäude vermehrt Lehrveranstaltungen im Fach Psychiatrie und Neurologie und absolvierte ihr klinisches Praktikum.

Während eines Treffens der Soroptimist International, der weltweit größten Organisation berufstätiger Frauen für wohltätige Zwecke, lernte Koptagel-Ilal 1958 eine einflussreiche Schweizer Freundin ihrer Cellolehrerin kennen. Als diese von ihrem Interesse an der Psychoanalyse erfuhr, bot sie ihr an, ein Treffen mit Fritz Morgenthaler in der Schweiz zu organisieren. Die bald fertige Medizinerin dachte aber, dass sie auch zu einem späteren Zeitpunkt ihren Auslandsaufenthalt antreten könnte, und blieb in Istanbul, da ihr die Atmosphäre der wissenschaftlich hochqualifizierten Klinik und ihre kompetenten ProfessorInnen sehr gut gefielen. Auch weitere lukrative Angebote von Arbeits- und Forschungsaufenthalten aus dem Ausland nahm sie in dieser Zeit nicht an. Fritz Morgenthaler lernte sie nie kennen, schloss aber mit dem Ehepaar Goldy und Paul Parin Jahre später eine enge Freundschaft.

Am Tag nach ihrer Abschlussprüfung des Medizinstudiums am 25. Juni 1959 wurde Koptagel-Ilal unter anderem auch wegen ihrer Deutschkenntnisse die Assistentin von Ihsan Şükrü Aksel, der intensive Beziehungen mit KollegInnen aus Deutschland pflegte. Aksel fragte seine Assistentin, in welchem Bereich sie sich spezialisieren wollte, und legte ihr nahe, dass er sich sehr freuen würde, wenn sie sich für Neuropathologie entschiede, denn in einem solchen Fall könnte sie von ihm die bestmögliche Ausbildung erhalten. Doch Koptagel-Ilal berichtete ihm von ihrem Interesse an der Psychopathologie und der Psychoanalyse, das Aksel mit Wohlwollen akzeptierte und ihr seine volle Unterstützung versprach. Während dieser Anfangszeit an der Klinik führte sie auch zusammen mit einigen Dozenten der Klinik im psychopharmakologischen Bereich Studien mit Marsilid und Serotonin durch. Aufgrund ihrer Sprachkenntnisse in Deutsch, Englisch und Französisch wurde sie zudem oftmals beauftragt, die Korrespondenzen ihres Mentors und Vorgesetzten wie auch fremdsprachige Kongressvorträge zu übersetzen. Durch diese Aufgaben lernte sie schon früh sehr viel über die Welt der Psychiatrie.

Der Tradition Mazhar Osman Uzmans verpflichtet, verfolgte auch Aksel die Absicht, seine Assistentin bald für eine gewisse Zeit ins Ausland zur Weiterbildung zu schicken. Da sich ihre Schwester wegen ihrer Musikausbildung in Paris befand, schlug ihr Aksel drei Monate nach Beginn ihrer Arbeit Frankreich als Ort für ihre Spezialisierung vor. Koptagel-Ilal wollte aber die Çapa Klinik nicht verlassen, überhörte den Vorschlag ihres Vorgesetzten und arbeitete mit großer Freude in der Klinik weiter.

Im April 1960 bekam Ihsan Şükrü Aksel einen Brief vom Berliner Professor für Psychiatrie und Neurologie Helmut Selbach. Zwei seiner Dozenten würden sich bald in der Türkei befinden und er würde sich sehr freuen, wenn sie die Möglichkeit bekämen, an der Çapa Klinik eine Konferenz abzuhalten. Die beiden Dozenten waren der Neurologe Hardwick Heyck und der Psychoanalytiker Horst-Eberhard Richter. Koptagel-Ilal wurde gleich von ihrem Vorgesetzten damit beauftragt, deren Vorträge zu übersetzen und sich um die zwei bedeutenden Gäste zu kümmern.

In Istanbul angekommen, hielten beide Dozenten ihre Vorträge, bei denen viele Fachpersonen aus den umliegenden Kliniken in Istanbul anwesend waren, die den deutschen Gästen mit großem Interesse zuhörten. Horst Eberhard Richter referierte über die narzisstischen Projektionen zwischen Eltern und ihren Kindern.[119] Als die beiden Männer von Koptagel-Ilals Interesse an der Psychoanalyse und von der Absicht Aksels, sie ins Ausland zur Weiterbildung zu schicken, erfuhren, schlugen sie der jungen Assistentin vor, nach Berlin zu kommen, da sie dort die Psychoanalyse am besten erlernen könne. Als die zwei Dozenten wieder in Deutschland waren, sprachen sie mit ihrem Vorgesetzten Helmut Selbach und konnten für Koptagel-Ilal eine Assistenzstelle an der psychiatrischen und neurologischen Klinik der Freien Universität Berlin organisieren. Nachdem sie auch ein Stipendium des DAAD (Deutscher Akademischer Austausch Dienst) bekam, vereinbarten Selbach und Aksel, dass Koptagel-Ilal im Oktober 1960 die Assistenzstelle antreten würde.

In jenem Jahr erreichten heftige politische Unruhen in der Türkei ihren Höhepunkt. Schlechte ökonomische Bedingungen, islamistische Rückwärtsbewegungen und tiefgehende politische Uneinigkeiten in der Staatsführung unter der Präsidentschaft von Adnan Menderes (1899–1961) lösten in der Bevölkerung großen Unmut aus:

---

119 Der Vortrag wurde später zu einem Buch ausgeweitet. Vgl. Richter (1962).

>>Am 28. April, an einem Donnerstag zur Mittagszeit, erhielten wir von einem Angehörigen der Universität die Nachricht, dass es zu politischen Auseinandersetzungen in Beyazıt[120] gekommen sei. Die Unruhen hätten sich auch auf das Universitätsgelände ausgebreitet und der Rektor habe durch Schlägereien einen Schädelbruch erlitten. [...] Nach ein paar Stunden erfuhren wir, dass sich die Lage beruhigt hätte. Ich und einige meiner Freunde gingen auf die Straße und suchten nach einer Möglichkeit, nach Hause zu gelangen. Schließlich konnte ich mit einem Taxi auf verschlungenen Umwegen im Stadtteil Şişli ankommen<< (Koptagel-Ilal 2006a, S. 17).

Auch nach diesem Tag blieb die politische Lage in der Türkei weiterhin sehr gespannt. Zahlreiche StudentInnenproteste fanden in Istanbul statt, bei denen auch Tote zu beklagen waren. In weiterer Folge entwickelte sich im Land eine unkontrollierbare Situation und so wurde die Istanbul Universität für eine bestimmte Zeit geschlossen, um keine weiteren Todesopfer mehr zu riskieren. Koptagel-Ilal musste am 23. Mai 1960 eine wichtige Staatsprüfung ablegen, aber da die Istanbul Universität geschlossen war, fuhr sie wider Willen nach Ankara, wo die Prüfung stattfinden sollte. Dort musste sie einige Tage verbringen, weil die schriftliche und mündliche Klausur nicht am selben Tag erfolgten. Am Morgen des 27. Mai 1960, dem Tag ihrer mündlichen Klausur, putschte das Militär. Nichtsdestotrotz fand die Prüfung, um einen Tag verschoben, am nächsten Morgen statt. Koptagel-Ilal und einige ihrer Freunde traten mit einem >>ramponierten Auto ihre abenteuerliche Heimfahrt<< (Koptagel-Ilal 2006a, S. 18) nach Istanbul an. Der Ministerpräsident Adnan Menderes wurde an jenem Tag gestürzt und nach Prozessen auf der Insel Yassıada im September des nächsten Jahres durch den Strang hingerichtet. Koptagel-Ilal wurde somit zum ersten, aber nicht zum letzten Mal in ihrem Leben Zeugin großer politischer Unruhen in ihrem Land.

Am 17. Oktober 1960 fuhr die 27-jährige Assistentin mit dem Zug nach München und flog von dort aus nach Berlin. Da ihre zukünftigen ArbeitskollegInnen wussten, dass sie durch die Bekanntschaft mit den Dozenten Heyck und Richter nach Berlin gekommen und die Assistentin des bekannten Psychiaters Aksel war, wurde sie sehr herzlich aufgenommen. Die erste Nachricht aus der Türkei versetzte sie jedoch in große Sorgen. Durch die Militärjunta wurden an der Istanbul Universität 147 ProfessorInnen und Universitätsangehörige suspendiert, unter ihnen auch Ihsan Şükrü Aksel. Als sie ihrem KollegInnenkreis an der Berliner Klinik von dieser schlimmen Nachricht erzählte, waren alle viel betroffener, als Koptagel-Ilal es sich erwartet hatte. Da sie nämlich in ihrem Land ähnliche Suspendierungen während des Nationalsozialismus erlebt hatten, reagierten die deutschen KollegInnen auf

---

120 Ein Stadtteil in Istanbul, in dem sich die Istanbul Universität befindet.

solche politischen Begebenheiten sehr sensibel. Verzweifelt schrieb Koptagel-Ilal ihrem Mentor und Vorgesetzten einen Brief, um Näheres über seinen aktuellen Zustand zu erfahren. Sie erhielt auch bald eine Nachricht von ihm, in der er ihr, ruhig und gefasst wie er immer war, mitteilte, sie solle sich keine Sorgen um ihn machen. Da er nun in der Zukunft viel »Freizeit« haben werde, könnten sie sich auf Kongressen in Europa treffen, was später auch zwei Mal geschah. Auf jenen Kongressen wurde der jungen Assistentin bewusst, welch großes Ansehen ihr Mentor in Deutschland genoss. Erst nach der Beendigung des Ausnahmezustands drei Jahre später konnten Ihsan Şükrü Aksel und die übrigen 146 Universitätsangehörigen ihre alten Stellen der Istanbul Universität wieder antreten:

Günsel Koptagel-Ilal: »Ich fragte einmal einen Bekannten von mir, der damals im Militär angestellt war, was sie denn von den Professoren eigentlich gewollt haben, und bekam die Antwort: ›Was hätten wir schon von den Professoren wollen sollen, wir sind doch Militärsleute und verstehen von alledem nichts. Die jungen Universitätsangehörigen hatten uns die Liste [der zu Suspendierenden] überreicht!‹« (Interview am 20.4.10, Istanbul).

Zwei Monate nach Beginn ihrer Arbeit in Deutschland wurde die anfänglich für ein Jahr bestimmte Frist ihrer Assistenzstelle aufgehoben. So gab Koptagel-Ilal das Stipendium des DAAD zurück und konnte nun im unbefristeten Angestelltenverhältnis als leitende Ärztin der Abteilungen für Psychosen, Neurosen, Neurologie und Kinderpsychiatrie der Freien Universität Berlin arbeiten.

Während ihrer Anfangszeit in Berlin begann sie auch für ihre fachärztliche Arbeit zu forschen. In Europa wurden in den 1960er Jahren breit angelegte klinische Studien zu den neu entwickelten Psychopharmaka durchgeführt. Vor allem die psychiatrische und neurologische Klinik der Freien Universität Berlin arbeitete sehr intensiv auf diesem Gebiet. Auf Vorschlag ihres Vorgesetzten Helmut Selbach entschied sich Koptagel-Ilal ebenfalls für eine pharmakologisch-klinische Studie, bei der sie mithilfe des Adrenalin-Histamin-Hauttests von Breitmann erforschte, ob bei krisenfreien schizophrenen PatientInnen vor und nach der medikamentösen Behandlung Unterschiede in ihrer vegetativen »Tonuslage« (Koptagel-Ilal 1967, S. 39) festzustellen waren. Ihre fachärztliche Abschlussarbeit trug sie 1966 auf dem Kongress der World Psychiatric Association in Madrid vor und veröffentlichte sie ein Jahr später im Springer-Verlag (Koptagel-Ilal 1967).

Koptagel-Ilal fing auch kurze Zeit nach ihrer Ankunft, mit Unterstützung Horst Eberhard Richters, der von 1959 bis 1962 Direktor des Berliner Psychoanalytischen Instituts war, mit ihrer psychoanalytischen Ausbildung an. Dieses durch Karl Abraham im Jahre 1920 gegründete Institut wurde während der Zeit des Nationalsozialismus aufgelöst. Erst 1950 konnte es nach einer Neuorganisation wieder geöffnet werden und wurde gemeinsam mit der im selben Jahr gegründeten Deutschen Psychoanalytischen Vereinigung in die Internationale Psychoanalytische Vereinigung aufgenommen (vgl. Lockot 2002). Besonders in den 1960er Jahren hatte sich die Psychoanalyse in Deutschland sehr stark ausgebreitet, sodass sich Koptagel-Ilal inmitten einer progressiven psychoanalytischen Bewegung befand und eine exzellente Ausbildung genoss:

Günsel Koptagel-Ilal: »Da man damals dachte, dass ich nicht sehr lange in Deutschland bleiben würde, hatte mir Prof. Richter einen Platz bei einem Lehranalytiker namens Gerhard Maetze organisiert. Er hatte auch vorgeschlagen, mich in Lehranalyse zu nehmen, falls es Herrn Maetze nicht ausgehen sollte, aber das war nicht nötig, da Herr Maetze mich angenommen hatte. Auf der einen Seite arbeitete und recherchierte ich im Rahmen meiner neuropsychiatrischen Ausbildung und auf der anderen Seite war ich in psychoanalytischer Ausbildung.«

Hale Usak-Sahin: »Wie war das für Sie, in der Türkei sozialisiert zu sein und die Lehranalyse in einem Abendland, in einer Fremdsprache zu machen? Wie hat das Ihre Analyse beeinflusst?«

Günsel Koptagel-Ilal: »Das hat mich gar nicht sonderbar beeinflusst. Als ich zum ersten Mal bei Maetze war, fragte er mich, ob ich denn eine Analyse machen könne. Dann sah er, dass es da überhaupt keinen Unterschied gab. Wie ich schon sagte, wir sind sehr europäisch aufgewachsen. Man fragte mich oft, wie ich denken würde, ob deutsch oder türkisch (lacht). Ich sagte, dass ich mir dessen nicht bewusst bin. Ich denke in der Sprache, in der ich spreche. [...] Was meine europäische Bildung und Lebensweise in der Türkei angeht, bin ich kein Einzelfall, viele meiner Freunde haben wie ich gelebt. Es gab eine intellektuelle Oberschicht in der Türkei. [...] Die Leute in Europa sehen nur jene Türken, die aus unteren Sozialschichten stammen, die damals aus ihren Dörfern nach Europa emigrierten, bevor sie noch eine Stadt in ihrer Heimat gesehen hatten. Die Europäer glauben heute, in der Türkei würden nur solche Türken leben« (Interview am 20.4.10, Istanbul).

Gerhard Maetze, der ein medizinisches Studium abgeschlossen hatte, zählte wie Horst Eberhard Richter zu den ersten durch das neuorganisierte Berliner Psychoanalytische Institut ausgebildeten Mitgliedern der jungen Deutschen Psychoanalytischen Vereinigung (Maetze 1982, S. 438). Er war der erste Lehranalysand von Carl Müller-Braunschweiger nach dem Zweiten Weltkrieg. Sowohl Maetze als auch Richter widmeten sich später als Lehranalytiker intensiv der Ausbildung neuer KandidatInnen ihres Instituts. Maetze bekam ab 1971 eine Honorarprofessur für Methodik und Theorie der Psychoanalyse und ihrer Anwendung für die gesamte Hörerschaft aller Fakultäten der Berliner Universität und hielt zudem Vorlesungen zur Weiterbildung für Richter und Staatsanwälte (Eicke 1982, S. 440). Er hatte unter anderem auch die Position des Vizepräsidenten des Sigmund-Freud-Archivs in New York inne und verfasste mehrere Artikel zur Geschichte der Psychoanalyse in Deutschland (vgl. Maetze 1971, 1982). Horst Eberhard Richter wurde 1962 nach Gießen auf den neu eingerichteten Lehrstuhl für Psychosomatik berufen und gründete dort ein interdisziplinäres Zentrum mit einer Psychosomatischen Klinik und Abteilungen für Medizinische Psychologie und Medizinische Soziologie.

Koptagel-Ilal empfand wegen der westlichen Erziehung und Orientierung ihrer Familie, die seit mindestens drei Generationen tradiert wurden, und ihrer Kenntnis der deutschen Sprache keine kulturellen oder sprachlichen Hürden in ihrer Analyse. Im Jahre 1964 beendete sie sowohl ihre Facharztausbildung als auch ihre psychoanalytische Ausbildung am Berliner Psychoanalytischen Institut. Helmut Selbach bot ihr anschließend ein Angestelltenverhältnis an der Universitätsklinik an. Zur gleichen Zeit aber hatte ihr Ihsan Şükrü Aksel einen Brief geschickt mit der Aufforderung, sie solle wieder in die Heimat zurückkehren. Die fertige Psychoanalytikerin entschied sich für die »Rückkehr zu ihren Wurzeln« (Koptagel-Ilal 2006a, S. 23). Den Kontakt zu Deutschland unterbrach sie aber nie und befand sich dort immer wieder auf Konferenzen.

In Istanbul im Oktober 1964 angekommen, wurde sie wieder in der Çapa Klinik, diesmal als Fachärztin für Psychiatrie und Neurologie, angestellt und begann dort durch Unterstützung Aksels, die psychoanalytisch orientierte Psychotherapie einzuführen. Die PatientInnen, die die Behandlung in der Klinik in Anspruch nahmen, waren finanziell schlecht gestellt. Daher verlangte Koptagel-Ilal – gemäß der Berliner Tradition – von sozial schwachen Menschen nur sehr niedrige Honorare für psychoanalytische Behandlungen. Bei manchen PatientInnen, die sie für geeignet und die Behandlung für notwendig hielt, wandte sie in ihrer Praxis die klassische Psychoanalyse an:

Günsel Koptagel-Ilal: »Manchmal wird angenommen, die Psychoanalyse könne nicht funktionieren, wenn sie kostengünstig sei. Das ist aber nicht richtig. Sogar mit jenen, die keinerlei schulische Ausbildung hatten und aus der niedrigen Sozialschicht stammten, konnten wir [in der Klinik] sehr erfolgreich arbeiten, da wir die zwischenmenschliche Kommunikation für sie verständlich gestalteten. Die Psychotherapie und vor allem die Psychoanalyse waren damals in der Bevölkerung nicht so sehr bekannt. Auch bei Patienten mit einer höheren Ausbildung und mit finanziellen Möglichkeiten, die meine Praxis aufsuchten, musste man Überzeugungsarbeit leisten, um sie für die klassische Psychoanalyse zu gewinnen. War aber die nötige Beziehung einmal aufgebaut, ließen sie von der Psychoanalyse nicht ab und zeigten eine gute Arbeitsbereitschaft.«

Hale Usak-Sahin: »Wie war das bei Ihren weiblichen Patientinnen? Konnten sie ohne Weiteres frei assoziieren?«

Günsel Koptagel-Ilal: »Und wie sie frei assoziieren konnten, wie sie das konnten! Wichtig ist, dass man als Psychoanalytiker weiß, wie man sich diesen Menschen nähert. Am Anfang können alle Patienten etwas gehemmt sein, aber wenn man ihnen aktiv Fragen stellt, kann man ihre Hemmung brechen« (Interview am 20.4.10, Istanbul).

Koptagel-Ilal (2006b) benutzte bei ihren PatientInnen, die zu Beginn der Psychotherapie Hemmungen bei der freien Assoziation hatten, den Weg des Traumerzählens. Da der volkstümlichen Traumdeutung in traditionellen Kreisen große Bedeutung zukam und viele Menschen, besonders Frauen, mit dem Traumerzählen vertraut waren, konnten deren Hemmungen mit dieser Methode beseitigt werden und dadurch wurde die Möglichkeit geschaffen, den Weg zu einem gelungenen psychotherapeutischen Prozess zu öffnen.

Meine Interviewpartnerin erachtet ihre Ausbildung in Neuropsychiatrie und Psychoanalyse als eine hervorragende Vorbereitung auf ihr Spezialgebiet, die psychoanalytische Psychosomatik. In ihrer Habilitation verglich sie 51 PatientInnen, die an einer Magen-Darm-Erkrankung litten, mit gesunden Kontrollgruppen und deutete die Ergebnisse nach psychoanalytischen und neurovegetativen Gesichtspunkten. Für die psychoanalytische Untersuchung der Symptome verwendete sie unter anderem den Louisa-Düss-Test, während sie für die neurovegetative Untersuchung wieder den Adrenalin-Histamin-Hauttest nach Breitmann einsetzte. Auf psychoanalytischer Ebene kam sie in ihrer Habilitation zu dem Schluss, dass die untersuchten PatientInnen mit Magen-Darm-Erkrankung in ihrer psychologischen Entwicklung eine Fixierung auf der präödipal-oralen Phase zeigten. Ihre Habilitation, die sie 1970 auf dem »European Conference on Psychosomatic Research« in Belgien vortrug, veröffentlichte sie auf Türkisch (Koptagel-Ilal 1972) und als zusammenfassende Darstellung auch in englischer Sprache (Koptagel-Ilal 1971). Mit dieser Arbeit wurde Koptagel-Ilal am 18. November 1968 die erste weibliche Dozentin für Psychiatrie in der Geschichte der Istanbul Universität.

Im Dezember 1969 eröffnete sie in der Medizinischen Çapa Fakultät die erste und damals einzige psychosomatisch-psychotherapeutische Poliklinik der Türkei, mit dem Namen *Psikosomatik Psikonevroz Polikliniği.* Auch die kommenden Jahre waren von großen Anstrengungen und erfolgreichen Projekten gekennzeichnet. Vom 23. bis 26. September 1970 organisierte sie gemeinsam mit Ihsan Şükrü Aksel den fünften »Internationalen Kongress für Kunst und Psychopathologie des Ausdrucks« im Atatürk Kultur Zentrum in Istanbul, bei dem über 200 TeilnehmerInnen aus aller Welt zu verzeichnen waren (Koptagel-Ilal 2009).

Als in Istanbul 1967 die Medizinische Fakultät der Istanbul Universität in zwei Teile gegliedert wurde und die psychiatrische Abteilung der zweiten Medizinischen Cerrahpaşa Fakultät im Aufbau war, bekam Koptagel-Ilal dort einen Lehrstuhl, wonach ihre ganze Çapa Poliklinik im Frühjahr 1972 an die neue Cerrahpaşa Fakultät übersiedelte. In der Folge konnte sie mit ihrem langjährigen Mentor Ihsan Şükrü Aksel nicht mehr in derselben Klinik arbeiten, doch ihre enge Beziehung dauerte bis zu seinem Tod im Jahr 1987 an.

Die psychoanalytisch-psychotherapeutische Arbeit verlief auch in der neuen Klinik ausgesprochen gut, da ihr multiprofessionelles Team optimal aufeinander abgestimmt arbeitete. Probleme bestanden in der neuen Umgebung jedoch wegen Platzmangels, unzureichender Hygiene und finanzieller Entbehrungen. Nachdem die äußeren Bedingungen unerträglich wurden, erhielt ihr Team ein anderes Gebäude innerhalb der Klinik, nach dessen Restauration die Arbeit besser voranschreiten konnte. Grundlegende Bedingungen für eine optimale Arbeit fehlten jedoch weiterhin:

Günsel Koptagel-Ilal: »Ich wurde an der neuen Cerrahpaşa Klinik im Jahre 1974 Professorin und leitete die ›Psikonevroz-Psikosomatik Poliklinik‹, eine psychoanalytisch-psychotherapeutisch-psychosomatische Einrichtung. Dort habe ich auch viele Psychologen ausgebildet und diese Poliklinik hatte im Volk schon bald den Ruf, dass dort eine ›Konuşma Terapisi‹ [Redekur] angewandt und nicht sofort mit Medikamenten behandelt wurde. Das Volk nannte das ›Konuşma Terapisi‹ (lächelt) und kam sehr gerne. [...] Daher mag mich die Pharmaindustrie nicht so gern, aber sie lässt sich das nicht anmerken (lächelt). [...] Dort organisierten wir auch psychoanalytisch orientierte Gruppentherapien. Nach meiner Professur im Jahre 1974 wurde die Poliklinik zu einem Department erweitert und wir hatten dann 33 Betten zur Verfügung. Beschäftigungstherapie und Kunsttherapie wurden in das Behandlungsmodell eingeführt. Manche Patienten kamen auch ambulant zur psychoanalytischen Psychotherapie. Für meine Mitarbeiter hielt ich Seminare zum näheren Verständnis psychoanalytischer Konzepte wie die Libido-Theorie, Oralität, Analität, Repression oder Regression. Studenten, Praktikanten, Assistenten nahmen an den Seminaren teil. Ich hatte damals 13 Assistenzärzte, drei bis vier Oberärzte und vier bis fünf klinische Psychologen, von denen einige ihr Doktorat gemacht hatten. Wir arbeiteten sehr, sehr gut« (Interview am 20.4.10, Istanbul).

Viele ihrer MitarbeiterInnen, deren psychoanalytisches Wissen Koptagel-Ilal durch kontinuierliche Seminare vertiefte, nahmen an verschiedensten wissenschaftlichen Projekten teil und trugen ihre Ergebnisse an internationalen Kongressen vor. Mit der Zeit wurde der Andrang zu diesen Seminaren von HörerInnen anderer Fakultäten so groß, dass sie sie in einem für 150 Personen angelegten Konferenzraum einer Hochschule für Krankenpflege abhalten musste. Auch die klinische Arbeit in ihrem Departement wurde sehr stark ausgeweitet und erlangte in der breiten Bevölkerung einen sehr hohen Bekanntheitsgrad. Sowohl stationäre als auch ambulante Behandlungen wurden durchgeführt und als manche wohlhabende PatientInnen die erschwerenden Bedingungen der Poliklinik wahrnahmen, überreichten sie Spenden, mit denen das Departement Waschmaschinen, Bettbezüge, Kühlschränke und weitere nötige Utensilien anschaffen konnte.

Nach der Zweiteilung der Medizinischen Fakultät der Istanbul Universität wurde ein Mangel an AssistentInnen in den Grundfächern ersichtlich. Um dieses Problem zu lösen, wurde im Rahmen eines Gesetzes nichtärztlichen UniversitätsabsolventInnen wie etwa BiologInnen, ChemikerInnen, PhysikerInnen und darunter auch klinischen PsychologInnen ein Doktoratsprogramm an der Medizinischen Fakultät gestattet, nach dem sie den Titel »Doctor in Medical Science« erhielten. Nach Ansicht Koptagel-Ilals hätten manche Personen in den 1970er Jahren den Ausdruck »med« in ihrem Titel dahingehend missbraucht, dass sie sich in medizinische Belange eingemischt und durch dessen unwissenschaftliche und unethische Benutzung viel Schaden an PatientInnen angerichtet hätten. Grundsätzlich erachtet Koptagel-Ilal für die Ausübung des psychoanalytischen Berufes das Grundstudium der Psychologie als unzureichend und sieht dafür das Studium der Medizin und die anschließende psychiatrische Facharztausbildung als die bestgeeignete Vorbildung.

Nachdem Koptagel-Ilal schon einige Jahre in der Türkei gearbeitet hatte und die Analysandin-Lehranalytiker-Beziehung zwischen ihr und Gerhard Maetze schon länger beendet war, begannen sie brieflich miteinander zu korrespondieren und trafen sich auch einige Male in Berlin. Maetze sah die rege Arbeit seiner ehemaligen Analysandin in der Türkei und setzte sich gemeinsam mit Horst Eberhard Richter für ihre Mitgliedschaft bei der Deutschen Psychoanalytischen Vereinigung ein, in die sie 1971 aufgenommen wurde.

Auf dem IPA-Kongress im selben Jahr, der seit Sigmund Freuds erzwungener Emigration zum ersten Mal wieder in Österreich stattfand, war auch Anna Freud anwesend. Gerhard Maetze erzählte Koptagel-Ilal von der Wichtigkeit dieses Kongresses und unterstützte auch in finanzieller Hinsicht ihre Teilnahme. Als Maetze den anwesenden, international bedeutenden PsychoanalytikerInnen Koptagel-Ilal vorstellte, interessierten sie sich sehr für ihre Arbeiten in der Türkei und schlugen ihr vor, die Werke Sigmund Freuds ins Türkische zu übersetzen. Da Koptagel-Ilal aufgrund ihrer intensiven klinischen Arbeit nicht die Zeit hatte, die gesamten Werke

Sigmund Freuds in die türkische Sprache zu übersetzen, entschloss sie sich für die Übersetzung der Allgemeinen Neurosenlehre aus den *Vorlesungen zur Einführung in die Psychoanalyse*, um der türkischen Leserschaft »die Lehre aus dem Munde ihres Schöpfers« (Koptagel-Ilal 1993, S. 9) vorzustellen. Maetze berichtete das Vorhaben seiner ehemaligen Analysandin Anna Freud, die dieses Projekt sehr begrüßte. Koptagel-Ilal veröffentlichte zwei Jahre später ihre Übersetzung (1993 [1973]), in deren Anhang sie auch zwei Artikel hinzufügte, von denen der erste mit dem Titel *Sigmund Freud in der Türkei* (ebd., S. 323–331) einen kurzen Überblick über die geschichtliche Entwicklung der Psychoanalyse in der Türkei gibt. Maetze schickte das Buch an Anna Freud, deren erste Frage es war, ob Koptagel-Ilal die Copyright-Gebühren an die Sigmund-Freud-Stiftung bezahlt hatte. Irritiert und sich genierend berichtete Maetze die Reaktion Anna Freuds seiner ehemaligen Analysandin, die sich aber bereits über das Gesetz aus dem Genfer Abkommen informiert hatte. Demnach musste die Türkei für die Übersetzung von Schriften, deren Veröffentlichung mehr als 10 Jahre zurückliegt, keine Copyright-Gebühren bezahlen. Mit Anna Freud unterhielt Koptagel-Ilal bezüglich ihrer Übersetzungs-arbeit keine weiteren Kontakte mehr.

Abb. 29: Günsel Koptagel-Ilal (Mitte) und Gerhard Maetze (im Bild links von ihr)

Im Jahre 1978 wurde in der »European Conference on Psychosomatic Research« in Oslo mit Wahlstimmen entschieden, dass die nächste Konferenz zwei Jahre später in Istanbul unter der Leitung Koptagel-Ilals stattfinden sollte.[121] Manche griechische KollegInnen waren aber mit der Entscheidung in Oslo unzufrieden und wollten die Konferenz im eigenen Land veranstalten. Einige wenige griechisch-stämmige ProfessorInnen aus den USA schickten daher an die BerufskollegInnen in Europa Briefe mit dem Aufruf, sie sollten nicht an dem Kongress teilnehmen, da die Türkei wegen politischer Unruhen sehr gefährlich sei. Doch die europäischen KollegInnen ließen sich nicht davon abbringen. Inspiriert von dieser Herausforderung begann Koptagel-Ilal mit den Vorbereitungen und gründete als Anfangsschritt im gleichen Jahr noch den ersten psychosomatisch-psychotherapeutischen Verein der Türkei mit der Bezeichnung *Psikosomatik ve Psikoterapi Derneği*. Sie hatte die Leitung 41 Jahre inne und übergab sie 2009 an einen jüngeren Kollegen: **Günsel Koptagel-Ilal:** »Wir hatten die 13. ›European Conference on Psychosomatic Research‹ von 8. bis 12. September 1980 in Istanbul abgehalten. Sie verlief hervorragend, am letzten Tag jedoch putschte das Militär. Etwa 260 Teilnehmer aus 25 Ländern, unter denen auch viele Persönlichkeiten aus der Welt der Psychosomatik und der Psychoanalyse anwesend waren, konnten wir verzeichnen. Die Türkei war Ende der 1970er Jahre in großem, politischem Aufruhr, Anarchie herrschte überall. Bei der Organisation des Kongresses wusste ich nicht, wie viel Geld wir haben würden, und schrieb im Vorprogramm, dass es zusätzlich zu einem Empfangscocktail und einem Abschlussessen auch noch ›other surprise events‹ geben würde. Der letzte Tag wurde zu solch einem ›surprise event‹ (lacht), dass er unvergesslich blieb. Am Donnerstag, dem vorletzten Kongresstag, veranstalteten wir für die Gäste einen geselligen Abend im berühmten Beylerbeyi Serail. Es war eine wunderschöne Nacht bei Mondschein. Aber irgendetwas geschah dort, etwas Ungewöhnliches, man schaltete schon um 23.00 Uhr die Lichter aus und so beendeten wir auch die Festlichkeiten. Jede Nacht, als ich mich zum Schlafen legte, hatte ich mir gesagt: ›Hoffentlich passiert morgen nichts.‹ Am darauffolgenden Morgen um fünf Uhr hatte mich ein Kollege angerufen und gefragt, ob ich das Radio gehört habe? Das Militär hätte geputscht! ... Wir versuchten dann, die Gäste zu beruhigen, und konnten sie gesund wieder nach Hause schicken. Unvergesslich wurde unser Kongress mit dem ›surprise event‹! (lächelt)« (Interview am 20.4.10, Istanbul).

Am Tag des Putsches wurde eine Ausgangssperre verhängt, so mussten die ausländischen Gäste in ihren Hotels warten und auf gute Nachricht hoffen. Koptagel-

---

121 Diese Konferenz wurde 1953 ins Leben gerufen und wird seitdem alle zwei Jahre in englischer Sprache in verschiedenen Ländern veranstaltet. Im Jahr 2010, in dem das Interview mit Günsel Koptagel-Ilal geführt wurde, fand die Konferenz in meiner Universitätsstadt Innsbruck unter der Leitung des Psychoanalytikers Gerhard Schüßler statt.

Ilal ging mit einer Sonderbefugnis von einem Hotel zum nächsten, um die in Panik geratenen KongressteilnehmerInnen zu beruhigen. Da am letzten Konferenztag nicht wie gewohnt das kommende Veranstaltungsland bestimmt werden konnte, sammelte sie in dieser Zeit auch von allen die Wahlstimmen.

Abb. 30: Eröffnungsrede von Günsel Koptagel-Ilal

Am nächsten Tag wurde die Ausgangssperre aufgehoben, woraufhin alle TeilnehmerInnen ihre Heimreise antreten konnten. Trotz dieses Zwischenfalls, der die Vorbehalte griechischer KollegInnen bestätigt hatte, wurde diese Konferenz zu einem großen Erfolg, wofür Koptagel-Ilal vom In- und Ausland Lob und Anerkennung bekam. Gerhard Maetze konnte an dieser Konferenz nicht mehr teilnehmen, da er bereits 1979 an einer Gehirnblutung verstorben war. Ihr psychosomatisch-psychotherapeutischer Verein arbeitete weiterhin an zahlreichen Lehr- und Forschungsaktivitäten und erhielt 1981 durch eine Entscheidung des Bundesministeriums die Befugnis, die Bezeichnung »Türkischer Verein für Psychosomatik und Psychotherapie« (Türk Psikosomatik ve Psikoterapi Derneği) zu führen.

Durch den Putsch und die darauffolgende verheerende Zeit der Diktatur wurde jedoch ihre Arbeit im Department beträchtlich erschwert:

Günsel Koptagel-Ilal: »Bei uns gibt es alle zehn Jahre einen kleinen und alle 20 Jahre einen großen (lacht). Der erste Putsch war am 27. Mai 1960, damals war ich in Ankara. Der zweite Putsch ereignete sich am 12. März 1971,

Abb. 31: Vortrag von Johannes Juda Groen im Vorlesungssaal der Istanbul Universität

Abb. 32: Der gesellige Abend im Beylerbeyi Serail

bei dem viele Professoren aus der Universität ausgeschlossen und verhaftet wurden. Und dann gab es den im Jahr 1980. Ökonomische und politische Bedingungen waren damals in der Türkei sehr schlecht, überall herrschte Anarchie« (Interview am 20.4.10, Istanbul).

Abb. 33: Nach dem Konzert von Uğurtan und Emre Aksel

Universitätsangehörige mit gegensätzlicher politischer Weltanschauung hatten sich mit autoritären Staatskreisen zusammengeschlossen und wollten den Ausnahmezustand im Land nutzen, Gegenparteien an der Universität auszuschalten. Da Koptagel-Ilal und ihr Team große Erfolge erzielten, indem sie mit berühmten Institutionen wie dem Max-Planck-Institut kooperierten, Kongresse durchführten und wissenschaftliche Artikel international publizierten, ließ ihnen ein bestimmter Kreis von Universitätsangehörigen keine Ruhe und setzte sie unter psychischen Druck. Koptagel-Ilal bekam direkte und verdeckte Drohungen, wobei sich eine Pflegehelferin in ihrem Departement sogar als eine Spionin herausstellte. Die bedrohliche Atmosphäre in der Klinik und gegensätzliche politische Einstellungen erschwerten eine gute Zusammenarbeit unter den Abteilungen. Nachdem Koptagel-Ilal 1982 auch die Leiterin der psychiatrischen Abteilung der Cerrahpaşa Fakultät wurde, war die Geduld von einigen Universitätsangehörigen zu Ende. Wie es schon in den 1960er Jahren mit ihrem Mentor und Vorgesetzten Ihsan Şükrü Aksel geschehen war, konnte die Gegenpartei die Militärdiktatur dazu bringen, Koptagel-Ilal am 3. November 1983 zu entlassen. Auch einige ihrer nahen MitarbeiterInnen wurden suspendiert oder konnten dem psychischen Terror nicht mehr standhalten und kündigten ihre Stellen:

Hale Usak-Sahin: »Hatte damals das Militär auch ein direktes Verbot für die Psychoanalyse ausgesprochen?«

Günsel Koptagel-Ilal: »Nein, nein, die hatten doch von der Psychoanalyse keine

Ahnung. [...] An unserer Klinik verhinderte ich unethische Verhaltensweisen und manche wollten mich deswegen natürlich loswerden und hatten sich mit der Junta zusammengetan. Das waren Leute, die nicht aus wissenschaftstheoretischen Gründen, sondern aus politischen und persönlichen Gründen agierten. Es gab auch religiöse Fanatiker unter den Universitätsangehörigen und die haben nicht einmal gewusst, was die Psychoanalyse überhaupt ist, und haben die Religion nur zum Zwecke der Politik ausgenutzt« (Interview am 20.4.10, Istanbul).

Wie viele ihrer europäischen und amerikanischen KollegInnen hörte auch Horst Eberhard Richter mit großer Betroffenheit von den Schwierigkeiten der ehemaligen Analysandin des Berliner Psychoanalytischen Instituts und beabsichtigte, sie als Gastprofessorin nach Gießen einzuladen. Dieter Ringleb, der Dekan der Medizinischen Fakultät der Universität Gießen, reiste damals nach Istanbul, um die Einladung mit Koptagel-Ilal persönlich zu besprechen. Über 20 Jahre nach ihrer Rückkehr aus Deutschland und trotz der in der Türkei bis dahin einmaligen Bemühungen und Erträge auf dem psychosomatisch-psychotherapeutischen Gebiet wurde ihre Einrichtung gewaltsam aufgelöst und sie ging 1985 wieder für längere Zeiten in das Land, in dem sie einst ihre psychoanalytische Ausbildung absolviert hatte.

In Deutschland wurden zu jener Zeit – die türkischen GastarbeiterInnen waren dort schon seit zwei Jahrzehnten anwesend – Studien über deren psychische Gesundheit und Krankheit durchgeführt und Koptagel-Ilal begann, ihren neuen Forschungs- und Arbeitsschwerpunkt auf diesen Bereich zu legen. Durch ihre vielfältigen Ausbildungen und Erfahrungen sowie die Beherrschung der türkischen und deutschen Sprache wurde sie zu einer der federführenden Personen in der psychotherapeutischen Migrationsforschung im deutschsprachigen Raum. Neben zahlreichen wissenschaftlichen und klinischen Tätigkeiten bildete sie auch DolmetscherInnen aus, die damals in der psychoanalytischen Psychotherapie mit türkischen MigrantInnen eingesetzt wurden. Nach drei Jahren Gastprofessur in Gießen und in Kassel kehrte sie 1988 wieder in ihre Heimat zurück. Sie arbeitete aber weiterhin an weitreichenden Projekten wie der »Stolzenbach-Hilfe«,[122] der »Migration und Persönlichkeit« der Leipziger Universität oder den »Wartburger Gesprächen« der Universität Marburg, die sie durch jährlich vier- bis fünfmaliges Pendeln zwischen der Türkei und Deutschland betreute.

Nachdem schon im Jahre 1985 die Militärdiktatur beendet wurde, hatten die

---

122 In der Schachtanlage Stolzenbach im Borkener Braunkohlerevier in Hessen hatte sich am 1. Juni 1988 das »Grubenunglück von Stolzenbach« zugetragen. Bei dieser Katastrophe kamen 51 von 57 Bergleuten – ein Drittel davon waren Türken – ums Leben. Koptagel-Ilal war vier Jahre lang im »Versorgungsprojekt« der Arbeitsgruppe Stolzenbachhilfe, die auch ein Buch (Brandtner 1992) über ihre Tätigkeit herausgab, als Supervisorin tätig.

suspendierten Universitätsangehörigen einen Prozess am Gericht des Staatsrates eingeleitet, an dem auch Koptagel-Ilal durch einen Bevollmächtigten teilnahm. Der Prozess wurde mit einem positiven Beschluss beendet und somit konnte Koptagel-Ilal 1990 wieder an ihre alte Stelle an der Universität Istanbul zurückkehren, doch ihre psychoanalytisch-psychosomatische Abteilung existierte längst nicht mehr:

Günsel Koptagel-Ilal: »Als ich wieder an die Istanbul Universität zurückkam, sah ich, dass unser Department völlig vernichtet war. Die nötigen Geräte, die wir mit großen Bemühungen besorgt hatten, waren alle zerstört. Ich hatte sieben Jahre lang mit allen Mitteln gekämpft, um unsere alte psychosomatisch-psychotherapeutische Einrichtung wieder aufzubauen« (Interview am 20.4.10, Istanbul).

Koptagel-Ilal brauchte einige Jahre, bis sie ihr Department 1997 nach zahlreichen mündlichen und schriftlichen Anträgen sowie mit Unterstützung ihres unermüdlichen Teams und des damals an die Istanbul Universität neu berufenen Rektors Bülent Berkarda wieder eröffnen konnte. Als einen neuen und erfolgreichen Schritt fügte sie die Konsultation-Liaison-Psychiatrie zu ihrer Einrichtung hinzu.

Nach langen, für die Psychoanalyse in der Türkei fruchtbaren Jahren wurde Koptagel-Ilal im Jahre 2000 emeritiert. In ihrer Pension seit nunmehr zehn Jahren hatte sie mehrere Funktionen inne, wie etwa die der Delegierten beim »Committee for the Prevention of Torture and Inhuman Treatment of People Deprived of their Liberty« des Europarates in Straßburg. Heute arbeitet sie an keinen größeren Projekten mehr, sondern schreibt an Aufsätzen, um die man sie im In- und Ausland bittet. Bevor ich ihr die Frage nach ihren möglichen LehranalysandInnen in der Türkei gestellt hatte, berichtete sie Folgendes:

Günsel Koptagel-Ilal: »Sie können mich natürlich fragen, wieso ich in der Türkei keine Personen in Lehranalyse genommen habe. Das ist vor allem eine Frage des Geldes und der Nachfrage. Es gab damals niemanden, der für eine so lange Ausbildung so viel Geld bezahlen konnte. Ich hatte zwar um sehr wenig Geld Patienten psychoanalytisch behandelt, aber für eine langjährige Lehranalyse konnte ich das nicht machen. Wie hätte ich das Geld von meinen Assistenten verlangen können? In den letzten Jahren begann so langsam die Möglichkeit der psychoanalytischen Ausbildung in der Türkei. Ob aber die Ausbildung richtig verläuft, weiß ich nicht. Ich stamme aus dem Berliner Psychoanalytischen Institut und gehöre somit der Freudianischen Tradition an. Manche Psychoanalytiker in der Türkei stammen aus der Französischen École« (Interview am 20.4.10, Istanbul).

Aufgrund der schwachen wirtschaftlichen Bedingungen, die lange Jahre ein Ausbleiben der Nachfrage nach Lehranalysen zur Folge hatte, konnte Koptagel-Ilal ihren Schwerpunkt nicht auf die psychoanalytische Ausbildung in der Türkei setzen. Die institutionelle Ausbildungsmöglichkeit entstand in der Türkei durch ökonomische, gesellschaftliche und berufspolitische Entwicklungen erst im Jahr 2004.

Günsel Koptagel-Ilal hat aber als erste offiziell ausgebildete türkische Psychoanalytikerin in der Geschichte der Türkei erstmals die Psychoanalyse systematisch in den praktisch-klinischen Tätigkeitsbereich eingeführt. Sie bildete in ihrer Heimat zahlreiche PsychiaterInnen und klinische PsychologInnen in psychoanalytisch orientierter Psychotherapie aus, hielt kontinuierlich Konferenzen zur Psychoanalyse, psychoanalytischen Psychotherapie, Psychosomatik und trieb somit die Popularisierung der Psychoanalyse in der Türkei sehr stark voran. Durch ihre beharrliche Arbeit an den Çapa und Cerrahpaşa Kliniken ermöglichte sie auch sozial benachteiligten und finanziell schlechter gestellten Menschen die psychoanalytisch orientierte Psychotherapie, manchmal sogar auch die klassische Psychoanalyse. Aufgrund ihrer professionellen Beziehungen zu PsychoanalytikerInnen aus dem Ausland konnte sie den Bekanntheitsgrad der Psychoanalyse in der Türkei und auch international stärken.

Ulviye Etaner

Ulviye Etaner wurde am 13. Mai 1929 in Zile, einem Vorort in der Provinz Tokat, die unweit des Schwarzen Meers liegt, als das zweite Kind einer sechsköpfigen Familie geboren. Ihre Eltern waren sehr traditionsgebunden und konnten aus ökonomischen Gründen nur die Volksschulausbildung absolvieren. Etaner bezeichnet ihre Mutter als eine arbeitsfreudige, anatolische Hausfrau, die trotz ihrer niedrigen Ausbildung sehr breites Allgemeinwissen besaß und sich liebevoll um ihre vier Kinder kümmerte. Ihr Vater, ein

Abb. 34: Ulviye Etaner

angesehener Händler, galt in der Gemeinschaft als ein sehr toleranter Mann und war in der Familie ein pflichtbewusster Vater. Sie hat einen älteren Bruder, eine drei Jahre jüngere Schwester und einen vier Jahre jüngeren Bruder. In ihrer traditionellen Familie wurde den Söhnen mehr Macht zuerteilt als den Töchtern, weswegen sich das junge Mädchen Ulviye zu einer widerständischen und protestierenden Tochter entwickelte. Ihr älterer Bruder Süleyman Yakacıklı wählte wie meine Interviewpartnerin einen medizinischen Beruf, arbeitete lange Jahre als Kinderarzt, war als Lehrbeauftragter an der Medizinischen Çapa Fakultät der Istanbul Universität tätig und verstarb im Jahre 2008.

Etaner durchlief in ihrer Geburtsstadt die Volks- sowie die Hauptschule und war ihrer Erzählung nach die ganzen Schuljahre hindurch eine fleißige und erfolgreiche Schülerin. Da ihre Familie der Ausbildung der Töchter jedoch nicht positiv gegenüberstand, konnte sie ihre Eltern nur durch die Vermittlung ihrer LehrerInnen von der Wichtigkeit einer weiterführenden Gymnasialausbildung überzeugen. Diese konnte sie dann auch von 1943 bis 1946 im berühmten Istanbuler Mädchengymnasium »Çamlıca Kız Lisesi« als Internatsschülerin absolvieren. Obwohl die Türkei in jenen Jahren am Zweiten Weltkrieg nicht teilgenommen hatte, waren die Konsequenzen auch für die türkische Bevölkerung spürbar. So waren beispielsweise viele Lebensmittel nicht mehr oder nur durch Registerkarten erhältlich. In diesen ökonomisch schwierigen Zeiten beendete Etaner ihre Gymnasialausbildung, wonach sie die schwierige Aufgabe erwartete, ihre Eltern von einem Studium zu überzeugen. Sie erinnert sich, dass sie so lange auf ihre Eltern eingeredet hatte, bis diese ihren Druck nicht mehr ertragen konnten und ihren Plänen zustimmten.

So begann sie 1947 ihr Studium an der Medizinischen Çapa Fakultät der Istanbul Universität, das sie im Jahre 1953 beendete. Ihre Facharztausbildung, welche sie 1958 als Neuropsychiaterin abschloss, durchlief sie an der neurologischen Klinik der Medizinischen Cerrahpaşa Fakultät und an der psychiatrischen Klinik der Medizinischen Çapa Fakultät bei Ihsan Şükrü Aksel. Nach drei Jahren Ehe brachte sie im Jahre 1959 einen Sohn auf die Welt und reiste im August 1961 gemeinsam mit ihrem Mann Ahmet Suat Etaner, ebenfalls Neuropsychiater, und ihrem Baby nach Berlin, um dort an der Landesnervenklinik in Spandau für ein Jahr als Gastassistentin zu arbeiten. Im darauffolgenden Jahr nahm sie eine Assistenzstelle in der Klinik für Kinder- und Jugendpsychiatrie Wiesengrund an.

Auf die Frage nach ihrer ersten Begegnung mit der Psychoanalyse erwähnt Etaner, dass sie während ihrer Facharztausbildung bei einer Konferenz über Sigmund Freud zum ersten Mal davon gehört hatte, aber erst in Deutschland Näheres über die Psychoanalyse erfuhr:

Ulviye Etaner: »Die Arbeit am Wiesengrund war sehr interessant. Dort gab es eine eigene Abteilung mit einer geheimnisvollen Atmosphäre. Die Abteilung war nicht allen Personen zugänglich, sondern nur denjenigen, die eine speziell psychotherapeutische Ausbildung für die Behandlung von Kindern besaßen. Das hatte meine Aufmerksamkeit auf sich gezogen. Nachdem ich mich in Deutschland eingelebt hatte, begann ich nachzuforschen, welche spezielle Ausbildung dafür vorausgesetzt wurde. Ich erfuhr, dass man eine Ausbildung im Bereich der Tiefenpsychologie benötigte ... das war glaube ich im Jahr 1964« (Interview am 4.5.09, Istanbul).

Sie bewarb sich somit an dem 1947 von Werner Kemper gegründeten Institut für Psychotherapie e. V. Berlin, welches sich damals in der Koserstraße befand und in dem zunächst Neoanalytiker, Freudianer und Jungianer vertreten waren. Heute befindet sich das Institut in der Goerzallee in Berlin, gehört zum Dachverband DGPT – der Deutschen Gesellschaft für Psychoanalyse, Psychotherapie, Psychosomatik und Tiefenpsychologie e. V. – und nicht der IPA an. Etaner wurde wegen ihrer damals begrenzten Sprachkenntnisse und ihres »fremden« kulturellen Ursprungs für drei Semester in eine »Probiergruppe« aufgenommen. Der Unsicherheit, ob ihre türkische Herkunft mit der Psychoanalyse kompatibel sei, begegnete das Institut, indem eine schrittweise Annäherung an die psychoanalytische Ausbildung beschlossen wurde. Nach der vorgeschriebenen Probezeit musste sie eine Zwischenprüfung ablegen, sollte bis dahin aber schon mit der Lehranalyse begonnen haben. Daraufhin bewarb sie sich beim Lehranalytiker Franz von Baumeyer, welcher bei der Deutschen Psychoanalytischen Gesellschaft bis 1938 Mitglied war und sich nach dem Zweiten Weltkrieg der neoanalytischen Arbeitsgruppe von Harald Schultz-Hencke anschloss, die sich gegen das klassische Verständnis der Psychoanalyse positionierte. 1948 kam er aus der sowjetisch besetzten Zone nach Berlin und arbeitete an dem kurz zuvor gegründeten Institut mit, dessen Leiterfunktion er auch für einige Zeit übernahm. Von Baumeyer war in den 1950er Jahren der erste und bedeutendste historische Forscher über Daniel Paul Schreber (vgl. von Baumeyer 1955):[123]

Ulviye Etaner: »Ich hatte immer Bedenken, dass man mich anders [orientalisch] und für die Psychoanalyse nicht geeignet befinden würde, weil ich darüber so manches schon hintenherum gehört hatte. Ich zog mich sehr modern an und ging in die Praxis meines künftigen Lehranalytikers: ›Sie wollen mich also sehen?‹, fragte er mich. Ich war sehr aufgeregt und dachte, er will testen, welche Reaktion ich nun zeigen würde, und entgegnete seiner Frage: ›Ich bin gekommen, um Sie zu sehen und um mich Ihnen zu zeigen‹ (lächelt). So begann ich drei Mal die Woche bei ihm meine Lehranalyse. Die Lehr-

---

123 Die Daten zu seiner Person stammen von der offiziellen Homepage der DPG: URL: http://www.dpg-psa.de/in_ge_chron.htm (Stand: 10.06.2012).

analytiker gaben den Kandidaten niemals ihre Meinung über sie bekannt und ich fragte ihn andauernd, ob ich die psychoanalytische Arbeit machen könnte und er sagte einmal: ›Wieso fragen Sie nicht sich selbst?‹ ... Ungefähr fünfeinhalb Jahre dauerte meine Analyse und manchmal hatte ich Schwierigkeiten, mich an die deutsche Lebensweise zu gewöhnen, da ich aus einer anderen Kultur stammte und erst mit 32 Jahren in Deutschland zu leben begann, als verheiratete Frau und Mutter eines Kindes« (Interview am 4.5.09, Istanbul).

Bedenken, ob sie mit einer »nicht westlichen« Herkunft Psychoanalytikerin werden konnte, hatten zunächst sowohl die deutschen AnalytikerInnen als auch Etaner selbst. Sie war aber ihrer Erzählung nach sehr ehrgeizig und wollte die Schwierigkeiten ob der sprachlichen und kulturellen Unterschiede um jeden Preis meistern. Bei der ersten Begegnung mit ihrem künftigen Analytiker hatte sie auf moderne Kleidung geachtet und fühlte sich nicht als jemand, der aus »dem Osten« kam und eine westliche Ausbildung absolvieren wollte, sondern zeigte sich und ihre Stärken selbstbewusst »dem Westen«. Natürlich hatte sie auch Zweifel, ob und wie sich ihre fremde Herkunft auf die psychoanalytische Arbeit mit ihrem Lehranalytiker und später mit ihren PatientInnen auswirken würde. Ihre kulturelle »Andersartigkeit« war demnach immer ein Thema in ihrer Analyse, das sie mit ihrem Lehranalytiker erarbeitete.

Da sie anfangs mit einer einjährigen Aufenthaltserlaubnis als Assistenzärztin nach Deutschland gekommen war, dort aber für die psychoanalytische Ausbildung länger bleiben musste, verlangten verschiedene Behörden von ihrem Ausbildungsinstitut einen schriftlichen Bescheid, dass Etaner für die psychoanalytische Ausbildung geeignet sei und sie erfolgreich absolvieren könne. Nur unter dieser Bedingung konnte meine Interviewpartnerin ihre Arbeits- und Aufenthaltsbewilligung in Deutschland immer jeweils für ein Jahr verlängern und so ihre Ausbildung in der Psychoanalyse fortführen. Besonders in der Anfangszeit ihrer Ausbildung schienen ihre kulturellen Werte und Gewohnheiten mit denen ihrer KollegInnen im Widerspruch zu stehen:

Hale Usak-Sahin: »Welche speziellen Schwierigkeiten haben Sie durch die kulturellen Unterschiede in Ihrer analytischen Ausbildung erlebt?«

Ulviye Etaner: »Zum Ersten wurde mir immer mitgeteilt, dass ich sehr konservativ leben würde. Die Deutungen [in der Analyse] konnten sehr verschieden sein, zum Beispiel eine sehr typische Sache: Es gab einen Oberarzt, der Gefallen an mir hatte und keinen Hehl daraus machte. Eine Psychologin wiederum fand Interesse an diesem Arzt und wir arbeiteten alle in einer Klinik. Ich war ziemlich reserviert und wollte außerhalb meiner Arbeit nichts mit ihnen zu tun haben. Eines Tages hatte ich folgenden Traum: Wir [Frau Etaner und die Psychologin] warteten auf jenen Oberarzt, um irgendwohin zu fahren, denn wir [Frau Etaner und der Oberarzt] wohnten [in Wirklichkeit] auf derselben Strecke. Als ich kein Auto hatte, fuhr er mich bis zu einem bestimmten Ort, später habe ich ein Auto gekauft und bin nicht mehr mit ihm gefahren ... diese Psychologin las [im Traum] den Koran, als wir auf den Mann warteten, und ich schaute ihr zu ... die Deutung meines Analytikers war in der Weise, dass er darin eine Eifersucht sah. >Ich stimme Ihnen da nicht zu<, sagte ich, >denn, wäre das im Sinne eines Abendländers eine Rivalität gewesen, so hätte ich die Psychologin nicht den Koran lesen lassen. Das ist [der Wunsch für] ein FRIEDLICHES ZUSAMMENLEBEN<, sagte ich. [...] Der Mann wäre fast vom Hocker gefallen, er ist so impulsiv aufgestanden: >So eine geniale Deutung!<, rief er. Solche Sachen passierten natürlich, er konnte manche Dinge nicht wissen und ich akzeptierte seine vorgeschlagenen Deutungen nicht sehr leicht. [...] Beispielsweise: >Am Abend gibt es irgendwo eine Veranstaltung. Wirst du nicht mitkommen?<, [fragten die KollegInnen]. >Das wird sich nicht ausgehen<, sagte ich und hatte Schwierigkeiten, ihnen das zu erklären. Sie teilten mir in unterschiedlichster Weise mit, dass ich in meinem Verhalten nicht frei[zügig] war. [...] Wie ich schon sagte, der Kulturunterschied hatte denen am Anfang eher Kopfzerbrechen gemacht als mir. [Sie wussten nicht recht], ob sie mich aufnehmen sollten oder nicht. Sie gingen in zwei Schritten vor: >Zuerst probieren und dann schauen wir weiter ...< « (Interview am 4.5.09, Istanbul).

Etaner sah sich in ihrem weiblichen Ehrgefühl, dem in der türkischen Kultur ein besonderer Wert zukommt, von der deutschen Seite nicht verstanden und in Bedrängnis gesetzt. Gesellschaftsabende nach westlicher Art waren für ihre Selbstdefinition als Ehefrau und Mutter nicht angebracht. Immer wieder musste sie den KollegInnen ihre Grenzen vor Augen führen und wurde dafür kritisiert. Vermutlich rührten die anfänglichen Bedenken und die Kritik von deutscher Seite auch daher, dass man sie unbewusst vor dem Hintergrund der türkischen Gastarbeiterbewegung wahrnahm:

Hale Usak-Sahin: »Damals gab es, glaube ich, nicht so viele gebildete TürkInnen in Deutschland, in den 1960er Jahren.«

Ulviye Etaner: »Ja, die Migrationsströmungen haben natürlich eine ungünstige Atmosphäre geschaffen. Mir wurde beispielsweise immer gesagt, dass ich einer Türkin gar nicht ähnle. Manchmal hatte mich das sehr genervt: >Sagen Sie das, weil Sie glauben, dass es ein Kompliment ist? Das ist eine Beleidigung, ich bin eine waschechte Türkin!<, habe ich dann ab und zu sehr genervt geantwortet. Ich weiß nicht, ob Sie mir da zustimmen können, da Sie ja in Österreich aufgewachsen sind, aber wenn man in einem fremden Land ist, wird man nationalistischer. Die Themen, die mich in der Türkei gar nichts angingen, haben mich dort genervt. Eines Tages kam ein deutscher Arzt, der in Tschechien auf Reisen war, und sagte mir in der Kantine: ›Ich habe eine Höhle gesehen, die die Türken aus Menschenschädeln gebaut haben, was für ein Horror, was für eine Gräueltat!‹ [Ich antwortete]: ›Erzählen Sie mir von Gräueltaten und Brutalität der Türken? Wer bitte hat so viele Menschen in Gaskammern verbrannt?‹ Ich kann mich erinnern, solche Reaktionen gezeigt zu haben« (Interview am 4.5.09, Istanbul).

Manchmal zeigten sich auch belastende Situationen wegen ihres kulturellen Hintergrunds und ihrer anfänglich begrenzten Sprachkenntnisse nicht nur im Kreis ihrer KollegInnen und in ihrer Lehranalyse, sondern auch in den Kontrollanalysen und in der Behandlung ihrer PatientInnen. Nachdem Etaner die Verlaufsprotokolle ihrer Fälle ihrem Kontrollanalytiker überreichte, kamen die korrigierten Seiten zu ihrer großen Verzweiflung wie in »Blutlaken gedünkt« (Interview am 4.5.09, Istanbul) zurück. Mit der Zeit aber beherrschte sie die deutsche Sprache perfekt und behandelte deutsche PatientInnen, für die Etaners Herkunft eine bedeutende Rolle spielte:

Hale Usak-Sahin: »Welchen Einfluss hatte diese Konstellation – türkische Analytikerin und deutsche AnalysandIn in Deutschland – auf die Übertragung und Gegenübertragung?«

Ulviye Etaner: »Manche Deutsche waren nicht begeistert und fragten mich, ob ich sie denn genügend verstehen würde. Aber es gab eine Besonderheit und vielleicht rührt sie aus meiner orientalischen Herkunft, denn was die nötige Geduld gegenüber Patienten betraf, bekam ich immer die höchste Punktezahl vom Institut: ›Du stammst aus dem Orient, daher bist du so geduldig‹, sagten die Deutschen (lächelt). [...] Die Patienten hatten aber auch nicht die Wahl, sich einen Analytiker auszusuchen, denn die Stunden wurden über die Krankenkasse verrechnet. Wenn manchmal die Patienten nicht erschienen und keinen verständlichen Grund dafür hatten, mussten sie für die Stunde bezahlen. Ich war da sehr genau und notierte die Fehlstunden. Manche sagten dann: ›Ich habe gehört, in der Türkei sei die Bestechung weit verbreitet. Was ist, wenn Sie die Fehlzeiten nicht notieren, was verlieren Sie schon dabei?‹ (lächelt). Sehr große Probleme hatte ich nicht, aber [der Kulturunterschied] war immer ein Thema« (Interview am 4.5.09, Istanbul).

Mit all den Auswirkungen ihrer fremden Herkunft lernten Etaner, das Ausbildungsinstitut und ihre PatientInnen zu arbeiten und sie zu reflektieren. Die anfänglichen Bedenken aller Parteien wurden daher mit der Zeit zu einem offeneren Thema, das in die Arbeit mit einbezogen werden konnte.

Nach fünfeinhalb Jahren beendete sie ihre Lehranalyse bei Franz von Baumeyer, legte die kommissionelle Abschlussprüfung im Jahre 1971 am Institut für Psychotherapie Berlin ab und wurde gleichzeitig Mitglied der DGPT. Während ihres Aufenthalts in Deutschland absolvierte sie auch die Zusatzausbildung zur Fachärztin für Kinderpsychiatrie und kehrte noch im Herbst desselben Jahres, nach zehn Jahren, in die Türkei zurück:

Hale Usak-Sahin: »Darf ich fragen, wie sich bei Ihnen der Remigrationswunsch in die Türkei entwickelt hatte? War es von Anfang an klar, dass Sie wieder in die Türkei zurückkehren werden?«

Ulviye Etaner: »Damals, in den 1970ern, gab es ein Gesetz [in Deutschland], wenn man dort zehn Jahre gelebt hatte und weiterhin dort bleiben wollte, musste man zur deutschen Staatsbürgerschaft überwechseln. Wir wollten das nicht. Schon am zweiten Tag nach meiner Abschlussprüfung [in Psychoanalyse] in Berlin bekam ich mitten in der Nacht ein Telefonat aus Düsseldorf: ›Wir werden sowohl für Sie als auch für Ihren Mann eine Arbeitsstelle bereitstellen und ihr werdet 7.000 Mark Monatslohn bekommen. Wir werden euch auch eine Wohnung gewähren. Kommen Sie sofort an unser Institut, das bald eröffnen wird, und arbeiten Sie hier.‹ Wir waren damals sieben Absolventen, natürlich warteten alle auf uns. Damals waren alle [Institute] außer jenes in Berlin noch im Aufbau und jedes Institut wartete natürlich auf die Absolventen. Den Wechsel zur deutschen Staatsbürgerschaft hatte mein Mann aber nicht gutgeheißen und hier [in der Türkei] hatten wir einen großen Familienkreis und der nörgelte schon die ganze Zeit, weil wir im Ausland lebten. So dachten wir, mein Sohn war damals ungefähr 12 Jahre alt, wenn wir jetzt nicht zurückkehren, wird das Kind nie mehr zurückkehren wollen, denn mit der Zeit hatte er sich immer mehr an die deutschen Gebräuche gewöhnt. So sind wir zurückgekehrt« (Interview am 4.5.09, Istanbul).

Das Gesetz zur Annahme der deutschen Staatsbürgerschaft hätte für Etaner und ihre Familie die endgültige Niederlassung in Deutschland bedeutet, die sie aber von Beginn an nicht geplant hatten. Ihren anfangs für ein Jahr beabsichtigten Aufenthalt hatte sie wegen der psychoanalytischen Ausbildung schon um mehrere Jahre verlängert, doch nach deren Beendigung wurde die Frage der Rückkehr aktuell und einige Gründe sprachen dafür. Die Eltern wollten zum einen ihren Sohn nicht in einem Land mit anderen kulturellen Gebräuchen aufziehen und zum anderen wollte der Familien- und Bekanntenkreis in der Türkei die Familie Etaner wieder in ihrer Nähe haben. Den Eltern war es aber wichtig, ihrem Sohn nicht jeden Bezug zur deutschen Kultur zu unterbinden, und so schickten sie ihn nach ihrer Rückkehr auf ein deutschsprachiges Gymnasium in Istanbul.

Zudem hegte meine Interviewpartnerin auch den großen Wunsch und die Absicht, die Psychoanalyse in der Türkei zu etablieren. Die anfängliche Zeit in ihrer Heimat sollte sich jedoch für die ausgebildete Psychoanalytikerin als sehr schwierig erweisen:

Ulviye Etaner: »Als ich hierher kam, hatte ich [in Deutschland] auch die fachärztliche Ausbildung in Kinderpsychiatrie beendet und zur gleichen Zeit begann ich hier [in Istanbul] in der Klinik zu arbeiten und erlebte eine große Enttäuschung. Ich brauchte die Nostrifikation meiner ZEUGNISSE vom [psychoanalytischen] Institut und von der Kinderpsychiatrie. Ich hatte die Dokumente, bevor ich noch mit meiner Arbeit hier begann, an das Gesundheitsministerium in Ankara geschickt und nach einer bestimmten Zeit bekam ich von dort die Antwort: ›Da Sie zurzeit in der Universität arbeiten, haben wir Ihre Unterlagen an das dortige Dekanat geschickt‹, stand dort geschrieben. So ging ich zum Dekanat und die [Angestellten] sagten, dass eine Kommission zusammengetragen werden müsste und noch Vieles mehr. Nach genau sechs Monaten (lächelt) bekam ich ein Schreiben vom Dekanat. Eine der wenigen Enttäuschungen in meinem Leben ... quasi: ›Obwohl aus Ihren Dokumenten die Befugnis zur Behandlung und Ausbildung in Psychotherapie ersichtlich wird, ist die Psychotherapie das natürliche Behandlungsrecht eines jeden Arztes und daher wird es für unnötig erachtet, Ihnen ein besonderes Dokument dafür zu erstellen.‹ ... Können Sie sich das vorstellen? ... Ich dachte, ich wäre im falschen Film! Ich ging schon als Fachärztin nach Deutschland und für das, was sie als das ›natürliche Behandlungsrecht‹ bezeichnen, habe ich sechseinhalb Jahre meines Lebens gegeben, in einer fremden Sprache und in einer fremden Kultur. Ich kann Ihnen eines sagen, da ich damals die erste Absolventin mit einer nicht deutschen Muttersprache war, hatten sie für mich am psychoanalytischen Institut ein Fest organisiert. Und dann kam ich hierher und die sagten mir: ›Wir alle können das schon.‹ ... Das war für mich eine große Enttäuschung, aber was hätte ich machen sollen? Wenn das so ist, dann ist es nun mal so« (Interview am 4.5.09, Istanbul).

Der Bescheid des Dekanats der Istanbul Universität hatte eine folgenschwere Auswirkung für die Entwicklung der Psychoanalyse in der Türkei. Hätte nämlich das Dekanat ihre psychoanalytische Ausbildung richtig ein- und wertgeschätzt und ihr Diplom nostrifiziert, wäre der Grundstein für eine institutionalisierte Psychoanalyse in der Türkei wahrscheinlich schon in den 1970er Jahren gelegt worden. Nach langen Mühen und großem Engagement hatte sie in einer fremden Kultur und Sprache die Befähigung zur psychoanalytischen Behandlung in Deutschland erworben und genau dieses Recht hätten nach Meinung der Obrigkeiten die türkischen Ärzte schon nach ihrem Medizinstudium.

Etaner konnte gegen diesen Bescheid nichts ausrichten und hatte keine andere Wahl als ihn anzunehmen. So begann sie ihre Arbeit an der kinderpsychiatrischen Klinik der Medizinischen Çapa Fakultät, an der sie 1973 mit einer Habilitation über Persönlichkeitsstrukturen von Eltern neurotischer Kinder Dozentin und 1980 Professorin für Kinder- und Jugendpsychiatrie wurde. Während ihrer Jahre in der Türkei hatte sie ihre Beziehungen zu Deutschland nie aufgegeben und war immer im schriftlichen Kontakt mit ihrem ehemaligen Lehranalytiker Franz von Baumeyer. Fünf Jahre nach ihrer Remigration ging sie nach Berlin, um an ihrem ehemaligen Institut ihre psychoanalytische Arbeit in der Türkei vorzustellen, woraufhin ihr die Befugnis zur Lehranalytikerin verliehen wurde.

Im Jahre 1976 traf Ulviye Etaner und ihren Mann ein bitterer Schicksalsschlag, da ihr einziger Sohn Murat Şefik Etaner mit 17 Jahren bei einem Flugzeugabsturz über Zagreb verstarb. Nach ihm benannte sie Jahre später ihr psychoanalytisch-psychotherapeutisches Ausbildungsinstitut (s. u.) in der Türkei, dessen Vorgeschichte in den 1980er Jahre angesiedelt ist. In der Zeit nach dem Militärputsch von 1980, als intellektuelle Aktivitäten von der diktatorischen Staatsführung nicht geduldet wurden, begannen sich dennoch, vermutlich aus einer inneren Protesthaltung, junge PsychiaterInnen in der Çapa Klinik für die Psychoanalyse zu interessieren. Denn in jenen Jahren wurden vor allem die Werke von linksgesinnten PsychoanalytikerInnen wie Reich und Fromm in die türkische Sprache übersetzt und erlangten in Gelehrtenkreisen hohen Bekanntheitsgrad. Diese jungen PsychiaterInnen bildeten Lese- und Diskussionsgruppen und besprachen dabei auch die Werke von Sigmund Freud, Carl Gustav Jung und Alfred Adler. In psychiatrischen und psychoanalytischen Kreisen wird heute jenes intellektuelle Treiben als die *Çapa Hareketi* (Die Çapa Bewegung) bezeichnet.

In der Folge nahm Etaner 1988 sieben junge AssistentInnen aus der psychiatrischen Klinik der Medizinischen Çapa Fakultät, deren Leitung sie als Professorin für Kinder- und Jugendpsychiatrie übernahm, in (Lehr-)Analyse. Da sich ÄrztInnen nach einem 1978 verabschiedeten Gesetz des türkischen Gesundheitsministeriums entweder für die Arbeit in einer Klinik oder in einer Praxis entscheiden mussten, schloss Etaner ihre Privatpraxis und begann danach ausschließlich in der Klinik zu arbeiten, wo die Analysestunden ihrer jungen AssistentInnen stattfanden. Ihrer rückblickenden Ansicht nach konnte sie jedoch keine glückliche Auswahl ihrer LehranalysandInnen treffen, denn Etaner hatte sie vor allem aufgrund ihrer Sprachkenntnisse in Deutsch, Englisch oder Französisch ausgewählt, damit sie in ihrer Ausbildung auch eigenständig psychoanalytische Literatur lesen konnten und nicht auf ihre Übersetzung angewiesen waren. Folglich hatte sie mit ihnen keine Aufnahmeinterviews geführt, die an offiziellen psychoanalytischen Ausbildungsinstituten weltweit durchaus üblich waren. Nur drei von den sieben ehemaligen AssistentInnen, Raşit Tükel, Alp Üçok und Başak Yücel, haben ihrer Ansicht nach bei ihr eine vollständige psychoanalytische Ausbildung nach deutschen Maßstäben durchlaufen. Heute arbeiten alle drei als ProfessorInnen in der psychiatrischen Abteilung der Medizinischen Çapa Fakultät in Istanbul.

Zudem organisierte Etaner für ihre damaligen AnalysandInnen und weitere interessierte AssistentInnen wöchentliche Seminare, bei denen sie ihnen die psychoanalytischen Theorien näherbrachte. PsychologInnen nahm sie in ihre Gruppe nicht auf, da Etaner deren Grundstudium für die Ausbildung und die spätere Ausübung der Psychoanalyse grundsätzlich für unzureichend erachtet:

Ulviye Etaner: »Die Assistenten zeigten einen großen Willen. Ein Mal in der Woche, an jedem Mittwoch, leitete ich eine dreistündige Seminargruppe. Assistenten aus den Bakırköy, Cerrahpaşa und Çapa Kliniken kamen als eine belebte Gruppe und ich lehrte sie, meiner Ausbildung in Berlin entsprechend, über das Leben von Sigmund Freud und über die Entwicklung seiner Theorien. Bevor ich in die Türkei kam, hatte ich mein Hab und Gut verkauft und mir damit im Fischer Verlag die neu erschienene Serie der Gesammelten Werke besorgt« (Interview am 4.5.09, Istanbul).

Da aber bald wegen unterschiedlicher Zeit- und Ortswünsche seitens der TeilnehmerInnen Schwierigkeiten in der Organisation der Seminare auftauchten, eröffnete Etaner im Jahre 1992 im Stadtteil Mecidiyeköy in Istanbul mit ihrem privaten Geld ein Ausbildungszentrum für psychoanalytische Psychotherapie mit dem Namen MEPEV (Murat Şefik Etaner Psikoterapi Eğitim Vakfı), das sie ihrem verstorbenen Sohn widmete:

Ulviye Etaner: »Dort trafen wir uns abends zwischen 18.00 und 21.00 Uhr. Ich sagte den Assistenten: ›Esst nichts, hier haben wir Brot und Weißkäse.‹ Ich hatte eine Hilfsdame angestellt, die uns Simit und Çay [Sesamringe und türkischen Schwarztee] servierte und so für das leibliche Wohl gesorgt war. Meine 25 Analysen aus Deutschland, die ich damals protokolliert hatte, stellte ich vor und erklärte ihnen, auf welche Punkte sie in der psychoanalytischen Arbeit besonders achten mussten. Ich zeigte meinen Assistenten auch, in welchen Bereichen die Kontrollanalytiker meine Analysen kritisiert hatten, und stellte mich und meine Arbeit ganz offen dar, um ihnen die Psychoanalyse richtig zu vermitteln« (Interview am 4.5.09, Istanbul).

Ulviye Etaner ließ ihre AssistentInnen und AnalysandInnen Sigmund Freuds Werke lesen und nach Abschluss eines Themas fragte sie, ob sie das neu erlernte psychoanalytische Konzept mit einem türkischen Sprichwort benennen konnten, da sie der Ansicht war, dass türkische Sprichwörter reich an psychoanalytischem Inhalt waren. »Anam avradım olsun« (Meine Mutter soll mir zum Weib werden) sei beispielsweise ein Spruch, den türkische Männer beim Schwören aussprechen und der auf den Ödipuskomplex in der türkischen Kultur anspielt.

Die theoretischen Inhalte der Seminare des MEPEV veröffentlichte Etaner mit ihren AnalysandInnen als Buch mit dem Titel *Psikanalitik Kurama Giriş* (Einführung in die psychoanalytische Theorie) (Etaner et al. 2000 [1997]). Darin wurden neben einer kurzen geschichtlichen Entwicklung der Psychoanalyse zu Freuds Lebzeiten auch das Unbewusste, die Triebe und die infantile Sexualität, die Entwicklung des Ichs, der Narzissmus und die Objektbeziehungstheorien, der Ödipuskomplex und die Entwicklung des Über-Ichs, die Hemmungen, Symptome und Ängste, die Abwehrmechanismen und schließlich die Psychopathologie didaktisch dargestellt.

Etaner wurde ihrer Ansicht nach in ihrer beruflichen Laufbahn in der Türkei von vielen psychiatrischen und psychologischen Berufspersonen als Rivalin angesehen und daher aus deren Kreisen oft ausgeschlossen. Als Beispiel nannte sie, wie sie bei der Gründung eines psychotherapeutischen Vereins nicht als Mitglied aufgenommen wurde oder wie viele PsychiaterInnen absichtlich PatientInnen nicht zu ihr in Behandlung schickten. Auch an der Universität musste sie Ausschlüsse hinnehmen und erlebte, wie sich ehemalige AssistentInnen von ihr abwandten. Vor ihrer Emeritierung war es ihr auch nicht erlaubt, eine psychotherapeutische Einrichtung an der Çapa Klinik zu öffnen.

Da meine Interviewpartnerin Erfahrungen sowohl mit deutschen als auch mit türkischen PatientInnen besitzt, schien mir die Frage nach der Differenz in der psychoanalytischen Arbeit sehr interessant zu sein:

Ulviye Etaner: »Es gibt einen Unterschied in der Disziplin. Wir sind kein Volk, das zur Disziplin neigt. In diesem Punkt habe ich Probleme gehabt, aber besondere Schwierigkeiten in der Analyse hatte ich keine, da ich meine Patienten ausgewählt habe. Ich hatte beispielsweise in keinster Weise Volksschulabgänger in die Analyse genommen. Diese behandelte ich wie eine Ärztin, nicht wie eine Analytikerin. Ich fokussierte und beleuchtete deren Probleme und wenn es nötig war, habe ich ihnen Medikamente verabreicht. Universitätsabsolventen oder Personen mit Gymnasialausbildung, die intellektuell waren, verstanden, was sie sagten und sich selber darstellen konnten, nahm ich in Analyse« (Interview am 4.5.09, Istanbul).

Ein weitverbreiteter Charakterzug der türkischen Bevölkerung, nicht nach exakten Zeiteinheiten zu leben, übertrug sich auch auf ihre psychoanalytische Arbeit. Da aber gerade in diesem Bereich bis auf die Minuten genau gearbeitet wird, waren Schwierigkeiten in dieser Hinsicht vorprogrammiert. Sie musste ihren PatientInnen die genaue Einhaltung der Zeiten erklären und sie für diese Art von psychoanalytischer Arbeit sensibilisieren. Die Notwendigkeit, Stunden bei Krankheit oder anderen Verhinderungen rechtzeitig abzusagen, war ebenfalls eine wichtige Angelegenheit, die sie ihren PatientInnen näherbringen musste. Eine weitere Schwierigkeit bereitete ihr das Gemeinschaftsdenken in der türkischen Kultur. Daher konnte es öfters vorkommen, dass sich Angehörige ihrer PatientInnen bei ihr meldeten und sich über den Gang der Behandlung erkundigen wollten. Nach der Bitte um einige klinische Beispiele erzählte Etaner Begebenheiten aus ihrer reichen Erfahrung:

Ulviye Etaner: »Ein Mann kam die ganze Zeit [in meine Praxis]. ›Tut mir leid, aber mit Ihnen kann ich nicht über Ihre Frau [ihre Patientin] sprechen‹, sagte ich. ›Was soll das bitte? Ich zahle die Stunden meiner Frau!‹, sagte er zu mir. ›Wer das Honorar ihrer Frau zahlt, interessiert mich nicht. Wenn Sie wollen, kommen Sie in die Therapie und wir arbeiten zu Dritt. Aber über Ihre Frau rede ich nicht mit Ihnen.‹ Das konnte ich den Leuten kaum beibringen, da hatte ich meine Schwierigkeiten. Und zweitens: ›Wenn Sie in die Sitzungen nicht kommen, müssen Sie trotzdem zahlen, denn ich kann in der Zeit keinen weiteren Patienten aufnehmen. Ich habe diese Zeit für Sie bereitgestellt, wenn Sie nicht kommen, müssen Sie zahlen.‹ ›Ach, kann einem mal nichts dazwischen kommen?‹ ›Ja, aber Sie müssen mir das mitteilen, wenn Sie krank sind oder was dazwischen kommt. Ein Telefonat an meine Sekretärin genügt, dann ist die Sache erledigt.‹ Da waren die Türken sehr undiszipliniert« (Interview am 4.5.09, Istanbul).

Auch die Arbeit mit Kindern und ihren Familien konnte von Schwierigkeiten begleitet sein, da meistens die Eltern mit der psychoanalytischen Psychotherapie nicht vertraut waren und wenig Verständnis für die Regeln eines analytischen Settings sowie für die Kosten der Behandlung aufbringen konnten:

Ulviye Etaner: »Wir verwendeten den Sceno-Test an Kindern, um einerseits den Verlauf der Behandlung zu erkennen und andererseits Erkenntnis über die psychische Struktur des Kindes zu gewinnen. Im Sceno-Test gibt es eine Hundefigur mit gekräuseltem Fell, die einmal ein Kind an sich genommen hatte. Ich sagte der Mutter: ›Sagen Sie Ihrem Kind, es soll den Hund da lassen, das ist ein Testmaterial, wenn eine Figur im Test fehlt, werde ich Schwierigkeiten in der Deutung haben.‹ Achten Sie nun bitte auf ihre

Reaktion: >Mein lieber Sohn, gib' ihr halt den Hund zurück, sie schenkt ihn dir nicht.< [...] Ich wusste, dass ich in der Therapie mit einem Kind nicht so umgehen durfte, aber ich war sehr hilflos. So habe ich die Faust des Kindes mit Druck geöffnet und nachdem ich den Hund befreit hatte, schrie ich zu meiner Sekretärin: >Frau Nermin, geben Sie bitte dieser Dame keine weiteren Termine mehr!< Die Mutter sagte zu mir: >Lassen Sie doch diese Starrköpfigkeit, was dieser Hund da kostet, lassen Sie mich das zahlen.< Ich sagte: >Es gibt auf der Welt Dinge, die man nicht kaufen kann. Lernen Sie das und wenn Sie es noch schaffen, bringen Sie es Ihrem Kind bei, da es diese Belehrung später brauchen wird. Diese Dinge kann man mit Geld nicht kaufen, sondern arbeitet damit mit Leuten, die davon auch was verstehen. Deswegen nehme ich kein Geld dafür und werde Ihrem Kind den Hund auch nicht geben!< Solche Dinge passierten oft. Beispielsweise sollte ich mit der Mutter eines Kindes über Erziehungsmethoden sprechen, aber sie war irgendwo auf einer Party und schickte ihr Kind mit dem Türsteher [Manche wohlhabende Appartements in der Türkei haben Türsteher] zu mir. Oder eine tragikomische Sache: Ein Universitätsprofessor fragte seine Frau: >Was macht denn die Frau Doktor mit dem Kind?< >Sie spielt mit ihm<, antwortete sie. Was sollte ich denn sonst mit einem sechsjährigen Kind machen? Ich spielte mit dem Kind, deutete das Spiel und beobachtete sein Verhalten. Da habe er zu seiner Frau gesagt: >Ich werde nicht für ein Spiel so viel zahlen und schicke das Kind nächste Woche nicht mehr hin. Brich dir ein Bein, hock' daheim und spiel' du mit deinem Kind!< (lächelt). Die Mutter war auch Universitätsabsolventin und erzählte mir darüber mit ein bisschen Spaß und ein bisschen Ernst. Man sah die Psychoanalyse als zu zeitaufwendig und kostspielig an. Heute werden Psychotherapien besser verstanden. In meiner Zeit waren das sehr neue Dinge, ca. vor 38 Jahren« (Interview am 4.5.09, Istanbul).

Etaner arbeitete bis zu ihrer Emeritierung im Jahr 1996 in der kinderpsychiatrischen Abteilung der Medizinischen Çapa Fakultät der Istanbul Universität. Sie erachtet die heute aktive psychoanalytische Community in der Türkei nicht als seriös genug und bezeichnet die Pendelanalysen türkischer PsychoanalytikerInnen der zweiten Generation als eine »Maskerade« (Interview am 4.5.09, Istanbul). Weder AusbildungskandidatInnen noch die Menschen des Ausbildungslandes könnten einander durch eine kurzweilige Pendelanalyse tiefergehend begreifen, wodurch die Übertragung der Psychoanalyse von einer Kultur in die andere nicht gründlich geschehen könne. Ihrer Ansicht nach müssen AusbildungskandidatInnen während ihrer psychoanalytischen Ausbildung

159

im Ausbildungsland leben, um am Alltag der neuen Kultur teilzunehmen und somit die Psychoanalyse »von innen« (Interview am 4.5.09, Istanbul) kennen zu lernen.

Aufgrund ihrer gesundheitlichen Beschwerden nimmt Ulviye Etaner seit zwei Jahren nicht mehr an den Besprechungen des MEPEV teil. Heute wird ihr ehemaliges Ausbildungszentrum von der ersten türkischen Study Group der IPA als Seminar- und Veranstaltungsort benutzt.

Celal Odağ

Celal Odağ wurde am 9. Mai 1931 in Buca, einem Bezirk von Izmir, als jüngstes Kind einer achtköpfigen Familie geboren, die im Zuge des Vertrages von Lausanne[124] als sogenannte »Mübadil« (wörtl. die Ausgetauschten) zur Auswanderung von Kreta nach Izmir gezwungen wurde. Seine Eltern waren Analphabeten und mussten mit ihren Kindern das Leben unter sehr ärmlichen Bedingungen bestreiten. Trotz oder gerade wegen der schwierigen sozialen Lage seiner Familie, entschied sich Odağ für das Studium der Medizin, das er 1957 an der Medizinischen Fakultät der Ankara Universität abschloss.

Abb. 35: Celal Odağ

Im Jahre 1963 beendete er dort auch seine psychiatrische Facharztausbildung. Auf meine Frage, ob er während seiner Universitätsjahre in Ankara einen Lehrer hatte, der ihm die Psychoanalyse näherbrachte, antwortete Odağ folgendermaßen:

---

124 Im Vertrag von Lausanne, der am 24. Juli 1923 im Schloss Ouchy in der Schweiz abgeschlossen wurde, konnte die Türkei, die aus dem griechisch-türkischen Krieg von 1922 als Sieger hervorgetreten war, einige Bestimmungen des vorherigen Vertrags von Sèvres ihren eigenen Plänen nach ändern lassen. Aufgrund des Bevölkerungsaustausches, der im neuen Vertrag beschlossen wurde, mussten die in Kleinasien ansässigen griechisch-orthodoxen Staatsangehörigen nach Griechenland auswandern. Vice versa mussten die in Griechenland wohnhaften, türkisch-muslimischen Staatsangehörigen in die Türkei emigrieren.

Celal Odağ: »Damals hatte ich sehr viel gelesen. Beispielsweise hatte mich ein Buch von Albert Schweitzer sehr beeindruckt. Ich las also sehr viele Bücher und irgendwann stieß ich an die Grenzen. Ich begriff, dass ich aus türkischen Büchern nicht mehr weiterlernen konnte. Da habe ich gemerkt, dass ich ins Ausland gehen und eine Fremdsprache erlernen musste. Während ich mit diesen Gedanken beschäftigt war, kam ein Oberassistent aus Amerika, Orhan Öztürk, der Schüler von Erik Erikson war, an unsere Universität. Er konnte fließend Englisch sprechen. Die anderen

Abb. 36: Celal Odağ zu Beginn seines Medizinstudiums

Professoren konnten mir nicht das geben, was ich brauchte, und so haben wir uns um Herrn Öztürk gesammelt. Er ist ein sehr kultivierter, eleganter Mann und die Nummer eins auf dem Gebiet der dynamischen Psychiatrie[125]. Sein bekanntestes Psychiatriebuch [Öztürk 2008] in der Türkei hat heuer die elfte Auflage erreicht. Das Interesse für die Psychoanalyse hatte sich bei mir während jener Zeit [Ende 1950 und Beginn 1960] entwickelt« (Interview am 20. u. 22.9.08, Izmir).

Orhan Öztürk, der bekannteste dynamische Psychiater der Türkei, wurde 1926 in Tarsus geboren, wo er auch das Amerikanische Tarsus Kollegium absolviert hatte. An der Istanbul Universität beendete er sein Medizinstudium und spezialisierte sich in den USA in Psychiatrie und psychoanalytischer Psychotherapie. Er wurde Schüler Erik Eriksons und arbeitete im psychoanalytisch orientierten Austen Riggs Center in Stockbridge, Massachusetts. In der Türkei lehrte er lange Jahre an der Medizinischen Fakultät der Ankara Universität sowie an der ODTÜ (Technische Universität des Mittleren Ostens). Orhan Öztürk gründete zusam-

---

125 Die *Dynamische Psychiatrie*, bei der psychoanalytische Theorien in psychiatrische Diagnostik und Behandlung integriert werden, wurde in den USA erstmals durch den emigrierten Schweizer Psychiater Adolf Meyer (1866–1950) am Anfang des 20. Jahrhunderts geprägt und durch seine SchülerInnen weiterentwickelt.

men mit Leyla Zileli[126] die psychiatrische Klinik der Medizinischen Fakultät der Hacetepe Universität.[127]

Als Orhan Öztürk Anfang der 1960er Jahre in die Heimat zurückgekehrt war und die jungen psychiatrischen AssistentInnen aus Ankara durch sein psychoanalytisches Wissen und seine kultivierte Art inspiriert hatte, wurde Odağs Wunsch, ins Ausland zu migrieren, immer dringlicher. Vor allem die unzureichenden Möglichkeiten in der Türkei, sich in Psychiatrie, Psychotherapie oder gar in Psychoanalyse theoretisch zu spezialisieren, stärkten sein Vorhaben zur Emigration:

Celal Odağ: »Wie gesagt, merkte ich, dass ich in der Türkei gar nichts mehr lernen konnte. Einige psychoanalytische Bücher und Artikel hatte ich schon gelesen, aber dachte mir: ›Wenn ich in der Türkei bleibe, dann stagniere ich, ja dann regrediere ich, ja dann riskiere ich sogar meine [psychische] Gesundheit!‹ So schien für mich die Emigration eine Befreiung zu sein und zwar eine solche Befreiung, die ich zu machen hatte! Für mich gab es keine Alternative. Ich musste ins Ausland! Es gab damals zwei Möglichkeiten, die eine war nach Amerika und die andere nach Deutschland auszuwandern. Für mich schien es irgendwie leichter, nach Deutschland aufzubrechen. Heute würde ich nach Amerika gehen, aber damals bin ich eben nach Deutschland emigriert. Nachdem ich die letzte Prüfung meiner Facharztausbildung abgelegt hatte, ging ich 1963 [mit der Familie] nach Deutschland und wollte dort unter allen Bedingungen eine psychoanalytische Ausbildung absolvieren, ein Psychotherapeut werden und die dynamische Psychiatrie besser verstehen.

---

126 Für nähere biografische Angaben zu Leyla Zileli siehe die Kurzbiografie von Elif Ülkü Gürışık.

127 Für nähere biografische Angaben zu Orhan Öztürk siehe unter anderem URL: http://www.biltek.tubitak.gov.tr/bilgipaket/biliminsanlari/turkbilimadami/S-361-74.pdf (Stand: 10.06.2012). Auswahl aus seiner Bibliografie: Öztürk, Orhan M. (1998): Psikanaliz ve Psikoterapi. Ankara (Bilimsel Tıp Yayınevi); Ders. (1964): Folk treatment of mental illness in Turkey. In: Kiev, Arı (Hg.): Magic, Faith and Healing. New York (The Free Press of Glencoe, A Division of MacMillan), S. 343–363; Ders. (1973): Ritual circumcision and castration anxiety. Psychiatry. Journal of Interpersonal Relations 36, S. 49–60; Ders. (1977): Turkey: Psychiatry. In: Wolman, Benjamin B. (Hg.): International encyclopedia of psychiatry, psychology, psychoanalysis and neurology. New York (Aesculapius Publishers), S. 288–292; Ders. (1981): Pathological binding communications between family members. Mediterranean Journal of Social Psychiatry 2 (1), S. 42–47; Ders. (1978): Psychotherapy under option-limited conditions: A psychotherapeutic work with a Turkish youth. American Journal of Psychotherapy 32 (3), S. 307–319; Ders. (1998): Sosyal psikiyatri. Cumhuriyet Döneminde Türkiye'de Bilim. Sosyal Bilimler-II. Ankara (Türkiye Bilimler Akademisi Yayını), S 55–76; Öztürk, Orhan M. & Volkan, Vamık D. (1971): The theory and practice of psychiatry in Turkey. American Journal of Psychotherapy 25 (2), S. 240–271; Öztürk, Mualla & Öztürk, Orhan M. (1977): Thumbsucking and falling asleep. British Journal of Medical Psychology 50(1), S. 95–103.

Das alles waren meine Ziele, aber ich konnte die Sprache nicht« (Interview am 20. u. 22.9.08, Izmir).

Obwohl Odağ schon in der Türkei die deutsche Sprache zu lernen begann, reichten seine Kenntnisse anfangs für eine reibungslose Kommunikation in Deutschland kaum aus. Zunächst fand er in einem städtischen Krankenhaus in Göttingen eine Arbeitsstelle. Dort war er dreieinhalb Jahre als Stationsarzt tätig und verbesserte seine Sprachkenntnisse, indem er »Tag und Nacht« (Interview am 20. u. 22.9.08, Izmir) Deutsch lernte:

Celal Odağ: »Ich hatte meinen Doktortitel als eine Art SCHUTZMANTEL und daher war man mir gegenüber respektvoll. Auf der Straße war ich aber ein Türke wie jeder andere auch und habe ein Migrantenleben geführt. Vielfach wurden die Gastarbeiter von den Deutschen benachteiligt, aber oftmals war es auch deren eigener Argwohn und Empfindlichkeit. [...] In der Arbeit untersuchte ich meine [deutschen] Patienten und protokollierte alles auf Deutsch, damit ich danach meine Notizen durchgehen konnte. Einmal saß ein Patient direkt neben mir und ich notierte seine Beschwerden. Da sagte er: ›Das hier schreiben Sie aber falsch!‹« (Interview am 20. u. 22.9.08, Izmir).

Nachdem Odağ sprachlich auf einem besseren Niveau war und sich dadurch auch sein Selbstvertrauen steigerte, begann er 1968 seine psychoanalytische Ausbildung am Institut für Psychoanalyse und Psychotherapie Göttingen, welches 1954 von Gottfried Kühnel, Werner Schwidder, Franz Heigel, Elli Achelis und Margarete Seiff gegründet worden war. Im Jahre 1994 haben sich die PsychoanalytikerInnen des Instituts entschieden, es zu Ehren der ersten Göttinger Psychoanalytikerin als »Lou Andreas-Salomé-Institut für Psychoanalyse und Psychotherapie« zu bezeichnen.[128]

Da es damals laut Odağ am Institut Usus war, die Lehranalyse bei zwei PsychoanalytikerInnen zu durchlaufen, war er sowohl bei Annelise Heigl-Evers als auch bei Johann Zauner in Lehranalyse. Heigl-Evers studierte in den Jahren von 1938 bis 1944 zuerst Kunstgeschichte und Germanistik, dann Medizin an verschiedenen deutschen Universitäten, unter anderem auch in Göttingen. Sie arbeitete viele Jahre am Niedersächsischen Landeskrankenhaus Tiefenbrunn, leitete in den 1970er Jahren eine Forschungsstelle für Gruppenprozesse an der Universität Göttingen, war zudem Gründerin und Mitherausgeberin der Zeit-

---

128 Die Angaben zum Institut sind der offiziellen Homepage entnommen. URL: http://www.las-institut.de/s1.htm (Stand: 10.06.2012).

schrift *Gruppenpsychotherapie und Gruppendynamik* und beeinflusste gemeinsam
mit ihrem Mann Franz Heigl durch ihr »Göttinger Modell« die Entwicklung der
Gruppenpsychotherapie in Deutschland zusehends. Mit dieser Methode wurden
besonders PatientInnen mit schweren Persönlichkeitsstörungen im Rahmen von
Gruppendynamik und Beziehungsgestaltung behandelt. Zauner (vgl. 1976) wirkte
ebenfalls in der gruppenanalytischen Forschungs- und Behandlungstradition des
psychoanalytischen Instituts in Göttingen mit (vgl. Gfäller 2002; Heigl-Evers/
Heigl 1978; König 2008).

Vonseiten seiner LehranalytikerInnen oder AusbildungskollegInnen hatte Odağ
niemals Bedenken wegen seiner kulturellen und religiösen Herkunft gespürt. Ganz
im Gegenteil hatte das psychoanalytische Institut ein ausgesprochen gutes Bild von
ihm, da er trotz seiner fremden Kultur schon sehr viel theoretisches Wissen über
Sigmund Freud und die Psychoanalyse besaß, und so erhielt er von allen Mitgliedern des Instituts größtmögliche Unterstützung. Dazu kam, dass in den 1960er
Jahren die Zahl der AusbildungskandidatInnen in Deutschland sehr niedrig war,
sodass alle BewerberInnen wie beispielsweise auch LehrerInnen, TheologInnen
und SoziologInnen in die psychoanalytische Ausbildung aufgenommen wurden.
Nach Ansicht Odağs kamen die Bedenken eher von seiner Seite, da er das Gefühl
hatte, die Deutschen würden ihn herabwürdigen, und so lebte er die ersten zehn
Jahre in Deutschland in diesem Glauben, bis er merkte, dass eigentlich er selbst die
Deutschen abwertete. Mit den Jahren klangen aber seine Ängste und Projektionen
auch aufgrund der Verbesserung seiner Sprachkenntnisse und der Gewöhnung
an die deutsche Kultur ab. Nach sechs Jahren psychoanalytischer Ausbildung
wurde er 1973 Psychoanalytiker und Mitglied der Deutschen Psychoanalytischen
Gesellschaft:

Celal Odağ: »Ich hatte alles, was ich lernen wollte, gelernt. Es war für mich
sehr wichtig, aus fremdsprachigen Büchern etwas zu lernen, das hatte ich
geschafft. Ich konnte nun deutsche Bücher lesen. Mein größter Wunsch war
es, Sigmund Freud in seiner Muttersprache zu lesen, das konnte ich nun tun.
Ich las seine Werke und begann auch Vorlesungen auf Deutsch zu halten«
(Interview am 20. u. 22.9.08, Izmir).

Im Jahr nach Absolvierung seiner psychoanalytischen Ausbildung kehrte er mit
seiner Familie wieder in die Türkei zurück und hegte den Wunsch, die Psychoanalyse in der Türkei zu etablieren. Aus heutiger Sicht hält Odağ diese Entscheidung
für falsch, da er sich in der Türkei mit einer ähnlich kargen Situation konfrontiert
sah wie schon vor seiner Emigration zehn Jahre zuvor. Seiner Ansicht nach gab es
in den 1970er Jahren keine ökonomische und gesellschaftspolitische Grundbasis,
von der ausgehend er die Psychoanalyse in der Türkei hätte institutionalisieren

können. Da er in der Region an der kleinasiatischen Küste auch der einzige Psychoanalytiker war und daher der Austausch mit einer psychoanalytischen Community fehlte, konnte er sich nach seiner ersten Remigration in seiner Heimat beruflich nicht weiterentwickeln.

Dennoch blieb er fast vier Jahre lang in der Türkei und habilitierte sich an der Ankara Universität mit einer Arbeit über die psychische Gesundheitsförderung von Jugendlichen aus der Sicht der Psychotherapie, Medizin, Sozialarbeit, Bildung, Musiktherapie und des Sports. In dieser Zeit hatte er an der Ankara Universität zahlreiche Lehraufträge durchgeführt und lernte auch Vamık D. Volkan kennen, der 1974 auch als fertiger Psychoanalytiker ein Sabbaticaljahr in der Türkei verbrachte. Zudem pflegten die beiden Männer Kontakt zu Orhan Öztürk und ihre enge Freundschaft hält bis heute an.

Während seiner Jahre in Ankara schlug ihm ein Kollege aus Deutschland vor, gemeinsam das psychosomatische Institut der Heinrich Heine Universität in Düsseldorf aufzubauen. Somit entschied sich Odağ mit seiner Familie Ende der 1970er Jahre zum zweiten Mal zur Emigration nach Deutschland. Neben der Gründung der psychosomatischen Abteilung war er auch am Aufbau des Instituts für Psychoanalyse und Psychotherapie Düsseldorf beteiligt, das 1981 durch die Leitung von Annelise Heigl-Evers, welche schon 1977 als Professorin auf den Lehrstuhl für Psychotherapie und Psychosomatik an die Universität Düsseldorf kam, von insgesamt sieben PsychoanalytikerInnen ins Leben gerufen wurde.

Odağs Aufgabe am Institut bestand vor allem darin, StudentInnen zu unterrichten, AusbildungskandidatInnen zu analysieren und zu supervidieren. Gemeinsam entwickelten die GründerInnen des psychoanalytischen Instituts in Düsseldorf das Konzept der »psychoanalytisch-interaktionellen Methode« (vgl. Heigl-Evers/Ott 2002; Streek/Leichsenring 2009; Streek 2007), bei der es sich um ein psychodynamisches Verfahren zur Behandlung von persönlichkeitsgestörten PatientInnen, insbesondere von Personen mit Borderline-Störungen, handelt. Das aktive Vorgehen der TherapeutInnen, die Verwendung von Klärungen und Konfrontationen, die größere Beachtung des Behandlungsrahmens sowie die Arbeit »im Hier und Jetzt« (Damman 2004, S. 315) stellen nach Damman in dieser Methode grundlegende Techniken dar.

Celal Odağ: »Am Institut arbeitete ich sehr lange Jahre. Wir hatten auch eine Tagesklinik eröffnet und unser erstes Buch [Odağ et al. 1986] veröffentlicht. Die Arbeit lief ganz gut und ich war sehr zufrieden mit dem Gang der Dinge. Ab 1984 begann ich vom Auditorium für meine Vorträge Applaus zu bekommen. [...] Ich liebe es, Vorlesungen und Seminare zu halten. [...] Was ich erzählte, gefiel den Menschen, und es machte mich auch sehr stolz, an einer fremden Universität zu unterrichten. Mit diesem Stolz habe ich etliche

Jahre gelebt. Ich bekam immer Applaus. Eines Tages (betont), ... ich kann mich sehr gut daran erinnern, bekam ich in einer Vorlesung wieder Applaus und ... für mich hatte dieser Applaus gar keinen Wert mehr (leise). Ich sagte, oder eine innere Stimme sagte mir: ›Wieso gehst du nicht in deine Heimat zurück und machst all diese Sachen dort? Hier machst du es ja schon und hast auch großen Erfolg gehabt. Du hast gelernt, was du lernen wolltest, und jetzt lehrst du es auch anderen Menschen. Wieso kehrst du nicht zurück?‹ Diese Frage begann an mir zu nagen. Dann, 1994, kehrte ich nach Izmir zurück, aber verließ Deutschland nicht für immer« (Interview am 20. u. 22.9.08, Izmir).

Diese zweite Remigrationsabsicht war auch von einem seiner wichtigsten Vorbilder, Albert Schweitzer, der zeitlebens viele Hilfsprojekte in Afrika durchgeführt hatte, stark beeinflusst. Odağs Wunsch, die Entwicklung der Psychoanalyse in der Türkei zu unterstützen, musste sehr stark gewesen sein, da er mit 63 Jahren ein immens aufwendiges Projekt, den Aufbau einer psychoanalytisch-psychotherapeutischen Ausbildungsstätte, der *Halime Odağ Stiftung für Psychoanalyse und Psychotherapie*, mit großer Leidenschaft ins Leben rief. Dafür wählte er einen Ort und einen Namen, die sehr eng mit seinen Wurzeln in Verbindung stehen. Izmir, seine Heimatstadt, wurde zur Hauptstadt der Psychoanalyse in der Ägäis-Region und als Bezeichnung für seine Stiftung wählte er den Namen seiner Mutter Halime.[129]

Aufgrund der gesellschaftlichen Öffnung der Türkei im Zuge der EU-Beitrittsverhandlungen und der daraus resultierenden Modernisierungsbestrebungen war auch die Nachfrage nach der Psychoanalyse in diesem Land in den 1990er Jahren erwacht. Viele psychoanalytisch interessierte PsychiaterInnen und PsychologInnen, die vor allem aus den psychiatrischen Universitätskliniken in Izmir und Manisa[130]

---

129 Seine Tochter Ilgın Odağ hat eine ähnliche Berufsrichtung wie Celal Odağ eingeschlagen. Sie arbeitet heute als Sozialpädagogin und Kinder- und Jugendpsychotherapeutin in Deutschland.

130 Noch bevor ich Herrn Celal Odağ erstmals zu sehen bekam, empfand ich zu ihm eine besondere Nähe, die ich mir erst viel später erklären konnte. Zunächst dachte ich mir, dass es wahrscheinlich nur die gemeinsam gesprochene deutsche Sprache und die Erfahrungen eines Migrantenlebens sein müssten, die bei mir solch innige Gefühle hochkommen ließen. Mit der Zeit begann ich zu ahnen, was es war, das mich so vertraut stimmte: Es war das Gefühl, sein »hemşehri« zu sein. Im Wörterbuch fand ich für diesen Ausdruck die Übersetzungen »Landsmann, Mitbürger und Ehrenbürger«, die aber keinesfalls die Konnotation eines hemşehri wiedergeben konnten und meiner Ansicht nach auch nicht ganz richtig waren. In hemşehri steckt nämlich das Wort »şehir« – die Stadt – und Izmir, die Heimatstadt von Herrn Odağ, ist die Nachbarstadt von Manisa, der Heimatstadt meiner

stammten, sammelten sich diesmal um Odağ, mit welchen er psychoanalytisch-psychotherapeutische Gruppenselbsterfahrungsseminare zunächst in den Räumen der gäis-Universität (Ege Üniversitesi) in Izmir organisierte und leitete:

Celal Odağ: »Ich wollte hier dann mit der Gründung einer Ausbildungsstätte beginnen und fragte meine Assistenten, was wir zunächst bräuchten. Sie sagten: ›Wir brauchen als Allererstes ein Gebäude, dann brauchen wir Bücher. Wir brauchen Seminare und wir brauchen die Möglichkeit einer Analyse. Die fremdsprachigen Bücher, die wir lesen müssten, können wir nicht richtig verstehen, daher müssen diese übersetzt werden. Die Psychoanalyse müssen wir auch in der lokalen Bevölkerung bekannt machen und daher brauchen wir Konferenzen. Buca ist eine Universitätsstadt und daher können wir mit unseren Konferenzen auch die Studenten erreichen‹« (Interview am 20. u. 22.9.08, Izmir).

Odağ schildert, wie er auf eigene Faust, mit eigenen finanziellen Mitteln zuerst das Grundstück gekauft hat, anschließend die Stiftung mit Praxiszimmern und Seminarräumen am 27. August 1997 gründete und im Jahre 2005 den Kongresssaal errichten ließ. Viele Versprechungen über finanzielle Hilfen von öffentlicher Hand wurden dabei nicht eingehalten. Hilfe kam jedoch in einer anderen Form, durch die unermüdliche Mitarbeit von ausländischen PsychoanalytikerInnen, besonders von Norbert Hartkamp[131], die zu Seminaren, Vorträgen und Gruppen- sowie Einzelsupervisionen nach Izmir kamen. Weitere PsychoanalytikerInnen, die in der Ausbildung der Halime Odağ Stiftung tätig waren bzw. sind, werden auf ihrer Homepage angeführt.[132]

Eltern. In der Türkei mag dieses »Hemşehri-Sein« vielleicht keine so große Rolle spielen, aber unter MigrantInnen, vor allem unter jenen der ersten Generation, erzeugt diese Tatsache ein derart inniges Gefühl der Verbundenheit. Da ich aber ein österreichisch-türkisches Emigrantenkind der zweiten Generation bin, glaubte ich bis dahin, diesem Gefühl sehr fern zu sein. Doch wie sich herausstellte, hatte es sich unbewusst schon länger in meiner Wahrnehmung breitgemacht.

131 Norbert Hartkamp ist Facharzt für Psychosomatische Medizin und Psychotherapie, Psychoanalytiker und Gruppenanalytiker (DPG, DGPT, DAGG), Chefarzt der Klinik für Psychosomatische Medizin und Psychotherapie des Stiftungsklinikum Mittelrhein, Mitbegründer des Instituts für Psychoanalyse und Psychotherapie Düsseldorf und Vorstandsmitglied der Deutsch-Türkischen Gesellschaft für Psychiatrie, Psychotherapie und Psychosoziale Gesundheit e. V. (DTGPP). Für mehr Informationen zu seiner Person siehe URL: http://www.hartkamp.me/hartkamp/index.de.htm (Stand: 10.06.2012).

132 Krause Rainer von der Universität des Saarlandes/Saarbrücken, Yeşim Erim von der Essen-Duisburg-Universität/Essen, Vamık D. Volkan von der Virginia Universität/Charlottesville, Klaus W. Bilitza vom Institut für Psychoanalyse und Psychotherapie Düsseldorf, Mathias Hirsch vom Institut für Psychoanalyse und Psychotherapie Düsseldorf, Maurice Apprey

Seit dem Jahr 1999 finden die jährlichen Kongresse *Psikanaliz ve Psikoterapi Günleri Izmir* (Psychoanalyse- und Psychotherapie-Tage Izmir) immer im September statt.[133] Zudem erachten Odağ und sein Team die Verbindung zur lokalen Bevölkerung für sehr wichtig und organisieren deshalb auch unentgeltliche Volkskonferenzen (halk konferansları) und Filmvorführungen (Psikanaliz ve Sinema). Genauso befindet Odağ die Übersetzung von international herausragenden, psychoanalytischen Büchern ins Türkische als eine der Hauptaufgaben der Stiftung, wofür ein ÜbersetzerInnenteam zusammengestellt wurde.[134]

Da wissenschaftliches Arbeiten eine der Leidenschaften Odağs ist, schrieb er ne-

---

von der Virginia Universität/Charlottesville, David Sachs vom Psychoanalytic Center Philadelphia PA, Salman Akhtar vom Jefferson Medical College, Rafael Moses vom Israel Institut für Psychoanalyse/Tel Aviv, seine Frau Rena Moses-Hrushoyski vom Israel Institut für Psychoanalyse/Tel Aviv und Anton Obholzer von der Tavistock & Portman Klinik. URL: http://www.halimeodagvakfi.com/08_hakkimizda.html (Stand: 10.06.2012).

133 Die Themen der Kongresse: 1999 »Psikopatoloji ve Teknik« (Psychopathologie und Technik); 2000 »İncinme, Öfke, Affetme ve Örselenme: Kavramdan Terapiye« (Kränkung, Zorn, Verzeihung und Schädigung: Von Theorie zur Therapie); 2001 »Çocuk Gelişimi ve Erişkin Psikopatolojisi« (Die Entwicklung des Kindes und die Erwachsenenpsychopathologie); 2002 »Süperego Gelişimi ve Psikopatolojisi« (Die Entwicklung und Psychopathologie des Über-Ichs); 2003 »Preödipalden Ödipale Nevrozlara Yeniden Bakış« (Von Präödipalem zu Ödipalem – ein neuer Blick auf die Neurosen); 2004 »Psikanalizde yeni Gelişmeler. Tanıdan Sağaltıma« (Neue Entwicklungen in der Psychoanalyse. Von Diagnostik zur Therapie); 2005 »Ödipal« (Das Ödipale); 2006 »Psikoterapide İyileştirici Etmenler« (Gesundheitsfördernde Faktoren in der Psychotherapie); 2007 »Sadizm-Mazoşizm« (Sadismus – Masochismus); 2008 »Yakın İlişkiler« (Nahe Beziehungen); 2009 »Kimlik« (Identität); 2010 »Özkıyım« (Suizid); 2011 »Dişil-Eril-Kimlik« (Weiblichkeit-Männlichkeit-Identität).

134 Die Buchreihe der Stiftung beinhaltet folgende Werke im Eigenverlag *Halime Odağ Psikanaliz ve Psikoterapi Vakfı Yayınları*, Izmir: Odağ, Celal (1999): Nevrozlar 1 (Neurosen Band 1); Ders. (2008): Nevrozlar 2 (Neurosen Band 2); Ders. (2009): Nevrozlar 3 (Neurosen Band 3); Volkan, Vamık D. & Ast, Gabriele (2007): Özsevinin Dokusu (Spektrum des Narzissmus); Okay, Behzat (2007): Beyin ve Sevgi (Gehirn und Liebe); Volkan, Vamık D. (2007): Psikoterapide Nesne İlişkileri (Übersetzung aus der engl. Ausgabe: Primitive Internalized Object Relations); Odağ, Celal (2008): Özkıyım (Suizid); Eğrilmez, Ayhan & Vahip, Işıl (2008): Psikopatoloji ve Psikanalitik Teknik (Psychopathologie und psychoanalytische Technik); Odağ, Celal (2008): Ergenler. Bizi Örnek Alanlar. Örnek Aldıklarımız (Jugendliche. Die uns als Vorbild nehmen, die unsere Vorbilder sind); Volkan, Vamık D. & Zintl, Elizabeth (2008): Kayıptan sonra yaşam (Wege der Trauer. Leben mit Tod und Verlust); Kernberg, Otto F. (2008): Ağır Kişilik Bozuklukları (Übersetzung aus der engl. Ausgabe: Severe Personality Disorders, Psychotherapeutic Strategies); Akhtar, Salman (2009): Ağır Kişilik Bozukluklarının Tanınması ve Tedavisinde Başvuru Kitabı (Übersetzung aus der engl. Ausgabe: A Primer of Understanding and Treating Severe Personality Disorders); Ders. (2010): Göç ve Kimlik (Immigration und Identität). Bücher in Erscheinung: Kogan, Ilany: Yas Tutma Çabası (The Struggle Against Mourning); Akhtar, Salman: Dinamik Psikoterapideki Dönüm Noktaları (Turning Points in Dynamic Psychotherapy).

ben seinen Büchern auch zahlreiche psychoanalytische Abhandlungen über Leben und Werk von ausländischen und türkischen AutorInnen wie Yaşar Kemal, Nazım Hikmet, Franz Kafka, Ernest Hemingway, Antoine de Saint-Exupéry u. v. m. Einige seiner wissenschaftlichen Werke sind besonders von Objektbeziehungstheorien Heinz Kohuts, von Konzepten zum Narzissmus Otto Kernbergs, von Babybeobachtungen André Greens und von den Theorien der prägenital-genitalen Phasen Peter Fonagys erheblich beeinflusst.

In der Halime Odağ Stiftung besteht gegenwärtig das Lehrangebot in psychoanalytischer Psychotherapie und psychoanalytischer Gruppentherapie, das Odağ gemäß seiner Ausbildung in Deutschland auf seine Ausbildungsstätte in der Türkei übertrug, nicht aber in klassischer Psychoanalyse. Zum Zeitpunkt der Interviewführung (September 2008) waren dafür die Kapazitäten nicht ausreichend, da Odağ der einzige Lehranalytiker in seiner Stiftung ist. Einige wenige Personen aus seinen psychoanalytisch-psychotherapeutischen Gruppen waren bei ihm in Lehranalyse und haben eine vollständige psychoanalytische Ausbildung nach deutschem Modell absolviert. Die übrigen Personen haben seit der Gründung dieser Stiftung eine vier bis fünf Jahre dauernde psychoanalytisch orientierte psychotherapeutische Ausbildung mit über 300 Gruppentherapiestunden erhalten. Diese frühen GruppenteilnehmerInnen waren damals in Kleingruppen organisiert und werden in der Geschichte dieser Stiftung als die »A-, B-, C-Gruppen« bezeichnet. Sie sind heute bedeutende Fachkräfte in der Ägäis-Region und behandeln ihre PatientInnen nach psychoanalytisch-psychotherapeutischen Methoden. Işıl Vahip und Gülgün Alptekin, die ihre psychoanalytische Ausbildung später im Rahmen der IPA absolviert haben, erzählen über ihre Ausbildungszeit in der Halime Odağ Stiftung Folgendes:[135]

Işıl Vahip: »Herr Odağ hat uns damals immer betonend erklärt, dass wir eine psychotherapeutisch orientierte Psychotherapie-Ausbildung erhalten und keine klassische Psychoanalyse-Ausbildung. Es war für ihn sehr wichtig, dass wir wussten, welche Ausbildung wir erhielten, und so sahen wir uns auch als psychoanalytisch orientierte Psychotherapeuten an. Ich spreche von den Kerngruppen dieser Stiftung, den sogenannten A-, B-, C-Gruppen. Danach wurden noch weitere D-, E-, F-Gruppen organisiert. [...] Durch die Halime Odağ Stiftung haben die Psychoanalyse und die psychoanalytischen Psychotherapien in der Türkei eine große soziale Anerkennung erhalten. Die damaligen Ausbildungskandidaten sind heute Dozenten und Professoren in leitenden Positionen, z. B. in der ›9. September Universität‹, in der ›Ege

---

135 Auf deren psychoanalytischen Ausbildungspfad werde ich in der folgenden Kurzbiografie Vamık D. Volkans näher eingehen.

Universität‹ und in den anliegenden Kliniken. Manche sind im Bereich der Behandlung von Schizophrenen angesehene Wissenschaftler und Kliniker geworden und begnügen sich nicht mit ausschließlich medikamentöser Behandlung. Sie hören den Patienten zu und arbeiten nach psychoanalytisch-psychotherapeutischen Methoden. Das hat uns Herr Odağ beigebracht und aus dem psychoanalytischen Samen, der in die Erde von Izmir gestreut wurde, sind die Früchte entsprungen. Es gibt hier zwar nicht viele klassische Psychoanalytiker mit international anerkannten Diplomen, aber die Verbreitung dieser psychoanalytisch orientierten Psychotherapeuten ist in unserer Region breit angelegt« (Interview am 24.9.10, Izmir).

Gülgün Alptekin: »Etwa im zweiten Jahr meiner psychiatrischen Facharzt-ausbildung an der Ege Universität kam Celal Odağ, ein damals noch in Deutschland lebender Psychoanalytiker, nach Izmir und sammelte um sich eine Gruppe von Interessenten. Danach gründete er eine Stiftung, deren Mitglied auch ich geworden bin. Wir erhielten eine fünfjährige Ausbildung in psychoanalytischer Gruppenpsychotherapie, in der wir selber wie Patienten in Psychotherapie waren und auch die umfassende Theorie dazu erlernten. Gegen Ende dieser Ausbildung kam ein älteres Ehepar, Rene und Rafael Moses, alle drei Monate an einem Wochenende nach Izmir und führte mit uns eine Gruppentherapie durch. Rafael leitete eine eigene zehnköpfige Gruppe und Rene hatte auch eine eigene Gruppe mit gleich vielen Teilnehmern. Sie fokussierten in ihrer Arbeit auf die Gegenübertragungsphänomene und da sich alle Gruppenmitglieder schon seit fünf Jahren kannten, hatten wir intensiv im Hinblick auf die Gegenübertragung gearbeitet, ca. zwei bis drei Jahre lang. Nach dieser Ausbildung und Beendigung meiner Facharztausbildung kam ich dann nach Istanbul« (Interview am 16.11.09, Istanbul).

Odağ ist Mitglied der Deutschen Psychoanalytischen Gesellschaft, die sich nicht an die IPA angeschlossen hat bzw. sich nicht anschließen durfte, und daher stand die Frage der Mitgliedschaft einiger der AnalysandInnen, die durch ihn in klassischer Psychoanalyse ausgebildet wurden, nicht zur Debatte. Da zum Stichdatum 2010 in der Türkei auch kein Psychotherapiegesetz existierte, hat die Ausbildung in seiner Stiftung keinen offiziell gesetzlichen Status. Dieser Umstand werde sich nach Odağs Meinung ändern, wenn in der Türkei ein Psychotherapiegesetz vorhanden sein wird. Erste Verhandlungen dazu laufen gegenwärtig schon.

Für Odağ ist es ein großes Anliegen, dass seine Stiftung nicht an ihn gebunden bleibt, sondern von seinem Team weiterentwickelt und weitergetragen wird. Aus diesem Grund hat er einer Abhängigkeit von seiner Persönlichkeit mit großer

Sorgfalt entgegengewirkt und schätzt den heutigen Stand seiner Stiftung als sehr gut ein. Seiner Ansicht nach ist es sowohl im In- als auch im Ausland äußerst selten, dass ein psychoanalytischer Verein so vielseitige Tätigkeiten wie Ausbildung, Behandlung, Kongresse, Bücher, Filmvorstellungen, Übersetzungen und Weiteres mehr leistet, wie es in seiner Stiftung der Fall ist. Zwar finanziert sich seine Stiftung durch den Verkauf der Bücher und durch die Kongress- und die Ausbildungseinnahmen selbst, doch ökonomische Schwierigkeiten sind nach wie vor vorhanden. Nichtsdestotrotz ist die Qualität der psychoanalytischen Arbeit in seiner Stiftung, die durch die unermüdliche Arbeit seines Teams und die bereitwillige Unterstützung ausländischer PsychoanalytikerInnen gesichert ist, das »A und O« (Interview am 20. u. 22.9.08, Izmir), die einzige Garantie für den Erfolg. Die Unterstützung von ausländischen PsychoanalytikerInnen ist zurzeit reduziert worden, da nun die aus seiner Ausbildungsstätte hervorgegangenen psychoanalytisch orientierten PsychotherapeutInnen, die Odağ als seine »Armee der Freiwilligen« (Interview am 20. u. 22.9.08, Izmir) bezeichnet, den Großteil der Aktivitäten seiner Stiftung in die Hand genommen haben:

Celal Odağ: »Meine gesamten Kräfte habe ich in diese Stiftung investiert und ich will, dass die Psychoanalyse in der Türkei lebt! Das ist für mich sehr wichtig, hier soll die Psychoanalyse leben, und daher arbeite ich in der Türkei und kaum mehr in Deutschland. Dort gibt es sehr viele Psychoanalytiker wie mich. Hier aber habe ich einen besonderen Zweck, eine Pflicht, die ich zu tragen habe!« (Interview am 20. u. 22.9.08, Izmir)

Nach Odağ hat die Psychoanalyse in der ganzen Welt für viele Jahre an Glaubwürdigkeit verloren. Aber seit den 1980er Jahren haben psycho-neuro-biologische Studien, vor allem durch die Arbeiten von Joshua Kendall, Allan Schore und Mark Solms empirisch nachweisen können, dass die Psychoanalyse eine effektive Behandlungsmethode ist und auf PatientInnen einen »reparierenden Einfluss«[136] hat, der quantitativ gemessen werden kann.[137] Seit Veröffentlichung dieser Erkenntnisse zahlen auch die Krankenkassen in Europa die psychoanalytische Psychotherapie. Das fehlende Psychotherapiegesetz in der Türkei wirke sich demnach auf die Krankenkassen aus, die für die Kosten der Psychotherapien nicht aufkommen. Daher befinde sich die Türkei in dieser Hinsicht noch

---

136 Interview mit Celal Odağ am 20. u. 22. September 2008 in Izmir. Im auf Türkisch geführten Interview auf Deutsch gesprochen.

137 Auf dem Gebiet der Neuropsychoanalyse ist in der Türkei vor allem Saffet Murat Tura eine der führenden Persönlichkeiten. Zudem besteht in Istanbul die *Istanbul Neuropsychoanalysis Study Group*, die von Fatma Gökçe Özkarar geleitet wird und an die *International Neuropsychoanalysis Society* gebunden ist.

auf dem Stand der 1960er Jahre Deutschlands. Bei psychischen Leiden konsultiere die Mehrheit der türkischen Bevölkerung noch immer die Praxen der PsychiaterInnen, die vordergründig medikamentöse Behandlungen durchführen. Daneben sieht Odağ auch das kulturelle Verständnis von psychischen Leiden im Sinne einer medizinischen Krankheit und die unzureichende Bekanntheit der Psychoanalyse als eine wesentliche Therapieform bei psychischen Konflikten als Grund für das Aufsuchen von PsychiaterInnen ohne eine psychotherapeutische Ausbildung:

Celal Odağ: »Die Krankenkasse müsste die psychoanalytischen Therapiestunden zahlen. In Deutschland wurde die Psychotherapie auch erst Mitte der 1970er Jahre bezahlt. Es ist aber in der Türkei auch ein kulturelles Problem und noch dazu ein Problem der Ungebildetheit. In der Türkei wird sehr viel über Sigmund Freud gesprochen, aber alles ist der reinste Unsinn, nichts von alledem stimmt. Mythenhafte Vorstellungen herrschen über die Psychoanalyse und Sigmund Freud. Also, fehlendes Wissen über die Psychoanalyse und keine Psychoanalytiker, die die Bevölkerung aufklären. Hier gibt es nun mich und meine Assistenten und die Menschen sehen, dass wir hier seriös arbeiten. [...] Unsere Patienten merken natürlich, dass wir keine Scharlatane sind und ihnen auch nicht sagen: ›Eigentlich wollen Sie mit Ihrer Mutter Geschlechtsverkehr haben.‹ Das ist sowieso etwas, was mich sehr ärgert, weil die Psychoanalyse nicht eine Behandlungsmethode speziell für sexuelle Störungen ist. Der Mensch hat auch nicht nur Konflikte, die einen sexuellen Ursprung haben. Es gibt viel weitreichendere Bedürfnisse des Menschen, wie ernst genommen zu werden, wertgeschätzt zu werden, Freundschaften zu schließen oder die Individualität zu erreichen. Aber einige Menschen hier sehen die Psychoanalyse nur in einem sexuellen Licht« (Interview am 20. u. 22.9.08, Izmir).

Bezugnehmend auf die Besonderheiten der traditionellen Kultur in der Türkei interessierte mich der frauenspezifische Gesichtspunkt in der psychoanalytischen Psychotherapie und ich fragte ihn, ob sich z.B. türkische Frauen aus patriarchalen Gesellschaftsstrukturen ohne Weiteres auf die Couch legen und dabei frei assoziieren können. Odağ erkennt das Drama der Frauen, die vor allem in östlichen und anatolischen Gebieten der Türkei im Namen der Ehre ermordet werden, aber das resultiere nicht vordergründig aus dem Patriarchat oder dem Islam, sondern ist seiner Ansicht nach ein gesellschaftliches und politisches Problem. Wo gesellschaftliche Tabus sehr strikt sind und politische Probleme überwiegen, könne auch die Psychoanalyse nicht Fuß fassen. Diese Problematik ist aber nicht speziell mit der Türkei in Zusammenhang zu bringen. Durch psychoanalytische Aktivitäten, wie sie in seiner Stiftung unternommen werden, lernt in der Türkei auch die lokale Bevölkerung die Psychoanalyse näher kennen und sieht sie mittlerweile als eine ganz normale Behandlungsform an. Schicke aber beispielsweise ein Vater seine Tochter nicht einmal in die Schule, so werde er sie bei psychischen Leiden auch nicht zu einer psychoanalytischen Behandlung bringen:

Celal Odağ: »Man muss die Gesellschaft dahingehend aufklären und das versuchen wir nach unseren Möglichkeiten zu machen, vor allem mit unseren öffentlichen Konferenzen. Die Patienten kennen sich nicht aus und gehen beispielsweise zu einem Psychiater, der sich selber mit Methoden der psychotherapeutischen Gesprächsführung nicht auskennt und gleich Medikamente verschreibt. Wenn man aber für vielleicht eine halbe Stunde mit dem Patienten redet und dieser fühlt, dass er oder sie wertgeschätzt wird, dann läuft es. Unsere Stärke als Psychoanalytiker liegt darin« (Interview am 20. u. 22.9.08, Izmir).

Da Odağ sowohl mit deutschen als auch mit türkischen PatientInnen psychoanalytisch gearbeitet hat, schien mir die Frage nach den Auffälligkeiten der türkischen PatientInnen in der Türkei, verglichen mit deutschen PatientInnen, sehr interessant zu sein:

Celal Odağ: »Wir haben dazu zwar keine Studie geführt, aber aus der Praxis erkenne ich, dass türkische Patienten nicht sehr selbstbewusst sind. Sie sind abhängiger, hilfloser und entmutigter. In Deutschland sind die Patienten viel selbstbewusster, kennen ihr Innenleben besser und können Schwierigkeiten geduldig hinnehmen. Bei türkischen Patienten sind hysterische Symptome und kindliche Verhaltensweisen viel eher vorhanden. Sie trauern viel mehr und können bestimmte Gegebenheiten nicht so akzeptieren, wie sie sind. Aber durch die Psychotherapie und die Psychoanalyse können sie diese Fähigkeiten ausbauen« (Interview am 20. u. 22.9.08, Izmir).

Als technische Modifizierungen in der analytischen Arbeit mit türkischen PatientInnen müssen nach Odağ Anpassungen an ihre ökonomischen Schwierigkeiten durchgeführt werden. Mit einem Hilfsfonds seiner Stiftung ermöglichen er und sein Team auch sozial schwächeren PatientInnen psychoanalytische Psychotherapien:

Celal Odağ: »Man sollte eigentlich mindestens zweimal die Woche zur Psychotherapie kommen, aber viele Patienten hier haben nicht so viel Geld. Wir mussten uns daher an die Gegebenheiten anpassen und akzeptieren auch

Stunden für einmal in zwei Wochen und die Patienten profitieren auch davon. Obwohl manche nur alle zwei Wochen kommen, zeigt schon diese eine Stunde gute Wirkungen. Die Menschen kommen, die Therapie hilft ihnen. Manche Patienten haben sehr wenig Geld und die fragen wir, wie viel sie bezahlen können. Wenn der Patient 30 Lira sagt, dann bezahlen wir aus unserem Topf noch 40 Lira an unseren Therapeuten und der akzeptiert das. [70 Lira sind ca. 35 Euro] Welche Einrichtung in der Türkei macht schon so etwas? Wir suchen nach Lösungen und wenn wir sagen würden, wir können niemanden therapieren, weil er uns nicht bezahlen kann, so würden wir nicht weiterkommen. Anpassung ist der Schlüsselbegriff. Wir mussten uns anpassen und viele Patienten sind gekommen, zwei, drei Jahre lang« (Interview am 20. u. 22.9.08, Izmir).

Celal Odağ zählt durch seine Mitarbeit am Aufbau des Instituts für Psychoanalyse und Psychotherapie Düsseldorf und durch die Halime Odağ Stiftung für Psychoanalyse und psychoanalytische Psychotherapien sowohl in Deutschland als auch in der Türkei zu den bedeutenden PsychoanalytikerInnen der GründerInnengeneration. Durch seine Person konnte die Psychoanalyse in der Türkei, hier besonders in der Ägäis-Region, einen weitreichenden Bekanntheitsgrad erlangen. Der Zukunft seiner Stiftung sieht er sehr positiv entgegen:

Celal Odağ: »Die Arbeit für die Zukunft muss man schon in der Vergangenheit beginnen. Unsere Stiftung ist primär eine Ausbildungsstätte und die ganze Arbeit haben meine Assistenten geleistet und haben sich mit dieser Stiftung identifiziert. Sie sehen sich als einen Teil davon und haben durch die Arbeit auch vieles gelernt. Ich war natürlich immer anwesend und habe ihnen geholfen und sie beraten. Für mich sind diese Menschen eine Vorbereitung für die Zukunft, unsere Bücher hier sind eine Vorbereitung für die Zukunft. Die Bücher sind sehr wichtig, vor allem ihre Übersetzungen! Durch das Gebäude hier hat die Psychoanalyse auch eine Identität, ein Gesicht bekommen« (Interview am 20. u. 22.9.08, Izmir).

Vamık D. Volkan

In Lefkoşa, der Hauptstadt Zyperns, wurde Vamık Cemal[138] Volkan am 13. Dezember 1932 als drittes Kind einer fünfköpfigen Familie geboren. Eine Schwester, Tomris Güney, ist um sechs Jahre und die andere Schwester, Sevim Kuzey, um fünf Jahre älter als er. Sein im Jahre 1899 geborener Vater Ahmet Celal Efendi stammte aus einer traditionellen Bauernfamilie und absolvierte trotz der wirtschaftlich schlechten Bedingungen, die sich durch den Balkankrieg und den Ersten Weltkrieg auch in Zypern bemerkbar machten, als einziges Kind der Familie die Hauptschule

Abb. 37: Vamık D. Volkan

und das Gymnasium. Ab 1919 begann er, als junger Lehrer in einigen türkischen Dörfern Zyperns zu arbeiten. Seine Ausbildung und der gewählte Lehrberuf sind für die damaligen sozioökonomischen Verhältnisse als außerordentlich prestigereich und modern einzustufen, doch erlebte Ahmet Celal Efendi wegen seiner fortschrittlichen Lebensführung Schwierigkeiten in den vordergründig religiös dominierten Dorfgemeinschaften. Denn in der gesellschaftspolitischen Umbruchsphase des zu Ende gehenden Osmanischen Reiches führten die »religiösen Lehrer« in den Medrese (islamische Schulen) einen Konflikt mit »weltlichen Lehrern«.[139]

Volkan beschreibt seinen Vater als einen weltoffenen Menschen, der sich Mustafa

---

138 Wegen der englischen Aussprache wurde Cemal als »Djemal« in seinen Pass eingetragen. Diese Schreibweise übernahm Volkan später.

139 Während der Kleiderreform Ende der 1920er Jahre reiste Atatürk auch in konservative Städte der Türkei und stellte den männlichen Dorfbewohnern seinen Panama-Hut als Symbol der europäischen Moderne vor. Obwohl der Hut bis dahin als ein Kleidungsstück der Nichtmuslime angesehen wurde, wirkte das Charisma Atatürks so sehr auf die Männer, dass viele von ihnen ihre bis dahin gängigen Fez (Kopfbedeckung osmanischer Männer) absetzten und sich für Panama-Hüte entschieden. In jener Zeit tauschte auch Ahmet Celal Efendi seinen Fez gegen einen Hut und stellte – wie Atatürk – in einem Männercafe des Dorfes, in dem er als junger Lehrer arbeitete, ebenfalls seinen modernen Hut vor, in der Vermutung, die Männer würden ähnlich positive Reaktion wie bei Atatürk zeigen. Doch als er »die Spitze eines Gewehres vor sich fand« (Volkan/Itzkowitz 2007, S. 10f.), das ihm ein streng religiöser Mann entgegenstreckte, musste er seine Überzeugungsarbeit aufgeben.

Kemal Atatürk in vielerlei Hinsicht zum Vorbild gemacht hatte (Volkan/Itzkowitz 2007, S. 10f.) und seinen Modernisierungsgedanken auch auf seine eigenen Kinder übertragen wollte. So sorgte er dafür, dass Volkan und seine zwei Schwestern schon in jungen Jahren von einem armenischen Musiklehrer Violineunterricht bekamen. Die Zuneigung Ahmet Celal Efendis für Atatürk sollte sein Sohn durch spätere Buchpublikationen teilen (s. u.).

Auf meine Frage, wie er zum ersten Mal mit der Psychoanalyse in Kontakt gekommen war, erzählt Volkan, dass er als Jugendlicher auf die Übersetzung der *Drei Abhandlungen zur Sexualtheorie* gestoßen war, die in einer schwarzen »Wooden Box« (Telefoninterview am 28.10.09) in der Bibliothek seines belesenen Vaters standen. Durch den Einfluss der Psychoanalytikerin Edith Weigert-Vowinckel, die gemeinsam mit ihrem jüdischen Mann und ihrem Sohn aufgrund des Nationalsozialismus in die Türkei geflüchtet war,[140] wurden manche Schriften Sigmund Freuds ab den 1930er Jahren von türkischen Intellektuellen in die türkische Sprache übersetzt. Volkan vermutet, dass die *Drei Abhandlungen zur Sexualtheorie* zu jener Zeit übersetzt wurden und sein Vater, der an der europäischen Literatur großes Interesse zeigte, das Buch bald nach dessen Erscheinung gekauft haben könnte.

Als persönlichen Grund für sein Interesse an der Psychoanalyse und seine spätere Berufswahl des Psychoanalytikers nennt er die Tatsache, dass er ein sogenanntes »replacement child« (Telefoninterview am 28.10.09) ist:

Vamık D. Volkan: »Das ist eine sehr, sehr lange Geschichte, ich erzähle sie Ihnen in sehr verkürzter Form: Die Sippe meiner Mutter hatte eine verantwortungsvolle Rolle im Osmanischen Reich inne. Der Vater des Vaters meiner Mutter, also mein Urgroßvater mütterlicherseits, Ömer Vamık Efendi [Herr Ömer Vamık], war der letzte Richter des Osmanisch-Zypriotischen Reiches. Er war zudem mit einer Frau namens Zehra aus einer einflussreichen Herkunftsfamilie verheiratet. Einige Jahre zuvor hatte aber der Sultan die Insel an die Engländer verpachtet. Nachdem dann die Engländer ins Land kamen, war dies das Ende für die Familie. Sie verlor all ihr Hab und Gut und die hohe gesellschaftliche Position. Diese Geschichte war mir in meiner Jugend nicht so sehr bekannt. Den Namen dieses Urgroßvaters bekam dann mein Onkel, der Bruder meiner Mutter. Dieser Onkel verließ Zypern und ging wegen seines Studiums in die Türkei, aber dort verliert sich seine Spur, er starb dort. Dann bekam ich diesen Namen. Ich trug also die große Aufgabe, diesen Familiennamen weiterzuführen, natürlich im Unbewussten. Und somit wurde ich neugierig, was es da alles [im Unbewussten] gibt. Das ist mir ein Laster geworden, ca. 40 Bücher habe ich geschrieben, ist das wenig?

---

140 Siehe Edith Weigert-Vowinckels Kurzbiografie.

Schreibe ich das alles mit Liebe? Nun mag ich das nicht, aber ich trage eben diese Pflicht in mir. Ich glaube, dass dies der Grund ist, wieso ich Psychoanalytiker werden wollte« (Telefoninterview am 28.10.09).

Zypern stand ab 1571 drei Jahrhunderte lang unter der Herrschaft der Osmanen, bis diese im Jahre 1878 die Insel an England verpachteten und im Gegenzug dafür Unterstützung gegen einen möglichen russischen Angriff zugesprochen bekamen. Aufgrund dieses Machtwechsels entschloss sich Volkans Urgroßvater Ömer Vamık Efendi, der bis dahin als islamischer Richter großes Ansehen und Autorität in der türkisch-zypriotischen Community genoss, die Stadt Lefkoşa zu verlassen, doch seine Frau Zehra wollte seiner Entscheidung zur Migration nicht nachkommen. So zog er ohne sie nach Lefke und gründete dort eine neue Familie. Wie aus einem Interview mit Cemal A. Kalyoncu hervorgeht, hegte sein Sohn aus erster Ehe, der Großvater Volkans mütterlicherseits, wegen dieser Entscheidung einen großen Zorn gegen seinen Vater.[141]

Volkans Mutter Fatma wurde somit in eine ehemals soziopolitisch einflussreiche Sippe von Religionsgelehrten, sogenannten *Ulema*, geboren. Trotz der verlorenen gesellschaftlichen Stellung hatten Bildung und Gelehrsamkeit für die Herkunftsfamilie seiner Mutter, in der auch die Frauen ein emanzipiertes Leben führten, weiterhin eine große Bedeutung. In die Heirat mit Volkans Vater willigte Volkans Mutter beispielsweise nur unter der Bedingung ein, nicht für die Wäschegebarung im Haushalt zuständig zu sein. In den 1940er Jahren legte sie auch ihren *Çarşaf*, die schwarze Ganzkörperbekleidung für muslimische Frauen, ab und arbeitete wie ihr Ehemann als Dorflehrerin. Auch der Name Vamık (dt. der Verliebte) hat in der Herkunftsfamilie seiner Mutter eine lange Tradition und sollte bei den männlichen Familienmitgliedern zur Verinnerlichung der Liebe zur Gelehrtheit und Bildung beitragen. Dieser unbewusste Auftrag wurde in der Sippe Volkans auch bereitwillig angenommen, denn nahezu alle seiner nahen Verwandten haben eine akademische Ausbildung genossen und wurden durch ihre Berufe als KünstlerInnen, ÄrztInnen oder IngenieurInnen zu herausragenden Persönlichkeiten im türkischen Zypern, in der Türkei und im Ausland.

Volkan besuchte in Zypern zunächst die »Yeni Cami« (Neue Moschee-)Volksschule und dann ein islamisches Knabengymnasium, welches in seinem letzten Schuljahr auf »Kıbrıs Türk« (Türkisches Zypern-)Gymnasium umbenannt wurde. Im Jahre 1950 emigrierte er – wie einst sein Onkel mütterlicherseits mit demselben

---

141 Das Interview wurde am 25. Februar 2008 auf Türkisch durchgeführt und ist auf der Internetseite URL: http://www.biyografi.net/kisiayrinti.asp?kisiid=4122 (Stand: 10.06.2012) nachzulesen. Einige biografische Daten von Volkan, insbesondere diejenigen aus seinem familiären Hintergrund, sind aus diesem Interview entnommen.

Namen – in die Türkei, wo er an der Ankara Universität sechs Jahre lang Medizin studierte. Während seiner Universitätsjahre ging er auch seinem musikalischen Interesse nach und spielte in einem von zypriotischen StudentInnen gegründeten Orchester am Konservatorium der Ankara Universität Violine. Bei einem ihrer Auftritte saß sogar der zweite Staatspräsident İsmet İnönü im Publikum. Die 1950er und 1960er Jahre beschreibt Volkan im Gegensatz zur heutigen Türkei als eine aufregende Zeit der kulturellen Modernisierungsbewegungen. Demnach waren westliche Musik, Kunst und Literatur sowie Bildungsdurst im Allgemeinen ein wichtiger Teil im Leben der ehemaligen türkischen StudentInnen.

An der Ankara Universität begann er auch, die Lehrveranstaltungen des damals bekannten Psychiaters Rasim Adasal[142], der sich selber als den »türkischen Freud« (Telefoninterview mit Vamık D. Volkan am 28.10.09) bezeichnete, zu besuchen. Da er ursprünglich als Angehöriger der türkischen Minderheit aus Kreta stammte und einen ähnlichen Akzent wie Volkan hatte, identifizierte sich der junge Student mit seinem (Vater-)Lehrer. Obwohl Volkan vor dem Studium beabsichtigte, Neurologe zu werden, änderte er unter anderem durch die Bekanntschaft mit Rasim Adasal seine Meinung und begann sich für die Psychiatrie und Psychoanalyse zu interessieren:

Vamık D. Volkan: »Ein Onkel von mir war an der Ankara Universität Professor für Augenheilkunde und kannte Rasim Adasal. Gemeinsam gingen wir essen und so kam ich näher mit Adasal in Kontakt. Er glaubte, die Psychoanalyse gut zu verstehen, kannte sich aber nur mit einigen psychoanalytischen Grundkonzepten aus. Wenn er mich in Psychoanalyse umfassend gelehrt hätte, wäre vielleicht meine Neugierde nicht mehr sehr groß gewesen. Er konnte mir die Psychoanalyse nur in groben Zügen beibringen und trug so

---

142 Rasim Adasal wurde im Jahre 1902 in Kreta geboren und begann 1920 in der Türkei an einer Militärhochschule Medizin zu studieren. Das Studium beendete er fünf Jahre später als ärztlicher Leutnant. Danach arbeitete er im Rahmen seiner psychiatrischen Ausbildung an der militärischen Akademi *Gülhane Tatbikat-ı Askeriye Tatbikat Mektebi ve Seririyatı* in Istanbul. Ab 1932 war er in verschiedenen Städten der Türkei als Facharzt für Psychiatrie und Neurologie tätig. Zwischen 1936 und 1938 arbeitete er an der neurologischen Abteilung der Charcot Klinik bei Georges Charles Guillain und an der St. Etienne Klinik bei Bernard H. Claude. Die Gülhane Tatbikat-ı Askeriye Tatbikat Mektebi ve Seririyatı übersiedelte 1941 nach Ankara und erhielt 1947 den Namen *Gülhane Askeri Tıp Akademisi*, in der Rasim Adasal schon 1945 eine Professur für Psychiatrie erhielt. Die Akademie arbeitete zusammen mit der Medizinischen Fakultät der neu eröffneten Ankara Universität, in der er für fünf Jahre der Direktor der psychiatrischen Abteilung wurde. Nachdem beide Kliniken unabhängig voneinander zu arbeiten begannen, entschied sich Adasal für die Universitätsfakultät, an der er bis zu seiner Emeritierung 1972 arbeitete. Adasal starb 1982 in Izmir. URL: http://www.dpsikiyatri.com/RasimAdasal.asp (Stand: 10.06.2012).

zur Steigerung meines Interesses und meiner Neugierde bei« (Telefoninterview am 28.10.09).

Im Juni 1956 beendete Volkan in Ankara sein Medizinstudium und musste in der Türkei als Zypriot-Türke mit englischer Staatsbürgerschaft eine unbezahlte Praktikumsstelle von sechs Monaten annehmen. Der Umstand, dass er als ausgebildeter Mediziner immer noch auf die finanzielle Unterstützung seines Vaters angewiesen war, ließ ihn Pläne für eine Emigration schmieden. Durch die in den 1950er Jahren beginnende politische Annäherung zwischen der Türkei und den USA begann eine »Brain-Drain«-Bewegung aus der Türkei in die Vereinigten Staaten, die damals wegen dringenden Ärztemangels hochqualifizierten Personen aus dem Ausland die Tore öffneten. Diese Möglichkeit wollte der junge Arzt in Anspruch nehmen und emigrierte im Februar 1957 – mit seiner Violine[143] und 15 Dollar in der Tasche – in die

Abb. 38: Vamık D. Volkan nach seiner Gymnasialausbildung

USA, wohin auch die Hälfte seiner 80-köpfigen Abschlussklasse auswanderte.

Einige Monate nach seiner Ankunft in Amerika bekam Volkan einen Brief von seinem Vater, dem ein Zeitungsbericht beigelegt war, über den er von der Ermordung seines ehemaligen Freundes Erol erfuhr, mit dem er in seiner Studentenzeit ein gemeinsames Zimmer geteilt hatte. Erol war von Ankara in den türkischen Teil Zyperns gereist, um seine kranke Mutter zu besuchen. Während er in der Apotheke die nötigen Medikamente kaufen wollte, wurde er von griechisch-zypriotischen EOKA-Terroristen[144] durch sieben Schüsse ermordet. Als Volkan von diesem

---

143 Diese Violine steht zurzeit in seinem Haus in Charlottesville/Virginia. Sein 8-jähriges Enkelkind spielt leidenschaftlich gerne Violine und wenn es älter wird, möchte Volkan ihm seine eigene Violine schenken.

144 Die EOKA wurde in den 1950er Jahren als eine zypriotisch-griechische Organisation von bewaffneten Widerständlern gegründet, die sich gegen die britische Kolonialmacht stellten und nach einer Vereinigung mit Griechenland (Enosis) strebten. Sie übten im Zuge ihrer Forderungen terroristische Anschläge auf britische Einrichtungen und Gewalt gegen türkische Zyprioten aus. Diese wiederum verlangten als Reaktion auf die Enosis eine Abtrennung (Taksim), um so die Verstärkung der griechischen Vormachtstellung in Zypern zu verhindern (vgl. Sherman 1999; Piller 2006; Loizos 1981).

tragischen Tod seines Freundes erfuhr, fühlte er sich »betäubt«[145] und konnte
»nicht einmal weinen« (ebd.). Mit den Jahren »vergaß« (ebd.) er dieses Ereignis und besuchte auch bei seinen späteren Heimatreisen nach Zypern nie Erols
Grabstätte. Doch nach Ansicht Volkans beeinflusste diese Traumatisierung, die
von einer »Überlebensschuld« (ebd.) begleitet war, ihn zum Teil unbewusst in
seinen späteren wissenschaftlichen Untersuchungen über verfeindete Ethnien und
ihre Identitätsbildung als Gruppe sowie über psychoanalytische Trauerprozesse
nach traumatischen Situationen.[146]

Ende der 1950er Jahre, als Volkan in die USA emigrierte, war dort die Psychoanalyse weit verbreitet und bereits seit mehreren Jahrzehnten institutionalisiert (vgl.
May 1982; vgl. auch Hale 1971, 1995; Fine 1979). Die erste psychoanalytische
Vereinigung in den USA ist die im Jahre 1911 durch James Jackson Putnam und
Ernest Jones gegründete American Psychoanalytic Association. Einige Monate vor
der Gründung der APA wurde auf Abraham Arden Brills Betreiben die New York
Psychoanalytical Society zusammengerufen und bis zum Ersten Weltkrieg entstanden dann zwei weitere lokale psychoanalytische Vereinigungen, die Washington-
Baltimore Psychoanalytic Society und die Boston Psychoanalytic Society. Nach
May (1982, S. 512ff.) folgten in den 1930er und 1940er Jahren diesen frühen
Zusammenschlüssen, insbesondere durch die Emigration europäischer Psycho-
analytikerInnen während des Nationalsozialismus, weitere psychoanalytische
Vereinigungen und Ausbildungsinstitute in Chicago, Topeka, Philadelphia, De-
troit und San Francisco. Zwischen 1946 und 1960 wurden 13 psychoanalytische
Vereinigungen, 8 Institute und 4 training centers von der APA anerkannt, während
sich diese Zahlen bis 1974 fast verdreifachten.

Die Psychoanalyse in den USA war in den 1960er Jahren auch in universitäre,
hier vor allem in die medizinische Lehre eingebaut und in den meisten berühmten

---

145 URL: http://www.vamikvolkan.com/To-Erol---.php (Stand: 10.06.2012).
146 Jahrzehnte später traf Volkan, mittlerweile Spezialist auf dem Gebiet der Friedensfor-
schung, während einer seiner Zypernreisen den Bruder seines ermordeten Zimmergenos-
sen Erol. Bei dieser Begegnung konnte sich zum ersten Mal seine verdrängte Trauer über
den Verlust seines Freundes, die ihn in seiner professionellen Laufbahn zum Verfassen
wichtiger Arbeiten auf dem Gebiet der internationalen Konfliktlösung veranlasste, den
Weg zum Bewusstsein schaffen: »Thirty-some years after Erol's death I once more visited
Cyprus. One summer night some friends took me to a garden restaurant, and one of them
who knew Erol's story pointed out a bearded man behind the bar and told me that this
man was Erol's younger brother. I spontaneously got up from my chair and approached
this man and said to him: ›My name is Vamık. Does this name mean anything to you?‹ He
began to cry and I found myself also crying out loud, right in the midst of people dining
with soothing classical music playing in the background.« URL: http://www.vamikvolkan.
com/To-Erol---.php (Stand: 10.06.2012).

Universitäten waren viele der Lehrstuhlinhaber in Psychiatrie zugleich PsychoanalytikerInnen. Durch diese psychoanalytische Präsenz inspiriert, entschied sich Volkan nach seinem einjährigen Internship, einem Pflichtpraktikum für Jungmediziner, für die Facharztausbildung in Psychiatrie und Neurologie, um anschließend Psychoanalytiker zu werden. Er fand während seiner psychiatrischen Spezialisierung eine Arbeitsstelle in der North Carolina Universität in Chapel Hill, in der der Lehrstuhl für Psychiatrie ebenfalls mit einem Psychoanalytiker, David Hawkins, besetzt war. Die Möglichkeit, in einer Klinik mit PatientInnen zu arbeiten und dabei viel Geld zu verdienen, kam für Volkan nicht infrage. Er beabsichtigte, wie fast alle seiner Familienmitglieder und vor allem wie sein Vater, einen Lehrberuf auszuüben und Professor der Psychiatrie zu werden. Somit entschied er sich während seiner Facharztausbildung trotz einer niedrigeren Bezahlung, einer Forschungs- und Lehrtätigkeit an der Universität nachzugehen und ist heute sehr stolz auf seine damalige Entscheidung.

An der North Carolina Universität lernte Volkan den jüdischstämmigen Psychoanalytiker Wilfred Abse kennen, zu dem er lange Zeit eine Mentor-Schüler-Beziehung hegte. Abse, der 1914 in Wales geboren wurde, besuchte dort zunächst die Universität von Cardiff und beendete sein Medizinstudium in London. Anfang der 1950er Jahre emigrierte er in die USA, wurde Professor für Psychiatrie an der North Carolina Universität und absolvierte in jenem Bundesstaat seine psychoanalytische Ausbildung. Nach Volkan (2007, S. 558) wurde Abse in den USA für seine Arbeiten auf dem Gebiet der gruppenanalytischen Psychotherapien (vgl. Abse 1974) bekannt, wobei auch Volkans psychoanalytische Theorien zu Gruppenphänomenen durch die Zusammenarbeit mit seinem Mentor stark beeinflusst wurden.

Da Volkan während seiner Facharztausbildung ein erhöhtes Stipendium erhielt, musste er nach seinem Abschluss in North Carolina einen Pflichtdienst absolvieren und wurde somit 1961 an das Cherry Hospital entsandt, in dem er zum ersten Mal mit Rassismus und Apartheid in Kontakt kam, weil jenes Staatskrankenhaus nur afro-amerikanische PatientInnen aufnahm. Als junger und noch unerfahrener Psychiater wurde Volkan mit der Behandlung von fünf farbigen Kindern mit der Diagnose Schizophrenie beauftragt. Er bemerkte aber schon bald, dass diese Diagnose nicht zutreffend war und fand heraus, dass seine kleinen Patienten durch eine äußere Traumatisierung abnorme Verhaltensweisen zeigten. Nach einer Gesetzesänderung wurden seine farbigen Patienten nämlich erstmals in eine Schule mit weißen Kindern geschickt und konnten sich an diese außergewöhnliche Situation nicht anpassen. Volkan ließ sie während der psychiatrischen Behandlung Zeichnungen anfertigen und Gedichte verfassen, woraufhin ihre Symptome in kürzester Zeit verschwanden. Über diese Gedichte verfasste er einen Artikel (Volkan 1963), in dem er die Auswirkung äußerer Traumatisierungen auf das Innenleben dieser

Kinder darstellte. Auf dem »First International Congress of Social Psychiatry« in London vom 17. bis 22. August 1964 präsentierte er einen Vortrag (Volkan 1966) zum selben Themenkomplex, der zum Beginn seiner wissenschaftlichen Laufbahn wurde.

An der Cherry Hospital praktizierte Volkan zwei Jahre lang, eine Zeit, in der er auch sehr viele psychoanalytische Werke las und sich wie eine »Bibliothek auf Beinen« (Telefoninterview am 28.10.09) fühlte. Als sein Mentor Wilfred Abse von der North Carolina Universität an die Virginia Universität in Charlottesville wechselte, folgte er ihm und arbeitete ab 1964 an der psychiatrischen Universitätsklinik Virginia Universität, in der er als der langjährigste Mitarbeiter fast 40 Jahre lang bis zu seiner Emeritierung im Jahre 2002 tätig war.

Nachdem sich Volkan ab den 1960er Jahren durch seine Leseleidenschaft ein großes theoretisches Wissen über die Psychoanalyse angeeignet hatte, entschloss er sich mit dem Beginn seiner neuen Arbeitsstelle auch für die psychoanalytische Ausbildung. Da aber damals in Virginia kein psychoanalytisches Institut vorhanden war, musste er zweimal wöchentlich für seine Lehranalyse ins Washington Psychoanalytic Institute, welches nach der Spaltung der Washington-Baltimore Psychoanalytic Society im Jahre 1947 durch nicht orthodox-freudianisch gesinnte PsychoanalytikerInnen gegründet wurde, nach Washington D.C. pendeln:

Vamık D. Volkan: »Es gab damals keine Highways, wie wir sie heute kennen, auf denen man mit dem Auto sehr schnell vorwärts kommen konnte. Ich fuhr mit einem Kollegen drei Stunden lang nach Washington und lag eine Stunde auf der Couch (lächelt). Die Nacht blieben wir dort, wir hatten ein kleines Zimmer gemietet, und am nächsten Morgen hatte ich wieder eine Stunde Analyse und dann fuhren wir drei Stunden zurück. Ich war dann um 11.00 Uhr am Vormittag wieder an der Universität. Das machten wir zweimal die Woche, drei Jahre lang« (Telefoninterview am 28.10.09).

Zunächst sollte eigentlich Edith Weigert-Vowinckel, die sich nach der Spaltung für die Washington-Gruppe entschied, seine Lehranalytikerin werden, doch nach drei Stunden Lehranalyse erlitt sie durch einen Unfall einen schweren Hüftknochenbruch, weswegen sie für längere Zeiten nicht als Psychoanalytikerin praktizieren konnte. So wurde Stanley Olinick sein Lehranalytiker, William Granatir und Rex Buxton seine Supervisoren. Volkan kam aber gegen Ende seiner psychoanalytischen Ausbildung wieder mit Edith Weigert-Vowinckel in Kontakt, die einen seiner Kontrollfälle supervidierte und für ihn eine wichtige wegweisende Person in seiner Entwicklung als Psychoanalytiker wurde.

Bereits als Ausbildungskandidat begann Volkan mit psychotischen PatientInnen zu arbeiten, die er – entgegen der verbreiteten Annahme in psychiatrischen oder klassisch-psychoanalytischen Kreisen, dass Psychosen nicht im Liegen behandelt werden können – auf der Couch therapierte. Die psychoanalytische Arbeit mit psychotischen PatientInnen hatte besonders in den USA eine starke Entwicklung durchlaufen, da dort, vor allem im Washington Psychoanalytic Institute, die orthodoxen Regeln der analytischen Behandlung nicht angewendet wurden und sich stattdessen amerikanische PsychoanalytikerInnen viel aktiver in die psychoanalytische Therapie einbrachten und modifizierte Behandlungstechniken entfalteten (vgl. May 1982, S. 490f.). Edith Weigert-Vowinckel beispielsweise wurde in den USA eine der wichtigsten PsychoanalytikerInnen, die die psychoanalytische Arbeit mit schizophrenen PatientInnen weiterentwickelt hatte. Volkan stand somit in seiner psychoanalytischen Arbeit mit schwer psychotischen PatientInnen besonders unter ihrem Einfluss.[147]

Vonseiten des Ausbildungsinstituts wurden laut Volkan niemals Zweifel geäußert, dass seine fremde Herkunft eine Schwierigkeit für die psychoanalytische Ausbildung dargestellt hätte. Auch Volkan selbst sah in seiner türkischen Muttersprache und Sozialisation keine Barriere für seine auf Englisch durchgeführte Analyse. Als er einmal in einer Stunde seine Gefühle nicht auf Englisch darstellen konnte, ermutigte ihn sein Lehranalytiker, auf Türkisch weiterzureden. So waren seine Muttersprache, seine Herkunft aus der zypriotisch-türkischen Kultur und seine muslimische Religionszugehörigkeit in seiner Analyse immer Themen, die er mit seinem sensiblen Lehranalytiker bearbeitete und die nicht als Hindernisse aufgefasst wurden. Volkan beendete 1971 seine psychoanalytische Ausbildung am Washington Psychoanalytic Institute und erlangte im selben Jahr seine Professur in Psychiatrie an der Virginia Universität.

Nach der Aufhebung der militärischen Blockade in Zypern konnte Volkan, damals noch psychoanalytischer Ausbildungskandidat, im Jahre 1968 zum ersten Mal nach zehn Jahren wieder seine Heimat besuchen. Seine Verwandten, die ihn am Flughafen abholten, sprachen während der Heimfahrt nur im Flüsterton miteinander, da sie lange Jahre nicht im mehrheitlich von Griechen bewohnten Inselteil waren und daher von dieser Situation geängstigt waren. Volkan bemerkte die Angst seiner Verwandten, die ihn zum Nachdenken über die Beziehung zwischen Türken und Griechen im Besonderen wie auch über die Heranbildung von Zugehörigkeitsgefühlen zu eigenen und die Abgrenzung zu fremden Ethnien im Allgemeinen, führte. Wenige Jahre nach dem ersten Besuch seiner Heimat verfasste Volkan einen Artikel über die politisch schwierige Situation von türkischen

---

147 Viele seiner klinischen Fallgeschichten mit psychotischen und persönlichkeitsgestörten PatientInnen wurden in jüngster Vergangenheit in die türkische Sprache übersetzt und sind heute wertvolle Lehrbücher für angehende türkische AusbildungskandidatInnen. Vgl. dazu Volkan 2003, 2004, 2008a, 2009.

Minderheiten in Zypern und beleuchtete ihre Psychodynamik an Hand ihrer Beziehung zu ihren gehaltenen Vögeln (Volkan 1972). Sieben Jahre später schrieb er sein erstes Buch über interethnische Konflikte zwischen den zypriotischen Türken und Griechen (Volkan 1979).

Die seit Jahren bestehenden politischen Spannungen zwischen den türkisch- und griechischstämmigen Zyprioten verschärften sich Anfang der 1970er Jahre. Nach einem Militärputsch in Athen am 15. Juli 1974 avancierte der rechtsradikale Nikos Sampson zum Präsidenten von Zypern. Um die türkische Minderheit vor Benachteiligungen und Gewalterfahrungen zu schützen, landeten nach nur fünf Tagen die türkischen Streitkräfte mit dem Befehl des neu ernannten Ministerpräsidenten Bülent Ecevit auf Zypern und besetzten den nördlichen Teil der Insel. Volkan wollte in dieser schwierigen Zeit in der Nähe seiner Familie sein, bekam auf Ansuchen ein Sabbatical von seiner Universität und verbrachte ca. ein Jahr in der Türkei und in Zypern. Während dieser Zeit lernte er in Ankara den Psychoanalytiker Celal Odağ kennen, der das erste Mal in die Türkei remigriert war, und auch Orhan Öztürk, damals der Chef der psychiatrischen Abteilung der neu gegründeten Hacetepe Universität. Orhan Öztürk hatte davor in den USA – wie später auch Vamık D. Volkan – als Senior Erikson Scholar des psychoanalytisch-psychotherapeutisch orientierten Austen Riggs Hospitals in Stockbridge, Massachusetts, gearbeitet. Für die drei Männer begann eine enge Freundschaft, die bis zum heutigen Tag anhält. Volkan lernte damals auch den psychiatrischen Assistenten Abdülkadir Çevik kennen und lehrte ihn umfassend auf dem Gebiet der Psychopolitik. Heute ist Çevik Vorstand der psychiatrischen Abteilung der Medizinischen Fakultät der Ankara Universität und des »PPD-Politik Psikoloji Derneği« (Verein für Psychopolitik) in Ankara. In seinem Sabbaticaljahr führte Volkan zudem viele Lehraufträge als Gastprofessor an der Ankara Universität durch.

Die Begeisterung Ahmet Celal Efendis für Atatürk hatte sich auch auf seinen Sohn übertragen. In seinem 13-monatigen Aufenthalt in Zypern und in der Türkei führte Volkan viele Interviews mit Personen durch, die Mustafa Kemal Atatürk persönlich kannten. Gemeinsam mit dem Historiker Norman Itzkowitz verfasste er auf Grundlage dieser Gespräche und weiterer historischer Recherchen ein Buch, in dem er Atatürks Leben und Wirken unter psychoanalytischen Gesichtspunkten, insbesondere anhand der Beziehung zu seiner Mutter, beleuchtete (Volkan/Itzkowitz 1986, tr. Volkan/Itzkowitz 2007). Ein weiteres biografisches Buch über Leben und Wirken Atatürks ist kürzlich in türkischer Sprache erschienen, welches nicht nur seine väterlichen Eigenschaften als Staatsoberhaupt, Armeeführer und soziopolitischer Reformer, sondern auch seine mütterliche Symbolik für die türkische Bevölkerung näher darlegt (Volkan/Itzkowitz 2011).

1975 reiste Volkan wieder zurück nach Amerika und nahm im Jahre 1978 erstmals an einer durch die World Psychiatric Association in die Wege geleiteten Kommission für Internationale Beziehungen teil, in der er zunächst gemeinsam mit einem griechischen Mitarbeiter die Konfliktsituation zwischen Israel und Palästina untersuchte. Dabei beobachtete und deutete er bei Treffen, die durch diese Kommission organisiert wurden, das Gruppenverhalten von 30 bis 40 Teilnehmern, welche die beiden verfeindeten Ethnien vertraten. Dieses bis 1986 andauernde Projekt wurde für ihn der Beginn seiner internationalen Tätigkeit auf dem Gebiet der Friedens- und Konfliktforschung. Jahrzehntelang leitete er weiterhin für internationale Organisationen, wie beispielsweise für die UNO, kriseninterenierend und konfliktlösungsorientiert die Debatten von hochrangigen Volksvertretern verfeindeter Gruppen und Ethnien. Vamık D. Volkan wurde durch seine intensiven praktischen Arbeiten und Forschungen eine der weltweit federführenden Persönlichkeiten für internationale Beziehungen, Krisenintervention und Konfliktlösung. Besonders seine Erfahrungen als Zypriot-Türke und seine Feldforschungen in verschiedensten Krisenherden der Welt bildeten die Grundlage seiner Theorien zum Verhalten und Erleben von Großgruppen im kriegerischen und friedlichen Kontext (vgl. Volkan 1994, 1999a, b, 2005).

Sein wichtigstes Zentrum auf diesem Arbeits- und Forschungsgebiet, das den Namen »The Center for the Study of Mind and Human Interaction« (CSMHI) trug, gründete Volkan im Jahre 1987 unter der Leitung der University of Virginia Medical School und leitete es bis zu seiner Emeritierung im Jahre 2002. Dieses multidisziplinäre Zentrum, in dem verschiedene Berufsgruppen wie PsychoanalytikerInnen, PsychiaterInnen, PsychologInnen, ÄrztInnen, DiplomatInnen, HistorikerInnen und weitere WissenschaftlerInnen zusammenarbeiteten, hatte sich auf Konfliktlösungsstrategien und prophylaktische Friedensmaßnahmen auf internationaler Ebene spezialisiert. Dabei wurden vermittelnde Projekte in der Sowjetunion, in den Baltischen Republiken, in Albanien, in Kuwait, im ehemaligen Jugoslawien, in Georgien, in Südossetien, in der Türkei, in Griechenland, in den USA sowie in vielen anderen Regionen der Welt durchgeführt, um traumatisierte Gesellschaften kriseninterenierend und ressourcenstärkend zu unterstützen.[148] Aufgrund von finanziellen Mängeln und Konflikten mit der Leitung nach seiner Übergabe existiert dieses Zentrum seit 2005 nicht mehr.

In den 1980er und 1990er Jahren wirkte Volkan weiterhin an vielen herausragenden Projekten mit, wie beispielsweise in der »International Society of Political Psychology« oder im »The Carter Center«, welches als Non-Profit-Organisation von Jimmy Carter für humanitäre Ziele ins Leben gerufen wurde. Volkan arbeitete

---

148 Die Informationen sind der Homepage von Vamık D. Volkan entnommen. URL: http://www.vamikvolkan.com/CSMHI.php (Stand: 10.06.2012).

auch lange Zeit mit dem FBI im Bereich der Terrorismusforschung und wurde in den Jahren 2005, 2006 und 2007 für den Friedensnobelpreis nominiert.

In seiner beruflichen Laufbahn verfasste Volkan neben seinen psychopolitischen Büchern und Artikeln auch zahlreiche klinische Arbeiten über psychoanalytische Therapien mit psychotischen, narzisstischen und Borderline-PatientInnen, Objektbeziehungstheorien, Trauerprozesse sowie Homo- und Transsexualität. Er war zudem im Zeitraum von 1981 bis 2001 am Washington Psychoanalytic Institute als Lehr- und Kontrollanalytiker sowie von 1981 bis 1984 als Präsident der Virginia Psychoanalytic Society tätig und ist bis heute Mitglied der IPA.[149]

Volkans bedeutender Einfluss auf die Entwicklung der Psychoanalyse in der Türkei begann ab Mitte der 1990er Jahre in Verbindungen mit der Halime Odağ Stiftung für Psychoanalyse und Psychotherapie von Celal Odağ, damit zusammenhängend mit der psychoanalytischen Ausbildung der heute als IPA-Psychoanalytikerin in Izmir praktizierenden Işıl Vahip und mit der Bakırköy Klinik in Istanbul:

Işıl Vahip: »Ich lernte Ende der 1980er Jahre Celal Odağ auf einem Psychodrama-Symposium in Pergamon, den Herr Abdülkadir Özbek[150] geleitet hatte und der mit Herrn Odağ eng befreundet war, kennen. Damals lebte Odağ aber noch in Deutschland und remigrierte erst einige Jahre später in die Türkei. In einem Jahr gegen Ende der 1980er Jahre hatte Herr Odağ einen Workshop zu psychoanalytisch orientierten Gruppenpsychotherapien organisiert, an dem ich teilgenommen hatte. Ich wollte aber mehr über die Psychoanalyse lernen und dafür einige Zeit im Ausland verbringen. Ich kann Englisch sprechen und dachte daher an Amerika oder England. Als Herr Odağ wieder einmal einen Workshop in der Türkei leitete, ging ich zu ihm und erzählte von meinen Wünschen. Er gab mir die Adresse von Vamık Volkan und ich schrieb ihm einen Brief. Ich bekam bald einen Antwortbrief von Herrn Volkan, in dem er mich nach Amerika einlud. So blieb ich ein Jahr lang in Virginia und arbeitete am CSMHI mit« (Interview am 24.9.10, Izmir).

Maurice Apprey, der im Anna Freud-Zentrum in London seine psychoanalytische Ausbildung absolviert hatte, arbeitete ebenfalls am CSMHI und unterstützte ge-

---

149 Weitere seiner Etappen in seiner beruflichen Laufbahn in den USA können auf seiner offiziellen Homepage nachgelesen werden. URL: http://www.vamikvolkan.com/ (Stand: 10.06.2012).

150 Abdülkadir Özbek kam im Jahre 1972 mit Grete Leutz, der Schülerin des Psychodrama-Gründers Jakob Levy Moreno, in Kontakt. Unter ihrem Einfluss und ihrer Mitwirkung gründete Özbek in der Türkei das erste und einzige Psychodrama-Ausbildungsinstitut »Dr. Abdülkadir Psikodrama Ensitüsü«. Seit 1984 finden in Pergamon (Bergama) die jährlichen Kongresse dieses Instituts statt. Am 13. Juni 2000 verstarb Abdülkadir Özbek.

meinsam mit seinem engen Freund Volkan die damalige Psychiaterin Işıl Vahip eingehends in der Fundierung ihres psychoanalytischen Wissens. Neben Vahip arbeiteten in den USA über eine längere Zeit Abdülkadir Çevik, Yıldız Akvardar und Birsen Ceyhun als AssistentInnen von Volkan, und sind heute in der Türkei als »psychoanalytisch orientierte PsychotherapeutInnen« tätig.

Nach einem Jahr kehrte Vahip 1991 wieder nach Izmir zurück, führte ihre Psychodrama-Ausbildung fort und unterstützte Celal Odağ in der Organisation von weiteren psychoanalytisch geleiteten Gruppenpsychotherapien.

Als Celal Odağ 1997 die Halime Odağ Stiftung für Psychoanalyse und Psychotherapie in Izmir gegründet hatte, war es für Vamık D. Volkan ein großes Anliegen, seinen langjährigen Freund und Kollegen in seinen Ambitionen zur Etablierung der Psychoanalyse in der Türkei zu unterstützen. Jahrelang kam er zu den ab 1999 begonnenen jährlichen Kongressen der Halime Odağ Stiftung, um dort Vorträge zu halten und die TeilnehmerInnen der psychoanalytisch orientierten Gruppenpsychotherapien zu supervidieren. In der Halime Odağ Stiftung wurde bzw. wird auch heute noch die Ausbildung zur psychoanalytisch orientierten Psychotherapie, wegen unzureichender Kapazitäten jedoch nicht die der klassischen Psychoanalyse, angeboten. Işıl Vahip, ihre Kollegin Gülgün Alptekin und ein Kollege nahmen an der Ausbildung in psychoanalytisch orientierten Gruppenpsychotherapien der Halime Odağ Stiftung teil, bekundeten gleichzeitig Vamık D. Volkan ihr Interesse an einer klassischen, offiziell anerkannten psychoanalytischen Ausbildung mit standardisierten Richtlinien.

In der Folge suchte Volkan nach Möglichkeiten einer vollständigen psychoanalytischen Ausbildung für diese interessierten PsychiaterInnen. Zuerst diskutierte er mit Antoine Hani, dem damaligen Leiter des *Middle East Committee* der IPA, welches die psychoanalytische Ausbildung der Länder des Mittleren Ostens wie etwa dem Libanon oder Ägypten regelte, über die Ausbildungsmöglichkeiten für die drei potenziellen türkischen KandidatInnen. Während seiner Diskussionen mit diesem Komitee lernte er auch David Sachs kennen, den damaligen Vorstand der *New Groups Committee*, der für die Ausbildungsfragen neu gegründeter Institute der IPA zuständig war, und führte die Ausbildungsdebatte mit ihm weiter. Das zunächst beabsichtigte Projekt der Institutionalisierung der Psychoanalyse in der Türkei im Rahmen des *Middle East Committee* wurde aufgelöst, da von türkischer Seite die Meinung vertreten wurde, dass die Türkei nicht ein Teil des Mittleren Ostens, sondern Europas sei und daher die Verbindung zu einem europäischen Komitee der IPA angestrebt werden sollte. Zusammen mit David Sachs reiste Volkan nach Izmir, um dort seinem Kollegen die Aktivitäten der Halime Odağ Stiftung vor Ort vorzustellen.

Im weiteren Verlauf dieser Organisationsphase fragte Volkan auch den griechischstämmigen Psychoanalytiker Peter Hartocolis, seinen langjährigen Kollegen und Mitglied der IPA, der im Alter die USA verließ und in seiner Heimat Griechenland lebte, ob die InteressentInnen aus Izmir bei ihm ihre Lehranalysen beginnen könnten. Nach intensiver Organisationsarbeit Vamık D. Volkans konnten Işıl Vahip, Gülgün Alptekin und ein weiterer Psychiater ihre Lehranalysen im benachbarten Griechenland beginnen.

Işıl Vahip: »Wir hörten dann von der Möglichkeit einer Shuttle-Analyse und Vamık Volkan recherchierte, bei welchem Analytiker eine Shuttle-Analyse logistisch und finanziell durchführbar war. So vermittelte er uns drei Lehranalytiker der IPA, Peter Hartocolis, Nicos Couretas und Nicos Cevaras aus Griechenland. Ich und meine Freunde sind von Kuşadası [Küstenstadt an der türkischen Ägäis] mit einem Schiff zum Pira Hafen gefahren und von dort aus mit dem Zug oder Bus nach Athen. [...] Nach

Abb. 39: Işıl Vahip

eingehenden Gesprächen sagte mir Dr. Hartocolis, dass ich mit der Analyse beginnen könnte. Er sagte: ›Sie können sich auf die Couch legen.‹ ›Nein‹, sagte ich, ›das kann ich nicht.‹ Wie sollte das alles gehen? Ich hatte kaum Geld und musste für die Analysekosten, Hotelkosten, Flugkosten aufkommen und hatte eine Familie in der Türkei zu ernähren. Ich kann mich erinnern, wie ich ins Hotel zurückkehrte und dort stundenlang weinte. Mein Kollege tröstete mich und sagte, ich solle morgen nochmals hingehen und die Analyse beginnen, da ich ja alles organisiert hatte und die Analyse leidenschaftlich gerne machen wollte. Am nächsten Tag ging ich wieder zu Herrn Hartocolis und er machte mir ein unglaublich niedriges Honorarangebot, was ich mein Leben lang niemals vergessen werde!« (Interview am 24.9.10, Izmir)

So fingen Işıl Vahip im Jahr 2000 und ein Jahr darauf Gülgün Alptekin dank der Vermittlungsarbeit Volkans mit ihren Lehranalysen an, indem sie mehrere Jahre blockweise für die Analysestunden ins Nachbarland reisten. Als im Jahr 2004 die von der IPA unterstützte und beaufsichtigte Ausbildung in der Türkei begann, absolvierten sie den Rest ihrer theoretischen und klinischen Seminare im einem der beiden Ausbildungsinstitute in Istanbul. Beide sind heute ausgebildete Psychoanalytikerinnen – Vahip praktiziert in Izmir und Alptekin in Istanbul – und Mitglieder der IPA. Ihr Kollege unterbrach damals seine Analyse in Griechenland und ist heute Ausbildungskandidat in einer der Study Groups in Istanbul.[151]

Ungefähr zur selben Zeit wie der Gründung der Halime Odağ Stiftung gegen Ende der 1990er Jahre knüpfte Volkan auch mit psychoanalytisch interessierten PsychiaterInnen aus der Bakırköy Klinik in Istanbul Kontakte. In weiterer Folge begann eine etwa 20-köpfige Gruppe eng mit Volkan zusammenzuarbeiten und gab sich den Namen *Volkan Club*. Auf seinen Reisen von den USA nach Zypern unterrichtete Volkan diese interessierten PsychiaterInnen in psychoanalytischen Theorien und supervidierte ihre klinische Arbeit.

Abb. 40: Gülgün Alptekin

Nachdem Volkan die psychoanalytische Ausbildung zweier Psychiaterinnen im Rahmen der IPA in die Wege geleitet und erste Schritte zur theoretischen Verbreitung der Psychoanalyse in Izmir und Istanbul unternommen hatte, beabsichtigte er in nächster Instanz ein von der IPA anerkanntes Ausbildungszentrum in der Türkei mit dem Namen *Volkan School for Psychoanalysis* zu gründen. Anfang der 2000er Jahre stellte er gemeinsam mit David Sachs für sein Projekt einen Antrag an die IPA und bat um organisatorische Unterstützung. Gegen seine Ambitionen protestierten aber einige PsychoanalytikerInnen, die in der Türkei lebten und ihre Ausbildung in Frankreich absolviert hatten bzw. noch durchliefen. Infolgedessen konnte die *Volkan School for Psychoanalysis* in der Türkei nicht gegründet werden und Volkan zog sich von seinem ambitionierten Projekt zurück.[152]

Heute ist Vamık D. Volkan mit der Halime Odağ Stiftung in Izmir und den ehemaligen Mitgliedern des Volkan Clubs, von denen einige gegenwärtige AusbildungskandidatInnen in den zwei Ausbildungszentren in Istanbul sind, nach wie vor

---

151 Für Näheres zum Prozess der psychoanalytischen Ausbildungsmöglichkeit in den zwei türkischen »Study Groups« im Rahmen der IPA siehe Kapitel zu den PsychoanalytikerInnen der zweiten und dritten Generation.

152 Auf die näheren Umstände dieser Konflikte wird in der Darstellung des psychoanalytischen Institutionalisierungsverlaufs im Kapitel zu den PsychoanalytikerInnen der zweiten Generation näher eingegangen.

in Kontakt und supervidiert ihre klinischen Fälle. Auch an einigen Universitäten in Istanbul, Ankara, Izmir und Zypern hält er vor allem seit seiner Emeritierung kontinuierlich Vorträge zur Psychoanalyse:

Vamık D. Volkan: »Jedes Jahr kommen sechs Personen aus dem ehemaligen Volkan Club in den Sommerferien nach Zypern in mein Sommerdomizil. Wir setzen uns an das Ufer und ich supervidiere sie, aber unter einer Bedingung, sie erzählen mir nicht von ihren Ausbildungszentren. Ich supervidiere sie unabhängig davon zu ihren Fällen. Ich mache dies alles unentgeltlich, als Geschenk für die Psychoanalyse in der Türkei« (Telefoninterview am 28.10.09).

In Wien wurde Volkan 2006 mit dem Sigmund-Freud-Preis geehrt und arbeitete dort für einige Monate als Gastprofessor. Ein wichtiges Anliegen ist ihm die internationale Bekanntmachung der psychoanalytischen Aktivitäten und der Ausbildungsmöglichkeiten in der Türkei. Aus diesem Grund erwähnt er in allen psychoanalytischen Kreisen in verschiedensten Ländern der Welt seine türkische Abstammung:

Vamık D. Volkan: »Ich werde von vielen psychoanalytischen Gesellschaften weltweit eingeladen und die wissen natürlich, dass ich ein Türke bin. In der Weise zeige ich, dass auch Türken Psychoanalytiker ausbilden. Wo ich auch hingehe, sage ich, dass ich ein Türke bin (lächelt). Wo auch immer, im zweiten oder dritten Satz sage ich: ›Ich bin ein Türke‹ (lacht)« (Telefoninterview am 28.10.09).

Auch seine ehemaligen AssistentInnen haben weitreichende Arbeiten auf dem Gebiet der Psychoanalyse und Psychopolitik geleistet und sind heute im In- und im Ausland bedeutende PsychoanalytikerInnen oder psychoanalytisch orientierte PsychotherapeutInnen.

Wenn sich auch Vamık D. Volkan von den psychoanalytischen Ausbildungsaufgaben in der Türkei zurückgezogen hat bzw. dazu aufgefordert wurde, kann er als der prominenteste türkische Psychoanalytiker bezeichnet werden, der in der internationalen psychoanalytischen Community besonders weitreichend zur Popularisierung der Psychoanalyse in der Türkei beigetragen hat.

Elif Ülkü Gürışık

Elif Ülkü Gürışık wurde am 25. April 1939 in der mittelanatolischen Stadt Adana als drittes Kind einer zehnköpfigen Familie aus wohlhabenden Verhältnissen geboren. Da ihr Vater Ziya Gürışık das älteste Kind der Familie war, musste er nach dem Tod seines Vaters die Mittelschulausbildung im berühmten französischsprachigen »Galatasaray« Gymnasium in Istanbul abbrechen, um seine Herkunftsfamilie durch seine Arbeitstätigkeit finanziell unterstützen zu können. Ihre Mutter Makbule Gürışık war die Tochter eines »Ağas«[153] und wurde nur einen einzigen Tag in die Schule geschickt, da ihre Familie der Ansicht war, das Leben der Tochter finanziell absichern zu können, daher die Schulbildung und damit auch eine spätere Erwerbstätigkeit nicht für nötig erachtete. Obwohl oder gerade weil sie keine Schulbildung genießen konnte, war ihre Mutter ihr ganzes Leben lang an der allgemeinen Bildung und den aktuellen soziopolitischen Begebenheiten ihres Landes sehr interessiert:

Abb. 41: Elif Ülkü Gürışık

Elif Ülkü Gürışık: »Wir Kinder wurden das Auge und das Ohr meiner Mutter und lasen ihr immer Berichte aus drei Zeitungen, der ›Cumhuriyet‹, ›der Sabah‹ und der ›Bugün‹, vor.[154] Außerdem lasen wir ihr aus den englischen, französischen und türkischen klassischen Romanen vor. An Wintertagen aßen wir geröstete Nüsse und lasen ihr jeden Abend für eine Stunde diese Bücher vor und meine Mutter kam dadurch in die Lage, den Inhalt dieser wichtigen Bücher zu diskutieren. Wir wurden also ihr Auge und ihr Ohr, ich stamme aus einer solchen familiären Struktur« (Interview am 26.9.10, Izmir).

Elif Ülkü Gürışık wuchs somit in einer wissensdurstigen und diskussionsreichen Familienatmosphäre auf, lernte durch die Literatur auch schon von

---

153 Großgrundbesitzer in einem Dorf oder einer Provinz mit einer hohen sozialen Anerkennung und Autorität.

154 Die »Cumhuriyet« (Die Republik) ist eine links-kemalistisch ausgerichtete Tageszeitung mit einer der höchsten Auflagen in der Türkei. Die »Sabah« (Der Morgen) ist ebenfalls eine Tageszeitung mit Boulevardelementen. Die »Bugün« (Heute) war damals eine lokale Zeitung von Adana.

Abb. 42: Elif Ülkü Gürışık (rechts) mit ihrer Schwester und ihrem Bruder

Kindesbeinen an europäisches Gedanken- und Kulturgut kennen. Von 1945 bis 1950 besuchte sie die »Kurtuluş« Volksschule in Adana und beendete in dieser Stadt auch ihre Gymnasialausbildung im Jahre 1956. Im gleichen Jahr ging sie nach Istanbul, um an der Medizinischen Fakultät der Istanbul Universität ihr Studium aufzunehmen, welches sie 1962 absolvierte. Die abgebrochene Gymnasialausbildung des Vaters und den Analphabetismus der Mutter schienen einige Kinder der Familie Gürışık durch ein Studium an der renommierten Istanbul Universität zu kompensieren.

Gleich anschließend begann Elif Ülkü Gürışık mit ihrer psychiatrischen Facharztausbildung an der Ankara Universität und lernte dort sehr bald Orhan Öztürk[155] kennen, der einige Zeit im Austen Riggs Center bei Erik Erikson und auch bei David Rapaport in den USA gearbeitet hatte und kurz zuvor in die Türkei zurückgekehrt war. In seinen Vorlesungen hörte sie erstmals von der Psychoanalyse, die ihr Interesse und ihre Neugierde auf sich zog.

Abb. 43: Elif Ülkü Gürışık (rechts) mit ihren Schwestern

Im Jahre 1964, zwei Jahre nach Beginn ihrer Facharztausbildung, kam die in den USA ausgebildete Psychoanalytikerin Leyla Zileli nach Ankara und wurde für Gürışık eine wichtige Figur auf ihrem psychoanalytischen Werdegang. Bereits kurz nach ihrer Ankunft begann Gürışık bei ihr für eine Stunde pro Woche eine psychoanalytische Psychotherapie.

---

155 Für biografische Angaben siehe Celal Odağs Kurzbiografie.

Exkurs: Leyla Zileli[156]

Leyla Zileli wurde 1925 in Istanbul als Kind einer gebildeten Oberschichtfamilie geboren. Durch den Beruf ihres Vaters Tevfik Kamil lebte die Familie in unterschiedlichen Ländern, weswegen sie Französisch schon sehr früh gelernt hatte. Gemeinsam mit ihrer Schwester absolvierte Zileli als Internatsschülerin das französischsprachige Gymnasium Notre-Dame-de-Sion in Istanbul. Obwohl sie den Unterricht der Ordensschwestern als sehr streng empfand, erachtete sie ihre Gymnasialausbildung für die Entwicklung ihrer humanistischen Weltsicht als sehr bedeutend. Ihr Medizinstudium nahm sie an der Istanbul Universität auf und beendete es im Jahre 1950.

Danach führte sie ihre Facharztausbildung in Psychiatrie und Neurologie an derselben Universität fort und schloss sie fünf Jahre später ab. Während ihrer Facharztausbildung wurde sie Assistentin des Psychiaters Ihsan Şükrü Aksel[157], doch nach einer Enttäuschung durch ihren Mentor, der sie womöglich fachlich nicht inspirieren konnte, wandte sie sich von der Medizinischen Fakultät der Istanbul Universität ab und entschloss sich, in den USA die psychoanalytische Ausbildung zu absolvieren. 1957 begann sie am Kansas City Psychiatric Receiving Center als psychiatrische Assistenzärztin zu arbeiten. Zwei Jahre später nahm sie am Postgraduate Center for Psychotherapy ihre psychoanalytische Ausbildung auf und wurde die Analysandin von Lewis R. Wolberg, dem Gründer des Ausbildungsinstituts. Obwohl ihr nach Beendigung ihrer Ausbildung im Jahre 1962 eine Arbeitsstelle am Institut angeboten wurde, entschied sich Zileli für die Rückkehr in ihre Heimat, woraufhin ihr ehemaliger Lehranalytiker gemeint habe: »Ich verstehe, Sie gehen, um im kleinen Meer ein großer Fisch zu werden.«[158]

Nach ihrer Rückkehr in die Türkei arbeitete sie zuerst zwei Jahre lang in einer Privatpraxis in Istanbul, nahm dann ihre Arbeit an der sich im Aufbau befindenden psychiatrischen Abteilung der Medizinischen Fakultät der Hacetepe Universität in Ankara auf, wurde dort im Jahre 1965 Dozentin und fünf Jahre später Professorin. Nach jahrelanger klinischer Arbeit an den psychiatrischen Abteilungen der Hacetepe und Başkent Universitäten wurde sie 1992 emeritiert, arbeitete aber in der

---

156 Ein Interview mit Leyla Zileli konnte ich nicht mehr durchführen, da sie kurz vor Beginn meines Dissertationsvorhabens verstarb. Die biografischen Daten stammen von ihrer Analysandin und langjährigen Mitarbeiterin Nilgün Taşkıntuna. URL: http://www.leylazileli. org/turkce/leyla_zileli_NT.php (Stand: 10.06.2012); Nilgün Taşkıntuna: Persönliche Mitteilung am 6. u. 7. Mai 2011.

157 Sowohl Günsel Koptagel-Ilal als auch Ulviye Etaner waren Assistentinnen von Ihsan Şükrü Aksel. Für nähere Angaben zu seiner Person siehe Koptagel-Ilals Kurzbiografie.

158 URL: http://www.leylazileli.org/turkce/leyla_zileli_NT.php (Stand: 10.06.2012).

Ausbildung zahlreicher PsychiaterInnen und PsychologInnen in psychoanalytisch orientierter Psychotherapie weiter. Sie war Mitglied der Association for Autonomous Psychoanalytic Institutes[159] und war auch als Lehr- und Kontrollanalytikerin am Istituto di Specializzasione in Psicologia Psicoanalitica del Sè e Psicoanalisi Relazionale (Training Institute in Psychoanalytic Self Psychology and Relational Psychoanalysis) tätig.

In Ankara wurde sie die Lehr- bzw. Kontrollanalytikerin von Nilgün Taşkıntuna, Füsun Çuhadaroğlu und Gamze Özçürümez. Leyla Zileli verstarb nach schwerer Krankheit am 28. Juni 2008.

Nachdem Elif Ülkü Gürışık ihre psychiatrische Facharztausbildung 1967 beendet hatte, begann sie zusammen mit Orhan Öztürk und Leyla Zileli, die gemeinsam die psychiatrische Abteilung der Hacetepe Universität in Ankara aufgebaut hatten, als Psychiaterin unter deren Supervision zu arbeiten:[160]

Elif Ülkü Gürışık: »Zwei Jahre später wollte ich in die USA reisen, um dort meine psychoanalytische Ausbildung zu beginnen, aber Öztürk und Zileli sagten mir, dass ich mich in Amerika sehr einsam fühlen könnte, und schlugen mir daher eine kleinere Universitätsstadt vor. Und so ging ich im Oktober 1969 nach Cambridge und wurde ein Jahr später am berühmten British Psychoanalytic Institute aufgenommen. Ich ging also sehr bewusst, mit dem klaren Ziel einer psychoanalytischen Ausbildung nach England« (Interview am 26.9.10. Izmir).

Gürışık lernte schon während ihres Aufenthaltes in Cambridge, wo sie im Fulbourn Hospital arbeitete, ihren zukünftigen Ehemann Aleftair Clark kennen, der in jener Stadt Mathematik und Informatik studierte. Gemeinsam übersiedelten sie im Jahre 1970 nach London, wo er als leitender Angestellter einer Bank seine Weiterbildung im ökonomischen Bereich und sie ihre psychoanalytische Ausbildung in der British Psychoanalytic Society begann. Während der Zeit ihrer Ausbildung arbeitete sie von 1970 bis Anfang 1974 im Hospital Essex in Claybury.

Die Geschichte der 1920 von Ernest Jones gegründeten British Psychoanalytic Society ist von Kontroversen zwischen Anna Freud und Melanie Klein, die vor allem in ihrer unterschiedlichen Auffassung der Kinderpsychoanalyse im Hinblick

---

159 Eine weitere türkischstämmige Psychoanalytikerin dieses Instituts ist Birsen Erses, die in New York lebt und praktiziert.

160 Auch Mehmet Sağman Kayatekin ist ein ehemaliger Schüler von Leyla Zileli und Orhan Öztürk. Er arbeitete lange Jahre im Austen Riggs Center, ist zurzeit in der Menninger Klinik in den USA tätig und hat kürzlich seine psychoanalytische Ausbildung im Rahmen der IPA absolviert. Vgl. Kayatekin 2008.

auf die Nature-Nurture-Debatte gründet, geprägt und führte während des Zweiten Weltkrieges zur Entwicklung von zwei Schulen, der »Kleinian A-Group« und der »Freudian B-Group«. Zusätzlich zu diesen zwei Strömungen entstand dann auch die unabhängige »Middle-Group« (vgl. Roudinesco/Plon 2004, 372ff.; Dare 1982, S. 542ff.). Gürışık absolvierte ihre Ausbildung in der »Contemporary Freudian Group«[161], da aber kurz vor Beginn ihrer Ausbildung ein gemischtes Curriculum an ihrem Ausbildungsinstitut eingeführt wurde, kam sie auch in näheren Kontakt mit PsychoanalytikerInnen aus den beiden anderen Gruppen, wie mit Paula Heimann, Hanna Segal und Eric Brenman. Ihre Lehranalytikerin war Susanna Davidson, ihre SupervisorInnen Joseph Sandler, seine Frau Anne-Marie Sandler und Masud Khan[162]:

Elif Ülkü Gürışık: »Ich muss sagen, dass ich in einer ausgesprochen chancenreichen Phase meine Ausbildung an der British Psychoanalytical Society durchlaufen habe und wirklich sehr viel lernen konnte. Sehr viele bedeutende Psychoanalytiker haben einen wichtigen Einfluss auf meine psychoanalytische Entwicklung ausgeübt« (Interview am 26.9.10. Izmir).

Joseph Sandler (1927–1998), einer der prominentesten PsychoanalytikerInnen in der britischen und der internationalen psychoanalytischen Community, hatte auf ihren psychoanalytischen Werdegang einen entscheidenden Einfluss ausgeübt. Er studierte zunächst Psychologie an der Universität Kapstadt und emigrierte anschließend nach England, wo er sein Doktoratsstudium beendete. Am University College of London nahm er dann auch ein Medizinstudium auf und spezialisierte sich in Kinderpsychiatrie. Fonagy beschreibt ihn als einen »excellent and dedicated clinician, an original theoretician who wrote with great clarity and a pioneering conceptual researcher, he was also a gifted teacher and an inspirational leader« (2001, S. 815). Sandler verfasste einflussreiche Werke zu inneren Objektbeziehungen, zur Kinderpsychoanalyse und zum psychoanalytischen Prozess zwischen AnalytikerInnen und AnalysandInnen. Außerdem stellte er Freuds Modelle der Seele sowie die psychoanalytischen Grundbegriffe vor dem historischen Hintergrund ihrer Entwicklung auf eine sehr verständliche Weise dar (vgl. Sandler 1992; Sandler et al. 1982; Sandler/Dreher 1999; Sandler et al. 2001; Sandler et al. 2003; J. Sandler/A-M. Sandler 1999). Sandlers herausragende Theorien sollte seine ehemalige Supervisandin Jahrzehnte später in der Türkei einer breiten Interessentengruppe näherbringen (s.u.).

---

161 Interview mit Elif Ülkü Gürışık am 26. September 2010 in Izmir.
162 Muslimischer Psychoanalytiker (1924–1989) aus Indien und ehemaliger Analysand von Donald Winnicott. Zum »Fall Masud Khan« siehe Akhtar (2008, S. 318ff.).

Nach dreieinhalb Jahren beendete Elif Ülkü Gürışık als die schnellste Kandidatin des Instituts ihre Ausbildung, wurde 1974 »Associate Member« und 1988 »Full Member« der British Psychoanalytical Society.

Gürışık sieht ihre türkische Herkunft und ihre muslimische Religionszugehörigkeit nicht im Gegensatz zur »westlichen« Psychoanalyse stehend, da sie nicht in einer streng traditionellen, sondern in einer fortschrittlich-liberalen Familie aufgewachsen ist und sich dementsprechend weltoffen entwickelt hat:

Elif Ülkü Gürışık: »Ich war ein Kind, das mit Märchen von Anderson aufgewachsen ist und ab 11 Jahren Literatur von Balzac gelesen hat. Es wurde mir natürlich später bewusst, dass ich schon als Kind die westliche Mentalität verinnerlicht hatte. [...] Ja, ich wurde zwar in einer muslimischen Familie geboren, aber der Islam war in unserer Familie niemals ein grundlegendes Thema. Unsere Lebensweise baute nicht auf den Islam oder auf strenge islamische Gebräuche auf. Ja, meine Eltern haben gefastet, haben Almosen gegeben, haben ein Tier geopfert, manchmal sah ich meine Mutter auch beten, aber die Religion warf niemals ihren Schatten auf unseren Alltag. Daher hatten wir eine derart große Freiheit in der Familie, dass ich sogar an meinen Vater Fragen zur Sexualität stellen konnte« (Interview am 26.9.10, Izmir).

Abb. 44: Elif Ülkü Gürışık

Gürışık betonte in unserem Interview, dass sie während ihres Medizinstudiums »ihre Beziehung zu Gott beendet« (Interview am 26.9.10, Izmir) hatte und nachdem sie auch das *Totem und Tabu* von Freud gelesen hatte, entschied sie sich – nach einer zunächst agnostischen Einstellung – zur Gänze für den Atheismus. Mit den Besonderheiten der türkischen Kultur und des Islam hatte sie sich danach nur als »Beobachterin« (Interview am 26.9.10, Izmir) beschäftigt. In England hatte sie bemerkt, dass manche Eigenschaften der türkischen Kultur sehr wertvoll waren, doch sie verfiel niemals der Idealisierung ihres Ursprungslandes und auch nicht ihrer späteren Wahlheimat England. Von beiden Kulturen konnte sie Teile annehmen, die zu ihrer Weltsicht passten. Beispielsweise war ihr britischer Ehemann mit 11 Jahren zum letzten Mal in die Kirche gegangen und somit spielte die Religion auch in ihrer Ehe keine Rolle. In ihrer Analyse empfand sie ihren soziokulturellen Hintergrund nie als ein Hindernis, sondern als eine Bereicherung:

Elif Ülkü Gürışık: »Dass meine Analytikerin und ich unterschiedlicher Herkunft waren, hatte zu keinen Schwierigkeiten in der Analyse geführt. Wenn sie einen Begriff oder eine kulturelle Eigenart nicht verstand, wollte sie, dass ich es ihr erkläre« (Interview am 26.9.10, Izmir).

Durch die Kenntnis sowohl türkischer als auch europäischer Wertesysteme konnte Gürışık das unterschiedliche Verständnis von Besonderheiten beider Kulturräume erkennen und brachte ihr Wissen und ihre Gefühle in den analytischen Prozess ein.

Ab 1974, nach Beendigung ihrer psychoanalytischen Ausbildung, arbeitete Gürışık drei Jahre lang im West Middlesex Hospital in der Kinder- und Jugendpsychiatrie. Gleichzeitig nahm sie auch ihre Tätigkeit in der Tavistock und Portman Klinik auf, die sie bis zu ihrer Emeritierung im Jahre 2001 ausübte. Ab den 1930er Jahren erweiterte diese Klinik unter der Leitung von John Rees ihr Angebot auch auf die Behandlung und Erforschung von Kriminalität durch psychoanalytische Einzel- und Gruppentherapien (vgl. Roudinesco/Plon 2004, S. 375). Unter Einfluss dieser Tradition stehend, spezialisierte sich Gürışık in der Portman Klinik auf dem Gebiet der psychoanalytischen Therapie von Kriminellen und Sexualstraftätern (Gürışık 1997a, b, c). Währenddessen nahm sie Supervisionen bei Adam Limentani, der selbst wichtige Werke zu sexuellen Abweichungen und zur Delinquenz verfasste (vgl. Limentani 1972, 1991). Aufgrund hervorragender wissenschaftlicher und praktisch-klinischer Leistungen wurde Gürışık im Jahre 1996 zum »Fellow of Royal College of Psychiatrists« ernannt.

Schon in den 1990er Jahren begann sie, in der Türkei blockweise psychoanalytisch orientierte Gruppenpsychotherapien mit PsychiaterInnen, DozentInnen, ProfessorInnen und einigen klinischen PsychologInnen durchzuführen. Durch ihre Initiative wurde eines der lehrreichsten Bücher von Joseph Sandler (Sandler et al. 1992) über die AnalytikerIn-AnalysandIn-Beziehung ins Türkische übersetzt und wird künftig veröffentlicht werden. Anhand dieses Werkes hatte sie den GruppenteilnehmerInnen die psychoanalytischen Grundkonzepte näher gebracht.

Nach ihrer Emeritierung entschied sich Gürışık, ihr Leben in der Nähe ihrer Familienmitglieder zu verbringen und remigrierte 2001 endgültig in die Türkei. Im Jahre 2008 gründete sie den Verein *AÇPPD – Ankara Çağdaş Psikanalitik Psikoterapiler Derneği* (Verein für zeitgenössische psychoanalytische Psychotherapien Ankara):

Elif Ülkü Gürışık: »Wir veranstalteten viele psychoanalytische Seminare und Filmvorführungen in unserem Verein und ich möchte, dass die interessierten

Fachkräfte die psychoanalytischen Theorien aus erster Hand kennen lernen. In näherer Zukunft wollen wir Anne-Marie Sandler einladen, sie ist schon sehr alt, aber wir hoffen natürlich, dass sie kommen wird. [...] Ich habe in der Türkei gesehen, dass man voreilige, nach Kategorien unterteilte Deutungen macht. Dieser Patient hat eine narzisstische Störung, der andere hat diese oder jene Störung usw. Sie gehen nach strengen Schemata vor und deuten nach theoretischen Vorgaben. Das entfernt die Personen vom Verstehen des Patienten sowie von der Introspektion und führt zu einem Intellektualisieren. Das wollen wir ein Stück weit brechen. [...] Da die Menschen hier die Psychoanalyse nicht kennen, kommen sie nicht und haben Angst vor ihr oder glauben, dass sie für sie unerreichbar ist. Daher wollen wir auch die Neugierde der Bevölkerung an der Psychoanalyse erwecken« (Interview am 26.9.10, Izmir).

Gürışık leitet in ihrem Verein theoretische Seminare für interessiertes Fachpersonal aus den psychiatrischen Kliniken vieler Universitäten in Ankara. Anfangs wollte sie zwar in der Türkei mehr Zeit für ihr Privatleben finden, da aber große Anfragen vonseiten psychoanalytischer AusbildungskandidatInnen kamen, nahm sie zudem im Jahre 2010 zwei PsychiaterInnen in Lehranalyse und supervidiert zwei weitere Personen, die alle ihre Ausbildung in den türkischen Study Groups im Rahmen der IPA durchlaufen.[163] Die Beantwortung der Frage, ob ihr Verein den Status einer Study Group der IPA anstrebt, erachtet sie noch als sehr verfrüht:

Elif Ülkü Gürışık: »Ich werde natürlich älter und so wird die Zukunft dieses Vereins auf den Schultern der jungen Fachpersonen liegen. Unser Verein hat nun Mitglieder, die Analysen in Rom oder in Paris im Rahmen der IPA absolvieren. Ich hoffe, dass diese Ausbildungskandidaten, wenn sie dann Psychoanalytiker werden, verantwortungsvoll arbeiten und sich dafür einsetzen, dass sich die angewandte Psychoanalyse in der Türkei rechtmäßig etabliert. Wie heute Celal Odağ [auf dem Kongress der Halime Odağ Stiftung] gesagt hat, ist die Psychoanalyse nicht die Heilmethode für alle möglichen Sorgen. Die Psychoanalyse ist ein Mittel, mit dem sich der Mensch selber verstehen kann, mit dem er sich ein befriedigendes und bereicherndes Leben erarbeiten kann. Wir offerieren den Menschen nicht ein Rezept, sondern bringen ihnen bei, unser Unglück des alltäglichen Lebens auszuhalten und uns dabei nicht viel Leid anzutun« (Interview am 26.9.10, Izmir).

---

163 Für nähere Beschreibung der Möglichkeit der psychoanalytischen Ausbildung in den türkischen Study Groups der IPA siehe Kapitel zu PsychoanalytikerInnen der zweiten und dritten Generation.

Der Verein AÇPPD befindet sich zwar erst in der Aufbauphase und es ist gerade erst geplant, eigene Räumlichkeiten zu beziehen, doch die Aktivitäten werden laut Gürışık in Zukunft stetig wachsen. Vom 25. bis 27. November 2011 veranstalteten die Mitglieder des Vereines einen psychoanalytischen Kongress in Ankara zu Ehren von Leyla Zileli, an dem neben der Psychoanalytikerin Anne-Marie Sandler auch weitere bedeutende PsychoanalytikerInnen aus dem In- und Ausland als Vortragende teilnahmen.[164]

Die zweite Generation: Shuttle-Ausbildung – LehranalytikerInnen der zwei türkischen Study Groups der IPA

Die meisten PsychoanalytikerInnen der zweiten Generation hatten bei der Institutionalisierung der Psychoanalyse in der Türkei im Rahmen der La Société Psychanalytique de Paris (SPP) beziehungsweise der International Psychoanalytical Association (IPA) Vorreiterrollen inne. Sie waren die LehranalytikerInnen der heutigen PsychoanalytikerInnen der dritten Generation und sind auch diejenigen der gegenwärtigen AusbildungskandidatInnen.

Die »Shuttle-(Pendel)-Ausbildung« (s. u.) stellt mit einer Ausnahme für alle Mitglieder dieser Generation einen gemeinsamen Nenner dar. In deren Rahmen absolvierten sie die Lehr- und Kontrollanalysen und/oder die theoretisch-klinischen Seminare geblockt und hochfrequentiert im Ausland, während sie ihren Lebensmittelpunkt in der Türkei behielten.

Namentlich haben folgende PsychoanalytikerInnen der zweiten Generation die gesamte oder einen Teil der psychoanalytischen Ausbildung als PendlerInnen zwischen der Türkei und Frankreich durchlaufen und sind heute Mitglieder der SPP und der IPA: Talat Parman, Bella Habip, Tevfika Tunaboylu-Ikiz, Elda Abrevaya, Levent Kayaalp und Ayça Gürdal Küey. Auch Nesim Bitran absolvierte eine Shuttle-Ausbildung in Frankreich, ist aber nicht Mitglied der SPP, sondern der

---

164 Anne-Marie Sandler (British Psychoanalytical Society), Bella Habip (Türkische Study Group der IPA, Psikeist), Carine Minne (British Psychoanalytical Society), Celal Odağ (Halime Odağ Stiftung für Psychoanalyse und Psychotherapie), Edna O'Shaugnessey (British Psychoanalytical Society), Elizabeth Bradley (British Psychoanalytical Society), Emel Kayatekin (Menninger Klinik, USA), David Bell (British Psychoanalytical Society), Donald Campbell (British Psychoanalytical Society), Orhan Öztürk (Emeritierter Psychiater und psychoanalytischer Psychotherapeut), Nicholas Temple (British Psychoanalytical Society), Sağman Kayatekin (Menninger Klinik, USA), Talat Parman (Türkische Study Group der IPA, IPD), Yavuz Erten (Türkische Study Group der IPA, Psikeist).

IPA. Stella Ovadia ist Mitglied der SPP und der IPA, ohne eine Shuttle-Ausbildung durchlaufen zu haben.

Işıl Vahip und Gülgün Alptekin durchliefen ihre Shuttle-Analysen in Griechenland und sind heute ebenso Mitglieder der IPA. Da sich aber ihre psychoanalytische Ausbildung und ihr sozialer Hintergrund von den übrigen Mitgliedern der zweiten Generation in einigen Bereichen unterscheiden und deren Ausbildungspfad in der Kurzbiografie von Vamık D. Volkan schon näher dargestellt wurde, werde ich mich in den kommenden Ausführungen auf die in Frankreich ausgebildeten PsychoanalytikerInnen beziehen.

Soziokultureller Hintergrund

Alle in Frankreich ausgebildeten PsychoanalytikerInnen sind zwischen Mitte der 1940er und Anfang der 1960er Jahre geboren. Betrachtet man ihre Herkunftsfamilien, so ist ihre Zugehörigkeit zur oberen Mittel- bzw. Oberschicht ein herausragendes Merkmal dieser Generation. Die Hälfte dieser acht PsychoanalytikerInnen, Bella Habip, Stella Ovadia, Elda Abrevaya und Nesim Bitran, gehört der sephardisch-jüdischen Minderheit in der Türkei an. Gemeinsam ist den türkischen und türkisch-jüdischstämmigen PsychoanalytikerInnen die Orientierung ihrer Herkunftsfamilien an westlichen Lebensstilen. Schon die Eltern bzw. Großeltern hatten größtenteils eine akademische Ausbildung genossen und waren verschiedener europäischer Sprachen mächtig. Talat Parman beispielsweise stammt aus einer Familie der Oberschicht, in welcher der medizinische Beruf eine lange Tradition hat. So wusste er von Anfang an, dass auch er eine medizinische Ausbildung durchlaufen würde. Der einzige Fachbereich, der ihn aber innerhalb der Medizin interessierte, war die Psychiatrie:

Talat Parman: »Meine Familie besteht aus Medizinern. Mein Großvater war Arzt, mein Vater ist Arzt, meine Mutter ist Ärztin, mein Bruder ist Arzt, der Großvater meines Vaters war wiederum Arzt, ein Pathologie-Professor. Mütterlicherseits gibt es Veterinäre. Der Großvater und meine Tante mütterlicherseits sind Apotheker. Da also fast alle Mitglieder meiner Familie aus dem medizinischen

Abb. 45: Talat Parman

Tradition stammen, habe ich auch den Familienberuf gewählt. Aber das, was mich an Medizin sehr interessierte, war die Psychiatrie« (Interview am 15.5.09, Istanbul).

In den großbürgerlichen Familien herrschte allgemein ein intellektuelles Klima, das den Kindern und Jugendlichen als förderliche Basis für ihre geistige Entwicklung diente. Westliche Kunst, Musik und Literatur waren in den Familien sehr beliebt, wobei auch Romane moderner türkischer SchriftstellerInnen, die über längere Zeit in Europa gelebt hatten und westliche Kulturelemente in ihren Werken verarbeiteten, gerne gelesen wurden. Manchmal standen auch einige Bücher von Sigmund Freud in den Bibliotheken der belesenen Eltern, auf welche die PsychoanalytikerInnen als Jugendliche gestoßen waren und für die sie sich begeisterten:

Stella Ovadia: »Zum ersten Mal bin ich der Psychoanalyse begegnet, als ich ein Buch zu Hause gefunden hatte. Das war noch vor meiner Oberstufenzeit am Gymnasium, ungefähr mit 15 Jahren. Daheim gab es Bücher von Freud, beispielsweise das Buch über die fünf Konferenzen [Freuds Vorlesungen im Jahre 1909 an der Clark Universität]. Ich glaube, ganz sicher bin ich mir aber nicht, dass es entweder die Bücher meiner Mutter oder diejenigen meines älteren Bruders aus dem Gymnasium waren. Ich habe diese Bücher gelesen und ich denke, dass sie mich zum Studium der Psychologie geleitet haben« (Interview am 21.5.09, Istanbul).

Zudem gab es auch Bekannte der Familie, die einen psychologischen oder psychiatrischen Beruf ausübten und über einige Jahre professionelle Erfahrungen im Ausland gesammelt hatten. Sie vermittelten den jungen Erwachsenen inspirierendes Wissen aus der Welt der Psychiatrie und Psychologie und wurden für sie zu wichtigen Vorbildern:

Talat Parman: »Eine bedeutende Figur wurde für mich der Psychiater Metin Özek[165], ein ehemaliger Kommilitone meiner Eltern. Er spezialisierte sich

---

165 Yusuf Metin Özek wurde am 20. Juni 1930 in Istanbul geboren. Nach Beendigung seiner Mittelschulausbildung am Pertevniyal Gymnasium im Jahre 1947 begann er an der Istanbul Universität ein Medizinstudium, das er am 16. April 1953 abschloss. Als 24-jähriger, fertig ausgebildeter Mediziner kam er auf Einladung von Ludwig Heilmeyer erstmals nach Deutschland. 1956 wurde er Mitarbeiter von Ernst Kretschmer in Tübingen und arbeitete ab Sommer 1958 für ein Jahr mit Manfred Bleuler am Burghölzli. Die deutschsprachige Psychiatrie prägte seine späteren Arbeiten in der Türkei, wohin er schon 1959 zum Militärdienst zurückgekehrt war und dort im selben Jahr seine Dozentur erlangte. 1967 schließlich wurde er auf den Lehrstuhl der psychiatrischen Klinik der Istanbul Universität berufen und erhielt zwei Jahre später seine Professur. In den 1970er Jahren verbrachte er wieder

in Deutschland an der Heidelberg Universität und wurde Schüler von Kretschmer. Er hatte zwar kein Interesse an der Psychoanalyse, aber er war ein sehr liebenswürdiger Mensch und erzählte sehr gerne aus der Welt der Psychiatrie und lehrte mich, Fragen zu stellen, frei zu denken und zu reden« (Interview am 15.5.09, Istanbul).

Eine weitere Gemeinsamkeit aller PsychoanalytikerInnen dieser Generation ist ihre Gymnasialausbildung an fremdsprachigen Eliteschulen in Istanbul. Sie besuchten entweder das englischsprachige *Robert Kollegium* oder die französischsprachigen Gymnasien *Saint Joseph, Saint Benoit, Notre-Dame-de-Sion* oder das *Galatasaray Lyzeum*.[166] Diese privaten Schulen wurden hauptsächlich von christlichen Ordensbrüdern im Rahmen der reformreichen Tanzimat Periode des Osmanischen Reiches (1839 bis 1876) gegründet und bezweckten damals die Übertragung westlichen Denk- und Kulturguts auf den Orient. Heute stehen

eine Zeit in Deutschland und veröffentlichte wichtige Arbeiten zur Migration (vgl. Özek et al. 1977). In den 1970er Jahren, als in der Türkei bürgerkriegsähnliche Konflikte zwischen rechts, links und konservativ orientierten politischen Lagern vorherrschten, engagierte er sich in einem Friedensverein namens »Barış Derneği«, weswegen er durch die Militärjunta Anfang der 1980er Jahre für viele Monate inhaftiert wurde. Am 1. September 1990 konnte er wieder an seine ehemalige Stelle an der Istanbul Universität zurückkehren und arbeitete dort bis zu seiner Emeritierung am 1. Juli 1997. Er starb am 6. September 2010 nach kurzer schwerer Krankheit. Die biografischen Daten sind zum Großteil der offiziellen Homepage der Deutsch-Türkischen Gesellschaft für Psychiatrie, Psychotherapie und Psychosoziale Gesundheit (DTGPP) entnommen. URL: http://www.dtgpp.de/index.de.htm (Stand: November 2010).

166 Das *Robert Kollegium* wurde im Jahre 1863 durch den amerikanischen Philanthropen Christopher Rhinelander Robert gegründet. Das *Saint Joseph* Gymnasium wurde 1870 durch einen katholischen Männerorden, *Brüder der christlichen Schulen* (Frères des Écoles Chrétiennes) genannt, der im 17. Jahrhundert von Jean Baptiste de La Salle gegründet wurde, erbaut. Die Unterrichtssprache war nicht Latein, sondern Französisch. 1783 wird als das offizielle Gründungsjahr des *Saint Benoit* Gymnasiums angegeben, in dem anfänglich jüdische, armenische, bulgarische, italienische und weitere nicht muslimische Kinder und Jugendliche unterrichtet wurden. Nach und nach besuchten auch muslimische und/oder türkische Schulpflichtige dieses Gymnasium. Im Jahre 1856 wurde das *Notre-Dame-de-Sion* Gymnasium durch die französischen Ordensbrüder *Filles de la Charité* ursprünglich als Internat erbaut. Kurze Zeit später wurden neben christlichen und jüdischen Schülern durch den Zuspruch der osmanischen Intellektuellen auch muslimische Kinder und Jugendliche aufgenommen. Das *Galatasaray Gymnasium* erhielt erst durch die Republiksgründung seinen heutigen Namen. Davor wurde es als *Mekteb-i Sultani* (Schule des Sultans) geführt, da es 1868 durch den Sultan Abdülaziz erbaut wurde, der ob seiner nahen Beziehungen zu Intellektuellen aus Frankreich in dieser Schule Französisch als Unterrichtssprache einführte. Die historischen Angaben zu den jeweiligen Schulen sind ihren offiziellen Websites entnommen.

sie unter der Leitung des türkischen Bildungsministeriums und werden von muslimischen sowie nicht muslimischen Kindern und Jugendlichen der Mittel- und Oberschichtfamilien besucht. Da die Psychoanalyse auch Bestandteil des Lehrplans dieser Schulen ist, erfuhren viele der heutigen PsychoanalytikerInnen zweiter Generation in ihrer Gymnasialausbildung Näheres über Leben und Werk Sigmund Freuds:

Hale Usak-Sahin: »Wann sind Sie der Psychoanalyse theoretisch zum ersten Mal begegnet?«

Talat Parman: »Im Lyzeum [Gymnasium], dort habe ich zum ersten Mal Freuds Bücher, die von Kâmuran Şipal[167] in die türkische Sprache übersetzt wurden, gelesen. Diese Bücher sind damals in den 1970ern im Bozok Verlag erschienen, und ich bewahre sie immer noch auf. Ich hatte damals einen guten Lehrer in Literatur, der mein Interesse für die Psychoanalyse erweckte. Ich glaube nicht, dass es mein Psychologielehrer war, durch den ich zur Psychoanalyse kam, aber vielleicht auch schon, ich kann mich nicht mehr so ganz erinnern. Da ich in einem französischsprachigen Lyzeum war, wurde der Unterricht in Psychologie und in Philosophie auf Französisch gehalten und unser Lehrer unterrichtete uns eher in Philosophie als in Psychologie. Der türkische Literaturlehrer aber legte großen Wert auf das Lesen und erzählte uns sehr viel von verschiedensten Büchern. In der Weise habe ich von der Psychoanalyse gehört« (Interview am 15.5.09, Istanbul).

Die Gymnasialausbildung ist für alle PsychoanalytikerInnen dieser Generation ein entscheidender Lebensabschnitt, der sie in ihrer Identitätsentwicklung stark beeinflusste. Einerseits erlernten sie schon ab Beginn ihrer Jugendjahre europäische Sprachen und wurden dadurch für westliche Kulturen sensibilisiert. Andererseits fühlten sie, dass sie durch ihre Ausbildung eine besondere Stellung in der Gesellschaft innehatten, denn für AbsolventInnen solcher Eliteschulen waren hoch angesehene Berufe schon vorgesehen:

Tevfika Tunaboylu-Ikiz: »Wir sind Absolventen von fremdsprachigen Schulen, die schon in der osmanischen Zeit erbaut wurden. Die Franzosen, die Italiener oder die Engländer beabsichtigten damit, ihre westliche Kultur und ihre Modernität auf unser Land zu übertragen. Wir sind also nicht Absolventen irgendeiner Schule. Wir stammen aus einem türkischen Kulturkreis, der europäische Denktraditionen schon verinnerlicht hat. Ich bin zwar in einer türkischen Familie aufgewachsen, aber schon mit elf Jahren bin ich in ein englischsprachiges Gymnasium gegangen und kenne daher die englische

---

167 Siehe Kapitel zu den Übersetzungen psychoanalytischer Werke ins Türkische.

Kultur in jeder Hinsicht. Ich kenne das englische System, die Arbeitsweise, die Denkweise bis hin zur Kleidung, von der Innenbekleidung bis hin zu den Schuhen (lächelt). Ich bin mit der englischen Kultur aufgewachsen, von 11 bis 18 Jahren habe ich dieses Gymnasium besucht. Während meines Studiums habe ich dann auch Französisch gelernt. Daher ist die westliche Weltanschauung für uns nichts Außerordentliches« (Interview am 13.11.09, Istanbul).

Europäische Sprachen und okzidentale Denktraditionen wurden somit bereits in den Jugendjahren ein gefestigter Teil ihrer Identitäten. Englisch und Französisch sind für sie als frühe Zweitsprachen und nicht als »Fremdsprachen« zu betrachten. Für fast alle jüdischstämmigen PsychoanalytikerInnen stellt beispielsweise Französisch sogar eine Art Muttersprache dar, da schon ihre Eltern dieser Sprache mächtig waren und mit ihren Kindern – neben Türkisch und Ladino – auch auf Französisch sprachen.

Exkurs: Jüdische Minderheiten in der Türkei

Die Mehrheit der heutigen jüdischen Bevölkerung in der Türkei stammt ursprünglich aus Spanien. Nach der Eroberung der iberischen Halbinsel durch die Araber im Jahre 711 entwickelte sich zwischen der jüdischen Bevölkerung und der zahlenmäßig unterlegenen arabischen Herrschaft eine enge Bindung. Da das jüdische Volk in den Jahrzehnten zuvor durch den dominierenden Katholizismus beträchtlichen Demütigungen, Benachteiligungen und Verfolgungen ausgesetzt war, befürwortete es die arabischen Eroberer, die eine offene Haltung gegenüber der nicht muslimischen Bevölkerung hatten (Heimann-Jelinek/Schubert 1992). Die Juden wurden vor allem in Handels- und Verwaltungsaufgaben eingesetzt und berieten die arabische Herrscherschicht in administrativen Belangen. Mit dem Kalifat von Córdoba (929 bis 1031) verbesserten sich der ökonomische Wohlstand und das soziokulturelle Leben der jüdischen Bevölkerung in Spanien zusehends.

Anfang des 12. Jahrhunderts begann aber wieder die Verfolgung der jüdischen Bevölkerung durch die Reconquista, der Rückeroberung der iberischen Halbinsel durch die Christen. Schlussendlich unterschrieb das Königspaar Ferdinand von Aragon und Isabella von Kastilien im Jahre 1492 das Ausweisungsdekret. Diejenigen Juden, die nicht zum Christentum übertreten wollten, mussten umgehend das Land verlassen. Bei Heimann-Jelinek und Schubert (1992) wird die Zahl der vertriebenen Juden von 100.000 bis zu 400.000 angegeben, von denen ungefähr 40.000 über Norditalien und Nordafrika in das Osmanische Reich gelangten, wo sie von Sultan Beyazıd II. (1481–1512), der sich der Vorteile durch die Immigration der Juden als Spezialisten auf wirtschaftlichem Gebiet bewusst war, aufgenommen wurden. Esther Benbassa (1982) hingegen schätzt die Zahl der Juden, die in das Osmanische Reich geflüchtet waren, auf 90.000 ein.

Die jüdischen Vertriebenen aus Spanien siedelten sich zum größten Teil in Istanbul an, dort vor allem im Galata Viertel, und werden heute als Sepharden bezeichnet. Ein kleiner Teil wurde in Izmir ansässig und war hauptsächlich in wirtschaftlichen Handelsbeziehungen der ägäischen Küste tätig. Nicht muslimische Bevölkerungsgruppen, besonders jene, die an den Küsten Handel betrieben, wurden bzw. werden auch heute auf Türkisch Levanten (Levantiner) bezeichnet.

Stoffer (1999) gibt an, dass im Jahre 1949 durch die Staatsgründung Israels 26.306 türkische Juden die Türkei verließen. Heute leben in der Türkei zwischen 20.000 und 23.000 Juden, von denen ca. 18.000 in Istanbul, ca. 1.500 in Izmir und die übrigen in den Städten Edirne, Bursa, Gelibolu/Çanakkale, Kırklareli, Ankara, Adana und Antakya beheimatet sind. Die Sepharden stellen mit etwa 94 bis 97 Prozent die Mehrheit aller jüdischen Minderheitengemeinden in der Türkei dar. Neben den Sepharden leben heute in der Türkei auch Aschkenasen, ursprünglich aus West- und Osteuropa emigrierte Juden, die jedoch den Sepharden zahlenmäßig weit unterlegen sind. Daneben bestehen auch noch wenige, sehr kleine jüdische Gemeinden, wie beispielsweise die Karäer, die sich in der Auslegung ihrer Religion voneinander unterscheiden.[168]

Die judeo-spanische Sprache der Sepharden wird als Ladino bezeichnet, die auch eine Fülle von türkischen, griechischen, französischen und arabischen Lehnwörtern enthält. Zwar konnte sich Ladino bis zum Ende des Osmanischen Reiches im 20. Jahrhundert behaupten, doch durch die Betonung der türkischen Sprache im Zuge des Kemalismus wurde das Judeo-Spanisch immer mehr in den Hintergrund gedrängt. Laut Stoffer (1999) gaben bei einer Volkszählung im Jahre 1960 schon 45 Prozent aller Sepharden Türkisch als ihre Muttersprache an, wobei SprachwissenschaftlerInnen für das Ladino den Sprachentod prognostizieren.[169] Zusätzlich wurde in jüdischen Gemeinden der Türkei der Beherrschung der französischen Sprache ein besonderer Wert zugesprochen. Im Rahmen der Tanzimat-Periode des Osmanischen Reiches (1839 bis 1876) wurden durch die 1860 in Paris

---

168 Die aktuellen Statistiken stammen von der offiziellen Homepage der Vereinigung türkischer Juden (Jewish Community of Turkey). URL: http://www.turkyahudileri.com/content/view/246/272/lang,tr/ (Stand: Oktober 2010).

169 In jüngster Zeit jedoch hat in der Türkei die Pop-Band *Sefarad* mit ihren judeo-spanischen Balladen die Sprache der Sepharden in das Bewusstsein der türkischen Bevölkerung gerückt.

gegründete internationale jüdische Organisation Alliance Israélite Universelle[170] auch Schulen in einigen osmanischen Städten erbaut, in denen Französisch als Fremdsprache gelehrt wurde. Dadurch sollte ein Modernisierungsprozess in Gang gesetzt und die Öffnung der orientalischen Juden zur europäischen Welt forciert werden. Nach und nach wurden laut Rodrique (1990) auch muslimische Kinder und Jugendliche in diese Schulen aufgenommen.

Obwohl die jüngeren Sepharden heutzutage immer mehr die Weltsprache Englisch bevorzugen, sprechen viele Sepharden mittlerer und älterer Jahrgänge neben Türkisch auch fließend Französisch und Ladino. Durch ihre Vielsprachigkeit sind sie grundsätzlich Kulturen gegenüber besonders offen:

Nesim Bitran: »Für meine Generation in der Türkei, oder besser gesagt in Istanbul, ich spreche für die Juden in Istanbul, ist Französisch eine zweite Muttersprache oder auch die dritte, denn sie reden neben Türkisch auch Ladino. Ladino ist eine spanisch-jüdische Sprache und ist sehr alt, sehr archaisch. Die jungen Juden hier können Ladino nicht mehr so gut sprechen. Meine Elterngeneration hat auch Französisch gesprochen und daher gibt es bei uns eine Hinwendung zum Französischen. [...] Meine Eltern, wenn sie leben würden, wären sie jetzt 90, 100 Jahre alt, haben ab dem Volksschulalter Französisch gesprochen. Die Juden in der Türkei, die heute über 60 Jahre alt sind, können noch Ladino sprechen« (Interview am 15.4.10).

Auffallend und bedeutungsvoll ist die Tatsache, dass die Hälfte der türkischen PsychoanalytikerInnen der zweiten Generation jüdische Wurzeln hat.[171] Als Minderheitenkultur in der Türkei haben sie schon seit Generationen ein besonderes Nahverhältnis zu westlichen Kulturen und Sprachen und konnten dadurch ihre Bindung zu ihrem Ursprung in Europa aufrechterhalten. Den Bezug zur Psychoanalyse haben alle vier türkisch-jüdischstämmigen PsychoanalytikerInnen somit über ihre nahe Beziehung zur französischen Sprache und Kultur hergestellt:

---

170 Die Alliance Israélite Universelle wurde durch in Frankreich lebende jüdische Intellektuelle als Reaktion auf antisemitische Ausschreitungen gegründet, um alle Juden weltweit zu unterstützen und den Antisemitismus zu bekämpfen. Adolphe Crémieux war der erste Präsident dieser Organisation und hatte bis zu seinem Tod 1887 die Leiterposition inne. Die Organisation sah ihre Aufgabe vor allem in der Gründung von Schulen in zahlreichen, besonders in muslimischen Ländern. Der Zweck dieser Schulen war die Erziehung der orientalischen Juden nach westlichen Lebensweisen, die Emanzipation und die Sensibilisierung für die französische Kultur, aus der die jüdischen Gründer dieser Schulen stammten (vgl. Graez 1996). URL: http://www.aiu.org/ (Stand: 10.06.2012).

171 Ein türkischer Psychoanalytiker, der ebenfalls jüdische Wurzeln hat, aber seit über vier Jahrzehnte in den USA lebt, ist Toksöz Byram Karasu (vgl. Karasu 1996, 2001, 2002, 2006, 2008).

Nesim Bitran: »Ja, beispielsweise haben meine jüdischstämmigen Kolleginnen, außer Elda, französischsprachige Lyzeen besucht und wir vier [Elda Abrevaya, Stella Ovadia, Bella Habip und Nesim Bitran] haben viele Jahre in Frankreich gelebt. Aber, wenn Sie genau hinschauen, ist das eine Generationenfrage. Die jüdischen Erwachsenen, die heute etwa 30 Jahre alt sind, beherrschen eher die englische Sprache, weil sie heutzutage praktischer ist« (Interview am 15.4.10, Istanbul).

Zusätzlich zu ihrer Kenntnis der französischen Sprache und Kultur erklärten die befragten türkisch-jüdischstämmigen PsychoanalytikerInnen besonders ihre Angehörigkeit zu einer Minderheitenkultur ausschlaggebend für ihre Berufswahl.

Juden haben durch jahrhundertelange Verfolgung in sehr vielen Ländern der Welt großen psychischen Schmerz erlitten. Ihrer Ansicht nach entwickelten sie durch die Beschäftigung mit ihren leidvollen Erfahrungen über Generationen hinweg besondere Sensibilität im Verständnis ihrer eigenen psychischen Welt und eine ausgeprägte Empathie für das seelische Leid anderer Menschen. Da die Auseinandersetzung mit der kollektiven und der persönlichen Geschichte das Fundament der Psychoanalyse bildet, waren sie für diesen Beruf besonders zugänglich:

Elda Abrevaya: »In allen fortschrittlichen Ländern der Welt gab es auf dem Gebiet der Psychiatrie, Psychologie, Psychoanalyse immer schon viele Juden. In einem Buch schreibt die türkisch-jüdische Forscherin Esther Benbassa über den Zusammenhang zwischen Schmerz und Identität, der jüdischen Identität.[172] Die Grausamkeiten, die die Juden in der Weltgeschichte erfahren mussten, vor allem durch den Holocaust in Deutschland, haben in der jüdischen Identität kollektiv empfundene Schmerzen hervorgerufen. Juden konnten somit sowohl die eigene konfliktreiche innere Welt besser verstehen, wurden aber auch für den Schmerz anderer Menschen sensibilisiert. Wie Esther Benbassa behauptet, wenn zwischen der Identität und dem Schmerz eine so große Verbindung besteht, dann gibt es natürlich im ganzen Bereich der Psychologie, der Psychiatrie und der Psychoanalyse viele Juden. Die Arbeit auf diesem Gebiet passt zu den Juden. […] Beispielsweise bin ich im Jahre 1950 geboren, ich bin jetzt 59 Jahre alt. In meiner Generation und bei den etwas Jüngeren, die heute zwischen 40

---

172 Vgl. Benbassa 2010. Esther Benbassa wurde 1950 in Istanbul geboren und studierte an Universitäten in Jerusalem und Frankreich. Im Jahre 2002 gründete sie das Alberto Benveniste Zentrum zur Erforschung der sephardischen Kultur und Geschichte sowie die vergleichende Geschichte von Minderheiten. Neben anderen Arbeiten aus vielfältigen Forschungsbereichen ragen besonders ihre Arbeiten über die Welt der Juden in islamischen Gebieten, vor allem derjenigen im Osmanischen Reich, hervor. Ihre Werke wurden in zahlreiche Sprachen übersetzt.

und 60 Jahre alt sind, gibt es eine bedeutende Zahl an Psychologen. Diese Neigung gibt es auch in der Türkei« (Interview am 19.5.09, Istanbul).

Ähnlich sehen das Stella Ovadia und Nesim Bitran, die die Angehörigkeit zu einer Minderheitenkultur und die ausgeprägte Introspektion der Juden als eine natürliche Voraussetzung für die Hinwendung zu Berufen sehen, die sich mit seelischen Konflikten auseinandersetzen:

Stella Ovadia: »Es ist sehr schwierig, in einer Gesellschaft als eine Minderheit zu leben. Schwierige Zustände bringen Sensibilitäten hervor und diese Sensibilitäten suchen sich Lösungswege« (Interview am 21.5.09, Istanbul).

Nesim Bitran: »Wieso hier viele Juden Psychoanalytiker werden? Weil sie Interesse an der jüdischen Geschichte haben. So sind sie auch neugierig auf ihre eigene persönliche Geschichte. Das führt sie zur Psychoanalyse« (Interview am 15.4.10, Istanbul).

Vielleicht stellt ihre Berufswahl auch eine Identifikation mit den Vätern und Müttern der Psychoanalyse dar. Denn Sigmund Freud selbst wie auch viele der PsychoanalytikerInnen der ersten Stunde waren Juden aus intellektuellen Kreisen und hatten eine besondere Neigung für Sprachen und für die klassische Kunst und Literatur Europas. Auch die Vermittlerrolle, die Juden hauptsächlich in wirtschaftlichen Belangen zwischen dem Osmanischen Reich und Europa seit Generationen innehaben, scheint sich auf die aktuelle Psychoanalyse in der Türkei zu übertragen. Alle vier türkisch-jüdischstämmigen PsychoanalytikerInnen sind heute die LehranalytikerInnen der gegenwärtigen türkischen AusbildungskandidatInnen und spielen als »LevantinerInnen der psychoanalytischen Bewegung« der Türkei eine bedeutende Rolle.[173] Sie sind sowohl der türkischen, jüdischen als auch europäischer Sprachen mächtig und verfügen über das Wissen um die Feinheiten, Klüfte und Gemeinsamkeiten zwischen okzidentalen und orientalischen Kulturen. Daher können sie die Psychoanalyse auf eine besonders sensible Art von der christlich-jüdischen in die türkisch-muslimische Welt übertragen.

Studium und erste Frankreichaufenthalte

Talat Parman, Levent Kayaalp und Ayça Gürdal Küey haben eine psychiatrische, Tevfika Tunaboylu-Ikiz, Elda Abrevaya, Stella Ovadia und Bella Habip eine psy-

---

173 Für den Hinweis zur »Levantiner-Kultur« in der aktuellen Psychoanalyse der Türkei danke ich Yavuz Erten.

chologische und Nesim Bitran eine allgemeinmedizinische Grundausbildung. Sie verbrachten schon vor ihrer psychoanalytischen Shuttle-Ausbildung entweder während oder nach ihrem Grundstudium mehrere Jahre in Frankreich und kamen dort theoretisch und auch praktisch in näheren Kontakt mit der Psychoanalyse.

Talat Parman durchlief seine fachärztliche Ausbildung an der René Descartes Universität, arbeitete gleichzeitig im St. Anne Spital, welches durch den Fall Aimée in der psychoanalytischen Welt bekannt wurde, sowie in der ethnopsychiatrischen Einrichtung St. Françoise Minkowska, die für MigrantInnen und ExilantInnen aus verschiedenen Ländern Konsultationen in ihren jeweiligen Muttersprachen anbot. Levent Kayaalp und Ayça Gürdal Küey haben ihre fachärztliche Ausbildung an der Lille Universität absolviert.

Da sich die gegenwärtige Psychiatrie in der Türkei am Klassifikationssystem DSM[174] der Amerikanischen Psychiatrischen Vereinigung orientiert und daher stark biologisch und deskriptiv ausgerichtet ist, bevorzugten Parman, Kayaalp und Gürdal die französische Psychiatrie für ihre Facharztausbildung, weil sie in ihrem Ausbildungscurriculum vermehrt Seminare zu psychotherapeutischen Behandlungsformen anbietet:

Ayça Gürdal Küey: »Ich hatte erstmals im französischsprachigen Galatasaray Lyzeum von Freud gehört und wurde für die Psychoanalyse sensibilisiert. Danach begann ich, Medizin zu studieren, und dabei war mir bewusst, dass ich mich auf Psychiatrie spezialisieren würde. [...] Als ich die Facharztausbildung machen wollte, sah ich, dass sich die Psychiatrie in der Türkei an der amerikanischen Tradition orientierte und daher sehr deskriptiv und biologisch ausgerichtet war. So entschied ich mich, meine psychiatrische Spezialisierung in Frankreich zu absolvieren und somit Theorien zu erlernen, die der Psychoanalyse nahestehen. Insofern inskribierte ich an der Lille Universität« (Interview am 14.4.10, Istanbul).

Levent Kayaalp: »Nachdem ich in meiner Facharztausbildung die Erwachsenenpsychiatrie beendet hatte, absolvierte ich die Kinder- und Jugendpsychiatrie in Frankreich. Dort arbeitete ich drei Jahre lang in einer psychoanalytisch orientierten Klinik, in der die behandelnden Ärzte und Psychologen gleichzeitig Psychoanalytiker waren« (Interview am 6.5.09, Istanbul).

Auch die Psychoanalytikerinnen mit der Grundausbildung in Psychologie waren mit ihrer Ausbildungssituation und den politischen Bedingungen in der Türkei

---

174 »Diagnostic and Statistical Manual of Mental Disorders« (Diagnostisches und Statistisches Handbuch Psychischer Störungen).

nicht zufrieden und empfanden Frankreich, insbesondere Paris, wegen der kulturellen und wissenschaftlichen Vielfalt und Offenheit als einen hervorragenden Ort für ihr Studium und ihre Selbstentfaltung. Nachdem Tevfika Tunaboylu-Ikiz ihr psychologisches Masterstudium in der Türkei beendet hatte, besuchte sie ab 1988 Einführungskurse an der Universität Paris VII, wo sie sich in Mitte bedeutender, in der universitären Lehre tätiger PsychoanalytikerInnen wie Jean Laplanche, Philip Gutton und Alain de Mijolla vorfand und sich von dieser Strömung leiten ließ. Anschließend inskribierte sie ihr Doktoratsstudium an der Universität Paris – Nord XIII und besuchte die Vorlesungen bei Yves Baumstimler, einem lacanianischen Psychoanalytiker, der sich für kulturübergreifende Themen interessierte und StudentInnen aus verschiedenen Nationen wie Belgien, Brasilien, Iran, Irak u. v. m. unterrichtete. Tevfika Tunaboylu-Ikiz blieb bei Baumstimler in Ausbildung und begann Forschungen über die Wurzeln der Psychoanalyse in der Türkei, die sie 1996 mit ihrer Dissertation zum Witz und zur Geburt der Psychoanalyse in der Türkei beendete (Tunaboylu-Ikiz 1996). In dieser Arbeit stellt sie zunächst die historischen und kulturellen Dimensionen der türkischen Psychiatrie dar und widmet sich anschließend dem türkischen Schattenspiel »Karagöz ve Hacivat« und dem türkischen Witz des »Nasreddin Hoca«, die sie nach psychoanalytischen Gesichtspunkten untersucht. Im letzten Abschnitt ihrer Dissertation erforscht sie die türkischen psychoanalytischen Originalschriften und Übersetzungen zwischen den Jahren 1931 und 1996.[175]

Stella Ovadia, eines der älteren Mitglieder dieser Generation, ging nach ihrem Psychologiestudium schon im Jahr 1966 nach Frankreich. Nach acht Jahren kehrte sie wieder zurück und beabsichtigte, ihr in Frankreich erworbenes psychoanalytisches Wissen in ihre Arbeit in der Türkei einzubeziehen. Doch die 1970er Jahre der Türkei waren ihrer Ansicht nach ein ungünstiger Boden für die Aufnahme der Psychoanalyse. Die schwierige ökonomische und politische Situation des Landes, in dem rechte, linke und konservative Lager gegeneinander bürgerkriegsähnliche Gefechte austrugen, verhinderte den wissenschaftlichen Austausch von intellektuellen Kreisen. Hinzu kam, dass viele PsychologInnen damals verhaltenspsychologisch orientiert waren und kein Interesse an der Psychoanalyse zeigten. Als Stella Ovadia beispielsweise ihre mitgebrachten psychoanalytischen Bücher im Kreise ihrer KollegInnen vorstellte, wurde sie von ihnen nicht beachtet und fühlte sich, »als ob sie vom Mond gekommen« (Interview am 21.5.09, Istanbul) wäre. Trotz dieser schwierigen Verhältnisse gründete sie einen Kindergarten nach

---

175 Dieser Abschnitt ihrer Dissertation ist im Kapitel zu den Übersetzungen psychoanalytischer Werke ins Türkische näher dargestellt.

antiautoritären Methoden der Freinet Pädagogik[176], der aber nicht lange Bestand hatte und in dem Ausnahmezustand durch den Militärputsch Anfang der 1980er Jahre schließen musste:

Stella Ovadia: »Ich, meine Freundin, eine Künstlerin aus Schweden, und meine Nachbarin, sie war Vorschullehrerin, hatten in unserem Sommerhaus einen Kindergarten mit dem Namen ›Kücük Ev‹ [das kleine Haus] eröffnet. Ich wusste von der antiautoritären Erziehung und kannte auch die Freinet-Pädagogik und so wurde unser Haus zu einem ganz besonderen Kindergarten. [...] Wir hielten Versammlungen zusammen mit den Kindern ab, kreierten

Abb. 46: Stella Ovadia

gemeinsam große Collagen, gingen ins Theater und auch ans Meer. Damals waren diese Aktivitäten in der Türkei ungewöhnlich. Trotz größerer Entfernung bevorzugten es viele Intellektuelle und politisch linksorientierte Eltern, ihre Kinder ins Kücük Ev zu bringen. Wir haben ganz schöne Ausstellungen veranstaltet und ein Reporter von der ›Milliyet Sanat‹-Zeitung hatte über uns berichtet, so außergewöhnlich waren wir. Wir führten Tagebücher und lehrten die Kinder, ihre eigene Meinung zu vertreten und Entscheidungen zu treffen. Unsere Erziehung baute auf dem Prinzip der Freiheit auf. Es gab auch Zeiten, in denen eine Lehrerin mit nur fünf Kindern arbeitete, und das sind eher schwedische Verhältnisse und nicht die der Türkei! Wir haben dann auch eine Freizeitschule eröffnet, in der die Kinder, wenn sie in die Volksschule kamen, ihre Zeit nach dem Unterricht verbringen konnten. Diese Schule war die einzige in der Art in ganz Istanbul. Bevor die Kinder noch Lesen und Schreiben konnten, lernten sie in einer kleinen Druckerei das Schriftsetzen. Weil sie nicht an die Maschinen gelangen konnten, platzierten wir Orangenkisten unter ihre Füße! Mit den Stoffen, die sie selbst bemalt und der Schrift, die sie selbst gesetzt hatten, gestalteten sie Einladungskarten für die Ausstellung. Im September 1980 putschte das Militär. In diesem

---

176 Die Freinet-Pädagogik wurde von Célestin Freinet im Jahr 1920 in Frankreich gegründet. Zusammen mit seiner Ehefrau versuchte Freinet, das Schulsystem nach dem Prinzip der Selbstverantwortlichkeit der Kinder zu reformieren. Heute arbeiten manche Freinet-PädagogInnen mit Balint-Gruppen zusammen (vgl. dazu Sigel 1990).

Ausnahmezustand war unser Kindergarten womöglich auch der einzige, der bestürmt wurde!« (Persönliche Mitteilung am 9.3.10)

Wahrscheinlich vermutete die Polizei wegen der Druckmaschinen »illegale« Anfertigungen von Flugschriften gegen die Militärgewalt. Auch die Tatsache, dass die Kinder im »Kücük Ev« nach antiautoritären Methoden erzogen wurden, könnte ein Dorn im Auge der autoritären militärischen Mächte gewesen sein. Stella Ovadia war nicht mehr in der Lage, diese verheerende Situation in der Türkei länger zu ertragen, und zog wieder für längere Zeit nach Frankreich.

Bella Habip und Elda Abrevaya migrierten schon während ihrer Grundausbildung in den 1970er Jahren nach Frankreich. Bella Habip studierte an der Grenoble Universität und Elda Abrevaya an der René Descartes Universität Psychologie. Auch sie berichteten über die politisch sehr schwierigen Verhältnisse in der Türkei während ihrer Studienzeit, infolgedessen sie ihr Studium in Frankreich fortsetzten:

Bella Habip: »Im Jahr 1977 habe ich meine Ausbildung in einem französischsprachigen Gymnasium beendet. Die Jahre vor 1980 waren in der Türkei sehr schwierig. In jener Zeit herrschte an den Universitäten Chaos und somit bevorzugten ich und meine Altersgenossen ein Studium im Ausland. In jenen Jahren konnte man an den Universitäten hier nicht sehr viel lernen. Heute gibt es sehr viele Privatuniversitäten, aber damals war das nicht so. Wahlmöglichkeiten im Studium waren sehr beschränkt und so habe ich Frankreich für mein Studium bevorzugt« (Interview am 11.5.09, Istanbul).

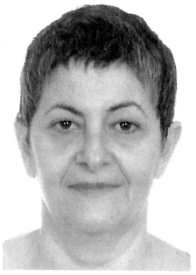

Abb. 47: Bella Habip

Elda Abrevaya: »1970 war meine High-School-Ausbildung im Robert Kollegium zu Ende und dann habe ich an der Istanbul Universität mein Psychologiestudium begonnen. Das erste Jahr war für mich sehr bedeutend. Danach bin ich aber nach Frankreich gegangen, weil die 1970er Jahre hier in Istanbul aus politischen Gründen sehr schwierig waren. Wenn ich hier geblieben wäre, hätte ich mich wahrscheinlich nicht weiterentwickeln können und wäre vielleicht in eine Apathie gefallen« (Interview am 19.5.09, Istanbul).

Alle Psychoanalytikerinnen mit psychologischer Grundausbildung kamen zuerst mit der psychoanalytisch orientierten Relaxationsmethode[177] in Kontakt, die damals in Frankreich eine verbreitete Therapieform war, und beschlossen im Zuge dieses Prozesses, sich einer Eigenanalyse zu unterziehen:

Stella Ovadia: »In Paris war die Relaxationsmethode damals sehr modern. Wir waren zehn Studenten aus einem Doktoratsprogramm an der Universität de Paris VII und nahmen an einer Relaxationsgruppe teil, die von Psychoanalytikern geleitet wurde. Da in dieser Gruppe jeder von sich erzählen konnte, traten bei den Gruppenteilnehmern persönliche Konflikte während dieses Prozesses hervor. Mit der Zeit entschloss sich jedes Mitglied für eine Eigenanalyse auf der Couch. Wir waren anfangs zehn Doktoratsstudenten, aber neun Personen brachen während dieser Zeit ihr Doktorat ab und wurden dann Kliniker. So ging auch ich mit 24 Jahren in Analyse« (Interview am 21.5.09, Istanbul).

Nesim Bitran studierte an der Istanbul Universität Medizin, ging 1971 ebenfalls nach Frankreich und verbrachte 15 Jahre in Straßburg, wo sich mehrheitlich lacanianische Kreise zusammengeschlossen hatten, zu denen er Kontakte herstellte. Alle türkisch-jüdischstämmigen PsychoanalytikerInnen, Bella Habip, Stella Ovadia, Elda Abrevaya und Nesim Bitran, durchliefen in ihren Frankreichjahren Eigenanalysen bei LacanianerInnen oder bei PsychoanalytikerInnen der *Quatrième Groupe*[178], ohne aber eine formale Ausbildung zu beabsichtigen:

Bella Habip: »Als ich nach Frankreich kam, hatte ich noch keine Ahnung von der Psychoanalyse, aber Psychologie bedeutete für mich immer schon klinische Psychologie und Psychopathologie. Ich hatte beispielsweise kein Interesse an

---

177 Die Relaxationsmethode ist ein psychophysiologisches Entspannungsverfahren, bei dem durch Muskelübungen und mentale Vorstellungen körperliche und geistige Anspannung verringert wird. In Frankreich wurde diese Methode vor allem durch Michel Sapir weiterentwickelt (vgl. Sapir/Cohen-Léon 2003).

178 Sie wurde nach Meinungsverschiedenheiten mit freudianisch und lacanianisch orientierten Gruppen 1969 durch Piera Aulagnier-Castoriadis, François Perrier und Jean-Paul Valabrega gegründet. Die Mitglieder der *Quatrième Groupe* vertreten eine »kollegialere Auffassung« (Barande/Barande 1982, S. 579) in psychoanalytischen Organisationsstrukturen und erlauben die Teilnahme von analytischen und nichtanalytischen InteressentInnen in ihrer Gruppe.

Wirtschaftspsychologie. Während meiner Ausbildung in Frankreich lernte ich André Ruffiot[179] kennen, der die psychoanalytische Familientherapie in Frankreich etabliert hatte. Als ich ihm am Anfang meines Studiums zuhörte, versetzte er mich in eine ganz andere Welt. Danach habe ich nur Seminare besucht, die in eine psychoanalytische Richtung gingen. [...] Einmal nahm ich auch an einem Vortrag von Françoise Dolto[180] teil, und das wurde für mich zu einem historischen Event! Sie kam an die Grenoble Universität, der ganze Hörsaal war voll von Psychologen, Psychiatern und Fachpersonen aus dem sozialen Bereich. Sie wurde für mich eine Orientierungsfigur, als ich z. B. nach meiner Rückkehr in die Türkei in einem Kindergarten arbeitete. [...] Gegen Ende meines Psychologiestudiums ging ich dann in Analyse, aber ohne die Absicht, selber Psychoanalytikerin zu werden. Fünf Jahre war ich in Analyse und kehrte dann 1988 in die Türkei zurück« (Interview am 11.5.09, Istanbul).

Elda Abrevaya: »In Frankreich studierte ich zuerst an der René Descartes Universität. Piaget war dort Anfang der 1970er Jahre im Fachgebiet der Psychologie sehr bedeutsam. [...] Die Wege zur Psychoanalyse sind sehr verschlungen. Ich war zuerst zweieinhalb Jahre bei einem/r PsychoanalytikerIn, der/die die Relaxationsmethode anwandte.[181] Erst danach fing ich eine Analyse bei einem Lacanianer an. 1980 hatte ich mein Doktorat abgeschlossen und bin dann aufgrund meiner Heirat nach Puerto Rico ausgewandert. Meine Analyse musste ich somit nach dreieinhalb Jahren abbrechen« (Interview am 19.5.09, Istanbul).

Nesim Bitran: »Zum ersten Mal hörte in der letzten Klasse des Saint Benoit Gymnasiums über die Psychoanalyse und studierte anschließend Medizin an der Istanbul Universität. [...] Damals gab es [in der Türkei] keine psychoanalytischen Arbeiten, beziehungsweise ich habe davon nichts gewusst. Vielleicht

---

179 André Ruffiot, Psychoanalytiker und emeritierter Professor für klinische Psychopathologie an der UFR Sciences de l'Homme et de la Société in Grenoble. Er ist Gründungs- und Ehrenmitglied der Société Française de Thérapie Familiale Psychanalytique (vgl. Ruffiot/Eiguer 1991; Ruffiot 1995).

180 Françoise Dolto (1908–1988) war eine französische Kinderärztin und Psychoanalytikerin. Sie wurde durch ihre psychoanalytischen Studien über Säuglinge sowie Kinder und Jugendliche, die sie von Geburt an als eigenständige Persönlichkeiten ansah, bekannt. Ende der 1970er Jahre entwickelte sie das Konzept »Maison Verte« (das grüne Haus), in dem sich Eltern und ihre Kleinkinder zum persönlichen Austausch mit anderen Familien treffen konnten (vgl. Dolto 1991).

181 Da es im Türkischen keine Artikel gibt, war das Geschlecht nicht zu erfahren.

gab es sie ein Stück weit, aber sicher nicht wie im heutigen Ausmaß. Ich kann mich nicht einmal an einen psychoanalytischen Kongress erinnern. [...] Nach dem Studium ging ich nach Frankreich, wo ich 15 Jahre verbrachte. Richtig theoretisch habe ich mich erst dann mit der Psychoanalyse befasst. Ich war in der Gegend von Straßburg und dort gab es nur Lacanianer. Ich bin dann bei einem/r LacanianerIn in Analyse gegangen, habe auch selber als Arzt gearbeitet und war sehr intensiv in der Lehre des klinischen Fachpersonals tätig. Nachdem meine Analyse fertig war, arbeitete ich in Frankreich für eine kurze Zeit als Psychoanalytiker, dann kehrte ich in die Türkei zurück. Mit der eigentlichen psychoanalytischen Praxis habe ich hier in Istanbul begonnen« (Interview am 15.4.10, Istanbul).

Außer Elda Abrevaya, die von Frankreich nach Puerto Rico übersiedelte und dort ungefähr weitere 20 Jahre verbrachte, bis sie sich 1999 zur Remigration in ihr Ursprungsland entschied, kehrten die übrigen Mitglieder der zweiten Generation nach unterschiedlich langen Jahren des Aufenthalts in Frankreich aus verschiedenen Motiven wieder zurück in die Türkei. Für manche war die Rückkehr nach der professionellen Spezialisierung im Ausland schon antizipiert, während für andere die Sehnsucht nach der Heimat das Hauptmotiv für die Remigration darstellte. Benachteiligte Behandlungen im Ausland waren ebenfalls ein Motiv für die Rückkehr:

Talat Parman: »In Frankreich war es so, dass man vor der formellen psychoanalytischen Ausbildung mindestens drei Jahre eine Analyse durchlaufen musste. Nur dann war man berechtigt, sich für die Ausbildung zu bewerben. Ich hatte meine fachärztliche Ausbildung beendet und auch die dreijährige Analyse, sodass ich mich bei der SPP um die Ausbildung bewarb. In der Zeit wollte ich in die Türkei zurückkehren und dort die Psychoanalyse institutionalisieren. Damals wurde auch meine Tochter geboren. Etwas muss ich aber noch hinzufügen, und zwar, dass mich manche Dinge sehr gestört haben. Damals gab es eine rechtsorientierte Regierung in Frankreich, die Ausländern gegenüber sehr feindlich gesinnt war. [...] Jedes Mal musste ich meine Niederlassungs- und Arbeitsbewilligung verlängern und jedes Mal wurden die Bedingungen komplizierter. [...] So haben ich und meine Frau entschieden, in die Türkei zurückzukehren« (Interview am 15.5.09, Istanbul).

Als einziges Mitglied dieser Generation begann Talat Parman während seiner Frankreichjahre eine formale psychoanalytische Ausbildung in der *La Société Psychanalytique de Paris*. Die SPP wurde als die erste psychoanalytische Gesellschaft in Frankreich im November 1926 durch René Laforgue, Édouard Pichon,

René Allendy und unter Mitwirkung von Marie Bonaparte gegründet (Barande/ Barande 1982, S. 579). Heute ist der Begriff der »Lehranalyse« in der SPP umstritten und wurde auch als Ausdruck fallengelassen, da sie nicht erst mit der offiziellen psychoanalytischen Ausbildung beginnt wie etwa in Deutschland oder in Österreich, sondern vor der Aufnahme in das theoretische Ausbildungscurriculum mindestens drei Jahre als »persönliche Analyse« durchgeführt werden muss.

Insofern traf Talat Parman nach Beendigung seiner persönlichen Analyse mit dem Ausbildungsinstitut der SPP das Arrangement, die theoretischen und klinischen Seminare als Pendler zwischen der Türkei und Frankreich besuchen zu können. In der Zeit hatte er auch seine Facharztausbildung an der René Descartes Universität abgeschlossen. Um seine Remigration in die Türkei vorzubereiten, reiste er schon im Dezember 1993 nach Istanbul und suchte nach einer für ihn geeigneten Arbeitsstelle. In seiner Heimatstadt angekommen, hielt er am 15. Dezember 1993 einen Vortrag über »Psychoanalytische Institution« in einem Zentrum für Psychotherapie namens *İçgörü*.[182] Anschließend gingen alle TeilnehmerInnen dieses Vortrags gemeinsam zu einem Abendessen in das Yakup Restaurant. An diesem Abend lernte Talat Parman die zwei Psychologinnen Bella Habip und Stella Ovadia kennen, die schon vor ihm in die Türkei zurückgekehrt waren und ein psychotherapeutisches Zentrum mit dem Namen *Ithaka* gegründet hatten. Damals nahm Talat Parman auch mit weiteren Personen Kontakt auf, die alle großes Interesse an der Psychoanalyse zeigten, und beabsichtigte die Gründung eines psychoanalytischen Arbeitskreises. Dafür wollte er die Unterstützung von einflussreichen PsychoanalytikerInnen aus dem Ausland gewinnen, die den InteressentInnen in der Türkei die Psychoanalyse durch Vorträge und Supervisionsgruppen näherbringen sollten:

Talat Parman: »Ich ging dann wieder nach Paris und traf mich mit zwei Psychoanalytikern und einer Psychoanalytikerin. Gilbert Diatkine war der Vorstand der SPP, Maria Eisenstein war die Direktorin des Instituts und Alain Gibelaut war der Vorstand der Europäischen Psychoanalytischen Föderation (EPF). Ich sagte ihnen, dass ich in der Türkei eine Gruppe gründen möchte und dafür ihre Unterstützung bräuchte. Sie haben mir ihre Hilfestellung zugesagt und so kehrte ich in die Türkei zurück und gründete eine Gruppe« (Interview am 15.5.09, Istanbul).

In Frankreich traf Talat Parman erneut Stella Ovadia, die ihm eine Zusammenarbeit in ihrem Zentrum vorschlug. Nachdem Talat Parman von beiden Insti-

---

182 Heute leitet dieses Zentrum Yavuz Erten, Psychoanalytiker der dritten Generation.

tutionen Zusagen für die Unterstützung seiner beabsichtigten Ziele bekam und die Zusammenarbeit mit Stella Ovadia und Bella Habip in Istanbul vereinbart wurde, kehrte er 1994 endgültig in die Türkei zurück. Die Zusammenarbeit mit der SPP, die eine Zweiggesellschaft der IPA ist, hatte für Talat Parman zentrale Bedeutung, da er die Psychoanalyse in der Türkei im Rahmen der IPA institutionalisieren wollte, um so die geregelte Ausbildung und ihre internationale Anerkennung zu gewährleisten.

Die Gründung des Arbeitskreises *Istanbul Psikanaliz Grubu*

Am 27. September 1994 fand das erste Treffen der »Urgruppe« der zweiten Generation im *Ithaka* Zentrum statt, welches sich im Istanbuler Stadtteil Şişli in der Abide i-Hürriyet Straße im Ortaklar Appartement befand. Die bei der ersten Zusammenkunft anwesenden Personen waren Talat Parman, Stella Ovadia, Bella Habip, Nesim Bitran und Saffet Murat Tura.

Bei diesem Treffen wurde über die Rahmenbedingungen für die Institutionalisierung der Psychoanalyse in der Türkei gesprochen, wobei zunächst die offizielle psychoanalytische Ausbildung der Gruppenmitglieder und die anschließende Einführung einer formalen Ausbildungsmöglichkeit in der Türkei die Hauptdiskussionspunkte waren. Talat Parman notierte den Ablauf dieses Treffens und schlug der Gruppe, die in ihrer Anfangsphase noch keinen offiziellen Status hatte, den Namen *Istanbul Psikanaliz Grubu* (Die Psychoanalyse Gruppe Istanbul) vor, den die Mitglieder anerkannten.

Der Arbeitskreis beschloss, sich im 14-Tages-Rhythmus zu treffen und als erste theoretische Beschäftigung das »Vokabular der Psychoanalyse« (Laplanche/Pontalis 2004) abschnittsweise zu lesen und zu übersetzen. Saffet Murat Tura, der bis dahin keine Eigenanalyse durchlaufen hatte und auch keine formale Ausbildung anstrebte, verließ bald schon die Gruppe und nahm mit der Zeit eine distanzierte Haltung zur Psychoanalyse ein:

Saffet Murat Tura: »Mein Interesse an der Psychoanalyse begann schon in meiner Jugendzeit. Da mein Vater Neuropsychiater ist, wollte er, dass ich Medizin studiere, und so habe ich eben Medizin und anschließend Psychiatrie studiert. Mein Interesse für die Psychoanalyse ist zwar geblieben, nichtsdestotrotz habe ich ihr gegenüber mit der Zeit eine skeptische Haltung eingenommen. Ich denke, dass psychoanalytische Institutionen nicht nach empirischen Methoden arbeiten und das hat unter anderem dazu geführt, dass ich mich von der Psychoanalyse entfernt habe. [...] Ich interessiere mich mehr für die Bereiche Physik, Philosophie und Neuroscience. Das eigentliche Thema, das mich seit meinem 18. Lebensjahr beschäftigt, ist das ›Body-Mind-Problem‹. [...] Ich hatte mich mit Talat Parman in den 1980er Jahren sehr intensiv mit Lacan[183] beschäftigt. Als dann die Istanbul Psikanaliz Grubu gegründet wurde, haben wir kurze Zeit zusammengearbeitet. Aber ich merkte, dass im Endeffekt die Psychoanalyse nicht das war, was ich machen wollte, und so habe ich mich von der Gruppe getrennt. Es war für mich auch mühsam, weil es einige Polemiken innerhalb der Gruppe gab. Ich wollte damit nichts zu tun haben und seit dem Ende der 1990er Jahre beschäftige ich mich ausschließlich mit dem Body-Mind-Problem und definiere mich als Philosophen« (Interview am 7.5.09, Istanbul).

Einige Konflikte unter den Mitgliedern, die sich unter anderem um die Frage der formalen Ausbildung drehten, machten sich schon zu Gründungsbeginn der *Istanbul Psikanaliz Grubu* bemerkbar und sollten wenige Jahre später zur Spaltung dieser Urgruppe beitragen.[184] Ab dem vierten Treffen kamen Tevfika Tunaboylu-Ikiz, einige Zeit später Levent Kayaalp, Ayça Gürdal Küey und schließlich Elda Abrevaya, die 1999 aus Puerto Rico in die Türkei zurückgekehrt war, zu dieser »Urgruppe« hinzu.

Die Ankunft Abrevayas wurde von der Gruppe als ein großer Gewinn empfunden, da sie die jüngeren Mitglieder mit ihrem Wissen aus langjährigen klinischen Erfahrungen in Puerto Rico mit psychiatrisch auffälligen Kindern und deren Familien aus sozial benachteiligten Kreisen bereichern konnte.

Schon bald nach der Gründung lud die *Istanbul Psikanaliz Grubu* ausländische PsychoanalytikerInnen, vor allem aus Frankreich, nach Istanbul zu Vorträgen und Gruppen- sowie Einzelsupervisionen ihrer Mitglieder ein. Der Psychoanalytiker Bernard Penot, Mitglied der SPP und ehemaliger ärztlicher Direktor der Cerep-Montsouris (Paris XIV), ist jene Person, die die junge Gruppe von Anfang an in allen Belangen umfassend unterstützte und fünf bis sechs Mal im Jahr nach Istanbul kam. Das französische Kulturinstitut Istanbul stellte lange Jahre finanzielle Mittel zur Verfügung, mit denen die Gruppe die Reisekosten der ausländischen PsychoanalytikerInnen, Kongresskosten etc. decken konnte. Auch private Organi-

---

183 Neben einigen Herausgeberwerken hat Saffet Murat Tura zahlreiche Artikel zu psychiatrischen, psychologischen, philosophischen, politischen und psychoanalytischen Themen veröffentlicht. Er ist der Editor der psychoanalytischen Schriftenreihe *Ötekini Dinlemek* (Dem Anderen Zuhören) des Metis Verlages (vgl. Kapitel zu den Übersetzungen psychoanalytischer Werke ins Türkische) sowie der Gründer und Mitarbeiter des Psychotherapiezentrums *Imago* (vgl. Tura 2002, 2005, 2007a, 2007b, 2011).
184 Näheres im Abschnitt Spaltung und die »eigenen Wege« zur Mitgliedschaft bei der IPA (s.u.).

sationen aus dem Gesundheitsbereich wie z. B. das »Pembe Ev« (Das Rosa Haus) und einige Universitätsinstitute beteiligten sich an der Zusammenarbeit mit der jungen Gruppe, indem sie beispielsweise die Räumlichkeiten für Lehrzwecke zur Verfügung stellten oder sie bei verschiedenen wissenschaftlichen Projekten unterstützten. Im Jahre 1999 fand der erste Kongress der *Istanbul Psikanaliz Grubu* mit der Bezeichnung *Istanbul Psikanaliz Buluşmaları* (Begegnungen der Psychoanalyse in Istanbul) statt. Die Arbeitsgruppe veröffentlichte ein Jahr später auch ein Buch (Istanbul Psikanaliz Grubu 2000), in dem die Themen »Tradition der Psychoanalyse«, »Übertragungs- und Gegenübertragungsprozesse«, »Lehranalyse«, »Psychoanalyse in der universitären Lehre« und »Schnittpunkte zwischen Psychiatrie und Psychoanalyse« behandelt wurden.

Aufgrund des Ansporns von Talat Parman, der damals der einzige Ausbildungskandidat der SPP im fortgeschrittenen Status war, begannen auch Tevfika Tunaboylu-Ikiz, Ayça Gürdal, Bella Habip, Levent Kayaalp und Elda Abrevaya ab Mitte der 1990er Jahre ihre psychoanalytische Shuttle-Ausbildung in der SPP. Stella Ovadia durchlief keine Shuttle-Analyse, sondern absolvierte ihre »persönliche Analyse« bereits in Frankreich und ist heute ebenfalls Mitglied der SPP. Nesim Bitran durchlief eine zweite Shuttle-Analyse in Frankreich, ist heute nicht in der SPP, sondern in der IPA ein direktes Mitglied.[185] Auch Bella Habip und Elda Abrevaya entschieden sich nach ihren Eigenanalysen in Frankreich für eine zweite Shuttle-Analyse in Form einer offiziellen psychoanalytischen Ausbildung.

Exkurs: Shuttle-Analysen

Bei einer Shuttle-Ausbildung reisen die AusbildungskandidatInnen generell einmal im Monat für einige Tage in jenes Land, in dem sich das psychoanalytische Ausbildungsinstitut befindet, behalten aber ihren Arbeits- und Lebensmittelpunkt in ihren Heimatländern. Für die Lehranalysestunden werden individuelle Arrangements getroffen. Beispielsweise können acht bis zwölf Stunden in einem Block an einem verlängerten Wochenende oder an vier bis fünf aufeinanderfolgenden Werktagen angesetzt werden. Auch der Sommerurlaub kann für eine dichtere Lehranalyse genutzt werden. Szönyi und Štajner-Popović (2008) benennen beispielsweise Shuttle-Analysen mit mehr als einmaligen Analyseblöcken im Monat als »condensed« [dicht zusammengedrängte] Analysen (S. 311).

---

185 Die direkte Mitgliedschaft – in der IPA als »Direct Member« bezeichnet – ist eine Sonderregelung, die ich im Kapitel zu den PsychoanalytikerInnen der dritten Generation näher beschrieben habe.

Obwohl die IPA mittlerweile das Curriculum einer Shuttle-Ausbildung durch eine Mindestanzahl von 100 Shuttle-Lehranalysestunden pro Jahr standardisiert hat, erinnert diese Form an die Analysen der ersten Stunde der Psychoanalyse, als viele Personen weite Reisen hinter sich brachten, um von Sigmund Freud oder den frühen PsychoanalytikerInnen analysiert zu werden (vgl. Szönyi/Štajner-Popović 2008, S. 318f.).

Diese Sonderform der analytischen Ausbildung entstand aufgrund der großen Nachfrage nach der Auflösung der Sowjetunion und erzielte als Pilotprojekt große Erfolge (vgl. Pfäfflin/Kalmykova 2007). Viele PsychiaterInnen und PsychologInnen aus ost-europäischen Ländern waren an einer psychoanalytischen Ausbildung interessiert, doch waren in ihren Ländern keine beziehungsweise kaum LehranalytikerInnen vorhanden. Da eine jahrelange Ansiedlung im Ausland aus ökonomischen, privaten und politischen Gründen schwierig war, organisierte die IPA die Möglichkeit der Shuttle-Ausbildung, um jenen »benachteiligten« Personen die psychoanalytische Ausbildung zu ermöglichen. Eine ähnliche Ausbildungsform wurde dann auch für die AusbildungskandidatInnen aus der Türkei geschaffen:

Tevfika Tunaboylu-Ikiz: »Es gab niemanden, bei dem ich in der Türkei in Analyse gehen konnte. So suchte ich nach einer Lösung. Ich konnte Französisch [und Englisch] sprechen, dachte aber niemals, die Ausbildung in England zu machen, weil damals [ab 1995] schon Psychoanalytiker aus der SPP [hauptsächlich zu Vorträgen und Supervisionen] in die Türkei kamen, wie z. B. Bernard Penot. Wir hatten auch schon einen psychoanalytischen Kongress im Französischen Kulturinstitut in Istanbul veranstaltet. So entschied ich mich, nach Frankreich in Analyse zu gehen. Heute ist die Shuttle-Analyse viel durchschaubarer, man hat darüber diskutiert und letztendlich hat die Shuttle-Analyse auch standardisierte Regeln bekommen. Zu unserer Zeit war sie keine reguläre Sache, manche Psychoanalytiker waren dagegen und in der Anfangszeit war diese Form nicht so gängig. Heute machen viel mehr Personen die Shuttle-Analyse. Damals reiste ich ein Mal im Monat nach Frankreich, machte acht

Abb. 48: Tevfika Tunaboylu-Ikiz

bis zehn Stunden Analyse und blieb für eine gewisse Zeit dort« (Interview am 13.11.09, Istanbul).

Laut Szönyi und Štajner-Popović (2008) wurde gegen die Shuttle-Analyse oft das Argument angeführt, dass in dieser Form einer Lehranalyse kein analytischer Prozess stattfinden könne und ein Shuttle-Setting eine »second class«-Analyse (S. 322) hervorbringen würde. Dagegen sprechen aber die Erfahrungen von befragten Shuttle-AnalysandInnen und deren LehranalytikerInnen, die Shuttle-Analysen grundsätzlich für möglich erachten, deren Facetten aber in der Analyse berücksichtigt werden müssten. Ähnlich argumentierten meine InterviewpartnerInnen für die Shuttle-Ausbildung:

Ayça Gürdal Küey: »Mit der besonderen Eigenschaft kann man arbeiten. So wie beispielsweise das Geschlecht des Analytikers wichtig ist oder in der Analyse eine Rolle spielt, so hat auch die Shuttle-Form eine wichtige Rolle im analytischen Prozess und ist nicht unmöglich. [...] Natürlich, eine ›analyse navette‹ [Pendel/Shuttle-Analyse] ist eine ungewohnte Erfahrung ... aber sie ist möglich« (Interview am 14.4.10, Istanbul).

Das besondere Setting einer Shuttle-Analyse wirft Fragen bezüglich der Dynamik des Analyseprozesses auf. Nach Szönyi und Štajner-Popović (ebd., S. 319ff.) stellen insbesondere die hohe Variation des Settings, der Kulturunterschied, die Fremd- und Muttersprache, spezielle Abwehrmechanismen, Übertragungs-Gegenübertragungsprozesse und die zeitlich längere Trennung zwischen den Analyseblöcken besondere Diskussionspunkte einer Shuttle-Ausbildung dar.

Die AutorInnen haben ost-europäische AusbildungskandidatInnen zu ihren Erfahrungen einer Shuttle-Analyse befragt, und diese berichteten über größere kulturelle Unterschiede zwischen ihren Heimat- und Ausbildungsländern. Beispielsweise hatten manche Shuttle-AnalysandInnen jahrelang unter dem totalitären Regime ihrer Heimat gelebt und mussten sich an die neue gesellschaftspolitische Situation in ihrem Ausbildungsland gewöhnen. Dieser Umstand führte in einigen Fällen zur Isolation der KandidatInnen in der neuen Gesellschaft. Konflikte wurden auch in den Analysen spürbar, da vor allem die LehranalytikerInnen wegen unzureichender Kenntnis des kulturellen Hintergrunds ihrer AnalysandInnen Schwierigkeiten in den Deutungen hatten. In einer Paneldiskussion eines IPA-Kongresses[186] wurde diesbezüglich die Frage gestellt, ob es nicht notwendig wäre,

---

186 Auf dem in Chicago vom 29. Juli bis 1. August 2009 veranstalteten 46. IPA-Kongress wurde in einem Panel über die psychischen Facetten von Shuttle-Analysen diskutiert: »Faraway, So Close«: Shuttle Analysis. Vorsitz: Christopher Bollas (USA). Vortragende: David Sachs (USA), Fernando Weissmann (Argentinien) und Gilbert Diatkine (Frankreich).

dass LehranalytikerInnen in die Heimatländer ihrer Shuttle-KandidatInnen reisen, um deren ökonomische und soziokulturelle Bedingungen vor Ort kennenzulernen. Szönyi und Štajner-Popović (ebd., S. 321) berichten beispielsweise von LehranalytikerInnen, die Russisch gelernt hatten, um die Analyse auch in der Muttersprache ihrer Shuttle-KandidatInnen führen zu können.

Die Erfahrungen der türkischen PsychoanalytikerInnen, die ihre psychoanalytische Shuttle-Ausbildung in Frankreich absolviert haben, differieren in diesem Punkt von jenen der ost-europäischen KandidatInnen. Sie berichteten, dass kulturelle Divergenzen in ihren Analysen keine bedeutende Rolle gespielt haben, da die meisten von ihnen mit der französischen Sprache und Kultur schon seit ihrer Kindheit sehr vertraut waren. Zudem verbrachten sie alle vor Beginn ihrer Shuttle-Ausbildung einige Jahre in Frankreich, wo sich manche bereits einer Eigenanalyse unterzogen hatten. Daher könne laut meinen InterviewpartnerInnen von einem »clash of cultures« nicht die Rede sein:

Nesim Bitran: »Frankreich ist meine zweite Heimat, meine Kinder leben in Frankreich, ich bin sehr oft dort und habe 15 Jahre meines Lebens dort verbracht. Ich kann zum Beispiel kein psychoanalytisches Buch auf Türkisch lesen ... auf Französisch kann ich die Psychoanalyse besser verstehen und lese somit die französische [Ausgabe]. Die Psychoanalyse auf Türkisch zu lesen, bereitet mir manchmal Schwierigkeiten. [...] Die Shuttle-Analyse hatte mir keine Probleme bereitet, weil ich auch meine erste Eigenanalyse auf Französisch gemacht hatte. Französisch ist nach Türkisch meine zweite Muttersprache. [...] Orthodoxe Psychoanalytiker meinen beispielsweise, dass man die Analysen nur in der Muttersprache machen darf. Das können sie aber für die Bedingungen hier nicht verlangen. Hier gab es keine Lehranalytiker, was hätten wir tun sollen? Wir haben eben eine Shuttle-Analyse gemacht« (Interview am 15.4.10, Istanbul).

Die Tatsache, dass fast alle in Frankreich ausgebildeten türkischen PsychoanalytikerInnen die französische Sprache und Kultur schon in ihren Kinder- oder Jugendjahren erworben und verinnerlicht hatten, ein »psychisches Shuttle-Leben« also schon von Beginn an gegeben war, erleichterte sicherlich die Entscheidung für und den Prozess einer Shuttle-Analyse. Doch stellt sich hier die Frage, inwieweit ihre türkische Identität im analytischen Prozess Platz haben konnte, da den LehranalytikerInnen die türkische Sprache und Kultur doch fremd waren. Analysen, in denen AnalysandInnen und AnalytikerInnen verschiedene kulturelle und sprachliche Hintergründe haben, sind keinesfalls als eine »Sache der Unmöglichkeit« zu bewerten. Die Geschichte der Psychoanalyse hat gezeigt, dass vor allem durch die Emigration zahlreicher PsychoanalytikerInnen während des

Nationalsozialismus kaum muttersprachliche Analysen möglich waren. Nichtsdestotrotz waren sie sehr fruchtbar und stellten keine Barriere in der Entwicklung der Psychoanalyse dar. Doch die auffallende Negation des Kulturkonflikts lässt die Vermutung zutage treten, dass meine InterviewpartnerInnen als ehemalige türkische AnalysandInnen in Frankreich eine gewisse Unzugänglichkeit in ihre »türkische innere Welt« durch ihre »fremden« LehranalytikerInnen gespürt haben könnten. Diese Schwierigkeit erkennen sie aber aufgrund der Loyalität zu ihren LehranalytikerInnen und der fehlenden Möglichkeit einer traditionellen psychoanalytischen Ausbildung in ihrer Heimat vermutlich nicht als solche an und tendieren zu einer ausdrücklichen Verneinung.

Zwar führte laut meinen InterviewpartnerInnen der Kulturunterschied in ihren Analysen zu keinen offenen Konflikten, doch das Jahre andauernde Pendelleben, bei dem auf die geblockte und dichte Stundenfrequenz in Frankreich ein längeres Trennungsintervall in der Türkei folgte, bezeichneten sie als die größte Schwierigkeit ihrer Shuttle-Analysen:

Tevfika Tunaboylu-Ikiz: »Das ist eigentlich eine sehr schwierige Sache. Man kommt in die Türkei zurück und bleibt bis zum nächsten Monat auf sich alleine gestellt, das ist eine sehr schwierige Situation. Dafür muss man meiner Meinung nach auf die Struktur des psychischen Innenlebens des Kandidaten achten. Jeden Vorbeimarschierenden sollte man auch nicht in die Shuttle-Analyse aufnehmen. Man lässt dich nämlich einen Monat so stehen und du heulst die ganze Zeit hier in Istanbul, dir geht es schlecht, du bist traurig, alles geht seinen Weg, du bleibst stehen. Aber ich hatte mich mit der Zeit an diesen Rhythmus gewöhnt, ich musste das, denn sonst hätte ich keine Psychoanalytikerin werden können. Wenn ich gewartet hätte, würde ich heute immer noch warten. Da wir also die ersten Personen sind, die die institutionelle psychoanalytische Bewegung in der Türkei gestartet haben, absolvierten wir unsere Ausbildung auf diese Weise« (Interview am 13.11.09, Istanbul).

Die Dichte und die Länge der Analysestunden (bis zu 60 Minuten) im Ausbildungsland, auf die ein längeres Trennungsintervall in der Heimat folgt, können vor allem zu einer tieferen Regression führen. Tunaboylu-Ikiz schildert die Schwierigkeiten einer Shuttle-Analyse mit dem Gefühl des »Stehenbleibens« in der längeren Trennungsphase, während für sie alles andere im gewohnten Rhythmus zu verlaufen schien. Das Pendeln kann somit ein Gefühl der psychischen Verschwommenheit erzeugen, das Szönyi und Štajner-Popović als eine »dreamlike reality« (ebd., S. 309) bezeichnen, die von Shuttle-AnalysandInnen als sehr schmerzhaft erlebt werden kann:

Hale Usak-Sahin: »Wie wirkte sich das Pendeln auf den Prozess Ihrer Analyse aus? Die Analyse fand in einer Fremdsprache statt und Sie lebten und arbeiteten in der Türkei in der Muttersprache. Von der türkischen in die französische Kultur und dann wieder retour. Kann man dabei von zwei Welten sprechen?«

Ayça Gürdal Küey: »Natürlich, zwei Welten und zwei Kulturen, aber diese ›Zwei-Weltlichkeit‹ ist in uns allen [PsychoanalytikerInnen der zweiten Generation] verwurzelt. Da ich damals meine Facharzt-Ausbildung in Frankreich absolviert und einige Zeit dort gelebt hatte, waren diese Kultur und diese Sprache bereits ein Teil meiner inneren Welt. Französisch war eine Sprache, die ich schon mit elf Jahren in meine innere Welt integriert hatte, und sie hatte damals in meinem Leben im Zusammenhang mit manchen Ereignissen eine wichtige Rolle gespielt. Was meine ich damit? Mit elf Jahren war ich, um in einem [französischsprachigen] Internat meine Gymnasialausbildung zu beginnen, [aus einer anderen Gegend der Türkei] nach Istanbul gekommen und hatte mich von meiner Mutter, meinem Vater und meinen Geschwistern getrennt. So wurde Französisch zur Sprache der Trennungen für mich. Sie sagen etwas sehr Interessantes, schauen Sie, meine Assoziationen häufen sich. Sie haben von zwei Welten gesprochen und für mich wurde Französisch die Sprache der Trennungen. Tatsächlich war meine Analyse ein Prozess des Zusammenkommens und der Trennungen. Ich ging und kam mit meiner Analytikerin zusammen, dann trennte ich mich, dann kam ich wieder zusammen, dann trennte ich mich wieder. Wahrscheinlich setzen die Zusammenkunft und die Trennung die Trauer in der inneren Welt des Menschen in Gang« (Interview am 14.4.10, Istanbul).

Szönyi und Štajner-Popović führen zudem auch an, dass ausgesprochen viele ihrer befragten Shuttle-AusbildungskandidatInnen sehr frühe Trennungen in ihrem Leben erlitten hatten. In ihren Shuttle-Analysen wurden durch die längeren Trennungsintervalle ihre frühen Trennungstraumata aktualisiert (ebd., S. 326f.). Die Aktualisierung früherer Trennungen wird auch in den Erfahrungen der Psychoanalytikerin Ayça Güral Küey erkennbar. Zwar lebte sie seit ihrer Jugendzeit in zwei Kulturen und zwei Sprachen und daher stellte die »Zwei-Weltlichkeit« für sie nichts Außergewöhnliches dar, doch die Verinnerlichung ihrer sogenannten »zweiten inneren Welt« konnte nur durch die Trennung von ihrer »ersten inneren Welt«, den Primärbeziehungen und den ihr vertrauten Orten stattfinden. Folglich wurde für sie Französisch zur schmerzhaften »Sprache der Trennungen«, in welcher sie Jahre später ihre Lehranalyse in Frankreich durchlief.

Auf die Besonderheit der »Zwei-Weltlichkeit« und ihrer Trennungserfahrungen nahm Ayça Gürdal Küey auch in ihrem Vortrag (Gürdal Küey 2009) auf dem Symposium »Oedipe à Istanbul« (Ödipus in Istanbul) Bezug, das im Jahre 2007 in ihrem ehemaligen *Galatasaray Lisesi* (Galatasaray Gymnasium) veranstaltet wurde. Sie bezog sich dabei auf einen Aufsatz des argentinischen Schriftstellers Alberto Manguel, der darin über den ersten Aufenthalt seines Großvaters in Istanbul berichtet. Eines Tages sah sein Großvater aus dem Fenster des »Pera Palas«-Hotels den Sonnenuntergang am goldenen Horn (Stadtteil Üsküdar) und glaubte, dass auf der gegenüberliegenden Seite des Bosporus ein Feuer ausgebrochen war. Genau dieser ängstigenden Täuschung unterlag damals auch Ayça Gürdal Küey mit elf Jahren, kurz nach der Trennung von ihrer Familie, als sie aus dem Fenster des *Galatasaray Lisesi* blickte:

> »Mit elf Jahren schaute ein junges Mädchen aus dem Fenster dieses Schulgebäudes auf den Stadtteil Üsküdar und geriet in innere Aufregung: ›Üsküdar brennt!‹ [187] Aber seltsamerweise regte sich niemand Weiterer auf. Dieses Mädchen unterlag wie der Großvater Alberto Manguels einer Täuschung. Der Zauber der Sonnenuntergänge Istanbuls hatte auch sie in den Bann gezogen und wurde ein Teil ihrer eigenen Geschichte. Nach vielen Jahren erzählte jenes Mädchen die Worte ihrer Erinnerungen, Täuschungen und Wahrnehmungen aus jenem Schulgebäude, in dem wir uns nun befinden, auf einem Divan in Paris. Sie erzählte in fremden Worten über den Klang und die Ruhe des Bosporus, über die Stimme eines aufgeweckten Kindes, das ›Kapitän, [lass es] pfeifen!‹ [188] schrie und über die blauen Augen, denen sie bei den Treppen des Schlafsaals jenes Internates begegnete« (Gürdal Küey 2009, S. 72).

Nach den blauen Augen gefragt, erzählte Ayça Gürdal Küey, wie sie und ihre Eltern einst im Galatasaray Gymnasium angekommen waren, um Vorbereitungen für ihren ersten Schultag zu treffen. Zum ersten Mal in ihrem Leben würde sie

---

187 Beim Lesen dieser Zeilen erinnerte ich mich an meine erste Studienreise nach Istanbul, in der ich mit brennendem Interesse die Spuren der Psychoanalyse in der Türkei suchen wollte, bei dem Anblick des Sonnenuntergangs am Bosporus aber die jahrelange Sehnsucht nach meiner zweiten Welt, der Türkei, geweckt wurde. Auch mein Gefühl der »Zwei-Weltlichkeit« als österreichisch-türkisches Emigrantenkind entflammte in jenem Augenblick.

188 In den Memoiren von ehemaligen Kindern aus Istanbuler Internaten ist zu lesen, dass es eine Tradition war, vorbeifahrenden Fähren »Kaptan Düdük!« (Kapitän, [lass es] pfeifen!) entgegenzuschreien. Manche Kapitäne hätten den Kindern zu ihrer Freude mit einem Pfeifsignal geantwortet, manche hingegen ließen den Ruf der Kinder unbeantwortet. Daraufhin haben sie mit »Düdük Kaptan!« (Kapitän, [du] Pfeife!) ihre Enttäuschung zur Sprache gebracht. So war es auch bei dem jungen türkischen Mädchen, das später als Kandidatin der Psychoanalyse ihre damaligen Erinnerungen auf einem Divan in Frankreich erzählte.

für eine längere Zeit von ihren Eltern getrennt sein. Als sie die Treppen hinunter-
stieg, traf sie dort auf ein Mädchen, das auch mit seinen Eltern angekommen war
und die gleichen Gefühle wie sie empfand. Dieses Mädchen hatte meeresblaue
Augen, die all seine Emotionen nach außen zu tragen vermochten. Und sie standen dort bei den Treppen, wie angenagelt, und schauten sich in die Augen, die
wie ein Spiegel wirkten, in dem sie die Freundschaft, die Geschwisterlichkeit, die
Verlassenheit, die Angst, die Irritiertheit und noch viele andere Gefühle sahen.
Ayça Gürdal Küey beschreibt ihre Zeit im Internat als eine Bereicherung und Verarmung zugleich. Diese Ambivalenz zeigt sich auch in ihren Erfahrungen einer
Shuttle-Analyse – als Bereicherung bei der Zusammenkunft und Verarmung bei
der Trennung von ihrer Analytikerin.

Die Psychoanalytikerin Sylvia Zwettler-Otte schreibt über Shuttle-Analysen,
»dass auch unter solch schwierigen Umständen ein psychoanalytischer Prozess
in Gang kommen kann, dass aber in
diesen Analysen das Thema der Trennung ständig präsent sei und immer eine
›Melodie des Abschieds‹ anklinge«
(2006, S. 12). Die Trennung schließe
aber immer den Aspekt der Bindung mit
ein, was auch in ihrem Buchtitel zu erkennen ist, da Melodie »die Herstellung
einer Einheit« (ebd., S. 131) bedeutet.
Demnach wird die frühe »Fort-Da«-
Erfahrung während Shuttle-Analysen
besonders aktualisiert und führt nach

Abb. 49: Ayça Gürdal Küey

Sylvia Zwettler-Otte aufgrund der längeren Ab- und Anwesenheitsintervalle immer
zu einem Gefühl der Ambivalenz (ebd., S. 126).

Shuttle-Analysen können sich auch auf Übertragungsprozesse auswirken, indem sich
übertriebene Polaritäten der Idealisierung oder Entwertung der LehranalytikerInnen
entwickeln (Szönyi/Štajner-Popović 2008, S. 322). Durch den Schmerz der Abwesen-
heit bilden sich bei manchen Shuttle-AnalysandInnen Aggressionen, da sie das Gefühl
haben, ihre LehranalytikerInnen würden es sich vermeintlich gutgehen lassen, während
sie in ihrer Heimat alleine mit den Folgen der Trennung kämpfen müssen. Ebenfalls
können besonders schmerzhafte Gefühle des Außenseitertums entstehen, da sie sich
oft vom »family nest« (ebd.) im Ausbildungsland ausgeschlossen fühlen. Andererseits werden aber auch Gefühle der Grandiosität ausgelöst, weil sich manche Shuttle-
AnalysandInnen als »the chosen one« (ebd.) ihrer LehranalytikerInnen empfinden.

Auch auf Gegenübertragungsprozesse haben Shuttle-Analysen eine bedeutende Wirkung, da sie auch für die LehranalytikerInnen eine zumeist neue und ungewohnte Erfahrung darstellen. Sie müssen selber erst erlernen, wie mit den längeren Trennungsintervallen und den daraus folgenden Konsequenzen in der analytischen Arbeit umgegangen wird, und empfinden daher einen größeren Druck vonseiten der Kollegenschaft (ebd., S. 327). Ein Lehranalytiker von Shuttle-AnalysandInnen berichtete beispielsweise (ebd., S. 323f.), dass er nicht genau wusste, ob er in diesem Fall eher aktiv oder passiv sein, ob er sich auf das ödipale oder prä-ödipale Material konzentrieren oder ob er bei einer Deutung länger harren sollte oder nicht. Er musste daher viel spontaner in der analytischen Arbeit vorgehen. Da seine KandidatInnen aber mit großer Hoffnung, Zuversicht und guter Arbeit aus ihren Heimatländern wieder zum nächsten Block kamen, glaubte er an die Nützlichkeit seiner Arbeit.

Schuldgefühle der LehranalytikerInnen und gute Erfolge bei den Shuttle-AnalysandInnen haben ihn an ein »illegales Kind« (ebd.) erinnert, dessen Eltern nicht im gemeinsamen Haushalt leben. Das Kind ist daran gewöhnt, jeweils eine Zeit lang bei einem Elternteil zu wohnen. Obwohl diese Lebensweise für das Kind einen gewohnten Zustand darstellt, können sich bei den Eltern trotzdem Schuldgefühle entwickeln. Insofern fühlte sich der Lehranalytiker wie ein »Wochenendelternteil« (ebd., S. 324). Seiner Ansicht nach ist es für die Arbeit mit Shuttle-AnalysandInnen sehr wichtig, sie nicht in irgendeiner Hinsicht festzunageln und die Analyse nicht nur auf die Trennungserfahrungen zu reduzieren.

Schuldgefühle treten aber auch oft bei Shuttle-AnalysandInnen hervor, da sie gezwungen sind, über Jahre hinweg für gewisse Zeitabschnitte ihre PatientInnen und die eigene Familie in der Heimat zurückzulassen. Auch Loyalitätskonflikte können während dieser Zeit ausgelöst werden, da Fragen nach der Zugehörigkeit zu der eigenen »realen Welt« (ebd., S. 323) auftauchen können.

Der Faktor, dass Shuttle-AnalysandInnen während ihrer Zeit im Ausbildungsland keinen freien Tag zwischen den Analyseeinheiten und somit auch kein Alltagsleben und keine strukturierten Programme haben, könne sich auf die Assoziationen und Träume auswirken. Beispielsweise berichteten Shuttle-AnalysandInnen, dass sie zeitweise bis zu vier Träume in einer Stunde erzählten, wobei die AutorInnen diese Überproduktion von Träumen als Widerstand werten (ebd., S. 322).

In Shuttle-Analysen kommt zudem der Sprache eine bedeutende Rolle zu. Häufig wird in dieser Analyseform die Sprache der LehranalytikerInnen gesprochen, manchmal können sich aber AnalysandInnen und AnalytikerInnen in einer für beide verständlichen Sprache, einer sogenannten »mediating language« (vermittelnden Sprache) (ebd., S. 321) treffen. Die Verwendung unterschiedlicher Sprachen wirft laut Szönyi und Štajner-Popović (2008) zudem Fragen nach der Unterschiedlichkeit des Denkens und Fühlens auf (vgl. auch Weiss 1999; Marcos

1976). Die Tatsache, dass Shuttle-AnalysandInnen nicht in ihrer Muttersprache sprechen können, wirkt sich ihrer Ansicht nach unter anderem auf ihre Abwehrmechanismen aus. Insofern erzeugen nicht muttersprachliche Analysen größere Widerstände, da die mit der ersterlernten Sprache stärker verbundenen »hot affects« (Szönyi/Štajner-Popović 2008, S. 322) in der Muttersprache leichter verarbeitet werden können. Die Fremdsprache erleichtert zwar die Aussprache von Affekten, diese können jedoch unverarbeitet bleiben. Andererseits erzählten manche ihrer befragten Shuttle-AnalysandInnen, dass der Umstand, nicht die Muttersprache zu benutzen, zur Erfindung von »sophisticated (ausgeklügelten) verbal maneuvers« (ebd., S. 322) leitet, die wiederum zur besseren Verarbeitung führen können. In diesem Zusammenhang berichtet Vamık D. Volkan beipsielsweise, dass Rex Buxton, einer seiner Supervisoren in Amerika, einen ungarischen Analysanden hatte, der die englische Sprache nicht gut genug beherrschte. Daher versuchte er, mit langen Ausführungen seine innere Welt zu beschreiben. Nach Buxton wurde dieser Ungar diejenige Person, die er am besten analysieren konnte.[189]

Die Benutzung von Fremd- und Muttersprachen hat auch laut Amati Mehler et al. (2010) bei zwei- oder vielsprachigen AnalysandInnen eine besondere Bedeutung. Dabei ist ein bestimmender Faktor, ob AnalysandInnen »polylingual« sind, d. h. unterschiedliche Sprachen in ihren frühen Lebensjahren gleichzeitig erworben haben, oder »polyglott«, d. h. in einem späteren Lebensabschnitt Fremdsprachen erlernt haben. Polyglottismus gehe mit einer geringeren emotionalen Besetzung als Polylingualismus einher, da er primär auf Übersetzung basiere (S. 57ff.). Die AutorInnen konnten beispielsweise nachvollziehen, »wie ein Analysand, der sich in einer im Erwachsenenalter erlernten Sprache über die Konflikte und Ängste seiner Kindheit äußerte, eine Art Sicherheitsabstand gegen den Tumult primitiver Emotionen zu errichten vermochte, der durch die Worte seiner Muttersprache unmittelbar in ihm wachgerufen worden wäre« (ebd., S. 58). Genauso sei der Umstand wichtig, ob die AnalytikerInnen mehr- oder nur einsprachig sind, denn durch die Mehrsprachigkeit seien sie eher in der Lage, den verschlungenen Ausdrucksweisen des Unbewussten ihrer AnalysandInnen zu folgen.

Otto Kernberg unterstreicht in seinem Vorwort zu diesem Buch (Amati Mehler et al. 2010) die überzeugenden Feststellungen der AutorInnen, dass »je bewusster einem mehrsprachigen Analytiker die verschiedenen Sprachen eines mehrsprachigen Analysanden werden und je mehr er sich der eigenen inneren Beziehung zu den anderen Sprachen seiner Gegenwart und Vergangenheit bewusst wird, desto umfassender wird seine Empathie mit den subtilen Regressionen, Transformationen und Abwehrmaßnahmen in den sprachlichen Mitteilungen seines Patienten sein«

---

[189] Vamık D. Volkan: Persönliche Mitteilung am 7. August 2010.

(S. 37). Die Mehrsprachigkeit der AnalysandInnen sollte daher in Bezug auf die unterschiedlichen analytischen Prozesse wie etwa die Abwehrmechanismen, die sich im Wechsel der Sprachen oder in Wortspielen bemerkbar machen können, von LehranalytikerInnen berücksichtigt werden.

Mit einem Beispiel aus einer Analyse eines deutsch-türkischsprachigen Analysanden und eines deutschsprachigen Analytikers möchte ich diese fundamentale Bedeutung veranschaulichen: Der Analysand wurde als einjähriges Kind in die Obhut seiner Großeltern gegeben, die in einem kleinen Dorf in der Türkei wohnten, während seine Eltern im Ausland arbeiteten. Er erzählt in einer Stunde über einen Traum, in dem er aus einem Hochhaus in die Tiefe stürzt und in einem Zimmer des Hauses seiner Großeltern landet. Auf die Frage: »Wo bin ich?«, antwortet ihm seine im Zimmer anwesende Tante mit: »In Göttingen«. Bei der freien Assoziation entdeckte der Analysand, dass das türkische Wort *Göt* ein vulgärer Ausdruck für das Gesäß ist. Der zwar der türkischen Sprache nicht mächtige, aber mehrsprachige Analytiker deutete die Antwort der Tante »In Göttingen« als »Am Arsch der Welt«, wohin sich der Analysand in der Tat als Kleinkind von seinen Eltern versetzt und zurückgelassen fühlte. Da er aber seine Gefühle der Verzweiflung und der Wut wegen seiner Schuldgefühle nicht in der Sprache seiner Eltern und Großeltern darstellen konnte, versteckte er unbewusst seinen Zorn im deutschen Wort *Göttingen*.

Generell berichteten die in Frankreich ausgebildeten, mehrheitlich polylingualen PsychoanalytikerInnen der zweiten Generation, dass die französische Sprache für sie keine Barriere in ihren Analysen darstellte, weil sie diese Sprache schon in frühen Jahren gelernt hatten und sie daher wie die türkische Sprache mit intensiven Emotionen besetzt ist. Fast alle türkischen PsychoanalytikerInnen jüdischer Herkunft empfinden Französisch sogar als ihre Muttersprache. Im Gegensatz dazu erzählten beispielsweise türkische PsychoanalytikerInnen der ersten Generation, die ihre Lehranalysen auf Deutsch oder Englisch durchliefen und diese Sprachen erst nach ihrer Adoleszenz erlernten, viel eher von sprachlichen Schwierigkeiten in ihren Analysen.

Neben den geschilderten Eigenschaften und Schwierigkeiten einer Shuttle-Analyse sind auch die Vorteile dieser besonderen Erfahrung von großer Bedeutung. Laut Szönyi und Štajner-Popović kann die Shuttle-Analyse dazu genutzt werden, mit Trennungen besser umzugehen und Affekte auszuhalten anstatt sie auszuagieren (2008, S. 326). In einem Fragebogen von Kazanskaya (2004) nannten Shuttle-AnalysandInnen positive Einflüsse der Shuttle-Analyse auf ihr Privatleben, unter anderem durch die Aspekte des Abenteuers, der Freiheit, des Enthusiasmus, des Knüpfens von neuen Freundschaften und des Kennenlernens einer neuen Kultur. Obwohl das Pendelleben nach der psychoanalytischen Ausbildung zu Ende sein könnte, ist die »Zwei-Weltlichkeit« so stark in den ehemaligen Shuttle- Analys-andInnen verankert, dass sie auch als fertige PsychoanalytikerInnen den Kontakt zu Frankreich nicht aufgeben und, wenn auch nicht mehr in so kurzen Abständen, doch noch ihr Pendelleben fortsetzen. So berichtet beispielsweise auch der von Katrin Hartmann (2007) interviewte libanesische Psychoanalytiker Sami Moua-wad über die Relevanz der Beziehung zu Frankreich, die ihm »ein professionelles Lebenselixier« (S. 213) bietet:

> »Man holt Luft, man atmet in Paris, in Paris gibt es Sauerstoff. Stellen Sie sich vor, ohne Paris, was würde ich tun? [...] Das sind die Kollegen, Bücher, das intellektuelle Brodeln. Ich könnte mich niemals mit Libanon begnügen. Niemals. Ich könnte niemals hier bleiben ohne wegzugehen, ohne zumindest alle vierzehn Tage in Paris einmal aufzuatmen« (ebd.).

Shuttle-Analysen sind, wie auch Szönyi und Štajner-Popović (2008, S. 327) behaupten, immer als eine Ausnahmeregelung zu betrachten, die Psychoanaly-tikerInnen erster oder zweiter Generation in »benachteiligten Ländern« her-vorbringen. Sie erfordern viel größeren psychischen sowie finanziellen Einsatz als Analysen in Heimatländern und erzeugen bei PsychoanalytikerInnen, die diese Form der Ausbildung durchlaufen haben, auch stärkere Identifikation mit inter-nationalen psychoanalytischen Communitys und eine ausgeprägte Selbstdefini-tion als eine besondere Generation:

Levent Kayaalp: »Ja, wir haben wirk-lich sehr viel psychische Energie und Geld für unsere Ausbildung investiert. Wir sind die Shuttle-Generation! (lacht)« (Interview am 6.5.09, Istanbul).

Die Bedeutung der Institutionalisierung im türkischen Kontext

Der Tradition der lacanianischen Psy-choanalyse zu folgen, in der sich die PsychoanalytikerInnen eigeninitiativ in

Abb. 50: Levent Kayaalp

cartells organisieren und grundsätzlich gegen eine Bindung an formelle Institutio-nen sind bzw. auch keine Mitglieder der IPA werden können, wäre nach Ansicht

Parmans und der Mehrheit der türkischen PsychoanalytikerInnen der zweiten Generation für die Entwicklung der Psychoanalyse in der Türkei kontraproduktiv gewesen. In einem Land, in dem bis dahin keine psychoanalytischen Institute vorhanden waren und daher auch keine Möglichkeit einer standardisierten, international anerkannten Ausbildung bestand, hätte die Orientierung an der lacanianischen Psychoanalyse mit ihren informellen Vereinigungen die Entwicklung einer institutionalisierten Psychoanalyse noch stärker gehemmt. Zudem wäre die Gefahr unkontrollierbarer Willkür in der psychoanalytischen Berufsausübung sehr groß gewesen, denn durch ein bis dato fehlendes, staatlich geregeltes Psychotherapiegesetz in der Türkei kam es laut einigen InterviewpartnerInnen immer wieder zu berufsethischen Regelverletzungen, indem sich Personen, die sich nur theoretisch mit der Psychoanalyse befasst hatten, als PsychoanalytikerInnen ausgaben.

Um diesem anarchischen Zustand entgegenzuwirken und künftig eine geregelte psychoanalytische Ausbildung in der Türkei zu gewährleisten, sahen die meisten Mitglieder der *Istanbul Psikanaliz Grubu* die Angliederung an bedeutende ausländische Institutionen als Garantie für die sichere, institutionelle Etablierung und die internationale Anerkennung der Psychoanalyse in der Türkei an. Daher hatten sie sich für die Shuttle-Ausbildung in der SPP, die als Zweiggesellschaft der IPA auf die »institutionelle und wissenschaftliche Entwicklung« (Heenen-Wolff 2007, S. 368) besonderen Wert legt, entschieden:

Talat Parman: »Ich sage es ganz offen, die moderne Psychoanalyse in der Türkei habe ich gegründet. Wenn ich ein Lacanianer gewesen wäre, hätte sich die Psychoanalyse in der Türkei an der lacanianischen Richtung orientiert, da mehrere Mitglieder unserer anfänglichen Gruppe [vor ihrer formalen Ausbildung im Rahmen der SPP und/oder IPA] lacanianische Eigenanalysen durchliefen. Wenn ich sie nicht in die Richtung der SPP gelenkt hätte, wären wir einen lacanianischen Weg weitergegangen und hätten heute keine institutionalisierte Psychoanalyse in unserem Land. Wir arbeiten jetzt mit standfesten Institutionen zusammen, die SPP und die IPA sind sichere Institutionen. Wir brauchen solche stabilen Institutionen, weil wir selber aus einer Herrschertradition [des Osmanischen Reiches] stammen« (Interview am 15.5.09, Istanbul).

Wie Talat Parman erachtet auch Tevfika Tunaboylu-Ikiz die Institutionalisierung der Psychoanalyse vor dem Hintergrund der geschichtlichen Entwicklung der Türkei als unabdingbar und grenzt sie zu psychoanalytischen Bewegungen in arabischen Ländern ab:

Tevfika Tunaboylu-Ikiz: »Die Türkei war niemals eine Kolonie. Im Gegenteil, unsere Vorfahren waren die Osmanen, die über 600 Jahre regierten und jahrhundertelang die Welt zum Zittern gebracht haben. Das ist etwas sehr Narzisstisches, etwas sehr Omnipotentes. Wir sind niemals unter die Herrschaft eines anderen Volkes geraten. [...] Die Psychoanalyse in der Türkei unterscheidet sich auch von derjenigen in arabischen Staaten wie Marokko, dem Libanon oder Algerien. Eine Institutionalisierung gibt es heute nur in der Türkei und in Tunesien. Wieso? Weil diese Länder laizistisch und demokratisch sind. [...] Wir arbeiten mit der SPP und der IPA zusammen, aber die Lacanianer haben generell keine Institutionalisierungsbestrebungen. In den anderen arabischen Ländern sind lacanianisch orientierte Psychoanalytiker in der Mehrzahl, weil sie keine Institutionen haben. Sie haben keine Institutionen, weil die Länder nicht laizistisch sind. In autoritären Ländern werden nämlich Institutionen grundsätzlich nicht geduldet. Viele arabische Lacanianer interessieren sich daher nicht für Institute oder Vereine. [...] Aber wir sind da anders. Wenn drei Türken zusammenkommen, gründen sie schon einen Verein, das war schon im Osmanischen Reich so« (Interview am 13.11.09, Istanbul).

Aufgrund der machtvollen Stellung der osmanischen Vorfahren in der Weltgeschichte, die nach Tunaboylu-Ikiz' Ansicht heute im kollektiven Unbewussten des türkischen Volkes festsitzt, müsse auch die psychoanalytische Bewegung in der Türkei mit international einflussreichen psychoanalytischen Institutionen verbunden sein, um so das omnipotente Selbstverständnis der Türken auch im psychoanalytischen Berufsfeld weiterzutragen.

Sie sieht auch die lange Tradition der Vereinsgründungen im Osmanischen Reich sowie den gegenwärtig laizistisch-demokratischen türkischen Staat als eine vorteilhafte Basis und als Notwendigkeit für eine institutionalisierte, selbstständige Psychoanalyse in der Türkei an. Wie Roudinesco (1996) vertritt sie die Annahme, dass sich psychoanalytische Organisationen nur in einem Rechtsstaat entwickeln können, und begründet darin den Unterschied zwischen der psychoanalytischen Orientierung der Türkei und anderer muslimischer Staaten, die sich von Institutionen fernhalten (müssen) und daher eine lacanianische Ausrichtung einschlagen. Zusätzlich dazu stand die Türkei niemals unter Kolonialherrschaft wie einige arabische Länder, in denen zum Teil die psychoanalytischen Schulen der ehemaligen Kolonialmächte noch dominieren (vgl. Hartmann 2007; Bennani 2008).

Die Ambitionen der *Istanbul Psikanaliz Grubu*, sich an Institutionen wie die SPP und die IPA anzuschließen, waren demnach von einer historisch begründeten, narzisstischen Komponente begleitet, die aber meinem Erachten nach aus einer kollektiven Kränkung des türkischen Volkes herrührt. Als Nachkommen der Osmanen, die zwar jahrhundertelang über viele Völker geherrscht haben, am Ende jedoch eine erschütternde Niederlage erfuhren, muss sich die türkische Bevölkerung immer noch mit den Folgen ihrer Geschichte auseinandersetzen. Die Warteposition vor den Toren der EU, in der die Regeln für die Aufnahme der Türkei mitten im Prozess immer wieder neu aufgelegt werden, hat in der jüngsten Geschichte zu verstärkten Gefühlen des Außenseitertums geführt. Diese Kränkung hätte sich ohne die Zugehörigkeit zu westlichen oder internationalen Organisationen auch auf die Psychoanalyse in der Türkei übertragen:

Tevfika Tunaboylu-Ikiz: »Nur wenn wir uns institutionalisieren, können wir
   offizielle Anerkennung bekommen. Wir arbeiten mit der IPA, weil wir an
   die Institutionalisierung glauben und ihr vertrauen. [...] Die Institution ist
   die beste Form der Übertragung, so kann die Psychoanalyse auf den Analysanden übertragen werden und der wiederum überträgt sie später seinem
   Analysanden und so entsteht die transgenerationale Übertragung innerhalb
   der Institution. Sonst ist man ein toter Psychoanalytiker« (Interview am
   13.11.09, Istanbul).

Eine Interviewpartnerin, die anonym bleiben wollte, deutete beispielsweise an, dass sich Türken generell wie »halbe Menschen« vorkommen, da sie auch »von außen« als solche angesehen werden, wenn sie keinerlei Verbindungen zu Europa oder Amerika haben. Daher sei die IPA für viele türkische PsychoanalytikerInnen und AusbildungskandidatInnen in gewisser Weise zu einem »Fetisch« geworden. Die Aussage von Tunaboylu-Ikiz, ohne die Zugehörigkeit an eine Institution »ein toter Psychoanalytiker« zu sein, verschärft das Bild des »halben Menschen« und zeigt – stellvertretend für viele PsychoanalytikerInnen der zweiten Generation – die grundlegende Wichtigkeit der psychoanalytischen Institutionalisierung in der Türkei. »Tot« ist demnach eine (türkische) PsychoanalytikerIn, wenn sie aufgrund fehlender institutioneller Strukturen keine künftigen Psychoanalytikerinnen ausbilden kann. Somit werden die transgenerationale Übertragung und demzufolge auch die Entstehung einer psychoanalytischen Bewegung in einem Land und die Zusammenarbeit auf internationaler Ebene unmöglich. Durch die Identifizierung der eigenen Person mit der Institution gewinnt man an Lebendigkeit, die auch über den eigenen Tod hinaus in Form der Institution weiterbesteht. Die libidinös besetzten Errungenschaften werden in der Weise an künftige Generationen zu übertragen beabsichtigt, um so auch die Partizipation am psychoanalytischen Mainstream sicherzustellen.

Insofern erhofften sich manche Mitglieder der *Istanbul Psikanaliz Grubu* durch ihre Entscheidung für die Mitgliedschaft bei der IPA und der SPP – neben der Entgegenwirkung der psychoanalytischen Berufswillkür im eigenen Land – wahrscheinlich auch die Möglichkeit, ihre professionelle Stärke im internationalen, psychoanalytischen Kontext zu demonstrieren, wie einst die frankreichbezogenen *Jeunes-Turcs* nach dem Untergang des Osmanischen Reiches.

Der institutionelle Werdegang der Psychoanalyse in fast allen Ländern der Welt hat aber gezeigt, dass Institutionalisierungsprozesse keineswegs reibungslos verlaufen (Fallend 1995, S. 13ff.). Wie Páramo-Ortega es ausdrückt, ist die Geschichte der Psychoanalyse in jedem Land »die Geschichte ihrer wiederholten Brüche, Konflikte, Abspaltungen [...]« (1992, S. 9). Dabei sind »die Formen der sozialen Organisation unserer Zivilisation [...] immer weiter davon entfernt, ein weniger konfliktreiches Zusammenleben zwischen ihren Mitgliedern zu begünstigen« (ebd.). So hat auch die Institutionalisierung der Psychoanalyse in der Türkei, neben den Vorteilen, die sie für dieses Land sicherlich mit sich gebracht hat, auch ihre Schwierigkeiten in sich verborgen und zur Erzeugung blinder Flecken beigetragen.

Erdheim (1982) und Fallend (1995) stellen fest, dass während Institutionalisierungsprozessen Mechanismen in Gang gesetzt werden, die Sigmund Freud bereits 1921 in seiner *Massenpsychologie und Ich-Analyse* am Beispiel von Kirche und Heer näher beschrieben hatte, und dass seine Ansichten auch auf kleinere Gruppen übertragbar sind. Die libidinösen Beziehungen binden Individuen einer Masse oder Gruppe einerseits an den Führer oder an eine Idee – im Fall der *Istanbul Psikanaliz Grubu* die lokale Vereinsgründung und die antizipierte Angliederung an die IPA – und andererseits an die anderen Mitglieder der eigenen Gruppe. Diese libidinösen Bündnisse gehen aber bei Auflösung oder Hinterfragung der Bindung an den Führer/die Idee zu ablehnenden und feindseligen Gefühlsregungen zwischen den Gruppenmitgliedern über. Spaltungen, Rückzüge oder Bindungen an neue Führer/Ideen werden dabei unvermeidbar.

Spaltung und die »eigenen Wege« zur Mitgliedschaft bei der IPA

Im Jahr 2000, nachdem sowohl Talat Parman als auch Bella Habip als die ersten beiden PsychoanalytikerInnen aus der SPP hervorgingen und Mitglieder der IPA wurden, rückte die Frage der Institutionalisierung der *Istanbul Psikanaliz Grubu* in Form eines offiziellen Vereins immer mehr in den Vordergrund und führte zu starken Meinungsverschiedenheiten unter den Mitgliedern. Probleme in der bisherigen Regelung der Finanzen des Arbeitskreises, Schwierigkeiten bei der Anerkennung früher durchlaufener Analysen bei ausländischen Institutionen und insbesondere Autoritätsansprüche und Kritik an voreiligen Vereinsgründungsambitionen seitens mancher Gruppenmitglieder verunmöglichten eine weitere kollegiale Zusammenarbeit der *Istanbul Psikanaliz Grubu*. Wie der Titel eines türkischen Liedes besagt, dass »die Liebe der Giganten ebenfalls gigantisch ist«, verwandelten sich in der beginnenden Institutionalisierungsphase auch in der Türkei die ursprünglich libidinösen Beziehungen der GründerInnen der *Istanbul Psikanaliz Grubu* zu einem gigantischen Konflikt. In dessen Folge verließen Stella Ovadia, Bella Habip und Nesim Bitran die Gruppe, während die übrigen Mitglieder Anfang 2001 ihre »eigenen Wege« gingen.

Talat Parman, Tevfika Tunaboylu-Ikiz, Levent Kayaalp, Elda Abrevaya, Ayça Gürdal Küey sowie zwei der ehemaligen AnalysandInnen von Ulviye Etaner, Raşit Tükel und Başak Yücel aus dem MEPEV, gründeten am 30. Oktober 2001 ihren offiziellen psychoanalytischen Verein namens *IPD – Istanbul Psikanaliz Derneği* (Verein für Psychoanalyse Istanbul). Zahlreiche PsychoanalytikerInnen aus dem Ausland, vor allem aus Frankreich, unterstützten die *IPD* in ihrer Gründungsphase durch Seminare, Supervisionen und die Mithilfe in der Gestaltung von ersten institutionellen Strukturen. Talat Parman bezeichnet Bernard Penot aus Frankreich und Yolanda Gampel (vgl. Gampel 2009) aus Israel als die Taufpaten des Vereins,[190] dessen Ziele in der offiziellen Deklaration mit der »Bekanntmachung, der Übertragung, der Verbreitung und der Entwicklung der Psychoanalyse in der Türkei« (Parman et al. 2002, S. 110) definiert wurden.

Barande und Barande führen an, dass »in Frankreich, zumindest zur Zeit, nicht jenes Klima des Mißtrauens gegen jeden [herrscht], der nicht aus der medizinischen Sphäre kommt wie beispielsweise in den U.S.A.« (1982, S. 584). Dieser Tradition entsprechend nahm dieser Verein, dessen GründerInnen mehrheitlich aus der französischen Schule stammen, neben PsychiaterInnen und PsychologInnen auch Personen aus den Human- und Gesundheitswissenschaften als Mitglieder auf, die eine psychoanalytische Ausbildung im Rahmen der IPA beabsichtigten oder gerade eine Analyse durchliefen.

Einige Zeit nach der Trennung gründete auch Bella Habip im Jahre 2003 einen psychoanalytischen Verein namens *PPPD – Psikanaliz ve Psikanalitik Psikoterapiler Derneği Istanbul* (Verein für Psychoanalyse und Psychoanalytische Psychotherapien Istanbul). Stella Ovadia und Nesim Bitran wurden zwar ebenfalls Mitglieder der SPP bzw. der IPA, entschieden sich aber dazu, jenseits der lokalen Institutionspolitik ihrer psychoanalytischen Arbeit nachzugehen:

Nesim Bitran: »Aus der SPP sind viele Psychoanalytiker gekommen, um hier in der Türkei die Ausbildung zu forcieren. Ich war in der ›Istanbul Psikanaliz Grubu‹, habe mich aber 2001 von der Gruppe getrennt. Ich bin in keinem

---

190 Talat Parman: Zitat aus der Eröffnungsrede des »11. Uluslararası İstanbul Psikanaliz Buluşmaları«, des jährlichen Kongresses der IPD, am 13. November 2009.

psychoanalytischen Verein hier Mitglied. Ich hatte auch nicht vor, bei der IPA Mitglied zu werden, aber man sagte mir, dass es nützlich für mich und meine Analysanden wäre, damit deren Analysen international anerkannt werden konnten. So habe ich eine zweite Analyse als Shuttle-Analyse begonnen und bin seit 2005 IPA-Mitglied.«

Hale Usak-Sahin: »Darf ich fragen, wieso Sie die Gruppe verlassen haben?«

Nesim Bitran: »Ich hatte kein Interesse daran. 2001 gab es einige Konflikte zwischen den Gruppenmitgliedern, aber das ist eine klassische Sache. Lesen Sie die Geschichte der Psychoanalyse, dann werden Sie das sehen. Die Spaltungen hat es auch hier gegeben. Ich habe die Gruppe verlassen, weil ich persönliche Konflikte nicht mag und nicht irgendwo arbeiten will, wo gestritten wird.«

Hale Usak-Sahin: »Kann es sein, dass die Ferne von Vereinstätigkeiten Ihre lacanianische Seite ist?«

Nesim Bitran: »Nein, die Lacanianer haben schätzungsweise auch schon zehn Gruppen in Frankreich gebildet und dort bin ich auch kein Mitglied. Was sagt der berühmte Groucho Marx? ›Ich möchte keinem Club beitreten, der mich als Mitglied haben will!‹ (lächelt)« (Interview am 15.4.10, Istanbul).

Stella Ovadia beantwortete meine Frage, wieso sie nicht bei psychoanalytischen Vereinstätigkeiten mitwirkt, damit, dass sie berufspolitisch nicht mehr aktiv sein möchte, da sie schon jahrelang in öffentlichen politischen Fragen in der Türkei mitgewirkt hatte:

Stella Ovadia: »Ich habe in meinem Leben schon sehr viel Politik in der feministischen Bewegung gemacht und daher wollte ich als Psychoanalytikerin keine berufliche Clique um mich, da mir eine politische Clique schon gereicht hat. [...] Ich war in der feministischen Szene sehr aktiv und auch in der Öffentlichkeit bekannt, aber damals hatte ich noch nicht als Psychoanalytikerin gearbeitet. Da sich die Arbeit in der Öffentlichkeit und die als Analytikerin aus Gründen der Neutralität nicht vertragen, habe ich später die feministische Szene verlassen und arbeite nur noch als Psychoanalytikerin. [...] Da man in jedem Verein Politik macht, wollte ich [in einem psychoanalytischen Verein] nicht wieder Politik betreiben« (Interview am 21.5.09, Istanbul).

Der Gründungsverlauf der *PPPD* gestaltete sich aber nicht so linear wie der des ersten Vereins. Nachdem sich Bella Habip von der *Istanbul Psikanaliz Grubu* getrennt hatte, sammelte sie schon kurze Zeit später interessierte junge PsychologInnen und PsychiaterInnen um sich und nahm einige von ihnen in Analyse. Neben der Gruppe um Bella Habip existierten in Istanbul weitere psychoanalytisch interessierte informelle Gruppen, die sich schon während ihrer Universitätsjahre ca. Mitte der 1990er Jahre zusammengeschlossen hatten. Sie bildeten eigeninitiativ Lesezirkel und Diskussionsrunden, besuchten psychoanalytische Vorlesungen und nahmen auch an verschiedenen psychoanalytischen Modulen im In- und Ausland teil, durchliefen aber keine formale psychoanalytische Ausbildung, da zu jener Zeit die psychoanalytische Ausbildungsmöglichkeit in der Türkei nicht vorhanden war.

Eine dieser Gruppen bestand aus ca. 50 InteressentInnen[191] um Yavuz Erten, heute Psychoanalytiker der dritten Generation, und gab sich den Namen *The Anatolian Group for Psychoanalysis and Psychoanalytic Psychotherapy*. Yavuz Erten hatte durch seine Aufenthalte in den USA Kontakte zu vielen amerikanischen PsychoanalytikerInnen aus der Self-Psychology-Tradition und dem *Chicago Institute for Psychoanalysis* aufgebaut und konnte die jungen InteressentInnen für die psychoanalytische Self Psychology begeistern. Mit dem Psychoanalytiker Allen Siegel (vgl. Siegel 2000), Lehrbeauftragter am Chicago Institute for Psychoanalysis, durchlief diese Gruppe von 1998 bis 2002 ein intensives Ausbildungsprogramm. Zusätzlich zu Vorträgen, Supervisionen und Selbsterfahrungsgruppen vor Ort in Istanbul wurde auch das Modell »distance-learning« eingesetzt, bei dem die erwähnten Arbeitsschritte auch über E-Mail und zeitgleiche Videoübertragungen stattfanden.

Gegen Ende der 1990er Jahre schlossen sich auch ca. 20 bis 30 PsychiaterInnen zusammen, die sich für die Psychoanalyse interessierten und sich den Namen *Volkan Club* gaben. Die Mitglieder dieser Gruppe waren hauptsächlich PsychiaterInnen aus der Bakırköy Klinik in Istanbul und einige aus der Halime Odağ Stiftung in Izmir, die sich kontinuierlich zu Lese- und Diskussionsrunden trafen. PsychologInnen oder andere Fachkräfte aus dem sozialen Bereich wurden in diese Gruppe nicht aufgenommen. Mitglieder des *Volkan Clubs* arbeiteten sehr eng mit Vamık D. Volkan zusammen, der sie mit mehreren seiner KollegInnen aus den USA, wie etwa David Sachs, Salman Akhtar, Antoine Hani, Maurice Apprey, Ira Brenner und vielen anderen, theoretisch ausbildete und in psychoanalytische Gruppensupervisionen nahm. Neben diesen informellen Gruppen um Bella Habip, Yavuz Erten und Vamık D. Volkan gab es auch noch die »Unabhängigen«, welche keinerlei Bindungen zu den bisher genannten Gruppen hatten und sich individuell intensiv mit der Psychoanalyse beschäftigten.

Nachdem Vamık D. Volkan sowohl in der Halime Odağ Stiftung als auch in der Bakırköy Klinik schon wichtige Arbeitsschritte in Richtung psychoanalytischer

---

191 Zur näheren Beschreibung dieser Gruppe siehe Kapitel zu den PsychoanalytikerInnen der dritten Generation.

Ausbildungsmöglichkeit in der Türkei unternommen hatte,[192] beabsichtigte er in nächster Instanz, eine von der IPA anerkannte Ausbildungsstätte in der Türkei als *Volkan School for Psychoanalysis* zu gründen:

Vamık D. Volkan: »Der EU-Beitritt der Türkei wurde gegen Ende der 1990er Jahre häufig diskutiert. Stellen Sie sich vor, die Türkei will in die EU und würde dann als der einzige EU-Mitgliedstaat ohne ein psychoanalytisches Ausbildungsinstitut dastehen. Die Psychoanalyse ist ein Zeichen für Modernität, ohne eine offizielle Ausbildungsstätte würde die Türkei ein Land zweiter Klasse sein und das gab mir zu denken. So habe ich mich im Alter für die Etablierung der Psychoanalyse in der Türkei eingesetzt, sehr viel dafür gearbeitet« (Telefoninterview am 28.10.09).

Vamık D. Volkan und sein Kollege David Sachs nahmen im Januar 2003 in Miami an der Besprechung der Leitungskommission der IPA, der sogenannten *Executive Council*, teil und stellten an sie einen offiziellen Antrag, um mit ihrer Unterstützung ihr Ausbildungsprojekt in der Türkei zu starten.

Als die Mitglieder der *IPD* über die Ambitionen Volkans erfuhren, protestierten sie lautstark gegen sein Vorhaben mit dem Argument, dass sie es seien, die in der Türkei leben und die Psychoanalyse bereits seit mehreren Jahren praktizieren. In der Folge schrieben sie Anfang 2003 einen Brief an Daniel Widlöcher, dem damaligen Vorstand der IPA (Amtszeit von 2001 bis 2005), und baten ihn um Unterstützung bei der Organisation einer psychoanalytischen Ausbildungsmöglichkeit in ihrem seit zwei Jahren bestehenden Verein. Ayça Gürdal Küey bezeichnet den Beginn der Zusammenarbeit ihres Vereins mit der IPA als einen wichtigen Wendepunkt, da sie »zum richtigen Zeitpunkt die richtige Unterstützung bekamen« (Interview am 14.4.10, Istanbul). Hilfestellung wurde der *IPD* in dieser Konfliktsituation auch vonseiten der Europäischen Psychoanalytischen Föderation (EPF)[193] zuerteilt:

---

192 Nähere Beschreibung dieses Prozesses in Vamık D. Volkans Kurzbiografie.
193 Diese von der IPA anerkannte europäische Föderation wurde 1966 ursprünglich unter dem Namen *Fédération des sociétés européennes de psychoanalyse* als Gegengewicht zu den mächtigen nord- und südamerikanischen psychoanalytischen Vereinigungen gegründet. Ihre Kongresse werden auf Deutsch, Englisch und Französisch abgehalten. Ab den 1990er Jahren waren in Form von Zweiggesellschaften oder provisorischen Gesellschaften 18 Nationen in der EPF vertreten. Nach dem Ende der Sowjetunion traten ihr auch osteuropäische Länder bei, wodurch sie wieder neuen Schwung erlangte, während sich die Psychoanalyse in mehreren Ländern Europas in einer Krise befand (vgl. Roudinesco/Plon 2004, S. 226). Insofern war die EPF daran interessiert, die Institutionalisierung der Psychoanalyse in der Türkei in den europäischen und nicht in den amerikanischen Rahmen zu integrieren und unterstützte die in Frankreich ausgebildeten türkischen PsychoanalytikerInnen.

Talat Parman: »Im Jahre 2003 stellten wir einen Antrag an die IPA. Deren Vorstand wurde nach Otto Kernberg der französische Psychoanalytiker David Widlöcher. Wir waren damals noch nicht so weit, dass wir eine Study Group hätten bilden können, aber arbeiteten schon seit Jahren hier in Istanbul. Und so baten wir die IPA um Unterstützung. Daraufhin hat die IPA eine Sonderentscheidung getroffen und uns ein Komitee nach Istanbul gesandt« (Interview am 15.5.09, Istanbul).

ISTANBUL PSYCHOANALYTICAL ASSOCIATION
founded in 2001
address: PK.31 Çapa 34272 İstanbul-TR
tel/fax: (++90) 212 247 75 05
e-mail: turkpsikanaliz@yahoo.com

January 21, 2003
Prof. Daniel Widlöcher
President of the International Psychoanalytical Association
Broomhills
Woodside Lane London N12 8 UD
United Kingdom

Dear President,
On January 20, 2003 the members of the executive committee of the Istanbul Psychoanalytical Association has taken the decision to solicit the support and orientation of the International Psychoanalytical Association as to provide psychoanalytical formation to its members.

The Istanbul Psychoanalytical Association has been created by seven founding members on October 2001. The association has held its first general meeting with twenty one members and actually it counts twenty four members. The association organizes clinical activities for the members of the association and congresses, seminars for a larger public. The journal *Psychoanalytical Writings* has a significant diffusion among professionals of the health and non-professionals.

The Istanbul Psychoanalytical Association aims to develop and diffuse psychoanalysis. The conditions to membership are the following: a) to have been graduated from the faculty of medicine or psychology, b) to be at least for three years in analysis, led by analysts who are in accordance to the international psychoanalytical tradition, c) to aim the application of

239

psychoanalysis in their professional practice, d) to be willing to work in such an association.

Among the members of our association, one person is a member of the IPA, four persons actually receive their psychoanalytical formation (analysis, supervision, participation to seminars and congresses) in the Paris Psychoanalytical Society. The other nineteen members are eager to be able carry out their psychoanalytical formation and they cannot realize it under the actual conditions in our country. That is why the executive committee of our association solicits IPA's support on this matter.

We would like to receive the visit of a representative of IPA who could orient us and have the opportunity to examine the present situation of the association. The psychoanalytical movement in Turkey would develop thanks to the support of the IPA and thus contribute to the international psychoanalytical movement.

Sincerely,

Talat Parman	Elda Abrevaya	Raşit Tükel	Ayça Gürdal
President	Vice-president	Secretary general	Treasurer

Tevfika İkiz	Levent Kayaalp	Başak Yücel
Member	Founding member	Founding member[194]

In diesem turbulenten Jahr 2003 entschloss sich auch Bella Habip zu einem offiziellen Anschluss an die IPA, um nicht eine inoffizielle Gemeinschaft von psychoanalytischen InteressentInnen zu bleiben, sondern die standardisierte Ausbildung ihrer AnalysandInnen mithilfe der IPA zu gewährleisten:

Bella Habip: »Ich sagte der Self Psychology-Gruppe: ›Wenn man eine geregelte psychoanalytische Ausbildung anstrebt, gibt es dazu bestimmte Regeln und daher ist die institutionelle Verbindung zur IPA sehr wichtig.‹ Viele der Mitglieder des Volkan Clubs waren bei mir zudem in Analyse. Ich hatte also sehr viele Analysanden auf meiner Couch und diese Personen brauchten eine solide Ausbildung. Ich gründete 2003 mit Yavuz Erten die PPPD und wir stellten anschließend einen Antrag an die IPA« (Interview am 11.5.09, Istanbul).

Auf die beiden Anträge aus Istanbul sandte die IPA ab dem Frühjahr 2003 die Psychoanalytikerinnen Abigail Golomb aus Israel und Marie-France Dispaux aus Belgien einige Male in die Türkei, um die Situation vor Ort zu inspizieren und

---

194 Überreicht von Talat Parman am 30. Juni 2010.

dem *New Groups Committee* der IPA über die Entwicklungen in Istanbul zu berichten. Im Rahmen dieser ersten Zusammentreffen traten weitere Spannungen hervor:

Vamık D. Volkan: »Es gab Konflikte unter den Türken, aber auch innerhalb der IPA. [...] In Istanbul hatten sich zwei Gruppen [um Talat Parman und Bella Habip] gebildet, die untereinander zerstritten waren. Da habe ich mir gedacht: ›Von diesen Konflikten ziehe ich mich mit Sicherheit zurück.‹ Die IPA hat mich aber auch nicht mehr an der Organisation mitarbeiten lassen. Ich habe die Kommission gefragt: ›Wieso lasst ihr mich nicht? Ich bin doch der einzige türkische Lehranalytiker der IPA?‹ Sie sagten, ich könnte für manche Personen in der Türkei Partei ergreifen« (Telefoninterview am 28.10.09).

Im Brüder- und Schwesternzwist wurde insbesondere die IPA als schutzversprechender Vater angesehen, der auch bereitwillig einlenkte, dafür aber Anpassung an seine Vorgaben verlangte. Insofern kam es während dieser Angliederungsprozesse sowohl unter den türkischen »Parteien« als auch innerhalb der IPA zu Auseinandersetzungen um Machtansprüche in der Organisation und um die Einteilung der Ausbildungsstätte in Istanbul. Diese Zeit war auch von Zugehörigkeitskonfusionen der Mitglieder aus den informellen Gruppen gekennzeichnet.

Die Konflikte wurden schlussendlich in der Weise zur Lösung gebracht, dass sich Vamık D. Volkan von weiteren Gründungsunternehmungen seiner *Volkan School for Psychoanalysis* gänzlich zurückzog, teils sogar vonseiten der IPA dazu aufgefordert wurde und heute damit zufrieden ist, die Anfangsschritte für die institutionelle Etablierung der Psychoanalyse in der Türkei unternommen zu haben. Die inoffiziellen Gruppen um Bella Habip, Yavuz Erten sowie die »Unabhängigen« und zeitlich etwas verzögert auch die Mitglieder des *Volkan Clubs* wurden unter Beratung mit dem *New Groups Committee* der IPA – vor allem die Psychoanalytikerinnen Abigail Golomb und Marie France Dispaux haben dahingehend viel Organisationsarbeit geleistet – zusammengetragen und bildeten die Mitglieder des neu gegründeten Vereins *PPPD*. Einige wenige Mitglieder der informellen Gruppen entschieden sich für die Mitgliedschaft bei der *IPD*.

Zum ersten Mal kam das offizielle Aufsichts- und Unterstützungskomitee, das sogenannte *Supervisory Committee,* im Rahmen des *New Groups Committee* der IPA im Februar 2004 nach Istanbul und erweiterte die Organisations- und Aufbauarbeit beider Vereine, in deren Folge die standardisierte psychoanalytische Ausbildungsmöglichkeit in der Türkei unter Aufsicht und Förderung der IPA gewährleistet wurde. Aufnahmeinterviews wurden mit den AusbildungsbewerberInnen durchgeführt und die bisherige psychoanalytische Arbeit in Istanbul begutachtet. Mitglieder dieses Komitees waren neben Abigail Golomb und Marie-France Dispaux auch die PsychoanalytikerInnen Nicholas Kouretas, Betty Denzler, Milagros Cid Sanz und Emma Piccioli, die aber später das Komitee verließ.

Da nun in Istanbul zwei offizielle psychoanalytische Vereine existierten, ihre GründerInnen bereits fertig ausgebildete PsychoanalytikerInnen waren und einige Mitglieder sich schon in fortgeschrittener Ausbildung in Frankreich bzw. in den türkischen Vereinen unter Aufsicht der IPA befanden, strebten sie in weiterer Folge den Status einer *Study Group* der IPA an.

Die zwei gegenwärtigen Study Groups in der Türkei

In Ländern ohne psychoanalytische Gesellschaften mit selbstständigen Ausbildungsinstituten kann eine Gruppe von mindestens vier fertig ausgebildeten PsychoanalytikerInnen einen Antrag auf Anerkennung als eine *Study Group,* die erste Stufe einer sich neu organisierenden psychoanalytischen Gemeinschaft auf dem Weg zur vollen Mitgliedschaft bei der IPA, einreichen. Die IPA begutachtet den Antrag und entscheidet darüber, ob die AntragstellerInnen die Voraussetzungen zur Gründung einer Study Group erfüllen oder nicht. In zweiter Instanz, mit der Erfüllung bestimmter Voraussetzungen wie etwa einer Mindestanzahl von PsychoanalytikerInnen und eingehender psychoanalytischer Aktivitäten als Study Group, folgt die Stufe der *Provisional Society*. Als letzte Stufe vor der Vollmitgliedschaft steht die *Component Society*. Nach Durchlaufen aller dieser Stufen erhält man den Status einer *Full Society* der IPA, die durch ein eigenes Institut die gesamte psychoanalytische Ausbildung selbst verwaltet.

Die erste Study Group: Uluslararası Psikanaliz Birliği Türk Psikanaliz Çalışma Grubu

Im Jahr 2005 hatten Tevfika Tunaboylu-Ikiz und Elda Abrevaya ihre psychoanalytische Shuttle-Ausbildung in der *SPP* beendet. Als ihnen im darauffolgenden Jahr auch Levent Kayaalp folgte, haben im März 2006 Talat Parman, Tevfika Tunaboylu-Ikiz, Elda Abrevaya und Levent Kayaalp als die ersten fertig ausgebildeten vier PsychoanalytikerInnen der *IPD* an das *New Groups Committee* der IPA – der damalige Vorstand war Cláudio Laks Eizirik (Amtszeit von 2005 bis 2009) – einen Antrag gestellt, um offiziell als Study Group der IPA anerkannt zu werden.

Daraufhin wurde durch das *New Groups Committee* ein Begutachtungskomitee zusammengestellt, das sogenannte *Site Visit Committee*, dessen Mitglieder Gemma

Jappe, Dieter Bürgin und Guillelmo Bodner im November 2006 nach Istanbul kamen und die Arbeiten der *IPD* vor Ort besichtigten sowie die AntragstellerInnen bei weiteren Schritten der Vereinstätigkeiten unterstützten.

Am 21. Jänner 2007 wurde die *IPD* in der Zusammenkunft der Leitungskommission der IPA in New York offiziell als Study Group der IPA mit dem neuen Namen *Uluslararası Psikanaliz Birliği Türk Psikanaliz Çalışma Grubu* (internationale Bezeichnung: *International Psychoanalytical Association Turkish Psychoanalytic Study Group*) anerkannt. Anschließend wurde im Mai 2007 ein Hilfskomitee, das sogenannte *Turkish Sponsoring Committee* der IPA, mit den PsychoanalytikerInnen Antonino Ferro, Gemma Jappe und Savvas Savvopoulos zusammengerufen und in die Türkei gesandt, um der neu gegründeten Study Group weitere Hilfestellungen vor allem bei der Entwicklung des Ausbildungsprogramms anzubieten:

Talat Parman: »Nachdem unsere Arbeit hier durch das Komitee begutachtet und im Ausschuss der IPA diskutiert wurde, ist unser Verein erstmals in der Türkei und sogar erstmals in einem muslimischen Land offiziell als Study Group der IPA anerkannt worden. Die einzige und erste Study Group der IPA in einem muslimischen Land!« (Interview am 15.5.09, Istanbul).

Diese Study Group verzeichnet gegenwärtig insgesamt 46 Mitglieder (Stand: April 2010): 7 PsychoanalytikerInnen, 5 Ehrenmitglieder und 34 AusbildungskandidatInnen. Die sieben PsychoanalytikerInnen dieser Study Group sind: Talat Parman, Tevfika Tunaboylu-Ikiz, Elda Abrevaya, Levent Kayaalp, Ayça Gürdal Küey, Vehbi Keser und Ferhan Özenen. Die ersten fünf PsychoanalytikerInnen dieser Study Group haben ihre psychoanalytische Ausbildung in der SPP abgeschlossen. Vehbi Keser und Ferhan Özenen haben ihre Ausbildung in ihrer Study Group in der Türkei absolviert, auf die ich im Abschnitt der dritten Generation näher eingehen werde, und sind heute »Direct Members«[195] der IPA.

Psychoanalytische Veranstaltungen:
Die jährlich im November stattfindenden Kongresse *Istanbul Psikanaliz*

---

[195] Die Mitgliedschaft als »Direct Member« ist eine Sonderregelung für »benachteiligte Personen«, in deren Heimatländern (noch) keine eigenständigen psychoanalytischen Ausbildungsinstitute vorhanden sind. Bei Vorweisung einer bestimmten Anzahl von Lehr- und Kontrollanalysen sowie theoretischen und klinischen Seminaren, die auf verschiedenstem Wege erworben wurden und den Standards der IPA entsprechen, kann um die Mitgliedschaft als »Direct Member« angesucht werden. Genauso erhalten all diejenigen PsychoanalytikerInnen diesen Mitgliedsstatus, die in Study Groups der IPA ihre Ausbildung absolviert haben, wie z. B. die türkischen PsychoanalytikerInnen der dritten Generation.

Buluşmaları (Psychoanalytische Begegnungen in Istanbul), die die *Istanbul Psikanaliz Grubu* 1999 ins Leben gerufen hat, führt diese Study Group weiterhin fort.[196]

Weitere Aktivitäten umfassen die jährlich organisierten Veranstaltungen: »Gençlik Üzerine Tartışmalar« (Diskussionen über die Jugend), »Çocuk Psikanalizi Günleri« (Tage zur Kinderpsychoanalyse), »Bir Konuk, Bir Kuram« (Ein Gast, eine Theorie), »Perdeden Divana: Sinema ve Psikanaliz« (Vom Vorhang zur Couch: Kino und Psychoanalyse), »Psikanaliz ile Tanışma Seminerleri« (Seminare zur Bekanntschaft mit der Psychoanalyse), »Okul ve Psikanaliz« (Schule und Psychoanalyse), »Müzik ve Psikanaliz« (Musik und Psychoanalyse), »Bursa Psikanaliz Günleri« (Psychoanalyse-Tage in Bursa), »Kıbrıs Psikanaliz Günleri« (Psychoanalyse-Tage in Zypern).

Daneben veranstaltete diese Study Group zahlreiche Konferenzen wie beispielsweise »Kristeva İstanbul'da« (Kristeva in Istanbul) oder die »Uluslararası Psikanaliz Birliği'nin (IPA) Kadınlar ve Psikanaliz Komitesi (COWAP) Onuncu Yıl Etkinliği İstanbul Toplantısı« (Tagung in Istanbul zum 10-jährigen Bestand des »Frauen und Psychoanalyse Komitees« der IPA).

Veröffentlichungen:

Die Zeitschrift *Psikanaliz Yazıları* (Schriften der Psychoanalyse) erscheint seit 1999 zwei Mal jährlich und hat inzwischen (September 2010) 20 Bände herausgegeben.[197] Die Zeitschriftenreihe behandelt – wie einige Strömungen der fran-

---

196 Die Kongressthemen nach chronologischer Reihenfolge: 1999 »Bize yabancı olanın keşfi, bilinçdışı. Yabancı an olan Psikanaliz« (Die Entdeckung des uns Fremden, das Unbewusste. Die Psychoanalyse als fremdes Moment); 2000 »Gelenek ve geleneğin iletimi« (Tradition und die Übertragung der Tradition); 2001 »Zaman ve psikanaliz. Psikanalizde zaman« (Zeit und Psychoanalyse. Die Zeit in der Psychoanalyse); 2002 »Melankoli« (Melancholie); 2003 »Histeri« (Hysterie); 2004 »Psikoz« (Psychose); 2005 »Kadınlık« (Weiblichkeit); 2006 »Çocuk ve erişkin psikosomatiği« (Kinder und Jugendpsychosomatik); 2007 »Kuşaklararası İletim« (Transgenerationale Übertragung); 2008 »Psikanaliz ve Arzular« (Psychoanalyse und Begierden); 2009 »Psikanaliz ve Dil« (Psychoanalyse und Sprache); 2010 »Narsisizm« (Narzissmus); 2011 »Sürgün« (Exil).

197 Die Themen der Bände nach chronologischer Reihenfolge: 2000 »yüzyıl sonra düş ve düşlerin yorumu« (Hundert Jahre später Träume und die Traumdeutung), 2001/1 »psikanaliz ve kadınlık« (Psychoanalyse und Weiblichkeit), 2001/2 »yalnızlık« (Einsamkeit), 2002/1 »dürtü« (Trieb), 2002/2 »erkeksilik« (Männlichkeit), 2003/1 »hangi psikanalist?« (Welcher Psychoanalytiker?), 2003/2 »çocuk ve psikanaliz« (Kind und Psychoanalyse), 2004/1 »fobiler« (Phobien), 2004/2 »nevrozlar« (Neurosen), 2005/1 »psikanalizin kurumsallaşması« (Die Institutionalisierung der Psychoanalyse), 2005/2 »psikosomatik«(Psychosomatik), 2006/1 »psikanaliz ve psikanalitik psikoterapiler« (Psychoanalyse und Psychoanalytische Psychotherapien), 2006/2 »psikanaliz ve düşüncenin gelişimi« (Psychoanalyse und die Entwick-

zösischen Psychoanalyse – vorwiegend Themen aus der klassisch-freudianischen Richtung.

Eine weitere Zeitschriftenreihe ist die *Psikanaliz Buluşmaları* (Begegnungen der Psychoanalyse).[198] Zusätzlich hat die Study Group auch eine Buchreihe *Düş/ Düşün* (Traum/Denke) mit 24 Bänden herausgegeben, die entweder türkisch-psychoanalytische Originalliteratur oder Übersetzungen psychoanalytischer Schriften insbesondere von französischen PsychoanalytikerInnen wie Jean Laplanche oder Jean-Bertrand Pontalis enthalten.

Die Study Group vergibt seit 2004 den jährlichen Preis für psychoanalytische Schriften *Psikanaliz Yazıları Ödülleri* für ausgezeichnete psychoanalytische Originalschriften oder Übersetzungen von psychoanalytischen Werken. Das Ziel dieses Preises ist nach Parman (2005, S. 118) die Förderung von Publikationen psychoanalytischer Artikel in psychiatrischen oder psychologischen Fachzeitschriften sowie die allgemeine Unterstützung der psychoanalytischen Literatur in der Türkei. Beispielsweise gewann Nesrin Tura den Preis für das Jahr 2004 mit der Übersetzung von *L'auto-analyse de Freud et la découverte de la psychanalyse* (tr. Freud'un Otoanalizi ve Psikanalizin Keşfi) von Didier Anzieu und 2005 Nilgün Tutal für die Übersetzung von *Pouvoirs de l'horreur* (tr. Korkunun Güçleri – İğrençlik Üzerine Deneme) von Julia Kristeva.

Satellitenvereine:
Rohrschach ve Projektiv Testler Derneği (Verein für den Rohrschach-Test und projektive Tests). Dieser Verein wurde im Juli 2003 von Tevfika Tunaboylu-Ikiz und ihren Mitarbeiterinnen Funda Akkapulu, Elif Yavuz, Bengi Pirim Düşgör, İrem Erdem Atak, Burçin Alsancak ve Neslihan Zapcı gegründet und publiziert zwei Mal jährlich die Zeitschrift *Yansıtma* (Projektion).

İstanbul Çocuk ve Ergen Psikanalitik Psikoterapisi Derneği (Verein für psychoanalytische Psychotherapie von Kindern und Jugendlichen). Dieser Verein wurde am 1. November 2006 von Levent Kayaalp und seinen MitarbeiterInnen Funda Akkapulu, Burçin Alsancak Sönmez, Nergis Güleç, Neslihan Zabcı, Saltuk

---

lung des Denkens), 2007/1 »annelik« (Mutterschaft), 2007/2 »psikanaliz ve aile« (Psychoanalyse und Familie), 2008/1 »psikanaliz ve sınırlar« (Psychoanalyse und Grenzen), 2008/2 »aktarım ve karşı aktarım« (Übertragung und Gegenübertragung), 2009/1 »psikanaliz ve sanat« (Psychoanalyse und Kunst), 2009/2 »özne olarak anne« (Die Mutter als Subjekt), 2010/1 »psikanalizin dili« (Die Sprache der Psychoanalyse). 2010/2 »psikanaliz ve etik« (Psychoanalyse und Ethik).

198 Die Themen der drei Hefte sind: 2005 »psikoz« (Psychose), 2007 »kadınlık« (Weiblichkeit), 2008 »psikosomatik« (Psychosomatik).

Dönmez, Ayşegül Salgın und Şebnem İmeryüz gegründet. Das Ausbildungsprogramm wurde nach den Standards der European Federation for Psychoanalytic Psychotherapy (EFPP) ausgearbeitet. Im Rahmen dieses Ausbildungsprogramms werden mit Ausbildungsgruppen auch Infant Observation Seminare durchgeführt, zu denen unter anderem die Psychoanalytikerin Gianna Williams aus England öfters nach Izmir und nach Istanbul kommt. Wichtige Bezugspersonen für die Infant Observation in der Türkei sind Taner Güvenir in Izmir und Inci Vural Kayaalp in Istanbul.

Ausbildungsrichtlinien[199]:
Die psychoanalytische Ausbildung in dieser Study Group besteht aus drei Blöcken: der persönlichen Analyse[200], der theoretisch-wissenschaftlichen Ausbildung (theoretische Seminare) und der praktischen psychoanalytischen Ausbildung (zwei Kontrollanalysen und Gruppensupervision).

Die persönliche Analyse wird bei einer PsychoanalytikerIn, die Mitglied der IPA ist oder durch das Sponsoring Komitee der IPA autorisiert wurde, mindestens drei Mal die Woche à 45 Minuten durchgeführt. Findet die persönliche Analyse außerhalb der Türkei statt, so muss sie mindestens 100 Stunden pro Jahr betragen, wobei das genaue Setting und die Frequenz mit dem Sponsoring Komitee besprochen werden. Das Ansuchen um das Aufnahmegespräch zum offiziellen Ausbildungsstatus kann erst nach einer persönlichen Analyse von mindestens drei Jahren à drei Mal wöchentlich oder 100 Stunden pro Jahr erfolgen.

Nach dem positiven Aufnahmegespräch muss die AusbildungskandidatIn mindestens drei Seminare besuchen, von denen zwei Seminare die Grundlagen zur psychoanalytischen Theorie und Technik betreffen (z. B. »Hysterie«, »Traumdeutung«, »Technik der Psychoanalyse«, »Sexualtheorie«, »Metapsychologie«). Ein Seminar beinhaltet ein spezifisches Thema (z. B. »die Selbstanalyse Sigmund Freuds und die Entdeckung der Psychoanalyse«, »Weiblichkeit in der Psychoanalyse«, »psychoanalytische Grundkonzepte bei Winnicott und Bion«, »Objektbeziehungstheorie«). Diese drei Seminare müssen für mindestens zwei Jahre besucht werden. Die theoretischen und klinischen Seminare werden von den türkischen PsychoanalytikerInnen abgehalten, wobei auch ausländische PsychoanalytikerInnen über vier bis fünf Jahre, drei bis viel Mal pro Jahr in die Türkei kommen und mit den AusbildungskandidatInnen arbeiten. Je nach

---

199 Die Ausbildungsrichtlinien sind aus den »Guidelines for psychoanalytical training of Tukish Study Group« der IPA entnommen; Stand: September 2010. Überreicht von Talat Parman am 15. Oktober 2010.
200 Da die Analyse in dieser Study Group nach dem französischen Modell erfolgt, wird sie nicht als »Lehranalyse«, sondern als »persönliche Analyse« (personal analysis) bezeichnet.

SeminarleiterIn wird die Lektüre auf Englisch, Französisch und/oder Türkisch gelesen und besprochen.

AusbildungskandidatInnen müssen zwei Kontrollanalysen erwachsener PatientInnen für mindestens drei Jahre à drei Mal pro Woche durchführen. Die erste Kontrollanalyse kann erst begonnen werden, nachdem mindestens ein Jahr lang theoretische Seminare besucht wurden und eine Absprache mit dem Komitee durchgeführt wurde. Um die zweite Kontrollanalyse kann angesucht werden, wenn die erste Kontrollanalyse mindestens zwei Jahre andauert, die erste SupervisorIn die Befürwortung erteilt und eine Absprache mit dem Komitee der IPA durchgeführt wurde.

Eine SupervisorIn sollte eine türkische PsychoanalytikerIn aus der Study Group, die andere eine SupervisorIn aus dem Ausland sein. Mit den ausländischen SupervisorInnen müssen jährlich mindestens vier Treffen organisiert werden und zwischenzeitlich wöchentliche Supervisionen auf medialem Weg stattfinden. Bei Supervisionen im Inland müssen diese ein Mal wöchentlich stattfinden. Nach einer mindestens ein Jahr lang andauernden zweiten Kontrollanalyse muss die KandidatIn an einer wöchentlich stattfindenden Gruppensupervision teilnehmen. Die Zulassung zum Abschluss der psychoanalytischen Ausbildung erfolgt durch ein Ansuchen beim *Sponsoring Committee* der IPA. Die KandidatIn präsentiert dem Komitee einen der zwei Kontrollfälle und nach einer eingehenden Diskussion wird ihr der Berufsstatus einer PsychoanalytikerIn verliehen.[201]

Die zweite Study Group: PSIKEist – İstanbul Psikanaliz Eğitim, Araştırma ve Geliştirme Derneği

Im Jahr 2009 stellte auch Bella Habip mit den bereits fertig ausgebildeten PsychoanalytikerInnen der *PPPD*, Gülgün Alptekin, Işıl Vahip, Yavuz Erten, Ayla Yazıcı und Berrak Ciğeroğlu, einen Antrag an die IPA zur Anerkennung als Study Group. Während meines Interviews mit Bella Habip im Frühjahr 2009 war ihr Verein kurz davor, die offizielle Anerkennung als Study Group seitens der IPA zu erlangen:

Bella Habip: »Viele ausländische Psychoanalytiker wie Bianca Lechevalier aus Frankreich, Jacqueline Schaeffer, Ilany Kogan aus Israel, aus Griechenland Viviane Chetrit, Joannidis und Maurice Apprey aus Amerika und noch viele weitere Personen unterstützten uns. Wir veranstalteten einige Symposien

---

201 Auf die Beurteilung der Ausbildung im Rahmen der Study Groups der IPA wird im Kapitel der PsychoanalytikerInnen der dritten Generation näher eingegangen.

und Fallbesprechungsgruppen. Nun haben wir an die IPA einen Antrag zur Anerkennung gestellt und sind auf einem guten Weg, eine Study Group zu werden« (Interview am 11.5.09, Istanbul).

In Laufe dieses Anerkennungsprozesses wurden einige Änderungen in den Statuten des Vereins vorgenommen, woraufhin die IPA im August 2009 ein *Site Visit Committee* mit zwei PsychoanalytikerInnen, Dimitris James Jackson und Mira Erlich-Ginor, nach Istanbul sandte, um über die Arbeiten des Vereins ein Gutachten zu erstellen. Im Jänner 2010 haben die vorsitzenden Gremien der IPA jenes Gutachten inspiziert und den Verein im Februar 2010 offiziell als die zweite türkische Study Group der IPA mit dem Namen *PSIKEist, İstanbul Psikanaliz Eğitim, Araştırma ve Geliştirme Derneği* (internationale Bezeichnung: *Istanbul Psychoanalytic Association for Training, Research and Development*) anerkannt. Ein *Sponsoring Committee* der IPA mit den PsychoanalytikerInnen François Duparc, Hermann Beland und Bérengère de Senarclens wurde im Frühjahr 2010 zusammengestellt und unterstützt seitdem diese Study Group in strukturalen Organisationsaufgaben, vor allem auch in der psychoanalytischen Ausbildung ihrer Mitglieder.

Diese Study Group verzeichnet insgesamt 47 Mitglieder (Stand: Juli 2010):

6 PsychoanalytikerInnen und 41 AusbildungskandidatInnen. Die sechs PsychoanalytikerInnen dieser Study Group sind: Bella Habip, Işıl Vahip, Gülgün Alptekin, Yavuz Erten, Berrak Ciğeroğlu und Ayla Yazıcı. Bella Habip hat als einzige Psychoanalytikerin dieser Study Group ihre Analyse in der SPP in Frankreich absolviert. Die Analysen von Işıl Vahip und Gülgün Alptekin stellen eine Mischform aus der zweiten und dritten Generationen dar, da ihre Lehranalysen in Shuttle-Form in Griechenland stattfanden, sie aber einen bestimmten Teil der theoretischen Ausbildung in dieser Study Group absolviert haben. Berrak Ciğeroğlu, Ayla Yazıcı und Yavuz Erten, welcher zusätzlich zu seiner Ausbildung in der Türkei viele psychoanalytische Ausbildungseinheiten in den USA durchlaufen hat, haben ihre gesamte psychoanalytische Ausbildung in ihrer Study Group in der Türkei absolviert. Außer Bella Habip sind die übrigen PsychoanalytikerInnen daher »Direct Members« der IPA.

Die PsychoanalytikerInnen Stella Ovadia und Nesim Bitran sind zwar Mitglieder der SPP bzw. der IPA und nehmen die gegenwärtigen KandidatInnen beider Study Groups in persönliche Analyse, damit deren Ausbildung eine Anerkennung seitens der IPA erlangt, sind aber keine aktiven Mitglieder der Study Groups in Istanbul.

Psychoanalytische Veranstaltungen:
Diese Study Group veranstaltete seit 2005 vier Symposien unter dem Titel *Psika-nalitik Bakışlar* (Psychoanalytische Sichtweisen).[202]

Weitere Aktivitäten umfassen kontinuierliche Veranstaltungen: »Psikanalize Giriş Seminerleri« (Einführungsseminare in die Psychoanalyse), »Psike Sinema Akşamları« (Psike Kinoabende), »Bebek, çocuk ve ergen psikanalizi seminerleri« (Seminare für Baby-, Kinder- und Jugendpsychoanalyse), »Bir Düşünce, Bir Usta« (Ein Gedanke, ein Meister).

Daneben veranstaltete die Study Group zahlreiche Konferenzen mit Psycho-analytikerInnen aus dem Ausland wie etwa Aydan Özdağlar, Danielle Quinodoz, Olivier Bonard, Angela Mauss-Hanke, Bianca Lechevalier, Maurice Apprey, Jean-Michel Quinodoz, Nancy Caro Hollander, Marie-France Dispaux, Chris Joannidis, Ben Kilborn, Jacqueline Schaefer u. v. m.

Veröffentlichungen:
Diese Study Group hat alle Symposiumsvorträge in Sammelbänden veröffent-licht.[203] Zusätzlich arbeitet Bella Habip seit 2009 als »Associate Member« in der Redaktion des *International Journal of Psychoanalysis* und ist die Herausge-berin der türkischen Version dieser Zeitschrift mit dem Namen *Uluslararası Psi-kanaliz Yıllığı*. Neben vielen Originalschriften haben die Mitglieder dieser Study Group zahlreiche Artikel ausländischer PsychoanalytikerInnen wie z. B. von Ma-rie-France Dispaux oder Danielle Quinodoz in die türkische Sprache übersetzt.

Ausbildungsrichtlinien[204]:
Die Ausbildungsrichtlinien der zwei Study Groups sind zum Großteil identisch. Da sie von der IPA vorgegeben sind, unterscheiden sie sich nur in einigen we-nigen Bereichen voneinander. Beispielsweise wird in der ersten Study Group eine persönliche Analyse von mindestens drei Jahren á drei Stunden die Woche eingefordert, bevor der Antrag auf den offiziellen Ausbildungsstatus eingereicht

---

202 Auflistung der Symposien der chronologischen Reihenfolge: 2005 »Aktarım-Karşıaktarım« (Übertragung-Gegenübertragung); 2006 »Psikanalitik Çerçeve« (Der psychoanalytische Rahmen); 2007 »Kayıp Nesne« (Das vermisste Objekt); 2010 »Düşler, Düşlemler ve Masallar« (Träume, Fantasien und Märchen).

203 Die Themen der Bände nach chronologischer Reihenfolge: 2005 »Aktarım-Karşıaktarım« (Übertragung-Gegenübertragung), 2006 »Psikanalitik Çerçeve« (Der psychoanalytische Rahmen), 2007 »Kayıp Nesne« (Das vermisste Objekt), 2009 »Bebek, çocuk ve ergen psika-nalizi seminerleri« (Seminare für Baby-, Kinder- und Jugendpsychoanalyse).

204 Die Ausbildungsrichtlinien sind den »Guidelines for psychoanalytic Training« des »IPA Supervisory Committee for Turkey« entnommen; Stand: Juli 2004. Überreicht von Melis Tanık am 24. Oktober 2010.

werden kann, während die zweite Study Group mindestens zwei Jahre dafür vorsieht. Der Aufbau des Curriculums bezüglich der theoretischen und technischen Seminare wird ebenfalls unterschiedlich gehandhabt.

Die psychoanalytische Ausbildung besteht in dieser Study Group aus drei Blöcken: der Lehranalyse (oder persönliche Analyse), der theoretisch-wissenschaftlichen Ausbildung (theoretische Seminare) und der praktischen psychoanalytischen Ausbildung (zwei Kontrollanalysen und technisch-klinische Seminare).

Die Lehranalyse wird bei einer PsychoanalytikerIn, die bei der IPA Mitglied ist oder durch das *Supervisory Committee* der IPA autorisiert wurde, mindestens drei Mal wöchentlich durchgeführt. Findet die persönliche Analyse außerhalb der Türkei statt, so muss sie mindestens 100 Stunden pro Jahr betragen, wobei das genaue Setting und die Frequenz mit dem Sponsoring Komitee besprochen werden. Das Ansuchen um das Aufnahmegespräch zum offiziellen Ausbildungsstatus kann erst nach einer Lehranalyse (einer persönlichen Analyse) von mindestens zwei Jahren à drei Mal pro Woche oder 100 Stunden pro Jahr erfolgen.

Nach dem positiven Aufnahmegespräch müssen die KandidatInnen eine Ausbildungsphase von vier Jahren mit mindestens 64 Stunden an theoretischen Seminaren pro Jahr absolvieren. Die theoretischen und klinischen Seminare werden von den türkischen PsychoanalytikerInnen abgehalten, wobei auch ausländische PsychoanalytikerInnen in die Türkei kommen und mit den AusbildungskandidatInnen arbeiten. Je nach SeminarleiterIn wird die Lektüre auf Englisch, Französisch und/oder Türkisch gelesen und besprochen.

Zwei Kontrollfälle müssen nacheinander für mindestens zwei Jahre drei Mal wöchentlich unter Supervision analysiert werden. Die erste Kontrollanalyse kann erst dann begonnen werden, wenn mindestens ein Jahr lang theoretische Seminare besucht und ein Interview mit dem Komitee der IPA durchgeführt wurde. Um die zweite Kontrollanalyse kann erst angesucht werden, wenn die erste Kontrollanalyse mindestens ein Jahr andauert, die erste SupervisorIn die Befürwortung erteilt und ein Interview mit dem Komitee durchgeführt wurde. Das Komitee sieht vor, dass eine der SupervisorInnen eine türkische PsychoanalytikerIn aus der Study Group, die andere eine SupervisorIn aus dem Ausland ist. Mit den ausländischen SupervisorInnen müssen jährlich mindestens vier Treffen organisiert werden und zwischenzeitlich wöchentliche Supervisionen auf medialem Weg stattfinden. Bei Supervisionen im Inland müssen diese ein Mal wöchentlich stattfinden. Während der Zeit der Kontrollanalyse bis zur Beendigung der Ausbildung sind AusbildungskandidatInnen verpflichtet, alle zwei Wochen zweistündige klinisch-technische Seminare zu besuchen. Der Abschluss der psychoanalytischen Ausbildung erfolgt mit der Darstellung eines der zwei Kontrollfälle vor dem Komitee und einer anschließenden Diskussion.

Soziale Anerkennung der Psychoanalyse
in der Türkei durch ihre Institutionalisierung

Wie die Mehrheit der PsychoanalytikerInnen der zweiten Generation betonte, litt die Psychoanalyse in der türkischen Gesellschaft jahrzehntelang an der mangelnden Anerkennung als »seriöse« Wissenschaft und Profession. Für viele Menschen galt sie als Scharlatanerie, die keine Garantie für Heilungserfolg erbringen konnte und PatientInnen wegen der hohen Therapiekosten in eine Geldfalle locken würde. Andere wiederum sahen die Psychoanalyse als unzeitgemäße Lehre an, die vielleicht vor 100 Jahren noch Gültigkeit gehabt habe, doch für die Gegenwart kaum noch aussagekräftig sei. Der Großteil der Bevölkerung aber verfügte über keinerlei Vorstellung von der Psychoanalyse und konnte sie daher auch nicht von anderen Psy-Disziplinen unterscheiden.

An den psychiatrischen oder psychologischen Instituten, die in der Türkei überwiegend biologisch oder verhaltenspsychologisch ausgerichtet waren bzw. zum Teil immer noch sind, wurde die Psychoanalyse ebenfalls als veraltet eingestuft und wegen ihrer fehlenden empirischen Grundlage nur vereinzelt in den Lehrplan eingebaut. Talat Parman und Tevfika Tunaboylu-Ikiz beispielsweise mussten diese Problematik am eigenen Leib erfahren, als ihnen mehrmals die Dozentur verweigert wurde, da ihre psychoanalytisch ausgerichteten Habilitationen als »zu wenig wissenschaftlich« betrachtet wurden:

Talat Parman: »Als ich Dozent in Psychiatrie werden wollte, hat mich die Kommission der Universität dreimal abgewiesen. Erst beim vierten Anlauf bin ich Dozent geworden. Man hat mir gesagt, meine Schriften wären psychoanalytisch ausgerichtet und daher nicht wissenschaftlich. Ich solle eine Studie mit Medikamenten machen oder eine statistische Habilitation schreiben. Ich habe aber nicht aufgegeben. Einer aus der Kommission hatte zuvor eine Arbeit von mir in seiner Zeitschrift veröffentlicht. Ich habe der Kommission gesagt: ›Sie haben doch meine Arbeit in Ihrer Zeitschrift veröffentlicht, das ist natürlich eine Ehre, aber jetzt sagen Sie, meine Schriften seien nicht wissenschaftlich. Dann ist Ihre Zeitschrift auch nicht wissenschaftlich. Das ist ein Paradoxon, ich bin damit nicht einverstanden!‹« (Interview am 15.5.09, Istanbul).

Erst durch die Institutionalisierung der Psychoanalyse als Study Groups der IPA begannen einige Universitätsinstitute, den PsychoanalytikerInnen und folglich der Psychoanalyse Beachtung und Anerkennung entgegenzubringen. Das Psychologische Institut der Istanbul Universität etwa, an dem Tevfika Tunaboylu-Ikiz in den letzten Jahren die Psychoanalyse sehr stark in das Lehr- und Forschungsprogramm eingebaut hat, ist heute für seine psychoanalytische Orientierung bekannt:

Tevfika Tunaboylu-Ikiz: »Dreimal hat mich die Kommission abgewiesen und ich konnte keine Dozentin der Psychologie werden, weil ich nicht statistisch arbeiten würde. Nun hat sich die Psychoanalyse in der Türkei so sehr etabliert, da musste mich die Kommission akzeptieren. Die Jury hat schlussendlich zugegeben: ›Ja, Ihre Arbeit ist eine ernsthafte, und nur weil wir von der kognitiven Richtung stammen, können wir Sie nicht abweisen. Sie haben die Psychoanalyse institutionalisiert.‹ Als ich dann sagte, dass ich IPA-Mitglied sei und wir einen türkischen psychoanalytischen Verein hätten und eine Study Group geworden seien, haben die gesagt: ›Wir können Sie nicht mehr abweisen.‹ Wenn ich eine Psychoanalytikerin ohne die Zugehörigkeit zu einer offiziellen Institution gewesen wäre, so müsste ich noch weitere tausend Mal zur Dozentenklausur antreten« (Interview am 13.11.09, Istanbul).

Obwohl heute die Psychoanalyse an den Universitäten der Metropolen wie Istanbul, Izmir oder Ankara eine gewisse Anerkennung erlangt hat, werden dennoch an vielen Universitäten der kleineren Städte, wenn überhaupt, noch immer nur die Grundlagen der Psychoanalyse gelehrt. In der psychiatrischen Facharztausbildung bzw. in der Ausbildung zur Klinischen PsychologIn werden beispielsweise nur einige Kurse zur Psychoanalyse angeboten, hauptsächlich zu Themen der Self Psychology. Psychiatrische oder psychologische Lehrbücher bieten meist auch nur einige wenige grundlegende Kapitel zur Psychoanalyse an.

Gegenwärtig herrscht in beiden türkischen Study Groups eine rege Öffentlichkeitsabeit, um sowohl die Psychoanalyse unter der breiteren Bevölkerung als eine moderne Therapieform bei psychischen Konflikten bekannt zu machen als auch die Zusammenarbeit mit lokalen Institutionen wie Universitäten und Kliniken in anderen Städten der Türkei weiterhin zu forcieren. Daher veranstalten beide Study Groups psychoanalytische Einführungsseminare für StudentInnen, Konferenzen in verschiedensten Gebieten der Türkei und öffentliche Vortäge für alle InteressentInnen, um die Popularität der Psychoanalyse in der Bevölkerung zu stärken. Diese verschiedensten Arbeiten sind gleichzeitig die Vorbereitung beider Study Groups für die nächste Stufe als *Provisional Society* der IPA und für stärkeres internationales Mitwirken.

Neben den PsychoanalyikerInnen der zweiten Generation, die mit außerordentlichem Kraft- und Zeiteinsatz an diesen anstehenden Aufgaben arbeiten, sind auch die PsychoanalytikerInnen der dritten Generation und die gegenwärtigen AusbildungskandidatInnen in die Weiterentwicklung und Entfaltung der Study Groups intensiv einbezogen.

Die dritte Generation: Die Möglichkeit der psychoanalytischen Ausbildung in der Türkei

Zur dritten Generation zählen all jene Personen, die ihre gesamte psychoanalytische Ausbildung in einer der zwei Study Groups in der Türkei bereits absolviert haben beziehungsweise gerade absolvieren. Zur Zeit der Beendigung meiner Recherchen vor Ort im September 2010 hatten insgesamt fünf Personen aus beiden Study Groups ihre psychoanalytische Ausbildung beendet, wobei die Gesamtzahl der übrigen AusbildungskandidatInnen 75 Personen betrug. Mit den ersten fünf in der Türkei ausgebildeten PsychoanalytikerInnen habe ich Interviews geführt und werde in diesem Kapitel auf ihre Berufsbiografien näher eingehen, während ich zu den gegenwärtigen AusbildungskandidatInnen der beiden Study Groups einige zusammenfassende soziodemografische Angaben darstelle. Zusätzlich werde ich in diesem Kapitel auf die Mitglieder und die Entwicklung der *Anadolu Psychoanalytic Psychotherapies Association* eingehen, die ihren Weg außerhalb der IPA eingeschlagen hat.

Die ersten fünf in der Türkei ausgebildeten PsychoanalytikerInnen, namentlich Ferhan Özenen und Vehbi Keser aus der ersten Study Group sowie Yavuz Erten, Berrak Ciğeroğlu und Ayla Yazıcı aus der zweiten Study Group, wurden auf dem 46. IPA Kongress in Chicago im Jahr 2009 offiziell als PsychoanalytikerInnen mit dem Status eines »Direct Member« von der IPA anerkannt. Ihre LehranalytikerInnen und mindestens eine ihrer SupervisorInnen waren die PsychoanalytikerInnen der zweiten Generation.

Soziokultureller Hintergrund

Alle fünf PsychoanalytikerInnen sind in den 1960er Jahren geboren. Außer Yavuz Erten, der das französischsprachige Lyzeum Saint Benoit besuchte, haben die übrigen PsychoanalytikerInnen ihre mittlere Ausbildung hauptsächlich in türkisch- oder englischsprachigen Gymnasien absolviert. Wie auch die PsychoanalytikerInnen der ersten und zweiten Generation haben sie erstmals am Gymnasium von Sigmund Freud und der Psychoanalyse erfahren. Ihre Eltern stammten zwar mehrheitlich aus der bürgerlichen Mittelschicht, die auf die Bildung ihrer Kinder großen Wert legten, doch der in der Türkei noch äußerst seltene Beruf PsychoanalytikerIn klang für fast alle Familien zunächst sehr befremdlich, weswegen sie sich vielmehr ihnen bekannte und ihren Vorstellungen nach prestigereichere Berufe für ihre Kinder vorgestellt hatten:

Ayla Yazıcı: »Meine Herkunftsfamilie versteht nicht ganz, was ich jetzt eigentlich beruflich genau mache, sondern hat die Psychoanalyse als etwas angesehen, das einen großen Wert für mich hat. Sie verstand auch nicht, dass ich für die psychoanalytische Ausbildung so viel Zeit, Energie und Geld aufgebracht habe, aber sie hat sie mit der Zeit akzeptiert. Meine Eltern denken: ›Unsere Tochter hat sich das in den Kopf gesetzt (lächelt), also lassen wir sie tun.‹ Einen direkten Widerstand habe ich aber nie erfahren. Eine Enttäuschung erlebte mein Vater, er ist Ingenieur, als ich mich für Psychiatrie entschied, denn Psychologie war damals kein so angesehenes Fach. ›Ich wollte, dass du Medizin studierst und jetzt studierst du Psychiatrie. Ist das überhaupt ein medizinischer Beruf?‹, sagte er« (Interview am 13.4.10, Istanbul).

Berrak Ciğeroğlu: »Meine Familie glaubte, mit der psychoanalytischen Ausbildung würde ich zu einem Alien mutieren (lächelt). Meine Eltern haben den gesamten Prozess meiner Ausbildung mitverfolgt und weil ich die Psychoanalyse so sehr wollte, haben sie mich natürlich immer unterstützt. Sie haben verstanden, dass sie sehr wichtig für mich ist, aber sie verstehen noch immer nicht, was die Psychoanalyse ist (lächelt). Das ist für sie wie eine Magie, was ich da mache, sie können das alles nicht ganz einordnen. ›Weil unsere liebe Tochter das will und tut, ist das für uns in Ordnung‹, sagen sie (lacht)« (Interview am 12.4.10, Istanbul).

Vehbi Keser: »Meine Eltern reagierten ganz normal auf meinen Wunsch, Psychoanalytiker zu werden. Sie haben zwar keinen Universitätsabschluss und konnten sich darunter nicht viel vorstellen, sie haben aber eingesehen, dass die Psychoanalyse für mich sehr wichtig ist und unterstützten mich auch, so weit es ging. Sie sagten: ›Wenn es für dich gut ist, ist es für uns ok.‹« (Interview am 26.4.10, Istanbul).

Ein weiterer Grund für die anfängliche Skepsis der Eltern kann auch darin liegen, dass sie keinen so starken Bezug zum europäischen Wertesystemen hatten wie die meisten Familien der PsychoanalytikerInnen der zweiten Generation und ihre Kinder daher nicht aktiv in Richtung eines westlich-modernen Berufes fördern konnten. Nichtsdestotrotz haben sie die Entscheidung zu deren analytischer Ausbildung akzeptiert und zeigten ihre Unterstützung manchmal in finanzieller, vor allem aber in emotionaler Hinsicht. Auch die mehrheitlich psychiatrische Grundausbildung der PsychoanalytikerInnen dieser Generation hängt vermutlich damit zusammen, dass in der breiten türkischen Bevölkerung und somit auch in ihren Familien das Studium der Medizin viel bekannter war und als prestigereicher angesehen wurde als z. B. das der Psychologie, weswegen sie sich für das Erstere entschieden hatten.

Während ihrer Universitätsjahre hatten die PsychoanalytikerInnen dieser Generation zwar die wenigen vorhandenen Vorlesungen zur Psychoanalyse und der Dynamischen Psychiatrie[205] besucht, ihr tieferes Interesse begann aber gegen Ende der 1980er und Anfang der 1990er Jahre während ihrer psychiatrischen Facharztausbildung oder der Ausbildung in klinischer Psychologie. Zu jener Zeit waren nämlich einige türkische PsychiaterInnen, die im Ausland Eigenanalysen durchliefen, dort aber keine formale psychoanalytische Ausbildung absolviert hatten, wieder in die Türkei zurückgekehrt und nannten sich »psychoanalytisch orientierte PsychotherapeutInnen«. Da die Berufsbezeichnung und -ausübung »Psychotherapie« bis heute in der Türkei nicht durch staatliche Gesetze geregelt ist, wurde damals – und zum Teil auch noch heute – unter dem Begriff der »psychoanalytisch orientierten Psychotherapie« eine Art »Light-Psychoanalyse« mit einem nieder frequenten face-to-face Gesprächssetting verstanden, wofür die Ausbildung der klassischen Psychoanalyse nicht benötigt bzw. durch keine Instanz kontrolliert wurde. So bezeichneten sich PsychiaterInnen oder PsychologInnen, die selbstinitiativ psychoanalytisch orientierte Supervisionsstunden nahmen und eventuell eine gewisse Stundenanzahl an Eigenanalysen im Ausland durchliefen, als »psychoanalytisch orientierte PsychotherapeutInnen«.

Laut meinen InterviewpartnerInnen herrschte in der Türkei bis zur Rückkehr dieser psychoanalytisch orientierten PsychotherapeutInnen eine »große Leere« hinsichtlich psychoanalytischer Therapie- oder Bildungsmöglichkeiten und so sammelten sie sich mit großer Begeisterung und Wissensdurst um diese Personen. Fast alle nannten besonders drei Männer – Engin Geçtan, Cahit Ardalı und Ismail Ersevim – welche vor ihrer Remigration in die Türkei lange Jahre in den USA gelebt und sich in dynamischer Psychiatrie bzw. in psychoanalytischer Psychotherapie spezialisiert hatten.

Exkurs: Biografische Angaben zu Engin Geçtan, Cahit Ardalı und Ismail Ersevim

Engin Geçtan wurde am 12. Jänner 1932 in Izmir geboren, beendete 1956 sein Medizinstudium an der Istanbul Universität und wanderte danach in die USA aus. Er spezialisierte sich bis 1961 an den Universitäten New York und Columbia im Fach Psychiatrie und Neurologie. 1968 wurde er Dozent und 1974 Professor. Er hatte Lehraufträge an den Universitäten ODTÜ, Ankara, Boğaziçi und Marmara. Neben einigen Büchern der dynamischen Psychiatrie veröffentlichte er

---

205 Die »Dynamische Psychiatrie«, bei der psychoanalytische Theorien in psychiatrische Diagnostik und Behandlung integriert werden, wurde in den USA erstmals durch den emigrierten Schweizer Psychiater Adolf Meyer (1866–1950) am Anfang des 20. Jahrhunderts geprägt und durch seine SchülerInnen weiterentwickelt (vgl. dazu Peters 1992c).

zudem Romane und arbeitete auch in der Musikbranche (vgl. Geçtan 2004a, b, c, 2005a, b, 2006, 2007, 2010).

Cahit Ardalı wurde 1920 in Bulgarien geboren, wo seine Familie als türkische Minderheit lebte und während seiner Volksschulzeit in die Türkei emigrierte und sich in der Stadt Kırklareli niederließ. Dort besuchte er die Hauptschule, während er seine Gymnasialausbildung in gebührenfreien Internaten in den Städten Bolu und Ankara durchlief. Nachdem er sein Medizinstudium an der Çapa Fakultät beendet hatte, spezialisierte sich Cahit Ardalı in seiner Facharztsausbildung an der Ankara Universität in Gerichtsmedizin, habilitierte sich im gleichen Fach im Jahre 1949 und wurde 1955 zum Professor ernannt. 1956 wurde er an die Istanbul Universität berufen. Ein Jahr später reiste er dienstlich in die USA, wo er einige Zeit später einen neuen Karriereweg einschlug. An der University of Texas Medical School absolvierte er die Facharztausbildung in Erwachsenen- und Kinderpsychiatrie. In jenen Jahren begann er sich für die Psychoanalyse zu interessieren, die in den USA eine große Popularität genoss. Cahit Ardalı durchlief eine Eigenanalyse, nahm an verschiedenen psychoanalytischen Seminaren teil und war auch in dynamisch orientierter, psychotherapeutischer Supervision. Er arbeitete bis zu seiner Emeritierung 1986 am Rockland Children's Psychiatric Center in New York und remigrierte dann in die Türkei. In Istanbul wurde er Lehrbeauftragter an der Medizinischen Fakultät der Marmara Universität und lehrte über zehn Jahre an der Psychoanalyse interessierte Personen in seiner eigenen Praxis und nahm einige Personen in Supervision. Er vermittelte vielen PsychologInnen und PsychiaterInnen den Kontakt zu psychoanalytischen/psychotherapeutischen Institutionen und führte sie zu verschiedenen Symposien und Seminaren in die USA In seinen letzten Lebensjahren kämpfte Ardalı mit schweren gesundheitlichen Problemen und starb im Jahre 2007. Yavuz Erten, der mir die biografischen Daten übermittelte, beschreibt ihn als eine Person,

>die in der Entwicklung der Psychoanalyse der letzten Jahre nicht zu den Namen gehörte, die in der Vitrine stehen, aber auf viele der aktuellen Protagonisten der Psychoanalyse in der Türkei einen wichtigen Einfluss ausgeübt hat. Er ist nicht ein Name in der Vitrine, sondern ein Held, der im Schatten geblieben ist.«[206]

İsmail Ersevim wurde am 11. Oktober 1929 in Istanbul geboren. In »Tophane 37« hat er die Volksschule, in Manisa die Hauptschule, in Denizli das Gymna-

206 Yavuz Erten: Persönliche Mitteilung am 6. November 2010. Neben einigen Artikeln in wissenschaftlichen Zeitschriften schrieb Cahit Ardalı zusammen mit Yavuz Ertan ein Buch (vgl. Ardalı/Erten 1999).

nung von »inoffiziellen« PsychotherapeutInnen kam es zwischen den
...aligen InteressentInnen und ihren früheren Wegweisern manchmal auch zu
...önlichen Brüchen.

...ast alle PsychoanalytikerInnen der dritten Generation bewarben sich damals
...Talat Parman oder Bella Habip um eine Eigenanalyse, ohne aber zunächst
...ne formale psychoanalytische Ausbildung zu beabsichtigen, da sie damals in der
...ürkei noch nicht eingeführt war. Die Möglichkeit einer klassischen Analyse auf
der Couch war für sie der grundlegende Reiz.

Auch die Aufenthalte Vamık D. Volkans in der Türkei gegen Ende der 1990er
Jahre begeisterten viele PsychiaterInnen – besonders aus der Bakırköy Klinik in
Istanbul und der Halime Odağ Stiftung in Izmir –, die sich in Gruppen zusam-
menschlossen, um an seinen Vorträgen und Gruppensupervisionen teilzunehmen.
Volkan nahm zwar niemanden aus der Türkei in Analyse, da er seinen Lebens-
mittelpunkt in Amerika hatte, doch seine Präsenz sowie seine Einführungs- und
Aufklärungsveranstaltungen über die Psychoanalyse veränderten die Anschauung
vieler junger PsychiaterInnen. Über die Informationsgespräche berichteten viele
Personen aus den ehemaligen InteressentInnengruppen, dass sie erst in dieser
Zeit vom breiteren Spektrum der Psychoanalyse erfuhren, das ihnen bis dahin
psychoanalytisch orientierte PsychotherapeutInnen nicht in dem umfangreichen
Ausmaß vermitteln konnten:

Ayla Yazıcı: »Ich studierte in Ankara an der Hacetepe Universität Medizin und
während meiner Facharztausbildung in Istanbul las ich weiterhin Freud,
Winnicott und Kernberg. Ich hatte auch eigene psychische Bedürfnisse und
überlegte, eine Therapie zu machen. Damals hieß das Psychotherapie und
nicht Psychoanalyse. [...] Ich traf während meiner Zeit in der Bakırköy Klinik
Herrn Vamık Volkan, der auf seinen Weltreisen immer einen Zwischenstopp
in Istanbul machte. Wir waren ca. 20 Psychiater [aus dem Volkan Club] und
besprachen mit ihm unsere Fälle. In der Zeit habe ich einen anderen, einen
ernsteren Blick auf die Psychoanalyse entwickelt.«

Hale Usak-Sahin: »Hatten Sie damals schon den Wunsch, später einmal selbst
Psychoanalytikerin zu werden?«

Ayla Yazıcı: »Da es damals in der Türkei noch keine psychoanalytische Ausbildungsmöglichkeit gab, hatte ich nicht einmal fantasiert, später selbst Psychoanalytikerin zu werden. Vamık Volkan hatte mir das eigentlich in den Kopf
gesetzt, er sagte: ›Arbeite doch mit Patienten auf der Couch!‹ Ich werde
diesen Schock niemals vergessen. ›Aber Herr Volkan, wie soll das gehen?‹,
fragte ich ihn und überlegte mir, wie ich die psychoanalytische Ausbildung
denn machen könnte. [...] Es gab damals eine Leere, ich war mir dessen
bewusst und war auf der Suche nach einer Möglichkeit einer Analyse. Ich

---

sium und an der Istanbul Universität sein Medizinstudium beendet. 1955 wurde
er Facharzt für Psychiatrie und Neurologie. Nachdem er seine Wehrpflicht als
Sozialdienst am »Kasımpaşa Deniz« Krankenhaus beendet hatte, emigrierte er
in die USA. Dort und auch in Kanada spezialisierte er sich in den 1960er Jahren
in Kinder- und Jugendpsychiatrie. Er war in jenen Jahren in zweijähriger Analyse
bei Dr. Mesnick und absolvierte von 1968 bis 1970 am Boston Psychoanalytic
Institute ein zweijähriges Ausbildungsprogramm. 33 Jahre lang lebte er in den
USA, wo er in verschiedenen psychiatrischen Kliniken als Direktor arbeitete und
neben einer Professur an der Rhode Island Universität Lehraufträge an vielen anderen Universitäten innehatte. Er interessierte sich für die Bereiche Parapsycho-
logie, Schamanismus und transzendentale Meditation. Genauso war er Vorreiter
in der modernen, außerklinischen Betreuung von autistischen Kindern und baute
dafür ein Rehabilitationszentrum auf. 1990 kehrte er für immer in die Türkei
zurück. Zunächst arbeitete er zwei Jahre in der Abteilung für Kinderpsychiatrie
des Amerikanischen Krankenhauses in Istanbul und war als Vortragender und
Psychotherapeut in den psychoanalytisch-psychotherapeutischen Zentren *Içgörü*
und *Imago* tätig (vgl. Ersevim 1997).

Der Weg zur psychoanalytischen Ausbildung

Diese drei psychoanalytisch orientierten Psychotherapeuten wurden somit für
meine InterviewpartnerInnen wie auch für viele ihrer damaligen KollegInnen
während ihrer Universitäts- oder Assistenzjahre zu sehr wichtigen Wegweisern:

Yavuz Erten: »Ich lernte damals zuerst Engin Geçtan und dann Cahit Ardalı
kennen, mit denen ich über längere Jahre eine ›Gesellen-Meister-Beziehung‹
hegte. Sie waren es, die mir die Psychoanalyse theoretisch nähergebracht
haben. Sie waren keine Psychoanalytiker, aber hatten sich in den USA einer
Eigenanalyse unterzogen. Diese Männer hegten Beziehungen zu amerikanischen Psychoanalytikern, die wir dann in die Türkei zu Vorträgen eingeladen
haben. Dann habe ich auch selber einige Zeit in den USA gelebt und mich
in Psychoanalyse theoretisch spezialisiert und auch praktische Erfahrungen
gesammelt« (Interview am 6. u. 18.5.09, Istanbul).

Ardalı, Geçtan, Ersevim sowie einige weitere, in den Interviews namentlich nicht
genannte psychoanalytisch orientierte PsychotherapeutInnen leiteten ab den
1990er Jahren Supervisionsgruppen mit jungen PsychiaterInnen und PsychologInnen, nahmen manche von ihnen in psychoanalytische Psychotherapie und
hielten Lehrseminare zu den Konzepten der Psychoanalyse und der dynamischen

Psychiatrie, die sie selber in den USA erlernt hatten. Daher erfuhren die PsychoanalytikerInnen dieser Generation, die mehrheitlich der englischen Sprache mächtig sind, in der Frühphase ihrer professionellen Entwicklung vordergründig über Theorien aus der amerikanischen Psychoanalyse, wie beispielsweise von Otto Kernberg und Heinz Kohut. Von diesen ersten psychoanalytischen Bewegungen waren die damals jungen PsychiaterInnen und PsychologInnen sehr fasziniert und vertieften sich mit großer Neugierde in die psychoanalytische Theorie:

Ferhan Özenen: »Wir studierten klinische Psychologie an der Boğaziçi Universität [Bosporus Universität], waren natürlich sehr begeistert von diesen Seminaren und Konferenzen. Wir hörten über die Self Psychology, über Kohut, Kernberg und auch über Melanie Klein. Das war für uns

Abb. 51: Yavuz Erten

ein neuer Horizont, davor gab es kaum Seminare zur Psychoanalyse. Wir sind somit jedem psychoanalytisch orientierten Professor, jedem Psychiater oder Psychotherapeuten hinterhergerannt und wollten mehr über die Psychoanalyse erfahren. Weil es sonst so eine große Leere gab, rannten wir hinter allem her, was auch nur den Ansatz von Psychoanalyse hatte« (Interview am 22.4.10, Istanbul).

Berrak Ciğeroğlu: »Damals hatte ich einen Freundeskreis, der sich auch für die psychoanalytische Psychotherapie interessierte und wir recherchierten, wie wir uns in diese Richtung spezialisieren konnten. Während dieser Zeit, Anfang bis Mitte der 1990er Jahre, haben wir psychodynamische Psychotherapeuten kennen gelernt, die beispielsweise aus Amerika zurückkamen, aber keine Analytiker im offiziellen Sinne waren. Von denen haben wir die ersten Schritte erfahren und sind durch sie für die psychoanalytische Psychotherapie sensibilisiert worden. Dann aber, gegen 1996, damals war ich

mit meiner psychiatrischen Ausbildung ge. Parman und Bella Habip [kurze Zeit nach G liz Grubu, deren Mitglieder sich in Ausbildu. wurden dann zum Mittelpunkt unseres Interesses entfacht« (Interview am 12.4.10, Istanbul).

Erst nach der Gründung der Istanbul Psikanaliz Grubu Mitte der 1990er Jahre bestand für meine InterviewpartnerInnen und ihre damaligen KollegInnen erstmals die Möglichkeit, bei deren Mitgliedern eine klassische Analyse auf der Couch zu durchlaufen. Da die Mitglieder des neu gegründeten Arbeitskreises auch die einzigen Personen in der Türkei waren, die im Ausland eine formale psychoanalytische Ausbildung im klassischen Sinne genossen, wurden sie – laut einer Person aus der damaligen InteressentInnengruppe – wie »Popstars gefeiert«, auf die man

Abb. 52: Berrak Ciğeroğlu

mit Bewunderung blickte. Viele dieser InteressentInnen, die bis zu diesem Zeitpunkt mit psychoanalytisch orientierten PsychotherapeutInnen zusammengearbeitet hatten, sammelten sich nunmehr um die Mitglieder der Istanbul Psikanaliz Grubu, da sie von ihnen den »richtigen psychoanalytischen Rahmen« mit all seinen Grundprinzipien zu erfahren erhofften. Rückblickend erwähnten nämlich manche meiner InterviewpartnerInnen, dass einige psychoanalytisch orientierte PsychotherapeutInnen die Regeln eines psychoanalytischen Settings wie Neutralität, Anonymität und Abstinenz nicht streng eingehalten hätten. Folglich schienen die Mitglieder der Istanbul Psikanaliz Grubu durch ihre formale Ausbildung in Frankreich für die jüngeren PsychiaterInnen und PsychologInnen mehr Klarheit hinsichtlich des analytischen Arbeitens zu gewährleisten.

Die starke Hinwendung zur Istanbul Psikanaliz Grubu rührte vermutlich auch daher, dass die InteressentInnen über die Ambitionen des jungen Arbeitskreises, den Anschluss an die IPA für die Zukunft sicherzustellen und damit zusammenhängend die psychoanalytische Ausbildung in der Türkei aufzubauen, wussten und diese Rahmenbedingungen auch in Hinblick auf ihre künftige berufliche Entwicklung verlockender waren, als in informellen Gruppen weiterzuarbeiten. Durch die Idealisierung des neuen Arbeitskreises und durch die allmähliche

überlegte mir sogar, ob ich im Ausland eine Shuttle-Analyse machen sollte. Dann aber habe ich von Frau Bella Habip gehört, dass sie Leute in Analyse nimmt, und habe mich sofort bei ihr gemeldet und meine Analyse mit ihr begonnen« (Interview am 13.4.10, Istanbul).

Einige PsychiaterInnen, die durch Vamık D. Volkans Beiträge ein ausgeprägtes Interesse an der Psychoanalyse entwickelten, nahmen auch an den Veranstaltungen der Istanbul Psikanaliz Grubu teil. Da deren Mitglieder in der Türkei lebten und arbeiteten, begannen auch manche aus dem Volkan Club bei ihnen ihre Eigenanalysen.

Die Spaltung der Istanbul Psikanaliz Grubu um die Jahreswende 2000/2001 hatte für die damaligen AnalysandInnen eine große Tragweite. Beispielsweise waren einige Personen in Analyse bei Talat Parman und in Supervision bei Bella Habip oder umgekehrt. Als es dann zwischen den beiden zu einem Konflikt[207] kam, sich ihre Wege trennten und sie eigene psychoanalytische Vereine gründeten, fühlten sich fast alle ihrer AnalysandInnen oder SupervisandInnen, als ob sich »ihre Eltern getrennt« hätten. Nun mussten sie sich entscheiden, bei welchem Elternteil sie in Zukunft bleiben wollten, denn ein Zusammenleben mit Vater und Mutter war eindeutig nicht mehr möglich. Diese Entscheidungsphase war für viele sehr schwierig, da hier Gefühle der Wut, Schuld und Trauer nicht zu vermeiden waren. Diese schwere Entscheidung erforderte von ihnen große Dezidiertheit, die dann zur Bildung einer auffallend starken Identifizierung mit einer der beiden Positionen geführt hatte.

Psychoanalytische Ausbildung
in den zwei türkischen Study Groups der IPA

Die PsychoanalytikerInnen der dritten Generation hatten sich also schon jahrelang mit psychoanalytischen Psychotherapien, häufig in Form von psychoanalytisch orientierten Gruppentherapien, Supervisionen oder eigens gegründeten Lesezirkeln befasst, bevor sie bei den heutigen PsychoanalytikerInnen der zweiten Generation gegen Mitte bis Ende der 1990er Jahre ihre Eigenanalysen anfingen. Als die geregelte psychoanalytische Ausbildung in der Türkei durch die IPA im Jahre 2004 eingeführt wurde, waren die heutigen PsychoanalytikerInnen der dritten Generation somit auch schon einige Jahre in Eigenanalysen bei den Psycho-

---

207 Die näheren Umstände dieses Konfliktes sind im Kapitel zu den PsychoanalytikerInnen der zweiten Generation dargestellt.

analytikerInnen der zweiten Generation aus der SPP. Da in dieser französischen psychoanalytischen Gesellschaft die Lehranalyse nach deutschem oder österreichischem Verständnis nicht existiert, galten ihre Eigenanalysen, oder auch »persönliche Analysen« genannt, automatisch als Lehranalysen. Insofern bewarben sich die AnalysandInnen im Jahre 2004 um ein Aufnahmegespräch beim Supervisory Committee der IPA, als es gerade erst nach Istanbul gekommen war, und wurden in das neu organisierte Ausbildungscurriculum aufgenommen:

Berrak Ciğeroğlu: »Die IPA hat uns einen Lehrplan erstellt und hat unsere Ausbildung in gewisse Rahmen und Regeln gesetzt. Wir haben daraufhin ausländische Psychoanalytiker in die Türkei eingeladen und alle ihre Kosten übernommen. Vier Jahre lang haben wir ein theoretisches Ausbildungsprogramm absolviert. Währenddessen haben wir unter Supervision unsere erste und nach zwei Jahren die zweite Kontrollanalyse übernommen. Wir waren immer in Kontakt mit den Psychoanalytikern der IPA, die das Ausbildungsprogramm beaufsichtigten und förderten. Nachdem sie unsere Entwicklungsschritte beobachtet hatten, konnten wir in der Ausbildung einen Schritt weitergehen. Am Ende unserer Ausbildung haben wir dann Abschlussberichte über unsere Fälle geschrieben und mit der Genehmigung des Supervisory Committees die Berechtigung der Berufsausübung erhalten. Die Regeln unserer Ausbildung sind durch die IPA standardisiert und transparent. [...] Jetzt ist unser ehemaliger Verein eine Study Group der IPA [die Psikeist] geworden und unsere Arbeit mit dem Supervisory Committee ist beendet. Nun beginnt die Zusammenarbeit mit dem Sponsoring Committee, das die Study Group in weiterer Folge unterstützen wird. Wir sind langsam auf dem Wege, unsere Selbstständigkeit zu erlangen« (Interview am 12.4.10, Istanbul).

Die psychoanalytische Ausbildungsmöglichkeit in der Türkei, die von der IPA beaufsichtigt und unterstützt wird, erachten alle fertig ausgebildeten PsychoanalytikerInnen der dritten Generation und die gegenwärtigen AusbildungskandidatInnen als eine einzigartige Chance für die Etablierung der institutionellen Psychoanalyse in der Türkei und für die gesetzliche Sicherstellung ihres Berufsstandes durch die IPA. Die Ausbildungsmöglichkeit in der eigenen Heimat stellt sowohl in ökonomischer Hinsicht als auch für die persönliche Lebensplanung eine große Erleichterung dar und daher fiel bzw. fällt die Entscheidung für eine psychoanalytische Ausbildung in der dritten Generation insgesamt viel leichter, als es für die PsychoanalytikerInnen der ersten und zweiten Generation der Fall war.

Erst nachdem die standardisierte Ausbildung in der Türkei im Rahmen der IPA im Jahre 2004 begonnen hatte, erhielt die Bezeichnung »psychoanalytisch orientierte Psychotherapie« einen gewissen negativen Beigeschmack, da die offiziellen AusbildungskandidatInnen nach internationalen Standards ausgebildet wurden, während die Benutzung der Bezeichnung »psychoanalytisch orientierte Psychotherapie« vom persönlichen Ermessen abhängig blieb. Obwohl meinen Beobachtungen nach heute diese inoffizielle Berufsbezeichnung »psychoanalytisch orientierte Psychotherapie« von den meisten Personen, die sie ausüben, sehr ernst genommen wird und sie sich um reichliche Therapiestunden, Supervisionen und Selbsterfahrungsgruppen bemühen, stehen sie in gewisser Weise im Schatten der offiziellen AusbildungskandidatInnen. Manche psychoanalytische Vereine und Zentren, wie etwa die Halime Odağ Stiftung für Psychoanalyse und Psychotherapie, haben dazu zwar Ausbildungscurricula festgesetzt, aber durch fehlende Gesetze des türkischen Gesundheitsministeriums ist die Bezeichnung »psychoanalytisch orientierte Psychotherapie« wie auch die der verschiedensten Psychotherapierichtungen nach wie vor nicht geschützt und lässt Raum für berufspolitische Unsicherheit offen.

Mit den Ausbildungsrichtlinien sind die befragten PsychoanalytikerInnen der dritten Generation und die gegenwärtigen AusbildungskandidatInnen überwiegend zufrieden. Die kürzestmögliche Ausbildungszeit von vier Jahren wird durch die IPA vorgegeben, wobei eine maximale Ausbildungszeit von acht Jahren angedacht, eine Höchstgrenze diesbezüglich aber nicht gestellt wird. Als einen wichtigen Kritikpunkt haben viele geäußert, dass die Mindestanzahl der klinisch-technischen Seminare erhöht werden könnte.

Wenn die gegenwärtigen Study Groups in Zukunft selbstständige Gesellschaften bilden und die Ausbildung selber organisieren, werde der Meinung meiner InterviewpartnerInnen nach die psychoanalytische Community in der Türkei selbstbewusster. Die Psychoanalytikerin Ayla Yazıcı hat die momentane Ausbildungssituation der Psychoanalyse in der Türkei mit dem türkischen Sprichwort »Yoğurtun mayası tuttu« (Die Hefe des Joghurts hat sich in der Milch angesetzt) treffend verbildlicht. Genauso war jahrzehntelang nicht abzusehen, ob sich die Psychoanalyse in der Türkei erfolgreich »ansetzen« würde. Durch die Gründung der Study Groups und die Möglichkeit der standardisierten psychoanalytischen Ausbildung sind ihrer Ansicht nach die ersten und wichtigsten Schritte zu einer Verwurzelung der Psychoanalyse in der Türkei erfolgt.

Mutterzunge im Mutterland

Ein besonderes Merkmal der psychoanalytischen Ausbildung in der Türkei stellt die Möglichkeit der Analyse in der Muttersprache und in einer üblichen Frequenz von mindestens drei Stunden pro Woche dar. Auf meine Frage, wie sie es empfunden haben, die Analyse in der Muttersprache (tr. ana dil – die Mutterzunge) zu führen, antworteten meine InterviewpartnerInnen der dritten Generation, dass sie bis jetzt nicht darüber nachgedacht hätten, sich aber natürlich für begünstigt halten, die Möglichkeit einer Analyse in ihrer Muttersprache gehabt zu haben. Alle Mitglieder dieser Generation mit einer Ausnahme hatten nämlich Englisch in ihren Gymnasial- oder Universitätsjahren gelernt und sind im Gegensatz zu PsychoanalytikerInnen der zweiten Generation nach Definition von Amati Mehler et al. (2010) als »polyglott« (S. 57) einzustufen, d.h. sie lernten die Zweitsprache in späteren Lebensjahren auf der Basis des Übersetzens. Daher ist diese Zweitsprache emotional geringer besetzt als die Muttersprache oder andere in der frühen Kindheit erlernte Sprachen:

Vehbi Keser: »Ich beherrsche zwar die englische Sprache, aber ich muss beim Sprechen nachdenken, da ich sie nicht fließend sprechen kann. Daher ist eine später erlernte Sprache nicht wie die Muttersprache. Wenn man eine längere Zeit im Ausland verbringt und dort in der jeweiligen Fremdsprache spricht, könnte sie vielleicht in die Nähe einer Muttersprache kommen. Da ich aber nie über viele Jahre im Ausland gelebt habe, hätte ich meine Analyse auch nicht in einer Fremdsprache machen können. Ich hätte den Reichtum an Assoziationen und die emotionale Besetzung eines Wortes in einer anderen Sprache außer Türkisch nicht vorfinden können. [...] Die Erfahrungen der Kindheit sind in die Worte der Muttersprache eingebettet und warten in der Analyse darauf, ausgesprochen zu werden« (Interview am 26.4.10, Istanbul).

Gewiss ist es von großer Bedeutung und eine große Erleichterung, wenn AnalytikerInnen und AnalysandInnen in einer Sprache sprechen, die für beide die Muttersprache darstellt, da die AnalytikerInnen die weitreichenden Assoziationen der AnalysandInnen mit ihren kulturellen und sprachlichen Feinheiten besser nachvollziehen können. Doch wäre es laut Amati Mehler et al. »eine Illusion [...], dass die Beherrschung derselben Sprache schon an sich eine Übereinstimmung des Erlebens und der Vorstellung garan-

Abb. 53: Vehbi Keser

tierte« (2010, S. 152). Viel eher stellt sich für die AutorInnen die Frage, ob AnalytikerInnen mehrsprachig sind oder nur eine Sprache beherrschen, wobei für Letztere die Möglichkeiten im Verständnis der sprachlichen Vielschichtigkeit des Unbewussten ihrer AnalysandInnen beschränkt wären. Im Falle einer Mehrsprachigkeit, wenn sich AnalytikerInnen also bewusst mit ihrer eigenen Beziehung zu den beherrschten Sprachen auseinandersetzen, können sie auch empathischer mit der Mehrsprachigkeit ihrer AnalysandInnen umgehen, die sich in allen Dimensionen des analytischen Prozesses wie etwa als Abwehr, Regression oder im Übertragungs-Gegenübertragungsprozess zeigen kann:

Ferhan Özenen: »Als ich in Analyse war, habe ich nicht bewusst darüber nachgedacht, was es bedeutet, die Muttersprache zu benutzen. Aber ich mache gerade eine zweite Analyse auf Englisch, weil meine erste Lehranalyse [auf Türkisch] schon lange her ist. Jetzt spüre ich, dass ich nicht alles, was ich fühle, auf Englisch erzählen kann. In meiner jetzigen Analyse sind beispielsweise die sprachlichen Fehlleistungen viel seltener, da ich während des Sprechens viel mehr nachdenken muss und nicht so frei bin wie auf Türkisch. [...] Manche Ausdrücke auf Türkisch existieren nicht auf Englisch, Assoziationen sind andere, die man in einer Fremdsprache mit Analytikern nicht teilen kann. Aber eines ist sehr wichtig, meine zweite Analytikerin ist Griechin und für sie ist Englisch auch eine Fremdsprache, und das hilft mir. Ich weiß nicht genau warum, aber es hilft mir, dass auch sie in einer Fremdsprache spricht. Wieso ich aber zu einer Griechin gehe, rührt vielleicht auch daher, dass meine Vorfahren mütterlicherseits aus Griechenland [ehemaliges Herrschaftsgebiet des Osmanischen Reiches] stammen« (Interview am 22.4.10, Istanbul).

Die Tatsache, dass die Analyse sowohl für Özenen selbst als auch für ihre griechischstämmige Analytikerin in einer Fremdsprache stattfindet, wird von ihr als hilfreich empfunden. Wahrscheinlich erzeugt dieser Umstand das Gefühl, sprachlich auf einer »Wellenlinie« zu sein, auf der sich ihre Assoziationen und die gleichschwebende Aufmerksamkeit ihrer Analytikerin treffen. Obwohl sie in ihrer jetzigen

Abb. 54: Ferhan Özenen

Analyse also in einer Fremdsprache spricht, teilen die Vorfahren ihrer Mutter dasselbe Herkunftsland wie ihre Analytikerin. Durch dieses geteilte »Mutterland« – auf Türkisch heißt Vaterland *ana vatan* (das Mutterland) – kommt sie ihrer Muttersprache und ihren archaischen Gefühlen näher.

Auch weitere meiner InterviewpartnerInnen gaben an, durch die Analysen in der Muttersprache wahrscheinlich in tiefere Schichten des Unbewussten gelangt zu sein, weil dadurch ihre »Denkbarriere« aufgehoben war:

Ayla Yazıcı: »Vielleicht hat Türkisch in meiner Analyse dazu beigetragen, meine eigene Art zu bilden. Mir ist nichts aufgezwungen worden, ich habe mich aufbauen können, ich habe dadurch mich selber darstellen können und meine Struktur besser verwenden können. [...] Vielleicht konnte ich dadurch näher an Ayla sein. [...] Wie ein Kern, aus dem etwas Eigenes entsteht« (Interview am 13.4.10, Istanbul).

Berrak Ciğeroğlu: »Die Analyse in der Muttersprache erachte ich als sehr wichtig. Die Märchen, die Fantasien, die Metaphern, die Träume und die Wiegenlieder sind immer in der Muttersprache. Daher habe ich viel Glück gehabt, dass ich meine Analyse in der Muttersprache machen konnte. So konnte ich in viel tiefere Ebenen meiner Seele vordringen. Ich kann beispielsweise sehr gut Englisch sprechen, aber ich hätte mich wahrscheinlich nicht so behaglich gefühlt, wenn ich die Analyse auf Englisch gemacht hätte. Ich vermute, dass bei der freien Assoziation eine zweite Instanz hervorgetreten wäre, ein Denkfilter sozusagen, wenn ich die Analyse in einer Fremdsprache gemacht hätte. Eine Analyse in der Muttersprache ist ein Riesenvorteil, denn auch wenn man in der Analyse schweigt, denkt man in der eigenen Sprache weiter. Wenn mir ein Fremdwort in den Sinn kam, dann hatte dies auch eine Bedeutung. Ich habe meine Analyse hier in der Türkei auch regelmäßig, mit dreimal in der Woche, machen können. Das hat wirklich bei der Entstehung der Übertragung sehr geholfen« (Interview am 12.4.10, Istanbul).

Im Gegensatz zu den PsychoanalytikerInnen der ersten Generation, die langjährige Emigrationserfahrungen besitzen, und zu denjenigen der zweiten Generation, die von Grund auf von Bikulturalität geprägt sind, sind die PsychoanalytikerInnen der dritten Generation und die gegenwärtigen AusbildungskandidatInnen am intensivsten in ihrer Muttersprache und in ihrer Heimat verwurzelt und beziehen daher die türkischen Sprach- und Kulturelemente stärker in ihre psychoanalytische Arbeit ein. Die dritte Generation publiziert beispielsweise viel öfter psychoanalytische Abhandlungen über türkische Romane oder Fallgeschichten türkischer PatientInnen als die PsychoanalytikerInnen der ersten beiden Generationen, bei denen Übersetzungen psychoanalytischer Werke und Fallgeschichten von PatientInnen aus ihren Ausbildungsländern im Vordergrund stehen. Meinem Erachten nach wird sich somit im Laufe der heranwachsenden Generationen, die ihre Ausbildung in der Türkei in ihrer Muttersprache absolvieren werden, auch eine speziell »türkische Psychoanalyse« herauskristallisieren:

Berrak Ciğeroğlu: »Wir sind die wenigen Ersten, die in der Türkei die Ausbildung beendet haben, und wir sind alle ungefähr im selben Alter. Unser Interesse begann schon vor langer Zeit. Wir sind überall hingegangen, haben so viel recherchiert, wir haben geschrieben, wir haben gelesen, wir haben uns in der Weise in psychoanalytischen Theorien und Therapien gewälzt. Erst dann begann sich etwas aufzubauen und erst nach diesen langjährigen Bemühungen begannen wir unsere psychoanalytische Ausbildung, aus der die heutigen Psychoanalytiker hervorgegangen sind. Wir sind sozusagen die obere cremige Schicht einer Suppe, die in einem Kessel schon seit Langem kochte. Und die Jüngeren, die uns gesehen haben, die mit uns mitgearbeitet haben, die mit uns in Kontakt waren, die sind uns nachgekommen« (Interview am 12.4.10, Istanbul).

Die durch die zahlreichen öffentlichen Veranstaltungen der Study Groups gestiegene Popularität der Psychoanalyse hat auch bei vielen weiteren Berufsgruppen die »psychische Öffnung« für das Verständnis der Psychoanalyse als eine moderne Therapieform und eine Alternative zu deskriptiv-psychiatrischen Behandlungsmodellen gefördert. Nicht zufällig sind heute unter den psychoanalytischen AusbildungskandidatInnen – wenn noch in der Minderheit – auch SchriftstellerInnen, AnthropologInnen, SozialarbeiterInnen und psychologische (Schul-) BeraterInnen vertreten.

Im April 2010 waren 34 AusbildungskandidatInnen in der ersten Study Group und 41 AusbildungskandidatInnen in der zweiten Study Group registriert. Betrachtet man die Zahl der PsychoanalytikerInnen der ersten und zweiten Generationen, so ist die Zahl der gegenwärtigen AusbildungskandidatInnen um ein Vielfaches gestiegen. Neben der gestiegenen Popularität der Psychoanalyse durch die heute bestehenden zwei Study Groups hat auch die finanziell günstigere und in die persönliche Lebensplanung leichter einzugliedernde Ausbildungsmöglichkeit im eigenen Land zu der relativ hohen Zahl beigetragen.

Da diese zwei Study Groups noch keine selbstständigen psychoanalytischen Institute sind, werden alle AusbildungskandidatInnen nach ihrem Abschluss »Direct Members« der IPA. Sobald aber die Study Groups den Status von »Full

Societies« erlangen, werden die zukünftigen PsychoanalytikerInnen Mitglieder dieser selbstständigen türkischen Institute und dadurch auch automatisch Vollmitglieder bei der IPA.

In der ersten türkischen Study Group der IPA, der Uluslararası Psikanaliz Birliği Türk Psikanaliz Çalışma Grubu (International Psychoanalytical Association Turkish Psychoanalytic Study Group), sind rund 70 Prozent der AusbildungskandidatInnen Frauen. Darunter befinden sich neben PsychiaterInnen und PsychologInnen auch andere Berufsgruppen aus den Humanwissenschaften. Viele türkische AusbildungskandidatInnen sind zudem jüdischer, kurdischer, tscherkessischer, alevitischer und vielerlei anderer Herkunft. Da laut Talat Parman[208] aber nur die nicht muslimischen Türken im Vertrag von Lausanne aus dem Jahre 1923 als eine Minderheit in der Türkei definiert wurden und alle übrigen Minderheitsgruppen türkische Namen besitzen, ist die Erkennung ihrer ethnischen Abstammung sehr schwierig. Als Fremdsprache sprechen deutlich mehr AusbildungskandidatInnen Englisch als Französisch, da sie vorwiegend türkische Gymnasien, in denen primär Englisch als Fremdsprache unterrichtet wird, oder englischsprachige Gymnasien besucht haben. Einige AusbildungskandidatInnen entschieden sich von Izmir oder einer anderen Stadt in der Türkei für eine Binnenmigration nach Istanbul, wo seit 2004 die Möglichkeit der psychoanalytischen Ausbildung besteht.

In der zweiten türkischen Study Group der IPA, der PSIKEist – İstanbul Psikanaliz Eğitim, Araştırma ve Geliştirme Derneği (Istanbul Psychoanalytic Association for Training, Research and Development), sind ebenfalls neben der Mehrheit an PsychiaterInnen auch PsychologInnen und andere Berufsgruppen aus den Humanwissenschaften vertreten, die verschiedener ethnischer Herkunft sind und von denen manche für die Ausbildung nach Istanbul umsiedelten. Auch in dieser Study Group stellen Frauen den größeren Teil der AusbildungskandidatInnen dar.

Bei der Entscheidung für eine der beiden Study Groups waren für die gegenwärtigen AusbildungskandidatInnen Gefühle der Vertrautheit, des Wohlbefindens und persönliche Kontakte ausschlaggebend. Viele besuchten vor ihrem Ausbildungsbeginn die öffentlichen theoretischen Veranstaltungen beider Study Groups und mit der Zeit kristallisierte sich heraus, welche Study Group ihren Wünschen, Ansichten und Bedürfnissen eher entsprach. Aufgefallen ist mir in dieser Hinsicht, dass im Gegensatz zu Europa die TeilnehmerInnen psychoanalytischer Kongresse in der Türkei mehrheitlich jüngere InteressentInnen sind, eine Tatsache, die das steigende Interesse der jüngeren Generationen widerspiegelt. Andere AusbildungskandidatInnen wiederum hatten FreundInnen und BerufskollegInnen, die bereits mit

---

208 Talat Parman: Persönliche Mitteilung am 27. April 2010.

ihrer Ausbildung in einer der Study Groups begonnen und die Neuankömmlinge in eine der beiden Richtungen gelenkt hatten.

Die Anadolu Psychoanalytic Psychotherapies Association

Die Nachzeichnung der Entwicklung der *Anadolu Psychoanalytic Psychotherapies Association* (tr. Anadolu Psikanalitik Psikoterapiler Derneği) ist meines Erachtens wichtig, da sie im Vergleich zur institutionalisierten Psychoanalyse, die sich im Rahmen der IPA entwickelte, eine andere Richtung eingeschlagen hat. Es wäre daher eine unzureichende Darstellung, die Entwicklung der Psychoanalyse in der Türkei ausschließlich über die Zusammenarbeit mit der IPA aufzuzeigen. Die durch Celal Odağ gegründete *Halime Odağ Stiftung für Psychoanalyse und Psychotherapie* sowie die Bemühungen von den Psychoanalytikerinnen der ersten Generation, Ulviye Etaner und Günsel Koptagel-Ilal, können hier als Beispiele eigenständiger Organisationen und Bemühungen angeführt werden. Doch sind die Schwierigkeiten, die durch die fehlende Unterstützung einer internationalen Organisation hervortreten, dabei nicht auszublenden und sollen anhand der *Anadolu Psychoanalytic Psychotherapies Association* näher erörtert werden.

Die *Anadolu Psychoanalytic Psychotherapies Association* geht aus der ursprünglich aus 50 Personen bestehenden InteressentInnengruppe, dem sogenannten *Anatolian Center for Psychoanalytical Psychotherapies* – auch kurz als »Anatolien Gruppe« bezeichnet – hervor, die sich 1998 um Yavuz Erten gesammelt hatte. Durch seine Aufenthalte in den USA stellte Erten in den 1990er Jahren Kontakte zu bedeutenden amerikanischen PsychoanalytikerInnen der Self-Psychology-Tradition her. Die psychoanalytische Self Psychology lehnt, aufbauend auf den Konzepten des Psychoanalytikers Heinz Kohut (1913–1981), die besondere Betonung des Sexualtriebes der klassischen freudianischen Psychoanalyse ab und stellt das »Selbst« des Menschen, das sich in den frühen Jahren in der Interaktion mit primären Bezugspersonen entwickelt, in den Mittelpunkt des Interesses. Die psychoanalytische Self Psychology betreibt weitreichende Forschungen, vor allem zu narzisstischen Störungen, und besonders durch ihren Beitrag zur empirischen Säuglingsforschung und der AnalytikerIn-PatientIn-Beziehung wurde sie eine einflussreiche Strömung in der zeitgenössischen Psychoanalyse in den USA.[209]

Den Beginn der Zusammenarbeit mit der Anatolien Gruppe gegen Ende der 1990er Jahre beschreibt der aus der Self-Psychology-Schule stammende

---

[209] Für ausführliche Literaturangaben siehe URL: http://www.selfpsychology.com/bibliogr. htm (Stand: 10.06.2012).

Psychoanalytiker Allen Siegel vom *Chicago Institute for Psychoanalysis* folgendermaßen:

>»At that time, Yavuz Erten was the able leader of the group. Yavuz contacted Ernie Wolf on the Self Psychology Online Bulletin Board, inviting him to teach self psychology to his group in Istanbul. I remember seeing that note on the Bulletin Board and wished someone would ask me to come to a fascinating place to teach. One week later Ernie called to ask me if I wanted to go to Istanbul to teach for a week. ›Wow,‹ I thought. ›My wish had been granted.‹ Of course I accepted the invitation and Renee and I prepared a week's course that included some initial orienting theory and then clinical material. Renee presented material from her child cases. I presented adult work. Initially I was anxious about this new assignment, especially since I speak no Turkish and would be using a simultaneous translator. When we landed in Istanbul, Yavuz met us at the airport and took us to our hotel in the old city. Istanbul, a city of 16 million people rising up hillsides along the Bosporus instantly reminded me of San Francisco, my previous favorite city in the world. [...] At the meeting there were many new people with names that sounded strange to my English-oriented ear. I eventually had to ask people to write their names for me so that I could see what their names looked like. The morning went well. [...] At lunch the group was lively, full of questions about the morning's material, and bursting with questions about many things psychoanalytic. [...] We saw none of Istanbul but saw lots of the group. An immediate bond developed and at week's end the group asked if we could continue our interchange via telephone conference on an every-6-week basis. I agreed and we proceeded that way for the rest of the year. That was our beginning.«[210]

Die kulturelle Vielfalt dieses bis dahin in der Welt der Psychoanalyse im Schatten gebliebenen Landes sowie die enthusiastische Neugierde und die hohe Lernbereitschaft der jungen Gruppe begeisterten Allen Siegel. Die gegenseitige Bewunderung und der starke Wille zur Zusammenarbeit zu Beginn ihrer Begegnung führten zu langen fruchtbaren Jahren gemeinsamer Arbeit, die zum Teil bis heute anhält. Das anfänglich antizipierte Problem der Sprache trat für Allen Siegel durch englisch- und türkischsprachige Mitglieder der Gruppe, die die Seminare und Diskussionen simultan übersetzten, schon binnen Kurzem in den Hintergrund. Durch diese professionellen ÜbersetzerInnen, die wenige Sekunden nach seiner Rede zu übersetzen begannen, wodurch beide Sprachen zeitgleich im Raum schwebten, hatte Siegel schon bald das Gefühl, Türkisch zu verstehen und zu sprechen.

---

210 Aus dem Interview mit Annette Richard, International Association for Psychoanalytic Self Psychology. URL: http://www.psychologyoftheself.com/eforum/10_interviews_allen_siegel.php (Stand: 10.06.2012).

In den Jahren 1998 bis 2002 absolvierte die Anatolien Gruppe ein intensives Lehrprogramm mit Allen Siegel und vielen weiteren amerikanischen PsychoanalytikerInnen aus der Self-Psychology-Tradition. Ein kleinerer Teil der Gruppe bestand hauptsächlich aus PsychologInnen und PsychiaterInnen aus Ankara, die zu ihren Treffen nach Istanbul kamen, während die Mehrheit der Mitglieder aus Istanbul stammte. Die Ausbildung beinhaltete neben theoretischem Literaturstudium in Psychoanalyse und Self Psychology auch klinische Seminare mit psychoanalytisch orientierten PsychotherapeutInnen aus der Türkei, wie auch eSupervisionen[211] (vgl. Siegel/Topel 2000; Pfäfflin/Kalmykova 2007) und Audio-Video-Konferenzen[212] mit amerikanischen PsychoanalytikerInnen, die alle aus der Self-Psychology-Tradition stammen. Die Gruppenmitglieder trafen sich zusätzlich alle sechs Wochen zu einem ganztägigen Symposium, bei dem Fachliteratur zur Self Psychology, besonders zu den Grundkonzepten von Heinz Kohut, diskutiert wurde.

In ihrem Ausbildungsprogramm erlebte die Anatolien Gruppe neben ihrem Enthusiasmus aber auch Gefühle der Konfusion und der Ungewissheit. Obwohl sie durch viele amerikanische PsychoanalytikerInnen von Supervisionen und theoretischen Seminaren profitieren konnten, bereitete ihnen der Mangel an organisatorischen Strukturen und die fehlende Möglichkeit einer Lehranalyse in Self Psychology in ihrer Heimat – da die vorhandenen PsychoanalytikerInnen der zweiten Generation aus der französischen psychoanalytischen Tradition stammen – die größte Schwierigkeit. Zweifel, ob ihre Ausbildung jemals anerkannt werden würde, waren während des gesamten Ausbildungsprozesses für manche Mitglieder eine »trial of faith« (Anlı et al. 2003, S. 8). Während andere Personen und Gruppen sichere Schritte in Richtung IPA-Mitgliedschaft taten, waren sie mit der Ungewissheit ihrer Zukunft konfrontiert.

Ein ehemaliges Mitglied der Anatolien Gruppe, das anonym bleiben möchte, erzählte mir beispielsweise, dass einige der in Frankreich ausgebildeten, türkischen PsychoanalytikerInnen Eigenschaften des »französischen Chauvinismus« angenommen hätten und danach streben, ihre Dominanz in der psychoanalytischen Community in der Türkei auch heute stets aufrechtzuerhalten. Durch ihren Anschluss an die IPA und die dadurch erreichte standardisierte psychoanalytische Ausbildung würden sie andere Personen, die nicht den Weg der IPA gegangen sind

---

211 Laut Anlı, Irem et al. (2003) mit Denise Davis, Connie Goldberg, Jackie Gotthold, Ruth Gruenthal, Sallee Jenkins, Anna Ornstein, Renee und Allen Siegel, David Solomon, Dori Sorter und Jeffrey Stern.

212 Laut Anlı, Irem et al. (2003) mit Joe Lichtenberg, Anna und Paul Ornstein, Arnold und Commie Goldberg, Leonard Gillman, Neil Spira und Allen und Renee Siegel.

bzw. gehen konnten oder mit klassisch freudianischen Theorien nicht konform sind, als »Abtrünnige der Psychoanalyse« erachten.

Auch manche Mitglieder der Anatolien Gruppe definierten sich selbst in vielschichtiger Hinsicht als die »Anderen« (ebd., S. 2) der Psychoanalyse. Als Türken seien sie die »Anderen« in der christlich-jüdischen Welt der Psychoanalyse, die »Anderen« als die InteressentInnen der psychoanalytischen Self Psychology in der weltweiten Mainstream-Tradition der klassischen Psychoanalyse wie auch die »Anderen« in der psychoanalytischen Community der Türkei, die mit der IPA zusammenarbeitet.

Die Möglichkeit einer Shuttle-Analyse in den USA ließ sich wegen der finanziellen Schwierigkeiten und der großen Entfernung nicht realisieren. So waren einige Mitglieder der Gruppe in psychoanalytischer Psychotherapie bei psychoanalytisch orientierten türkischen PsychotherapeutInnen, die ebenfalls Interesse an der Self Psychology zeigten. Die Mitglieder aus Ankara konnten zum Großteil ebenfalls keine klassischen Analysen durchlaufen, da in dieser Stadt lange Jahre keine PsychoanalytikerInnen vorhanden waren. Heute hat die IPA-Psychoanalytikerin Elif Ülkü Gürışık, die Anfang der 2000er Jahre aus England nach Ankara remigriert war, einige wenige Personen in Lehranalyse genommen. Andere Mitglieder der Anatolien Gruppe wiederum begannen ihre Analysen bei klassisch orientierten türkischen IPA-PsychoanalytikerInnen, hatten aber oft gemischte Gefühle, da sie ihre Analysen als ein »Eingangsticket« (ebd., S. 8) für die offizielle Ausbildung im Rahmen der IPA empfanden, um später die Analyse bei jemandem zu machen, der sie auch »wirklich versteht« (ebd.).

Diese teils als ungünstig empfundene Situation der Anatolien Gruppe hatte unter anderem auch dazu geführt, dass sich manche Personen aus der Gruppe distanziert haben, andere sogar aufgrund dieser erschwerten Lage überhaupt das Interesse an der Psychoanalyse verloren. Einige Gruppenmitglieder konnten die Ansätze der Self Psychology und der klassischen Psychoanalyse zusammenfügen und interessierten sich beispielsweise für die Konzepte von Donald Winnicott, der ihnen meiner Ansicht nach auch als »Unabhängiger der psychoanalytischen Community in England« eine gewisse Identitätsstütze gab. Zwischen den Gruppenmitgliedern mit verschiedenen Ausbildungshintergründen traten auch weitere Anschauungskonflikte hervor, welche unter anderem die Gründung einer selbstständigen Organisation erschwerten.

Dennoch zeigte die Anatolien Gruppe in ihrer Ausbildung bis 2002 auch großen Optimismus, da sie sich in ihrem eigentlichen Interessensgebiet vertiefen konnte. Eine Lösungsmöglichkeit für die Zukunft sah sie in der stärkeren Zusammenarbeit mit Gesellschaften der psychoanalytischen Self Psychology im näheren Europa, wobei ihnen die Organisationsarbeit der IPA in einigen Punkten als Modell dienen könnte.

Nachdem im Jahr 2003 der Verein *PPPD* unter der Leitung Bella Habips und ihres Stellvertreters Yavuz Erten gegründet wurde, entschied sich die Mehrheit der Mitglieder der Anatolien Gruppe, die entweder bei türkischen IPA-AnalytikerInnen in Analyse waren oder sich bei einem türkischen, psychoanalytisch orientierten PsychotherapeutInnen in psychoanalytischer Psychotherapie befanden, für die Mitgliedschaft, während einige wenige Personen dem Verein nicht beitraten.

Als aber im Jahre 2009 dieser Verein bei der IPA den Antrag um die Anerkennung als Study Group gestellt hatte, musste er in seinen Statuten Änderungen vornehmen, die den Standards der IPA entsprachen. Beispielsweise wurde der Name *PPPD – Psikanaliz ve Psikanalitik Psikoterapiler Derneği* (Verein für Psychoanalyse und psychoanalytische Psychotherapien) auf *PsikeIst* geändert und die Bezeichnung »Psychoanalytische Psychotherapien« fallen gelassen. Infolgedessen wurden auch diejenigen Mitglieder dieses Vereins, die ursprünglich aus der Anatolien Gruppe stammten und ihre Analysen nicht bei klassischen PsychoanalytikerInnen absolvierten, sondern bei psychoanalytisch orientierten PsychotherapeutInnen niederfrequente Psychotherapien durchliefen oder in gar keiner Praxis waren, in die neu gegründete Study Group *PsikeIst* nicht aufgenommen. Auch einige Mitglieder der sogenannten »Unabhängigen«, die sich in der gleichen Situation wie manche Mitglieder der Anatolien Gruppe befanden, wurden in die neu gegründete Study Group nicht einbezogen. Somit reduzierte sich die ursprüngliche Mitgliederzahl der *PPPD* von 82 in der aus ihr hervorgegangenen Study Group *PsikeIst* auf 47 Personen.

Trotz dieser schwierigen Bedingungen gründeten die abseits der Study Group gebliebenen Mitglieder der ehemaligen Anatolien Gruppe und jene, die 2003 der *PPPD* nicht beigetreten waren, im Jahr 2007 ihren eigenen Verein namens *Anadolu Psychoanalytic Psychotherapies Association* (Anadolu Psikanalitik Psikoterapiler Derneği). Heute ist dieser Verein Mitglied bei der *IAPSP-International Association für Psychoanalytic Self Psychology* in den USA und nimmt gegen das klassisch-orthodoxe Verständnis der französisch-türkischen Psychoanalyse eine oppositionelle Position ein. Zum ersten Mal in der Geschichte fand der jährliche Kongress der IAPSP in einem Land außerhalb der USA statt, und dieses Land war die Türkei. Die Mitglieder der *Anadolu Psychoanalytic Psychotherapies Association* organisierten und leiteten das jährlich stattfindende, 33. IAPSP International Self Psychology Meeting vom 21. bis 24. Oktober 2010 in Antalya und gehen heute mit sicheren Schritten ihren eigenen Weg. Laut Erten (2010) wird die Zukunft zeigen, ob sich die amerikanische oder die französische Tradition der Psychoanalyse in der Türkei behaupten wird.

Die Bemühungen der dritten Generation:
Psychoanalyse in der Bakırköy Klinik

Die Psychoanalyse hat in die Bakırköy Klinik[213], die bedeutendste psychiatrische und neurologische Universitätsklinik der Türkei, nach fast 80-jähriger biologisch-psychiatrischer Tradition zum ersten Mal durch die intensiven Bemühungen der Psychoanalytikerin Ayla Yazıcı und einiger AusbildungskandidatInnen, die in dieser Klinik tätig sind, Eingang gefunden. Deren reges Interesse an der Psychoanalyse begann bereits durch die Vorträge und Supervisionsgruppen Vamık D. Volkans, die er in der Bakırköy Klinik hielt, sowie die Veranstaltungen der *Istanbul Psikanaliz Grubu* gegen Mitte bis Ende der 1990er Jahre. Laut Tamar Gürol fand die Beschäftigung mit der Psychoanalyse aber mehr auf intellektueller Ebene statt, weil die InteressentInnen damals mit ihrer psychoanalytischen Ausbildung noch nicht begonnen hatten (2005, S. 114). Einige der PsychiaterInnen dieser Klinik, wie damals auch Ayla Yazıcı, begannen nach der Gründung der beiden psychoanalytischen Vereine in Istanbul ihre psychoanalytische Ausbildung im Rahmen der IPA und integrierten ihre psychoanalytischen Erfahrungen in ihre klinische Arbeit.

Zur jüngeren Geschichte dieser Klinik erschien 2010 ein exzellentes Buch (Yalçıner et al. 2010) mit dem Titel »Die geheime Geschichte der psychiatrischen Bakırköy Klinik«, das Interviews mit ehemaligen und gegenwärtigen MitarbeiterInnen wie PsychiaterInnen, PsychologInnen, Krankenschwestern, PflegerInnen, Technikern, Gärtnern und weiteren Angestellten, und deren selbstverfasste Erinnerungen über ihre Bakırköy-Jahre enthält. Jenseits der idealisierenden Romantik vieler Huldigungswerke gewährt es der Leserschaft einen realitätsnahen Einblick in die Geschichte und Gegenwart dieser berühmtesten psychiatrischen Klinik der Türkei.

Nachdem die Forschungs- und Lehreinheit der Bakırköy Klinik namens BARILEM im Jahr 2003 wieder in Betrieb genommen wurde, bildete sich unter der Leitung von Ayla Yazıcı eine psychoanalytische Arbeitsgruppe anfangs mit 14 Personen. Mit der Zunahme der gegenwärtigen AusbildungskandidatInnen der zwei Study Groups, die in der Bakırköy Klinik arbeiten, ist auch die Zahl der Mitglieder dieser Arbeitsgruppe gestiegen. Neben vielen psychoanalytischen Aktivitäten wie Workshops, Seminaren und Lesezirkeln veranstaltet diese Arbeitseinheit jährliche Seminare und Konferenzen zu psychoanalytischen Themen.

Als Ayla Yazıcı 2009 ihre Ausbildung beendet hatte, wurde sie die erste Psychoanalytikerin in der Geschichte der Bakırköy Klinik und konnte unter Mithilfe

---

213 Zur Frühgeschichte der Bakırköy Klinik siehe Kapitel I.

ihrer KollegInnen und AssistentInnen den Grundstein der Psychoanalyse in dieser Klinik legen:[214]

Ayla Yazıcı: »Seit meiner Kindheit war ich sehr neugierig auf die Bakırköy Klinik. Nach meinem Medizinstudium in Ankara habe ich die Facharztprüfung bestanden und hatte als Präferenz die Bakırköy Klinik angekreuzt und so bin ich 1991 nach Istanbul gekommen. In Bakırköy sah ich sehr viele verschiedene Fälle, ich glaube nicht, dass es auf der Welt eine weitere Klinik in der Weise gibt. Sehr eigenartige und interessante Fälle gibt es in der Bakırköy Klinik und so bin ich hier auch geblieben. Es

Abb. 55: Ayla Yazıcı

gibt verschiedene Abteilungen, die auf Türkisch ›Servis‹ genannt werden. Die geschlossenen Servis, die Akut-Servis, die Servis für chronisch Kranke. Die Servis werden auch als ›Şeflik‹ [Chefitäten] bezeichnet, da eine Servis unter der Leitung eines Chefs steht, bei dem man die Facharztausbildung absolviert. [...] In der Klinik gibt es nun ein Zentrum namens BARILEM, in dem verschiedene Forschungs- und Lehreinheiten existieren. Insgesamt werden dort ungefähr 200 Assistenten ausgebildet. Bakırköy ist die wichtigste psychiatrische Lehrklinik der ganzen Türkei. Dort habe ich eine psychoanalytische Einheit aufgebaut, zum ersten Mal in der Geschichte dieser Klinik. [...] Auch einen Divan hatte unsere Einheit in die Klinik gebracht. (lächelt) [...] Ich habe sehr viel Arbeit geleistet, teilweise sogar auf militante Weise. Deswegen nennt man mich auch ›Guru der Psychoanalyse‹. Dies alles war natürlich nicht leicht. Stellen Sie sich vor, in einer schon von Beginn an vollkommen organisch orientierten psychiatrischen Klinik bin ich die erste Psychoanalytikerin geworden. In der psychoanalytischen Lehr- und Lerneinheit halte ich für die Assistenten kontinuierlich Seminare zur Psychoanalyse. Der Blick auf die Patienten ist nun ein anderer, ein psychoanalytischer geworden« (Interview am 13.4.10, Istanbul).

---

214 Psychiatrische FachärztInnen der Bakırköy Klinik in psychoanalytischer Ausbildung sind (Stand: Februar 2011): Derya Kulu, Murat Erkıran, Defne Tamar, Evrim Erten, Emrem Beştepe und Semra Yalçınkaya. Ayla Yazıcı: Persönliche Mitteilung am 12. Februar 2011.

Die Einführung der psychoanalytischen Lehreinheit verlief aber in dieser vordergründig biologisch orientierten psychiatrischen Klinik nicht reibungslos. Psychoanalytisch interessierten PsychiaterInnen wurde von ihrer biologisch orientierten Kollegenschaft oder den Chefs distanziert begegnet. Nicht selten mussten sie ihr Interesse an der Psychoanalyse daher vor ihren Vorgesetzten verheimlichen und trafen sich anfangs zu psychoanalytischen Lese- und Diskussionsrunden außerhalb der Klinik:

Ayla Yazıcı: »Manchmal wurde ich sehr gedemütigt, vor allem innerhalb der Klinik. Ich bin seit 1991 in der Bakırköy Klinik angestellt und seither wurde dort jede Art der Psychotherapie ausgeschlossen. Aber nicht nur die Psychoanalyse, jede Art von Psychotherapie, aber speziell die Psychoanalyse wurde abgelehnt, da sie [nach Meinung vieler Psychiater] wie eine Religion funktioniere. Sie sei nur eine unnütze, intellektuelle Neugierde. Manchmal wurde sie als eine Falle angesehen, mittels der man von den Menschen Geld abzocken wolle. Also von Zeit zu Zeit habe ich solche Demütigungen wegstecken müssen, aber wie sagt man so schön? ›Yıkılmadım, ayaktayım!‹[215] (lächelt). Manche nennen mich deswegen sogar die ›Militantin der Psychoanalyse‹« (Interview am 13.4.10, Istanbul).

Die militante Verteidigung psychoanalytischer Interessen vor den biologisch orientierten, autoritären Chefärzten scheint in dieser Klinik – wie die Biografie Izeddin A. Şadans auch verdeutlicht – eine lange Geschichte zu haben. Oğuz Arkonaç[216] beispielsweise war lange Jahre der Chefarzt an der Bakırköy Klinik und lehrte seine AssistentInnen die Diagnostik und Behandlung von psychiatrischen Krankheiten nach dem amerikanischen DSM Modell. Somit war er an der Weiterführung und Etablierung der biologisch-deskriptiven Tradition der Klinik maßgeblich beteiligt. Wie die meisten seiner ehemaligen psychiatrischen AssistentInnen berichteten, war er ein arbeitseifriger und pflichtbewusster Chefarzt, wurde aber durch seine autoritäre Persönlichkeit von einigen MitarbeiterInnen der Klinik gefürchtet und war für psychotherapeutische Behandlungsmethoden nicht zu interessieren (vgl. Yalçıner et al. 2010). Die psychoanalytische Orientierung seiner damaligen psychiatrischen Assistentin Ayla Yazıcı war ihm jahrelang nicht bewusst:

---

215 Ein Ausdruck im Türkischen, den man bei Meisterung von großen Schwierigkeiten benutzt. »Ich bin nicht zusammengebrochen und stehe noch auf meinen Beinen«.
216 Oğuz Arkonaç wurde 1932 in Istanbul geboren, wo er 1956 Doktor der Medizin wurde. Seine Facharztausbildung durchlief er von 1959 bis 1962 am S. Louis MO Renard Hospital in Washington/USA Von 1965 bis zu seiner Emeritierung im Jahr 1997 arbeitete er in der Bakırköy Klinik. Er starb 2001 an Krebs.

Ayla Yazıcı: »Ich hatte in Bakırköy einen Chef, Oğuz Arkonaç, bei dem ich meine psychiatrische Facharztausbildung machte. Er ist inzwischen verstorben. Wenn ich ihm gesagt hätte, dass ich mich für die Psychoanalyse interessiere und meine Patienten in Therapie nehme, er hätte mich rausgeschmissen (lächelt). Soweit hätte es kommen können, ich habe all meine Arbeiten daher UNDERGROUND gemacht (lächelt), ganz versteckt, im Geheimen. Heute macht man sich hier manchmal lustig über mich, so quasi ›Biz koynumuzda yılan beslemişiz‹.[217] Mein Chef mochte mich wirklich sehr, aber er kannte diese Seite von mir überhaupt nicht und ich hatte natürlich viel mehr Energie in die Psychoanalyse investiert. Ich habe dazu eine Erinnerung: Nachdem ich meine Facharztausbildung beendet hatte, blieb ich auf einer der Stationen und arbeitete weiterhin bei meinem Chef. Eine Patientin, die ich außerhalb der Klinik behandelte, wurde wegen Depressionen stationär in die Klinik aufgenommen, während ich auf Urlaub war. Die Schwester dieser Patientin redete mit meinem Chef und führte an, dass ihre Schwester in Therapie bei Frau Ayla sei. Mein Chef hätte sich sehr geärgert und gewütet: ›Die Ayla macht keine Psychotherapie!‹. Ja, so weit ging das! Er hat diese Seite von mir schlichtweg ignoriert. Und eigentlich habe ich ja im Grunde nichts versteckt, er hat in seinem Denken alles so sehr biologisch gefestigt und konnte nicht ertragen, dass ich psychoanalytische Therapien mache, weil er mich sonst nicht mehr lieben konnte. Das kann ich aber erst jetzt verstehen, wenn ich das mit einem analytischen Auge betrachte (lächelt)« (Interview am 13.4.10, Istanbul).

Lange Jahre musste die Psychoanalyse in dieser Klinik ihren Weg durch Zensur, Loyalität, Gehorsam und Geheimhaltung bestreiten, ehe sie durch die beharrlichen Bemühungen von Ayla Yazıcı und der größer werdenden Anzahl der psychoanalytisch orientierten AssistentInnen und AusbildungskandidatInnen langsam an Anerkennung, zumindest aber an Toleranz, gewinnen konnte. Kurze Zeit nach der Gründung der psychoanalytischen Lehreinheit wurde auch eine Couch in die Klinik eingeführt, doch die Behandlungsmöglichkeit auf der Couch konnte aus logistischen und finanziellen Gründen für PatientInnen trotzdem noch nicht angeboten werden. Jedoch allein die Präsenz dieser Couch habe laut Ayla Yazıcı eine große symbolische Bedeutung. Sie stehe heute im Zimmer von Murat Erkıran, dem Chef der Abteilung für Neurosen, in der heute psychoanalytische Supervisionen für MitarbeiterInnen der Klinik angeboten werden.

---

217 Ein türkisches Sprichwort: »Wir haben an unserer Brust eine Schlange ernährt.« Es wird verwendet, wenn eine unbekannte oder nicht willkommene Seite einer nahestehenden Person entdeckt wird.

In jüngster Vergangenheit hat Ayla Yazıcı auch eine Tagesklinik und eine Rehabilitationseinrichtung gegründet, in der die PatientInnen als Alternative zur rein medikamentösen Behandlung mit sozialintegrativen Methoden therapiert werden.

Trotz positiver Ergebnisse der ersten Bemühungen hat die Psychoanalyse in der Bakırköy Klinik noch keine tiefen Wurzeln schlagen können. Ein jüngerer Ausbildungskandidat, der in der Klinik angestellt ist und anonym bleiben möchte, erzählte beispielsweise, dass er und seine AusbildungskollegInnen heute ihren Chefärzten nach wie vor nicht ausdrücklich über ihre psychoanalytische Ausbildung berichten. Sie befürchten dadurch Behinderungen bei ihrer Ausbildung, da sie bei ganztägigen psychoanalytischen Seminaren eventuell von der Klinik nicht freigestellt werden könnten.

Erst die Zukunft wird zeigen, wie weitreichend die ersten Anstrengungen der PsychoanalytikerInnen der dritten Generation zur Etablierung der Psychoanalyse in dieser berühmtesten psychiatrischen Klinik der Türkei sein werden.

V   Die Klientel der Psychoanalyse in der Türkei

Inwiefern kann die Psychoanalyse mit ihrer Betonung sexueller Triebwünsche, ihrer Religionskritik und ihrer Fokussierung auf das Seelenleben eines Individuums für Menschen aus islamischen Kulturen, in denen starke Gemeinschaftsverbundenheit, Eingrenzung der Sexualität auf ein legitimiertes Eheleben und volkstümlich-religiöse Lebenspraktiken vorherrschen, eine angemessene Behandlungsmethode darstellen? Um diese Fragestellung nicht nur theoretisch zu erörtern, sondern auch an Hand von Erfahrungen aus der Praxis zu diskutieren, befragte ich die türkischen PsychoanalytikerInnen zu ihrer täglichen Arbeit mit türkisch-muslimischen PatientInnen.

Grundsätzlich betrachten meine InterviewpartnerInnen das Argument, muslimische und/oder traditionsgebundene Menschen aus der Türkei seien »Sonderlinge« oder gar für die psychoanalytische Psychotherapie ungeeignete PatientInnen, für vorurteilsbehaftet und verwehren sich auch gegen die strikte Trennlinie zwischen ihren und westeuropäischen PatientInnen. Mag die Psychoanalyse in einem christlich-jüdischen Kulturraum entstanden sein und in ihrer Theorieentwicklung die kulturellen und religiösen Besonderheiten der »östlichen und/oder muslimischen Welt« nicht einbezogen haben (vgl. Kakar 1999), befolge sie dennoch das Universalitätsprinzip (vgl. Parman 2009) und könne für Menschen aller Kulturen und Religionen eine angemessene Behandlungsmethode darstellen, sofern man deren soziokulturellen und religiösen Wertesystemen »Rechnung trägt« (Zwiebel 1993, S. 114). Für eine gelungene psychoanalytische Arbeit müssen aber auch die Menschen selbst der Psychoanalyse gegenüber offen sein. Für streng orthodoxe MuslimInnen beispielsweise, die allgemein dem Verwestlichungsprozess der Türkei feindlich gesinnt sind, werde auch die Psychoanalyse, die sie als eine »ursprüngliche Schöpfung aus der christlich-jüdischen Welt« betrachten, keinen erwünschten Bezugsrahmen oder psychotherapeutische Hilfestellung darstellen.[218] Da sich aber die islamische Religionspraxis in der Türkei von derjenigen in vielen arabischen Ländern, in denen noch die Scharia vorherrscht, durch ihre gemäßigte Ausprägung unterscheide, würden generell auch viele traditions- und religionsverbundene Menschen aus der Türkei, wenn sie die Möglichkeit erhalten, die psychoanalytische Praxis persönlich zu erfahren, der Psychoanalyse mit Aufgeschlossenheit begegnen.[219]

Obwohl meine Eingangsfrage – aus einem »westlichen Blickwinkel« heraus – den Islam als ein herausragendes Merkmal in der analytischen Arbeit mit türkischen PatientInnen vorausgesetzt hat, zeigte sich in den Interviews sehr bald, dass die Klientel der psychoanalytischen Praxis in der Türkei nicht vorwiegend aus einem traditionell muslimischen Kulturkreis, sondern aus dem modernen, westlich orientierten Bildungsbürgertum stammt. Insofern müsste sich der psychoanalytische Prozess mit türkischen PatientInnen ähnlich wie derjenige mit westeuropäischen gestalten, denn obgleich sie unterschiedlichen Religionen und Kulturen angehören, entsprechen beide dem bürgerlich-modernen Menschenbild. Dennoch weist laut Koptagel-Ilal (1998) die klinische Anwendung der Psychoanalyse in der Türkei einige Besonderheiten auf, die vor allem »die Auswahl der PatientInnen, die Indikationsstellung, das Setting, die therapeutische Beziehung und die Interventionstechnik« (S. 225) anbelangen. Auf diese genannten Besonderheiten wie auch auf die soziokulturellen Hintergründe und die klinischen Problemfelder der Klientel der Psychoanalyse in der Türkei möchte ich in diesem Kapitel näher eingehen.

Die psychoanalytischen Praxen und ihre Klientel

Meines Erachtens ist die psychoanalytische Behandlung in der Türkei prinzipiell eine Frage der ökonomischen Möglichkeiten, ihres Bekanntheitsgrades als eine moderne Therapieform bei psychischen Konflikten und ihrer geografischen Erreichbarkeit.

Die privaten Praxen meiner InterviewpartnerInnen, sogenannte *Ofis* (vom engli-

---

218 Als ich 2008 in einer Buchhandlung in einer an der kleinasiatischen Küste gelegenen Stadt nach Büchern von Sigmund Freud gefragt hatte, wurde ich mit der harschen Antwort, dass die Bücher eines »gottlosen Darwinisten« in ihrer Buchhandlung nicht verkauft werden, konfrontiert.

219 Auch Jasser (2008, S. 133) weist darauf hin, in der klinisch-therapeutischen Arbeit mit muslimischen PatientInnen nicht von *einem* Islam auszugehen, sondern die verschiedenen kulturellen Prägungen dieser Religion – je nachdem ob mit PatientInnen aus Bangladesch, Indien, dem Iran, der Türkei usw. gearbeitet wird – und ihre unterschiedlichen Strömungen, wie Sunnitentum, Schiitentum, Sufismus und weitere, zu berücksichtigen (vgl. auch Benslama 2009).

schen Begriff office), befinden sich zum größten Teil in mondänen, gesellschaftlich und wirtschaftlich regen Stadtvierteln der europäischen Seite Istanbuls, wie etwa in Nişantaşı, in Şişli oder in Teşvikiye. Nur drei psychoanalytische Praxen liegen auf der asiatischen Seite Istanbuls, dort aber auch in modernen Stadtteilen, und nur drei meiner InterviewpartnerInnen haben ihre Praxen in Izmir bzw. in Ankara, in denen sie die klassisch psychoanalytische Behandlung auf der Couch anbieten. Daneben führen zahlreiche PsychiaterInnen und PsychologInnen, die sich in psychoanalytisch orientierten Face-to-face-Psychotherapien durch Fortbildungsmodule im In- und Ausland eigeninitiativ ausgebildet haben und sich »psychoanalytisch orientierte PsychotherapeutInnen« nennen, ihre Praxen auch außerhalb der drei Metropolen, wie etwa in den mittelgroßen Städten Manisa, Bursa oder Antalya.

Obwohl in manchen Praxen – wie in der Türkei im Gesundheitssektor generell üblich – das Honorar für eine psychoanalytische Psychotherapiestunde, sogenannte *Seans* (abgeleitet vom französischen Begriff séance), auf einem Preisschild im Sekretariat oder im Behandlungszimmer angegeben wird, kann die Höhe der Honorarnote zwischen PatientInnen und AnalytikerInnen verhandelt werden und liegt in Istanbul zwischen 80 und 200 Lira (ca. 40 bis 100 Euro, Stand 2011). In Izmir, wo die ökonomischen Möglichkeiten begrenzter sind, werden Honorarnoten niedriger angesetzt und liegen bei ca. 70 bis 120 Lira (ca. 35 bis 60 Euro). Bei einem monatlichen Verdienst eines durchschnittlichen Fabrikarbeiters von etwa 800 Lira (ca. 400 Euro) wird deutlich, dass sich vorwiegend Personen mit ausreichenden finanziellen Möglichkeiten die psychoanalytische Behandlung leisten können, zumal die Kosten – auch für andere Psychotherapierichtungen – von den Krankenkassen nicht übernommen werden.

Fast alle meine InterviewpartnerInnen haben aber von sich aus geäußert, dass sie nicht ausschließlich Personen aus den wohlhabendsten Gesellschaftskreisen behandeln, sondern die Honorarnoten an die finanziellen Möglichkeiten ihrer PatientInnen anpassen. Die Psychoanalyse sei daher nicht – wie manchmal in der breiten türkischen Bevölkerung angenommen – eine »Dienstmagd der Society«.[220] Dennoch verfügt die psychoanalytische Behandlungsmethode über

---

220 Nicht selten wird in türkischen Werbungen und Musikspots – wie auch einst im amerikanischen Trivialkino (vgl. Fallend et al. 1987) – die Psychoanalyse als Ausdruck der Modernität dargestellt. Dabei werden aber psychoanalytische Behandlungen vorwiegend als eine Kostenfalle oder Luxustherapie für die Society parodiert. Beispielsweise erhält in einem Werbespot ein Patient auf der Couch einen Anruf von einem Telefonanbieter, der ihm vorschlägt, für eine Therapiestunde nicht 130 Lira auszugeben, wenn er für nur 5 Lira genau so lang am Handy eben dieses Anbieters sprechen könnte. Die WerbeproduzentInnen verfügen aber oft über kein spezielles Wissen über psychoanalytische Behandlungen, sondern lassen sich von stereotypen Populärbildern leiten. Die behandelnden Personen werden etwa oft als Psychologen oder Psychiater bezeichnet, die meistens neben der Couch sitzen und die Assoziationen der PatientInnen auf ein Blatt notieren.

einen viel höheren Bekanntheitsgrad und eine breitere Inanspruchnahme in finanziell besser gestellten, großbürgerlichen Gesellschaftskreisen als in schwächeren Sozialschichten aus provinziellen Gegenden, unter anderem auch deshalb, weil sich die psychoanalytischen Praxen in Großstädten, hier vor allem in Istanbul, konzentriert haben und daher nur einer begrenzten Personengruppe finanziell, geografisch und ideell zugänglich sind.

Den größten Teil der Klientel in psychoanalytischen Praxen machen PsychiaterInnen oder PsychologInnen aus, die sich gezielt eine psychoanalytische Psychotherapie wünschen. Ihr Interesse begann vorwiegend durch die Öffentlichkeitsarbeit der psychoanalytischen Study Groups und Vereine in Istanbul, Izmir oder Ankara. Generell hatten sie sich durch eigenes Literaturstudium und durch Besuche von psychoanalytischen Vorträgen und Seminaren schon breites theoretisches Wissen angeeignet und beabsichtigten in weiterer Folge, die psychoanalytische Praxis persönlich zu erfahren. Einerseits erwogen sie dadurch, ihre psychischen Konflikte aus der psychoanalytischen Perspektive zu verstehen, andererseits erhofften sie sich, mit dem Verständnis ihrer eigenen psychischen Dynamik auch mit ihren PatientInnen besser arbeiten zu können. Im fortschreitenden Prozess entschieden viele dieser ursprünglichen PatientInnen, selbst den psychoanalytischen Beruf auszuüben und begannen eine formale psychoanalytische Ausbildung. Daher sind rund 70 Prozent der Klientel psychoanalytischer Praxen in der Türkei AnalysandInnen in Lehranalyse.

Ein erheblich kleinerer Teil, rund 20 Prozent, sind Personen, die rein wegen psychischer Schwierigkeiten in psychoanalytischer Behandlung sind, nicht aus dem professionellen Bereich der Psychologie oder Psychiatrie stammen und in weiterer Folge auch keine psychoanalytische Ausbildung anstreben. Diese PatientInnen haben allgemein einen höheren Ausbildungsgrad, sind beruflich oft in leitenden Positionen tätig und stammen häufig aus angesehenen Berufssparten wie aus dem Journalismus, dem Management oder aus der Künstlerszene. Sie besitzen generell das erforderliche Ausmaß an Intellektualität sowie die nötigen finanziellen Mittel und wünschen sich für ihre psychischen Konflikte eine Hilfestellung auf Gesprächsbasis anstatt einer psychiatrisch-medikamentösen Behandlung. Bei der ersten Konsultation wissen die meisten nicht viel Spezifisches über die psychoanalytische Behandlung, sondern kennen – meistens über Bekannte oder durch ein Aufklärungsgespräch mit einer ÄrztIn oder einer Fachperson aus einer psychosozialen Einrichtung – den allgemeinen Begriff »Psikoterapi« (Psychotherapie), unter dem sie sich eine Gesprächstherapie ohne medikamentöse Behandlung vorstellen. Erst im Laufe der psychoanalytischen Face-to-face-Psychotherapie erfahren sie durch ihre PsychoanalytikerInnen mehr über die Methode der klassischen Psychoanalyse auf der Couch. Ihre Bevorzugung einer Privatpraxis hängt nach Koptagel-Ilal auch unter anderem mit ihrem Wunsch zusammen, »etwa wegen ihrer gesellschaftlichen Position, nicht identifiziert zu werden« (1998, S. 228).

Da laut Koptagel-Ilal (ebd., S. 226) die Krankenversorgung in der Türkei nicht wie in den meisten Ländern Europas verläuft, wo PatientInnen zunächst fachärztlich untersucht und erst dann an psychotherapeutische SpezialistInnen überwiesen werden, müssen türkische PsychoanalytikerInnen, die zumeist die ersten Ansprechpersonen ihrer PatientInnen sind, mit sensibler Exploration zunächst prüfen, ob sie für die klassische Analyse wirklich geeignet sind:

Gülgün Alptekin: »Von den normalen Patienten [keine LehranalysandInnen] ist niemand mit dem Wissen: ›Ich mache jetzt eine Psychoanalyse‹, zu mir gekommen. Sie sind mit der Vorstellung gekommen, eine Psychotherapie zu machen, da man den Begriff ›Psychotherapie‹ in der Bevölkerung eher kennt als speziell die Psychoanalyse. [...] Nach einer bestimmten Zeit frage ich die Patienten, bei denen ich denke, dass eine klassische Psychoanalyse auf der Couch zielführend wäre, ob sie von der Psychoanalyse schon mal gehört haben, und erkläre ihnen die Methode dieser Therapie. So schlage ich im Laufe der Face-to-face-Psychotherapie, wenn ich merke, dass der Patient psychisch dazu bereit wäre, die Couch vor. Beispielsweise wenn ein Patient sagt, dass ihm die Face-to-face-Psychotherapie zwar gut tue, seine inneren Konflikte jedoch weiterhin bestehen, frage ich, ob er sich eine tiefere Arbeit auf dem Divan vorstellen kann« (Interview am 16.11.09, Istanbul).

Nach Ansicht Koptagel-Ilals bereitet für diese PatientInnengruppe die »Einhaltung der Stellungsregel (Ruhelage des Patienten auf der Couch, Analytiker außerhalb des Blickfeldes am Kopfende sitzend) [...] generell keine Schwierigkeiten. Selbst wenn diese Position manchen Patienten zunächst etwas seltsam erscheint, gewöhnen sie sich schnell daran; und sie bleibt für sie die bevorzugte Stellung, weil sie sich freier fühlen als beim Gegenübersitzen« (ebd., S. 228).[221]

Den geringsten Anteil der Klientel der psychoanalytischen Praxen, ca. 10 Prozent und darunter, stellen Personen mit einer niedrigen Schulbildung und mit traditionellen Wertesystemen dar. Koptagel-Ilal führt zu diesem Personenkreis

---

221 Der chinesische Psychoanalytiker Huo Datong beispielsweise zieht für die chinesische Kultur eine andere Sitzordnung vor. Da Chinesen generell eine indirekte Interaktion bevorzugen würden, verzichtete er etwa auf eine »Face-to-face«-Psychotherapie, führte stattdessen eine »besondere Anordnung« (Huo et al. 2007, S. 17) durch, indem er seinen und den Stuhl seines Patienten in der Weise drehte, dass sie gegenüber des Fensters saßen. »Das gab den Eindruck, dass beide in einem Theatersaal waren und dass der Fluss des Diskurses, der aus dem freien Assoziieren hervorging, sich auf symbolische Art auf den Vorhang oder auf die Fensterscheiben projizierte« (ebd.).

an, »daß auch bei weniger gebildeten Patienten aus streng traditionsgebundenen Schichten eine psychoanalytische Behandlung erfolgsversprechend sein kann, selbst wenn diese wegen ihrer schablonenhaften Denk- und Verhaltensmuster auf den ersten Blick als ungeeignet erscheinen« (ebd., S. 226). Wichtig sei, dass auf ihre Symptomatik, die sich häufig in Form von Somatisierungen äußert, im analytischen Setting adäquat reagiert wird und die körperlichen Beschwerden als ein »Kommunikationsmittel« (ebd., S. 231) verstanden werden.

Klinische Problemfelder »westlich orientierter« PatientInnen aus der Türkei

Die strikte Unterscheidung zwischen »westlich orientierten« und »traditions- und religionsgebundenen« PatientInnen ist aus arbeitstechnischer Sicht keine unproblematische Unterteilung. Beispielsweise führt Koptagel-Ilal dazu an, dass »nämlich ein vom Erscheinungsbild her zunächst für die Analyse geeignet wirkender Patient im Zuge der Therapie auf Schwierigkeiten stößt, die sich trotz Modifikation nicht bewältigen lassen [...]« (ebd., S. 226). Genauso birgt diese konzeptuelle Unterteilung eine ethische Problematik und die Gefahr des Elitärismus (vgl. auch Modena 1980) in sich, sie soll in der folgenden Diskussion aber vordergründig dazu dienen, die soziokulturellen und individuell-religiösen Besonderheiten von türkischen PatientInnen aus unterschiedlichen Sozialschichten aufzuzeigen, um diese Feinheiten in Bezug auf den analytischen Rahmen besser nachzuvollziehen.

Viele meiner InterviewpartnerInnen halten eine generalisierende Darstellung der klinischen Problemfelder ihrer PatientInnen aus der gebildeten Mittelschicht für kaum möglich, aber eine auffällige Tendenz zu narzisstischen und Borderline-Störungen lasse sich in ihrer alltäglichen Praxis erkennen. Eine Psychoanalytikerin erzählte beispielsweise, dass sich viele ihrer PatientInnen wie »Romanhelden« vorkommen würden, die in der »städtischen Hektik« Istanbuls »treiben«, keinen bzw. kaum Bezug zum Islam haben, in höheren Positionen arbeiten, gut verdienen und sportlichen Aktivitäten nachgehen. Generell wollen diese PatientInnen, deren Tagesplan mit einer Fülle von Aktivitäten gedeckt ist, die psychoanalytischen Stunden sehr oft auf den Abend verlegen und können nur sehr schwer drei bis vier Stunden pro Woche für die Psychotherapie aufbringen.[222] Daher erschwere sich

---

[222] Den Zeitfaktor erwähnt auch Koptagel-Ilal, da für »manche Patienten [...] die Zeit, welche die Behandlung fordert, das Hauptproblem [darstellt]. In einer Metropole wie Istanbul, mit großen Entfernungen und dichtem Straßenverkehr, werden allein schon für Hin- und Rückfahrt oft mehrere Stunden beansprucht. Wer wegen beruflicher und häuslicher Verpflichtung unter Zeitdruck steht, kann das nicht häufiger als zweimal pro Woche leisten« (1998, S. 227).

der psychoanalytische Prozess und ihre Erzählungen würden wie »wöchentliche Berichte« wirken.

Im Hinblick auf klinische Problemfelder westeuropäischer PatientInnen führt Zwiebel beispielsweise an, dass der

> »Verfall der traditionellen Werte, der Verlust des Glaubens, die Veränderung der familiären Strukturen und die Forderung an den einzelnen, seine eigene persönliche Welt der Symbole und Bedeutung zu schaffen, [...] bei vielen Menschen im Westen zu Identitätskrisen, Isolationszuständen und psychischer Überbelastung« geführt haben (1993, S. 110f.).

Genauso ähneln Yavuz Erten (Interview am 6. u. 18.5.09, Istanbul) zufolge die Konflikte türkischer PatientInnen aus dem Großbürgertum denjenigen, die Zwiebel in Bezug auf westeuropäische PatientInnen beschreibt. Da das städtische Großstadt- und Berufsleben in Istanbul auf der zwischenmenschlichen Ebene oft ein Gefühl der Vereinsamung erzeuge, können bei manchen dieser PatientInnen Identitätskonflikte entstehen, die z. B. zu Drogenmissbrauch oder zu zwanghafter Promiskuität führen. Differenzen zu westeuropäischen PatientInnen würden sich aber vor allem in angelernten, zumeist unbewusst tradierten Geschlechtsrollen türkischer PatientInnen zeigen.

Koptagel-Ilal (1998) erachtet auch den Verlauf des analytischen Prozesses mit türkischen PatientInnen aus der gebildeten Mittelschicht, die nach modernen Wertesystemen aufgewachsen sind und ihr Leben auch nach diesen Maßstäben führen, »nicht anders als bei westeuropäischen Patienten, insbesondere wenn ein gleichartiger Grad an Bildung und intellektueller Differenzierung gegeben ist« (S. 228). Doch erwähnt auch sie den Unterschied zu westeuropäischen PatientInnen, da trotz »emanzipierten Anscheins aber nicht selten Hemmungen [bestehen], die sich beispielsweise aus den anerzogenen Höflichkeitsregeln gegenüber Autoritätsfiguren und aus geschlechtsgebundenen Rollenmustern ergeben« (ebd.).

Gülerce behauptet, dass es in der kosmopolitischen Oberschicht der Türkei manchmal »en vogue« (2008 S. 248) zu sein scheint, »psychoanalysiert« (ebd.) zu werden. Das »moderne türkische Selbst« (ebd.) dürfe aber nicht mit dem europäischen Selbstverständnis gleichgesetzt werden, da der Modernisierungsprozess in der Türkei nicht den gleichen Pfad wie in Europa eingeschlagen habe. Ihrer Ansicht nach und der der meisten türkischen PsychoanalytikerInnen sind besonders Ambivalenzkonflikte moderner TürkInnen zwischen Tradition und Progression in den Analysen auffällig und äußern sich z. B. in starker Abhängigkeit von Autoritätsfiguren und gleichzeitigen Autonomiebestrebungen.

Habip (2007), Özdağlar (2007) und Tunaboylu-Ikiz (2004a) führen diese stark ausgeprägte Ambivalenz zwischen Tradition/Religion und Moderne auf die kollektive Traumatisierung der türkischen Bevölkerung zurück. Die bis zur Republikgründung Atatürks im Jahre 1923 vorherrschende »islamisch geprägte kollektive Identität, die sich durch die Zugehörigkeit zur Glaubensgemeinschaft definierte, sollte von der nationalen Identität (›Glücklich der, der sich Türke nennen darf!‹) abgelöst werden« (Özdağlar 2007, S. 1101), da unter anderem auch der als rückständig erachtete Islam für den Untergang des Osmanischen Reiches verantwortlich gemacht wurde. Die vom jungen Staat instruierten Reformbewegungen, insbesondere in den Bereichen der Kleidungsvorschrift sowie in Sprach- und Schriftnormen, haben vom osmanisch-türkischen Volk innerhalb kürzester Zeit Anpassungs- und Verinnerlichungsprozesse verlangt, die aber nicht in der erhofften Weise erfolgten und häufig zu Identitätskrisen führten. Die Folgen dieser radikalen Veränderungen sind nach Tunaboylu-Ikiz (2004a) heute noch für das türkische Volk aktuell und zeigen sich z. B. in der Rückbesinnung der Stadtbevölkerung auf islamische Werte (vgl. auch Özdağlar 2007; Göle 2004). Habip (2007) verweist in diesem Zusammenhang insbesondere auf die Ersetzung der osmanischen Sprache durch die moderne, mit Fremdwörtern durchsetzte türkische Sprache. Dabei wurden die Assoziationen des Einzelnen und des türkischen Volkes zu ihrer persönlichen und kollektiven Geschichte unterbrochen und die Möglichkeit einer transgenerationalen Übertragung erheblich erschwert, wodurch auch Schwierigkeiten im analytischen Prozess hervortreten können. Der in Istanbul praktizierende Psychoanalytiker Yavuz Erten meint dazu:

Yavuz Erten: »Die Türkei hat einen großen Bruch erlebt, der von oben herab gekommen ist. Man kann das zwar Modernität nennen, aber sie ist eben mit einem großen Bruch einhergegangen. Ich z. B. kann die Sprache meines Großvaters nicht sprechen. Ich kann das, was mein Großvater schrieb, nicht schreiben. Ich gehe vielleicht jeden Tag an Buchläden vorbei und weiß nicht, was in den Büchern steht. Mit der [osmanischen] Sprache haben wir auch unsere Assoziationen verloren. Natürlich ist bei sogenannten modernen Türken etwas Traditionelles in der Tiefe, aber das ist eine jenseits der Assoziationen gebliebene Tradition. Man muss sich an sie erinnern, vielleicht aus drei vergangenen Generationen hervorholen« (Interview am 6. u. 18.5.09, Istanbul).

Auf der anderen Seite wurde der propagierte Nationalgedanke des Kemalismus von vielen Türken, die sich durch die Befolgung von Atatürks Reformideen als westlich orientiert und demokratisch definieren, verinnerlicht und kennzeichnen sich laut Gülerce (2008) etwa in der Bewunderung der militärischen Autorität des türkischen Staates. Insofern verteidigen sie die kemalistische Weltanschauung als ihr unantastbares, kulturelles und geschichtliches Erbe. Nach Meinung eines Interviewpartners kann diese Idealisierung in psychoanalytischen Therapien auch zu intensiven Kraftbeanspruchungen führen, denn geschichtlich-gesellschaftliche Tabuthemen, wie z. B. die Kurden- oder Armenierfrage, werden von den meisten Türken zumeist nicht hinterfragt. Diese Problematik hat sich seiner Ansicht nach in den letzten zehn Jahren etwas gewandelt, indem Diskussionen über solche gesellschaftspolitischen Themen viel freier geführt werden können, jedoch bestehe nach wie vor die offizielle Version der Geschichte, die durch die Regierung eingefordert, vice versa von vielen westlich orientierten Türken eingehalten wird. Die Bearbeitung solcher Idealisierungen kann somit im Analyseprozess zu Aggressionen und schmerzhaften Gefühlen führen.

Volkan (2006) beschreibt die türkische Klientel mit den Worten, dass »die Psychoanalyse in der Türkei nur jene erreicht, in deren Alltag die Religion keine Rolle spielt – die Tradition aber sehr wohl« (S. 38). Zwar hat die religiöse Praxis im Leben der meisten PatientInnen aus der großbürgerlichen Mittelschicht kaum eine Bedeutung, doch unterliegen traditionellen Vorstellungen und Verhaltensmustern nicht selten auch islamische Grundwerte. Beispielsweise stellen traditionelle Geschlechterrollen, die auch von modernen Türken zumeist unbewusst eingehalten werden, eines der Grundprinzipien des Islams dar. So können meiner Ansicht nach Tradition und Religion nicht voneinander getrennt verstanden werden und wirken sich daher indirekt auch auf die Lebensführung moderner Türken aus.

Özdağlar (2007) bemerkt etwa in Bezug auf Implikationen für die psychoanalytische Behandlung bei Migrantenkindern in Deutschland, dass islamisch-traditionelle Erziehungsmaßnahmen zwar nach sozialem Status, Bildungsstand und Religiosität der Eltern variieren, aber »Spuren davon in jeder türkischen psychosexuellen Entwicklung zu erwarten [sind], wobei davon ausgegangen werden kann, daß sie um so weniger bewußt sind, je westlicher sich jemand selbst einschätzt« (S. 1111). Diese Annahme kann meiner Auffassung nach auch auf die meisten PatientInnen in psychoanalytischen Praxen in der Türkei übertragen werden, die auf bewusster Ebene nach westlichen Vorstellungen leben, in denen die traditionell-islamischen Elemente jedoch im Unbewussten weiterexistieren können. Durch die stärkeren Hinwendungsbestrebungen zur westlichen Modernität sind daher die Erarbeitung und die Bewusstwerdung bisher verinnerlichter kultureller und religiöser Muster eine der Grundthematiken in psychoanalytischen Therapien mit türkischen PatientInnen aus der großbürgerlichen Mittelschicht und erzeugen schmerzhafte Ambivalenzkonflikte:

Yavuz Erten: »Ich habe dazu ein Beispiel: Einmal kam ein Patient zu mir, der sich gerade in einem Scheidungsprozess befand. Er ging mit seiner Frau auf Urlaub in ein türkisches Badehotel, das vorwiegend ausländische Touristen beherbergte, wo sie sich oben ohne sonnen wollte. Ihr Mann war dagegen, da die Kellner dieses Hotels Türken waren, aber seine Frau sagte ihm: ›Schau dich doch um, alle sind hier TOPLESS.‹ ›Ja, aber die sind Französinnen‹, erwiderte er. ›Bist du denn der Besitzer meines Körpers?‹, fragte sie. Das ist ein westlicher Spruch. Er hat dann auch nach westlicher Art ›Okay, wie du meinst‹, gesagt und sie haben sich zum Sonnen hingelegt. Ein türkischer Kellner hat sich dann in die Nähe dieses Ehepaares begeben und am Abend, als die beiden am Esstisch saßen, kam wieder dieser Kellner und begann, die Frau zu belästigen. Sie hat sich darüber sehr geärgert und fragte ihren Mann, ob er denn nichts unternehmen wolle. ›Dein Körper gehört doch dir. Wenn du dich schützen willst, dann tu das selber‹, sagte er und so begann auch ihr Streit. [...] Während des Scheidungsprozesses konsultiert mich der Mann und sagt: ›Ich bin doch ein moderner Mann, Herr Yavuz, ich gebe ja meiner Frau die Erlaubnis, zu tun, was sie will.‹ Diese zwei widersprüchlichen Aussagen, dieses Dazwischen-stecken-geblieben-Sein, in einem Satz. Meine Patienten befinden sich zu 90 Prozent in dieser Lage« (Interview am 6. u. 18.5.09, Istanbul).

An diesem Beispiel ist der Konflikt zwischen Auflösung und Beibehaltung von traditionell-patriarchalen Machtkonstellationen im Geschlechterverhältnis besonders deutlich erkennbar, der aus der Ambivalenz zwischen Moderne und Tradition resultiert. Einerseits möchte sich die »moderne türkische Frau« von kulturellen Kleidungsnormen lösen, fordert aber bei einer Belästigung das Eingreifen ihres »Beschützers«, andererseits »gewährt« der »moderne türkische Mann« seiner Frau ihre Freiheit und ist sich dieses Widerspruchs nicht bewusst.

Die meist unbewusst wirkenden traditionellen Wertesysteme und gesellschaftlichen Rollenzuschreibungen beeinflussen unter anderem auch das Verhältnis der Geschlechter, die psychotherapeutische Hilfe in Anspruch nehmen, und deren Konfliktbereiche. Der Großteil der türkischen PatientInnen in psychoanalytischen Praxen in der Türkei sind Frauen. Nach Ansicht meiner InterviewpartnerInnen müssen sich türkische Frauen, vor allem jene aus urbanen Gegenden, in vielen Rollen wie der der Erwerbstätigen, der Ehefrau und/oder der Mutter behaupten. Durch eine starke familiäre, gesellschaftliche und innere Erwartungshaltung, diesen verschiedenen Rollen auch zu entsprechen, seien sie meist stärker unter psychischen Druck gesetzt als Männer. Diese Überforderung erzeuge Aggressionen, die auszuleben jedoch türkischen Frauen gesellschaftlich häufig nicht gestattet wird bzw. sie sich selbst nicht gestatten und die zu starken Identitätskonflikten führen. Die Introspektionsfähigkeit sei aber laut Ayla Yazıcı (Interview am 13.4.10, Istanbul) bei türkischen Frauen stärker ausgeprägt, da sie eindeutig »manipulativer«

in der Befriedigung ihrer Wünsche vorgehen müssen als türkische Männer. Die patriarchalen Strukturen der türkischen Gesellschaft würden Männern größere Freiheiten erlauben, weswegen sie keine ausgeklügelten Methoden für die Erfüllung ihrer Wünsche erfinden müssen. Auch in höheren Gesellschaftsschichten können sich patriarchale Muster, wenn auch nicht im Ausmaß der traditionellen Kreise, auf das Leben der Frauen auswirken.

Durch den höheren Leidensdruck, aber mit ihrer Ressource der Introspektionsfähigkeit, seien türkische Frauen daher viel eher bereit, psychotherapeutische Praxen aufzusuchen und sich mit ihren Konflikten auseinanderzusetzen. Während des psychoanalytischen Prozesses sei es auch beobachtbar, dass sie ihre psychischen Schwierigkeiten leichter in Worte fassen als türkische Männer. Sogar bei Themen, die die Sexualität betreffen und die in der Erziehung türkischer Mädchen oft einen tabuisierten und schambesetzten Bereich darstellen, können sich türkische Frauen PsychoanalytikerInnen gegenüber schneller und leichter öffnen. Einige meiner InterviewpartnerInnen berichteten etwa, dass beispielsweise ein männlicher Psychoanalytiker für türkische Patientinnen am Anfang der psychoanalytischen Behandlung zwar noch bedrohlich wirken mag, ihre Ängste und Widerstände aber durch die vertrauensvolle Beziehung im therapeutischen Setting schnell aufgelöst sind. Auch Volkan führt diesbezüglich an, dass in urbanen Regionen, manchmal sogar in traditionellen Kreisen, »Gespräche über die Sexualität nicht mehr problematisch« (2006, S. 38) sind.

Talat Parman[223] kann ebenfalls aus seiner praktischen Arbeit bestätigen, dass Frauen leichter über ihre Sexualität sprechen können, besonders wenn die psychoanalytische Psychotherapie in deren *Mutter*sprache geführt wird. Seine Erfahrungen können vor dem Hintergrund der Thesen von Amati Mehler et al. (2010, S. 135ff.) betrachtet werden, dass die Entwicklung der weiblichen Geschlechtsidentität sehr stark mit der primären Beziehung zur Mutter zusammenhängt und daher die Muttersprache in Analysen für Frauen eine besondere Rolle spielt. So kann für Frauen die Verwendung der Muttersprache eine Erleichterung in den Erzählungen über ihre Sexualität darstellen. Im Gegensatz zu Parmans Beobachtungen erwähnen die AutorInnen aber auch, dass sich für Frauen die Muttersprache im analytischen Prozess auch als eine Barriere erweisen kann, besonders wenn »die Schwierigkeiten, eine erwachsene weibliche Identität mit deren sexuellen und mütterlichen Attributen auszubilden, gerade in primären Konflikten mit der Mutter verwurzelt« (ebd., S. 144) sind.

Türkische Männer hätten größere Hemmungen, psychotherapeutische Hilfe anzunehmen, da das Eingeständnis psychischer Konflikte aufgrund des patriarchalen

---

223 Talat Parman: Persönliche Mitteilung am 27. April 2010 in Istanbul.

Selbstbilds häufig als narzisstische Kränkung empfunden werde. Talat Parman[224] bemerkt in diesem Zusammenhang, dass die Widerstände der männlichen Patienten, vor allem wenn sie mit männlichen Analytikern zusammenarbeiten, viel größer als die der Frauen sind. Ein Grund dafür könnte sein, dass in dieser Konstellation unbewusste homosexuelle Fantasien und Ängste eine Rolle spielen, die türkische Männer wegen der Verinnerlichung dieses gesellschaftlich-kulturellen Tabus als starke Bedrohung erleben. Nicht selten begeben sich etwa türkische homosexuelle Männer in psychoanalytische Behandlung mit weiblichen Psychoanalytikerinnen, da für sie dadurch die »Verführungsgefahr« gebannt zu sein scheint: **Berrak Ciğeroğlu:** »In der türkischen Gesellschaft ist es im Vergleich zum Westen natürlich viel schwieriger, den Zorn auszudrücken, vor allem Gespräche über die Sexualität zu führen. Man braucht viel mehr Zeit, bis man über diese Dinge reden kann, wenn man mit türkischen Patienten arbeitet. Ich habe nicht mit vielen Menschen aus dem Westen gearbeitet, aber schätzungsweise, aus meinen Erfahrungen in meiner Praxis, kann ich sagen, dass wir mit viel mehr Kraftaufwand diese Wege zu meistern versuchen. [...] Die Homosexualität beispielsweise ist in der Türkei immer noch ein großes Tabu. Ich habe einige homosexuelle Patienten und sogar sie selber hassen sich und wirken, als ob sie sich gespalten hätten. Ich vermute nicht, dass dies in Europa immer noch so ist. Dort hat die Homosexualität glaube ich eine menschliche Ebene erworben, aber in der Türkei herrscht diesbezüglich immer noch eine Homophobie. Sogar bei den Homosexuellen selbst, weil sie sich selber fremd vorkommen« (Interview am 12.4.10, Istanbul).

Neben homosexuellen PatientInnen befinden sich auch vermehrt transsexuelle PatientInnen unter der Klientel der psychoanalytischen Praxen. Die Homo- und Transsexualität bzw. jede andere sexuelle Orientierung außer der Heterosexualität in der Ehe sind in der breiten türkischen Bevölkerung, aber auch in allen islamischen Kulturen noch immer stark tabuisiert (vgl. Akashe Böhme 2006)[225] bzw. werden als sehr bedrohlich erlebt und ihnen wird häufig mit Aggression begegnet. Von vielen biologisch orientierten türkischen PsychiaterInnen werden Homo- und Transsexualität beispielsweise immer noch als eine psychische Störung diagnostiziert. Manchen Homo- und Transsexuellen bleibt nur die Flucht ins Ausland, da sie an Leib und Leben bedroht sind.[226] Meiner Ansicht nach

---

224 Talat Parman: Persönliche Mitteilung am 27. April 2010 in Istanbul.
225 Zum breiteren Kontext des Tabus in islamischen Kulturen und zum Problem politisch motivierter Tabuübertretungen, insbesondere in den Medien, siehe Kubik 2007.
226 Vgl. die aktuelle Notsituation des türkischen Transsexuellen und Asylsuchenden Yaşar in Österreich. In: *Der Standard*. 10. Juni 2011; URL: http://www.transx.at/Yasar.htm (Stand: 10.06.2012).

konsultieren daher homo- bzw. transsexuelle PatientInnen viel eher die Praxen von PsychoanalytikerInnen, von denen sie sich wegen ihrer Profession, die sie als westlich und daher emanzipiert einschätzen, mehr Offenheit für ihre psychischen Konflikte und Schutz erhoffen.

Klinische Problemfelder und der analytische Prozess mit »traditions- und religionsgebundenen« PatientInnen aus der Türkei

Die klinischen Problemfelder von streng traditions- und religionsgebundenen Menschen aus sozial schwächeren und bildungsferneren Gesellschaftsschichten der Türkei unterscheiden sich in mancher Hinsicht von jenen aus der gebildeten Mittelschicht. Sie zeigen sich laut meinen InterviewpartnerInnen sehr häufig in somatoformen Störungen, wobei diffuse Schmerzsymptome an erster Stelle stehen. Diese Störungsbilder kommen bei Personen aus bildungsferneren Schichten wegen ihrer geringer entwickelten sprachlichen Ausdrucksformen für ihre psychischen Konflikte und wegen der schwächeren Ausprägung von Introspektionsfähigkeit häufiger vor als bei gebildeten PatientInnen aus der Mittelschicht. Zusätzlich dazu erörtert Kızılhan (2011, S. 24), dass in islamisch-traditionellen Gesellschaften körperliche Beschwerden weniger Schamgefühle erzeugen als psychische Konflikte und daher symptomatisch eher im Vordergrund stehen.

Aus diesen Gründen wenden sich Menschen aus dieser PatientInnengruppe in erster Linie an Krankenhäuser und werden häufig von SpezialistInnen an psychiatrische Kliniken überwiesen. Da aber die Zahl der PatientInnen in psychiatrischen Kliniken, insbesondere in den Provinzen, sehr groß ist – bis zu 40 PatientInnen pro Tag pro PsychiaterIn – ist eine auf Gesprächen basierende Behandlung alleine aus diesem Grund schwer zu realisieren. Häufig werden diese PatientInnen nach einer medikamentösen Akutbehandlung oder einem stationären Aufenthalt an Privatpraxen von PsychiaterInnen weitervermittelt, die – im Gegensatz zu psychoanalytischen Praxen – in den Provinzen vorhanden sind. Daher haben rein psychiatrische Behandlungen in der breiten türkischen Bevölkerung auch einen viel höheren Bekanntheitsgrad.

Erfahren traditions- und religionsgebundene Personen aus den Provinzen dennoch von der Möglichkeit einer psychoanalytischen Behandlung, stellt für sie eine kontinuierliche Psychotherapie über einen längeren Zeitraum schon wegen der geografischen Entfernung ein großes Problem dar. Wie Koptagel-Ilal diesbezüglich anführt, kann für Personen, die aus weiter entfernten Städten zur Behandlung nach Istanbul kommen, eine Sonderregelung getroffen werden, bei der »die Therapie in

Blocks mit vermehrten Wochenstunden durchgeführt [wird]. Dadurch wird das Standardverfahren zwar hinsichtlich des äußeren Rahmens verzerrt; der Inhalt bleibt aber analytisch« (1998, S. 227).

Es kommt auch manchmal vor, dass sich PatientInnen mit niedriger Schulbildung und traditionell-religiösen Wertesystemen unwissend in die Praxen von Psychoanalytikerlnnen begeben, die von ihrer Grundausbildung her PsychiaterInnen sind und daher auch rein psychiatrische Behandlungen anbieten.[227] Im Laufe dieser psychiatrischen Konsultationen erfahren sie von der Möglichkeit einer psychoanalytischen Behandlungsmethode, die manche von ihnen dann in der Folge auch in Anspruch nehmen. Auffällig dabei ist, dass unter dieser PatientInnengruppe die Drop-out-Rate (Therapieabbruchrate) sehr hoch ist. Die Fremdheit der psychoanalytischen Methode sehen manche meiner InterviewpartnerInnen als den ausschlaggebendsten Faktor dafür:

Vehbi Keser: »Ich habe auch mit Patienten mit einer niedrigeren Ausbildung gearbeitet, aber dabei habe ich die Erfahrung gemacht, dass manche schon nach dem Erstgespräch nicht mehr kamen oder die Analyse bald abbrachen. Ich habe diese ›Abbrecher‹ angerufen, um zu erfahren, wieso sie nicht mehr kommen, aber vielfach sind sie nicht ans Telefon gegangen.«

Hale Usak-Sahin: »Woran glauben Sie liegt die hohe Drop-out-Rate bei dieser PatientInnengruppe?«

Vehbi Keser: »Ich denke, dass der intime Raum hier für sie zu bedrohlich erscheint. Sich zu öffnen, sich näherzukommen und vor allem, sich auf die Couch zu legen, kann für manche Personen zu verführerisch wirken. Ich weiß nicht ganz, ob das so sehr mit der Ausbildung zusammenhängt oder ob dies ein Zufall ist. Aber diejenigen Patienten, welche Psychiater oder Psychologen sind, kennen die psychoanalytische Methode. Sie kommen schon zumindest mit einem theoretischen Wissen in die Behandlung. Andere, die zwar nicht aus diesem Metier stammen, aber eine höhere Ausbildung haben, können sich für diese Therapiemethode auch leichter öffnen« (Interview am 26.4.10, Istanbul).

Der Umstand, dass in der Türkei psychotherapeutische Behandlungen nicht von Krankenkassen bezahlt werden, ist ebenfalls ein gewichtiger Grund, weswegen PatientInnen aus sozial schwächeren und bildungsferneren Gesellschaftsschichten eine kürzer andauernde und kostengünstigere psychiatrische Behandlung mit

---

227 Aufgefallen ist mir während meiner Recherchen vor Ort, dass psychiatrische Psychoanalytikerlnnen ihre Klingel am Eingang der Appartements, in denen sich ihre psychoanalytischen Praxen befinden, sehr häufig mit der Aufschrift »Psychiater« beschriftet haben.

Medikation gegenüber einer sich über einen längeren Zeitraum erstreckenden psychotherapeutischen Behandlung bevorzugen. Celal Odağ (Interview am 20. u. 22.9.08, Izmir) berichtet diesbezüglich von einer notwendigen Anpassung an die Bedingungen von finanziell schwächer gestellten PatientInnen, nämlich hinsichtlich der Frequenz der psychoanalytischen Therapien. Wenn sie sich nur alle zwei Wochen eine Sitzung leisten können, so muss ihnen auch diese Form der Behandlung gewährt werden, denn seinen Erfahrungen nach können auch sehr niederfrequente Psychotherapien eine große Hilfestellung für PatientInnen aus der schwächeren Sozialschicht darstellen.

Auf der anderen Seite werden psychische Störungen oder Konflikte, die sich häufig auf der Körperebene zeigen, noch von vielen Menschen aus dörflichen und traditionellen Strukturen als eine Krankheit im medizinischen Sinne angesehen und deswegen erwarten sich viele von ihnen eine medikamentöse Behandlung:

Levent Kayaalp: »Die Population, die in die Klinik kommt, will auch oftmals keine Gesprächstherapie, weil sie ein traditionelles Verständnis von Krankheit hat. Eine Krankheit wird nach deren Ansicht nur durch Medikamente geheilt. ›Kann man denn durch bloßes Reden psychische Krankheiten heilen?‹, fragen viele und wollen nicht kontinuierlich zu Gesprächen kommen« (Interview am 6.5.09, Istanbul).

Wie Zwiebel (1993) ausführt, werden durch medikamentöse Behandlungen »kulturelle Grundüberzeugungen« (S. 110) im Gegensatz zu psychoanalytischen Therapieverfahren nicht beeinträchtigt. Der Wunsch nach medikamentösen Behandlungen kann daher auch als Widerstand gegen die aktive Auseinandersetzung mit individuellen, familiären und kulturellen Konflikten gedeutet werden. Viele Menschen aus dieser Sozialschicht vertrauen nach Ansicht Sertan Baturs[228] daher auf die Macht autoritärer PsychiaterInnen, die der Psychoanalyse generell skeptisch und distanziert gegenüberstehen, und erwarten sich von ihnen somatisch orientierte Behandlungen und konkrete Verhaltensanweisungen, die zur Heilung ihrer Krankheiten führen sollen.

Laut Koptagel-Ilal müssen auch die »mosaikartigen soziokulturellen Hintergründe« (1998, S. 229) türkischer PatientInnen aus den Provinzen im analytischen Prozess besonders berücksichtigt werden. Beispielsweise haben viele Menschen eine Binnenmigration aus den anatolischen Regionen nach Istanbul durchgemacht und besitzen dementsprechend »Unterschiede in bezug auf Konzepte, moralische Begriffe, Weltanschauung und sogar hinsichtlich der Redeweise« (ebd.). Daher befindet sie es für wichtig, dass sich der »Therapeut [...] hinreichend über die

---

228 Sertan Batur: Persönliche Mitteilung am 2. September 2010.

ethnischen, religiösen, soziokulturellen und sogar über die lokalen Verhältnisse des Patienten informier[t]«, denn »[s]elbst wenn man mit dem Patienten gleicher nationaler Herkunft ist, erweist es sich für den Analytiker manchmal als schwierig, die Angaben des Patienten wirklich zu verstehen« (ebd.). Doch um an diesen Punkt zu gelangen, müsse zunächst die psychoanalytisch-psychotherapeutische Behandlung in die Kliniken Eingang finden und für diese Population kostenlos bzw. -günstig werden. Koptagel-Ilal kann beispielsweise aus ihren Erfahrungen bestätigen, dass in ihrer ehemaligen Poliklinik an der medizinischen Cerrahpaşa Fakultät die kostenlose bzw. -günstige psychoanalytische Psychotherapie auch Menschen aus dem »einfachen Volk« nähergebracht werden konnte, welche diese Behandlungsmethode als Konuşma Terapisi (Redekur bzw. -therapie) bezeichneten und sie sehr gewillt in Anspruch nahmen (Interview am 20.4.10, Istanbul). Da heute viele PsychoanalytikerInnen neben ihren Privatpraxen auch in staatlichen Kliniken arbeiten und in jüngster Vergangenheit auch so manche psychotherapeutischen Einheiten in psychiatrischen Kliniken eröffnet wurden, hat sich das Wissen um die psychoanalytische Psychotherapie auch in der finanziell schlechter gestellten Schicht und in den traditionellen Kreisen zu verbreiten begonnen:

Tevfika Tunaboylu-Ikiz: »Man muss die Psychoanalyse populär machen. Wieso kommt die Oberschicht? Nicht weil sie so reich ist, sondern weil sie davon gehört hat. Hilfe bei einem Psychologen zu suchen, gibt es nun auf der ganzen Welt. Auch der, der im entferntesten Dorf der Türkei wohnt, bringt mittlerweile sein Kind in eine psychiatrische Klinik, wenn es psychische Konflikte hat. Eltern haben womöglich im Fernsehen gesehen, dass sie bei psychischen Problemen auch die Klinik aufsuchen können. Aber jemanden zweimal wöchentlich in die Therapie zu bringen, ist noch nicht verbreitet. Diese Therapiekultur muss man in provinziellen Regionen einführen. [...] Es ist nicht wichtig, ob jemand von Freud gehört hat, sondern, dass er von der psychoanalytischen Psychotherapie gehört hat und die Arbeitsweise kennen lernt. Wenn ich aber meine Praxis in Nişantası in Istanbul habe, werden natürlich Leute aus der Oberschicht zu mir kommen. Warum? Wenn auch nicht speziell die Psychoanalyse, kennen sie den Begriff der Psychotherapie und denken sich: ›Ich sollte mich in Therapie begeben, da ich seelische Sorgen habe.‹ Wenn die psychoanalytische Therapie Eingang in die Kliniken findet und kostenlos wird, kann sie sich auch unter dem Volk verbreiten« (Interview am 13.11.09, Istanbul).

Viele meiner InterviewpartnerInnen befinden bestimmte Anpassungen der psychoanalytischen Technik an die Bedingungen von traditions- und religionsgebundenen PatientInnen als den wichtigsten Schlüsselbegriff für eine gelungene psychoanalytische Arbeit. Die Effektivität könne darin bestehen, die zunächst hinderlich erscheinenden Bedingungen dieser PatientInnengruppe in die psychoanalytische Sprache zu übertragen und sehr sensibel damit umzugehen. Nach Koptagel-Ilal zeigen sich

> »Patienten, die aus weniger gebildeten bzw. streng konservativen Sozialgruppen stammen, [...] freilich stärker gehemmt. Ihre Bindung an traditionelle Konzepte ist enger und die tabuisierende Wirkung der eingewurzelten Verhaltens- und Rollenbestimmungen ist stärker« (1998, S. 228f.).

Daher müsse bei PatientInnen, für die die Psychoanalyse neuartig ist, mit Deutungen sehr vorsichtig umgegangen werden, da vorschnelle Konfrontationen zu »verstärkter Hemmung, zu Widerstand oder zu neuer Symptombildung und damit auch zum Abbruch der Therapie« führen können (ebd., S. 229). Aus diesem Grund erachtet sie es für sinnvoll, schon vor Beginn der Therapie PatientInnen über mögliche Widerstandsreaktionen aufzuklären. Gelegentlich bedürfe es auch »aktiverer Interventionen, [...] um solche Hemmungen abzubauen und einen freieren Ausdruck von Assoziationen und Gefühlen zu ermöglichen« (ebd., S. 228).[229]

Yavuz Erten beispielsweise befindet die psychoanalytische Vorgehensweise, in der auch Theorien der psychoanalytischen Self Psychology ihren Platz haben, für PatientInnen aus der traditionell türkischen Kultur für angemessener als eine orthodoxe, da in der Self-Psychology-Schule die drei psychoanalytischen Grundregeln – Abstinenz, Neutralität und Anonymität – zu Beginn der Analyse nicht strikt eingehalten werden müssten. Erst im Laufe des Analyseprozesses, wenn traditionsgebundene PatientInnen mit der psychoanalytischen Methode vertrauter werden, könne in Richtung der klassischen Psychoanalyse gearbeitet werden. Auch der interaktionelle Ansatz der Self Psychology berücksichtigt seiner Ansicht nach das Gemeinschaftsdenken und -fühlen der türkischen Kultur:

Yavuz Erten: »Ich glaube, dass die Self Psychology hier interaktiver vorgeht und von einer zu starken Abstinenz, Neutralität und Anonymität absieht. Stattdessen ist sie verhältnismäßig beziehungsbetonter. Sich auf die Interaktion einzulassen, aber letztendlich zu deuten und sich in der Interaktion zu befinden, gibt es in der Beziehungsseite der psychoanalytischen Self Psychology. Ich

---

[229] In der psychoanalytischen Arbeit mit türkischen Migrantinnen aus der Schweiz geht auch die Psychoanalytikerin Vera Saller, die der türkischen Sprache mächtig ist, weniger zurückhaltend vor und interveniert mehr, als es im analytischen Setting vorgesehen ist. Ihre türkischen Patientinnen kommen auch nicht drei- oder viermal in der Woche für eine klassische Analyse auf der Couch, sondern meistens nur einmal wöchentlich (Saller 2004). Ich

glaube, das könnte den türkischen Patienten eher passen. [...] Wenn ein Patient am Anfang die Spielregeln nicht kennt und nicht weiß, wie er innerhalb dieses Rahmens Platz nehmen soll, nicht versteht, was von ihm erwartet wird, kann man die Anonymität, die Neutralität und die Abstinenz bis zu einem gewissen Grad lockern. Um den Patienten zuerst zu gewinnen, muss man manchmal, technisch gesehen, etwas transparenter sein. Wenn ein Patient mich beispielsweise etwas Persönliches fragt, kann ich sagen: ›Schauen Sie, ich könnte Ihre Frage beantworten, aber wenn ich sie beantworte, dann hätte ich Ihre Fantasien unterbrochen, ich hätte Ihre Introspektion unterbrochen und deshalb werde ich schweigen und die Frage nicht beantworten.‹ Wenn es eine Erklärung in der Art gibt, dann versteht dies der Patient mit der Zeit. Und so langsam, vielleicht in einem, vielleicht in zwei Jahren kommt man in die Nähe von dem, was die klassische Psychoanalyse schon von Beginn an will, nämlich die Anonymität, Neutralität und Abstinenz ... und man hat den Menschen gewonnen. Wenn einem der Wind ins Gesicht bläst, kann man einen Umweg machen. Man muss so etwas wie ein Trojanisches Pferd einsetzen« (Interview am 6. u. 18.5.09, Istanbul).

Auch Öztürk (1978) führt an einer klinischen Fallvignette eines 23-jährigen Patienten aus einem anatolischen Dorf an, dass sich psychoanalytische Langzeittherapien »unter handlungsbegrenzten Rahmenbedingungen« (S. 307) nur durchführen lassen, wenn bestimmte Modifikationstechniken eingesetzt werden. Er bemerkt, dass üblicherweise für psychoanalytisch orientierte Langzeitpsychotherapien nur PatientInnen mit notwendigen Voraussetzungen wie »Motivation und psychologische Aufgeschlossenheit« (ebd.) als geeignet angesehen werden. Zusätzlich müssten dafür auch passende ökonomische und geografische Bedingungen gegeben sein. So schien auch sein Patient Ahmet aufgrund seiner traditionellen Denk- und Verhaltensmuster – er hegte beispielsweise mystische Glaubensvorstellungen oder fügte sich der Autorität seiner Eltern – und seines von der Universitätsklinik weit entfernten Heimatdorfes zunächst für eine psychoanalytisch orientierte Langzeitpsychotherapie nicht geeignet zu sein. Doch durch eine über mehrere Jahre andauernde Psychotherapie, die vorwiegend mit einem kontinuierlichen Briefwechsel geführt wurde, hatte sein Patient gelernt, seine inneren Konflikte in Worte zu fassen und durch Öztürks Antwortbriefe mehr Einsicht in seine innere Dynamik zu gewinnen. In der Weise konnte sich auch die Introspektionsfähigkeit des Patienten entwickeln und er hörte auf – wie noch zu Beginn der Therapie –, konkrete Handlungsanweisungen von seinem Therapeuten zu verlangen. Die beschränkten Rahmenbedingungen haben Öztürk dazu bewogen, neue Wege der psychoanalytischen Psychotherapie auszuprobieren, denn bei Beharren auf die klassischen Regeln hätte seiner Ansicht nach die Behandlung von Beginn an keine Chance der Realisierbarkeit gehabt.

Generell weisen meine InterviewpartnerInnen darauf hin, dass auch der Islam in der psychoanalytischen Arbeit keine Barriere darstellt. Türkische PsychoanalytikerInnen seien zwar mehrheitlich atheistisch oder laizistisch und die analytische Arbeit mit gläubigen PatientInnen würde zunächst sehr schwierig erscheinen. Der entsprechende Umgang mit dem Material, das religiöse und traditionelle PatientInnen in die Analyse mitbringen, liege aber im Aufgabengebiet der PsychoanalytikerInnen:

Tevfika Tunaboylu-Ikiz: »Ich habe in meiner Praxis den Islam nie als ein Hindernis erfahren, was sollte auch dadurch verlorengehen? Religiöse Patienten glauben an Gott und wir wissen, dass Freud dies nicht tat. Wir Psychoanalytiker sind auch nicht religiös, aber das müssen wir im Rahmen unserer Neutralität halten, so wie wir unsere politischen Einstellungen auch nicht in den analytischen Raum tragen. Was wäre, wenn ich eine Kommunistin wäre und einer radikal politischen Organisation angehören würde? Was würde mich dann von einem radikal religiösen Menschen unterscheiden? Was würde ich machen, wenn der Patient ein MHP-Anhänger[230] wäre und ich eine Kommunistin? Was passiert dann? Wenn eine Patientin in Analyse kommt und ein Kopftuch trägt, was passiert dann? Ja, sie glaubt an Allah und betet von mir aus fünf Mal oder zehn Mal am Tag. Sie hat aber eine Sorge! Und ich höre ihren Sorgen, ihren Träumen zu. [...] Im Endeffekt liegt der Punkt beim Analytiker. Wir sind doch für solche Sachen [Erarbeitung der inneren Welt von PatientInnen] ausgebildet worden. Es kann auch ein Patient kommen, der sehr intellektuell ist und mir einen romanähnlichen Traum erzählt. Was dann? Dafür habe ich meinen Arbeitsstil. Patienten können kommen und alles machen, sie können einen mit Schimpfwörtern attackieren, ich werde damit arbeiten. Hier liegt der ausschlaggebende Punkt« (Interview am 13.11.09, Istanbul).

Auch Akhtar (2008, S. 323ff.) diskutiert die religiösen Fragen im analytischen Setting im Hinblick auf Gegenübertragungsprozesse. Demnach könne die Religiosität oder Nicht-Religiosität der AnalytikerInnen ihre Aufmerksamkeit auf spezifisch religiöse Angelegenheiten, die PatientInnen in den analytischen Prozess einbringen, beeinflussen. Besonders der Umgang mit Fragen zur Abtreibung, Homosexualität oder zum Leben nach dem Tod könne durch religiöse – hier je nachdem ob jüdische, christliche, hinduistische oder islamische Religionszuge-

---

230 MHP (Milliyetçi Hareket Partisi) ist eine nationalistische Rechtspartei in der Türkei.

hörigkeit – oder areligiöse Überzeugungen der AnalytikerInnen unterschiedlich bestimmt werden und deren Deutungen, wenn auch in subtiler Weise, gestalten.

Der freien Assoziation vermag beispielsweise im islamisch-traditionellen Kontext eine andere Bedeutung zukommen, da religiöse Personen daran glauben, dass bei Tabuthemen der Teufel aus ihnen spricht.[231] Der Spruch *Şeytan dürttü* (Der Teufel hat mich zu etwas getrieben) (vgl. auch Tunaboylu-Ikiz 2002, S. 9), ähnlich dem deutschen Ausdruck »Der Teufel hat mich geritten«[232], der nach »verbotenen« Handlungen verwendet wird, weist z. B. die sexuelle oder aggressive Färbung einer triebhaften Handlung auf. Zeigen traditionell-religiöse PatientInnen bei der freien Assoziation Hemmungen, so können sie laut Koptagel-Ilal (1998) zu Beginn des analytischen Prozesses aufgefordert werden, über ihre Träume zu erzählen. Diese Methode kann zu einer freieren Ausdruckweise führen, da einerseits die traditionelle Traumerzählung und -deutung in der islamisch-traditionellen Bevölkerung der Türkei stark verankert und damit vertraut ist und man andererseits »für den Inhalt seiner Träume nicht verantwortlich gemacht werden kann«, sodass es »möglich [ist], sie ohne Schuld- und Schamgefühle mitzuteilen (S. 229).

Taşkın und Aydemir (2004) zeigen auf, dass in der volkstümlichen Traumdeutungstradition Traumsymbole, die auf »verbotene« Triebe wie die der Sexualität oder der Aggression hindeuten, auf einer sozial anerkannten Weise ausgelegt werden und so den Umgang mit tabuisierten Themen auch für Personen aus traditionell-religiösen Kreisen ermöglichen. Beispielsweise werden Traumsymbole wie etwa ein Apfel oder das Besteigen eines Pferdes in der volkstümlichen Traumdeutung als eine herannahende Heirat gedeutet. Da in traditionellen Gesellschaftsschichten die Sexualität aber nur innerhalb der Ehe erlaubt ist, sei mit der sozial anerkannten Heirat eigentlich die Sexualität gemeint. Genauso sei die häufig anzutreffende Deutung eines bestimmten Traumsymbols als eine bald bevorstehende, lang ersehnte Arbeitsmöglichkeit ein Hinweis auf die sexuellen Wünsche der TräumerInnen. Im türkischen *Argo*, einer Art Vulgärsprache, wird nämlich mit dem Ausdruck *iş yapmak* (eine Arbeit durchführen) der Geschlechtsverkehr bezeichnet. So könne der vertraute Umgang mit Träumen in die psychoanalytische Arbeit aufgenommen und sinnvoll genützt werden.

Übertragungsprozessen kommt im analytischen Prozess mit traditions- und religionsgebundenen PatientInnen ebenfalls eine besondere Bedeutung zu. Beispielsweise ist der starke Glaube an die Autorität eines Arztes in der türkisch-islamischen Medizingeschichte stark verwurzelt. Die tiefgreifende Autoritätshörigkeit kann

---

231 In diesem Zusammenhang weist Talat Parman auf Salman Rushdies Werk über die satanischen Verse hin. Persönliche Mitteilung am 27. April 2010 in Istanbul (vgl. Rushdie 1997).

232 Monika Altenreiter: Persönliche Mitteilung am 27. April 2010 in Istanbul.

unter anderem mit Ausführungen des iranischen Psychoanalytikers Ardjomandi (1990, 1993) zum ödipalen Konflikt in islamischen Kulturen erklärt werden. Anhand eines iranischen Nationalepos *Schahnameh*, in dem am Ende eines Kampfes der Vater über den Sohn siegt, zeigt er den verkehrten Ausgang des klassischen ödipalen Konflikts auf, der die alltäglichen Beziehungen der iranischen Kultur stark beeinflusst. Der Vater besitzt demnach absolute Macht über die Familie, wobei die Söhne seine Tradition fortsetzen müssen (1990, S. 131).

Eine ähnliche hierarchische Struktur herrscht auch in der traditionellen Kultur in der Türkei. Deswegen werden besonders männliche Ärzte, Lehrer und auch Geistliche mit väterlichen Eigenschaften besetzt, von denen Schutz und Belehrung erwartet und denen im Gegenzug Gehorsam und Respekt entgegengebracht werden. Insofern bildet sich die Introspektionsfähigkeit bei traditionsgebundenen Menschen in der Türkei weniger aus als bei westeuropäischen oder modernen türkischen PatientInnen, da sie eine Hilfestellung von außen erwarten, anstatt sich mit ihrer psychischen Problematik selbstverantwortlich auseinanderzusetzen. Zwiebel beispielsweise (1993) kommt zu diesem Schluss auch bei PatientInnen aus östlichen Kulturen wie etwa in Indien.

Levent Kayaalp: »Im Christentum gibt es die Erbsünde, die Menschen werden mit einer Schuld geboren und daher haben Sie ein Gefühl der Verantwortlichkeit. Im Islam gibt es das nicht, Menschen werden rein geboren. Zusammenhängend mit der Erbsünde gibt es im Christentum auch die Tradition des Beichtens und somit steht die Hinterfragung des eigenen Tuns im Vordergrund. Im Islam gibt es weder die Erbsünde noch das Beichten und daher auch weniger die Hinterfragung der eigenen Person« (Interview am 6.5.09, Istanbul).

Doch laut Tunaboylu-Ikiz (1996) ist bei traditions- und religionsverbundenen PatientInnen potenziell auch die Basis für das Verständnis von nicht medikamentösen Gesprächstherapien gegeben, da bei psychischen Störungen schon seit der Zeit der Seldschuken-Türken neben ärztlichen Behandlungen auch alternative Methoden wie die Suggestion oder »Schocktherapien«[233] von Geistlichen, sogenannten *Hoca*, angewandt wurden. Da laut Kakar (vgl. 1978, 1982) durch die stärkere symbiotische Beziehung zu primären Bezugspersonen Menschen aus nicht westlichen Kulturen mehr am Primärprozess orientiert sind, sei ihr Denken affektiver, weniger abstrakt und mythisch. Daher würden Gurus – im Fall der türkischen Kultur die Hocas – stark verehrt. Die gleichzeitigen Konsultationen

---

[233] Siehe die Vorbemerkungen zu Behandlungsmethoden in der türkisch-islamischen Kultur im Kapitel zur Frühgeschichte der Psychoanalyse in der Türkei.

von PsychiaterInnen und volkstümlichen »TherapeutInnen« sind auch heute unter PatientInnen aus traditionellen Kreisen der Türkei nicht unüblich. Die fließende Grenze zwischen klinisch-psychiatrischer und religiös untermauerter Behandlung zeigt sich auch im Begriff des Hoca, mit dem sowohl religiöse Heiler als auch Ärzte bezeichnet werden können. Dieses Wort wird aber nicht nur in traditionellen Gesellschaftskreisen benutzt, sondern hat Eingang in die türkische Alltagssprache gefunden und wird generell als Anrede für viele Autoritätsfiguren, wie etwa auch für Lehrpersonen, benutzt.

Die moderne und neuartige Profession einer PsychoanalytikerIn kann meines Erachtens für Menschen aus traditionellen und religiösen Kreisen auch deswegen befremdlich wirken, da sie ihre Behandlungsmethoden und ihren Arbeitsstil anfangs nicht richtig einschätzen können. Auf der einen Seite treten PsychoanalytikerInnen nicht autoritär wie herkömmliche PsychiaterInnen auf, sondern begegnen ihren PatientInnen auf Augenhöhe und führen ihre Behandlungen auf Gesprächsbasis, auf der anderen Seite aber unterscheiden sich ihre Gesprächsstile von denen der religiösen Hoca. Gelegentlich können daher PsychoanalytikerInnen vermehrt mit den Eigenschaften von Geistlichen besetzt sein, da traditionelle PatientInnen »mystischen Vorstellungen [näherstehen] und vom Therapeuten beinahe wundersame Wirkungen [erwarten], wobei sie für Langzeittherapie mit schwankendem Verlauf meist weder Geduld noch Verständnis aufbringen« (Koptagel-Ilal 1998, S. 230). Viel eher sind PsychoanalytikerInnen aber mit starken Autoritätszuschreibungen, die traditionelle PatientInnen im Umgang mit Eltern, Lehrpersonen oder PsychiaterInnen gewohnt sind, konfrontiert.

> »Diese Einstellung mag – zu Beginn der Behandlung – zwar einige Schritte erleichtern, sie kann aber auch zu verwickelten, schwer zu bewältigenden Situationen führen. Ein Therapeut, der mit solchen Patienten arbeitet, muß deshalb gelernt haben, mit den Problemen der Übertragung und Gegenübertragung geschickt umzugehen« (ebd.).

Vor allem die Abstinenz einer omnipotent fantasierten AnalytikerIn kann für manche traditionelle und streng gläubige PatientInnen bedrohlich und befremdlich wirken, da die Abstinenz von Autoritätsfiguren in der kollektiven Kultur- und Religionsgeschichte der Türkei nicht verankert ist. Laut Levent Kayaalp (Interview am 6.5.09, Istanbul) spielt in diesem Zusammenhang unter anderem die fehlende Beichttradition im Islam eine bedeutende Rolle. In der christlichen Welt ist beispielsweise die beichtende Person – im übertragenen Sinne die PatientIn – an das eigene aktive Erzählen und das Zuhören des Beichtvaters – PsychoanalytikerIn – gewöhnt. Dabei beziehe ich mich nur auf die ähnliche Rollenkonstellation »ErzählerIn – ZuhörerIn« im analytischen und kirchlichen Kontext. Die Funktionen des Beichtvaters und der PsychoanalytikerIn unterscheiden sich natürlich sehr stark voneinander.

In der traditionell-muslimischen Kultur sucht jemand Hilfe bei einer älteren, autoritären Person, die ihm eine sogenannte *Nasihat* (Rat, Hinweis) erteilt, während die hilfesuchende Person diesen Ratschlag schweigend annimmt. Die Abstinenzregel gilt im traditionellen Verständnis der türkischen Kultur daher für die Ratsuchenden. Die respektvolle Distanz gegenüber älteren Menschen, die auf Türkisch als *Saygı*[234] bezeichnet wird, kann sich somit auf die Analysesituation übertragen, in der sich traditionelle PatientInnen durch diese »Trennlinie«, welche mit der Anrede *Hocam* (mein Lehrender) zusätzlich verschärft wird, den »allmächtigen« AnalytikerInnen schwer öffnen können.

Ardjomandi hingegen (1993) sieht im respektvollen Abstand gegenüber älteren Menschen, der durch die »Etikette und Ritualisierungen« (S. 66) gewahrt werden muss, keinen Abwehrmechanismus, sondern diese Distanz diene vor allem der »Anpassung, der Sublimierung und der Kulturbildung« (ebd.). Die Etikette, die sich in sprachlichen Interaktionen und Begrüßungszeremonien manifestiert, befähige den Menschen, Autoritätsfiguren relativ angstfrei zu begegnen. Deshalb plädiert er dafür, diese Etikette im therapeutischen Setting nicht als Widerstand zu deuten, sondern als eine Anstrengung der PatientInnen, mit der AnalytikerIn in Kontakt zu treten.

Generell können auch Widerstände gegen die Deutungen von PsychoanalytikerInnen mit stärkeren Schuldgefühlen einhergehen, da laut Koptagel Ilal (1998) in der Türkei die »Beziehung zu Autoritätsfiguren doppelsinnig ist«, denn das

> »türkische Volk ist über Jahrhunderte hinweg durch die Willkürmacht von Autoritätsfiguren geleitet worden, welche sich von der Staatsführung bis auf die Familienführung erstreckte. Doch wurden diese nicht nur als Unterdrücker, sondern auch als Beschützer und Versorger erlebt« (S. 230).

Autoritäre Verhaltensnormen und überprotektive Erziehungsmaßnahmen der Eltern sind beispielsweise häufig anzutreffende Rollenmuster in traditionellen Kreisen der Türkei, wobei Kinder nicht als eigenständige Individuen betrachtet werden. Dabei dominieren Eltern über das Leben ihrer Kinder, auch wenn diese längst das Erwachsenenalter erreicht haben. Die Entfernung von den Regeln der Eltern und die Hinwendung zu einer Wahl- anstatt einer Normalbiografie (vgl. Beck/Beck 1990) können daher bei deren Kindern auch in ihren späteren

---

234 Aydan Özdağlar: Persönliche Mitteilung am 8. März 2009 in Frankfurt.

Lebensjahren massive Ängste und Schuldgefühle erzeugen. Besonders die Beziehung zu Müttern ist für Kinder immer mit dem Gefühl von Schuld behaftet und zeigt sich auch auf gesellschaftlich-kollektiver Ebene. Beispielsweise wird an Muttertagen in Werbespots türkischer Medien die Bitte um Verzeihung für »all die begangenen Vergehen« als »das schönste Muttertagsgeschenk« propagiert.

Im Gegensatz zu modernen europäischen Kulturen, in denen Eltern sehr real erlebt werden, sind nach Ansicht Bella Habips Eltern in der Türkei sehr stark mit kollektiv disponierten Eigenschaften besetzt:

Bella Habip: »Beispielsweise ist die Toleranz gegenüber Kindern und Jugendlichen in der Türkei noch sehr neu, weil der Gedanke, dass sie keine eigene seelische Welt haben, vorherrschend ist. Die Schuld wird den Kindern implantiert, wenn sie nach Autonomie streben. [...] Vater und Mutter sind in der Türkei, ich sage es in Kleins Termini, auf dem Stand eines Imagos, die nicht hinterfragt werden. Wenn eine Frau eine Mutter ist, hat sie gut zu sein und so wird die Mutter idealisiert. Mutter und Vater sind Imagos hier, aber das ist in Europa nicht so, dort haben Eltern reale Eigenschaften« (Interview am 11.5.09, Istanbul).

Durch die starke Präsenz elterlicher Ver- und Gebote erleben Kinder aus traditionellen Kulturen in der psychischen Entwicklung »de[n] andere[n] als eine Erweiterung des eigenen Selbst« (Zwiebel 1993, S. 113). Besonders die starke symbiotische Bindung der Kinder an ihre Mütter führt zur Hemmung von Separation und Individuation (vgl. Volkan/Özbek 1976; Zwiebel 1993; Kakar 1978; Roland 1988). »Das Selbst« (Zwiebel 1993, S. 112) des Kindes bildet sich daher »in einer engen mütterlichen Matrix« (ebd.) aus und bleibt auf einer niedrigen Stufe der Autonomieentwicklung fixiert. Die enge symbiotische Beziehung von Kind und Mutter führt laut Kakar (1978) auch zu einer stärkeren Orientierung am Primärprozess und ist unter anderem ein Grund, warum beispielsweise die Introspektion generell bei traditionellen Personen aus östlichen Kulturen weniger ausgeprägt ist.

Volkan und Özbek (1976) sprechen in diesem Zusammenhang von einem »Satelliten-Zustand« (S. 577) und benutzen dabei das in der osmanischen Kunst häufig dargestellte Bild eines Nachtfalters (Kind), der um eine Flamme (Mutter) fliegt und in der Weise ihren Satellit darstellt. Kommt der Nachtfalter in die Nähe der Flamme, besteht Gefahr, verbrannt zu werden, d. h. von der Mutter abhängig zu bleiben. Entfernt er sich jedoch von ihr, läuft er Gefahr, in der Dunkelheit zu irren. Daher fliegt der Nachtfalter in einem bestimmten Radius um die Flamme, wodurch die Satelliten-Position zu seinem unvermeidlichen Schicksal wird. Die höchste Energie bringt er dafür auf, diese Position aufrechtzuerhalten, die ihm aber gleichzeitig die Freiheit des Fliegens (der Autonomieentwicklung des Kindes) verwehrt.

Wie Volkan und Özbek weiter beschreiben, erfahren türkische Kinder aus traditionellen Großfamilien auch eine »multiple Bemutterung« (ebd., S. 578), da sie nicht nur von ihren Müttern, sondern von ihren Tanten, Schwestern oder Großmüttern, die im gleichen Haushalt oder in der näheren Umgebung wohnen, versorgt und erzogen werden. Beispielsweise konnte ich in einem Dorf von Izmir erfahren, wie ein dreijähriger Junge seine leibliche Mutter, die Schwester der Mutter und auch seine Großmutter mit »Anne« (Mutter) ansprach. Auch der Ausdruck *süt anne* (Milchmutter), mit dem Kinder später diejenigen Frauen – meistens nahe Freundinnen der leiblichen Mütter – anreden, die sie als Babies gestillt haben, wenn ihre eigenen Mütter etwa über zu wenig Milch verfügt haben, verdeutlicht die Tradition der multiplen Bemutterung.

Volkan und Özbek (ebd.) erwähnen, dass durch die Anwesenheit mehrerer Mütter ein türkisches Kind viel weniger Frustrationen zu ertragen hat als in einer Eins-zu-eins-Mutter-Kind-Beziehung, denn es sei immer eine weibliche Bezugsperson vorhanden, an die sich das Kind bei Wünschen oder Sorgen wenden könne. Andererseits entwickle es dadurch jedoch weniger Fähigkeiten, seine Probleme selbst zu lösen, und bleibt von diesen Bezugspersonen abhängig.

Durch diese engen Beziehungen würden Familienmitglieder aus traditionell-türkischen Kreisen sowohl im Verhalten als auch in körperlichen Eigenschaften »familiäre Charaktere« ausbilden (ebd., S. 577). Manche Familien hätten etwa eine Neigung zur Grandiosität, während andere gierige Eigenschaften tragen, wobei Familienmitglieder zumeist unbewusst beauftragt werden, die Eigenschaften der Familien zu tragen und keine individuellen Persönlichkeiten zu entwickeln. Da sich Familien- und Sippenmitglieder aus traditionellen Kreisen demnach emotionale sowie sozio-ökonomische Sorgen und auch Freuden teilen, werde der Erfolg eines Familienmitglieds auch zum Erfolg der ganzen Sippe. Die starke Familienorientiertheit verberge aber auch tiefgehende, interfamiliäre Aggressionen in sich. Wenn sich beispielsweise eine junge Frau mit einem von der Familie nicht erwünschten Mann liiert, sei die verpönte Beziehung nicht nur die Sorge und Scham ihrer Eltern, sondern auch die ihrer Schwestern, Brüder, Onkel, Tanten, Großeltern und weiterer Angehöriger.

Das »familiale Selbst« nach Roland (1988, S. 6ff.) beeinflusst somit das traditionell-türkische Individuum in jedem Bereich seines Alltagslebens. Beispielsweise werden in dörflichen Gegenden nicht nur die Namen der Verstorbenen auf Grabsteine gemeißelt, sondern auch deren Verwandtschaftsverhältnis zum männlichen Familienoberhaupt (z.B. hier ruht Neriman Ender, die Frau von Hasan Ender). Starke Familien- und Sippenbeziehungen spiegeln sich ebenfalls in sprachlich stärker differenzierten Verwandtschaftsgraden, etwa für Großväter, Großmütter, Tanten, Onkel, je nachdem ob sie mütterlicherseits, väterlicherseits oder eingeheiratet sind (z. B. als *Hala* bezeichnet ein Kind die Schwester des Vaters, als *Teyze* die Schwester der Mutter und als *Yenge* eine eingeheiratete Tante). Je näher die Blutsverwandtschaft zu diesen Angehörigen ist, desto stärker ist auch die emotionale Bindung.

Diese starke Symbiose zwischen Familienmitgliedern führt in der Türkei auch dazu, dass sie sehr nah beieinander wohnen. So ist oftmals die Rede von *Sefertası Apartmanları* (Henkelmann-Appartements), in denen Kinder, Eltern, Großeltern und sogar weitere Verwandte in übereinanderliegenden Wohnungen eines Appartements wohnen. Ayla Yazıcı beispielsweise kann aus ihrer Praxis bestätigen, dass sich aufgrund des engen Zusammenlebens von Familien- und Sippenmitgliedern vermehrt Inzestfälle zutragen können. Sehr oft komme es in psychotherapeutischen Behandlungen von stark familienorientierten PatientInnen zudem vor, dass sich die Angehörigen über deren Gesundheitszustand informieren wollen und die Schweigepflicht der TherapeutInnen nur schwer akzeptieren. Katrin Hartmann (2007) beispielsweise schildert diesen Umstand auch bei psychoanalytischen Behandlungen von PatientInnen aus dem Libanon:

Ayla Yazıcı: »Und wie sich das Gemeinschaftsgefühl auf die Therapie auswirkt! Ein 40-jähriger Mann zum Beispiel ist der Patient, aber die Mutter arrangiert für ihn einen Termin oder ein Mann kommt gemeinsam mit seiner Frau zur Einzelsitzung. Angehörige kommen und wollen mit Psychiatern oder Psychotherapeuten über ihre Patienten sprechen. Wir sagen dann: ›Nein, über unsere Patienten können wir mit Ihnen nicht sprechen.‹ Dann werden sie sehr zornig und wüten in der Klinik« (Interview am 13.4.10, Istanbul).

Koptagel-Ilal schreibt, dass es im Umgang mit Angehörigen für

»den Therapeuten [...] nicht immer leicht [ist], die ständigen Rücksprachewünsche, die Klagen und die Drohungen hinsichtlich eines Therapieabbruchs gelassen zu ertragen. Statt die Regeln der Einzeltherapie rigide einzuhalten und die Familienangehörigen abzuweisen, gelingt es eher, sie zur Unterstützung der Therapie zu gewinnen, wenn man wenigstens bei Beginn mit ihnen einige aufklärende Gespräche führt. Hierüber muß der Patient aber informiert sein« (1998, S. 230f.).

Vor allem auch aufgrund der immens engen Beziehung zwischen Müttern und ihren Söhnen sind ödipale Konflikte in traditionellen Kreisen sehr stark ausgeprägt, die in psychoanalytischen Behandlungen eine besondere Beachtung erfordern. Die enge symbiotische Beziehung zwischen Sohn und Mutter wird dadurch noch verstärkt, dass muslimische Knaben ca. bis in das siebte bis neunte Lebensjahr (üblicher Zeitraum für die religiöse Beschneidung) in einer Frauenwelt leben, in der nur ein »schattenhafter Vater konstruiert« (Charlier 2007, S. 1124) ist. Zusätzlich lernen die Knaben die primären Affekte in einem fast nur weiblich besetzten Lebens- und Erfahrungsraum.[235] Dieses ödipale Bündnis und die inzestuösen Wünsche spiegeln sich auch in der türkischen Alltagssprache wider. *Anam avradım olsun* (Meine Mutter soll mir zum Weib werden) ist beispielsweise eine Phrase, die türkische Männer häufig beim Schwören verwenden.[236] Betrachtet man etwa türkische Beschimpfungsjargons, so handeln sie fast zur Gänze von sexuellen Übergriffen auf die Mutter, wodurch türkische Männer am tiefsten zu verletzen sind. Eigene verbotene Inzestfantasien werden dabei aktiviert, da sie alleine das Recht zu haben glauben, ihre Mütter (sexuell) zu besitzen. Ihre unbewussten Fantasien erzeugen gleichzeitig vehemente Schuldgefühle, die mit starken Aggressionen gegen die eigene Person einhergehen, die aber auf die verbalen Angreifer übertragen werden. Nicht selten können solche Beschimpfungen schon der Anlass zur körperlichen Gewalt zwischen Männern sein und sogar mit einem Mord enden.

Obwohl Väter aufgrund der patriarchalen Strukturen in der traditionelltürkischen Gesellschaft eine offen gezeigte Dominanz innehaben, determinieren Frauen, vor allem wenn sie in der gesellschaftlichen Hierarchie durch ihre Mutterschaft steigen, das »emotionale Klima in Familien« (Volkan/Özbek 1976, S. 577). Der Vater als Oberhaupt der Familie bestimmt etwa, welche Braut für den Sohn angemessen ist, doch seine Entscheidung wird sehr stark von seiner Frau beeinflusst (ebd.). Generell muss sich in der untersten Hierarchie die Braut, die sogenannte *Gelin* (die Hinzugekommene), der Autorität ihrer Schwiegermutter, ihres Mannes und der restlichen Familienangehörigen beugen (vgl. auch Saller 2003). Dabei »missbrauchen« Mütter ihre Söhne, um ihre eigene Position in der hierarchischen Beziehungskonstellation gegen ihre Schwiegertöchter zu stärken. Es ist ein beobachtbares Phänomen, dass Schwiegertöchter, wenn sie selbst den Status einer Schwiegermutter erreicht haben, ihre Aggression gegenüber ihren früheren Autoritätspersonen wiederum in Form der Machtausübung über ihre eigenen Schwiegertöchter ausagieren. Der türkische Ausdruck *Gelin Kaynana Toprağındandır* (Die Schwiegertochter stammt aus der Erde der Schwiegermutter) weist beispielsweise auf diesen »Zirkel« hin. Tazi (2009) beispielsweise erkennt in Bezug auf das Verhältnis von Potenz und Abhängigkeit islamischer Männer von

---

235 Interview mit Günsel Koptagel-Ilal am 20. April 2010 in Istanbul.
236 Ulviye Etaner: Persönliche Mitteilung am 4. Mai 2009 in Istanbul, Talat Parman: Persönliche Mitteilung am 27. April 2010 in Istanbul.

ihren Müttern ebenfalls ein Zirkelmuster und spricht – in Anlehnung an Philippe Lacoue-Labarthe – von einem »hyperbological circle« (S. 38).

All die beschriebenen ödipalen Beziehungskonstellationen und familiären Hierarchieverhältnisse können besonders bei türkischen PatientInnen aus traditionellreligiösen Kreisen zu spezifischen psychischen Konflikten führen, denen häufig starke Macht- und Autonomiekonflikte zugrunde liegen.

Exkurs: Fallvignette über eine pathologische Mutter-Sohn-Beziehung

Ein bisher in der psychoanalytischen Literatur noch nicht beschriebenes Phänomen einer pathologischen Mutter-Sohn-Beziehung schildert die Psychoanalytikerin Işıl Vahip in einem einmaligen klinischen Fallbeispiel über ein »46 Jahre altes Baby« (Vahip/Önen Sertöz 2003).

Der Patient ist ein zum dritten Mal verheirateter Mann und Vater von drei Kindern. Er konsultierte die psychiatrische Klinik der medizinischen Fakultät der Ege Universität in Izmir wegen starker depressiver und somatischer Beschwerden, die seit dem Tod seiner damals 80-jährigen Mutter bestehen würden.

Wie aus der Krankengeschichte hervorgeht, hatte dieser kräftig gebaute Patient bis zum Tod seiner Mutter zweimal täglich – jeden Morgen, bevor er zur Arbeit ging, und jeden Abend nach Arbeitsschluss – an ihrer Brust gesaugt und hatte bis dahin weder psychische noch somatische Beschwerden. Die Handlung des Patienten war sowohl in der Familie als auch in der näheren Verwandtschaft bekannt und wurde von den Angehörigen als normal empfunden. Auch der Patient berichtete in einer Sitzung, dass dieses Saugen kein außerordentliches Ereignis war, denn schließlich sei die Brust seiner Mutter »nichts als ein faltiges Stück Haut« (ebd., S. 235) gewesen. Daher empfand er keine bewussten Scham- oder Schuldgefühle.

Zur biografischen Entwicklung führen die Autorinnen an, dass der Patient das jüngste von insgesamt acht Kindern ist, von denen drei Söhne im Kindesalter wegen Kinderkrankheiten verstorben waren. Der Patient berichtete in einer Sitzung, dass er ein verständnisvolles Kind war, welches die Sorgen der Mutter stets teilte. Während andere Kinder in der Natur spielten, wollte er seiner Mutter beim Backen oder beim Geschirrspülen helfen. Aus finanziellen Gründen konnte er seine Ausbildung nach der fünfjährigen Volksschule nicht mehr fortsetzen, wurde auf ein Arrangement der Familie, der sogenannten *Görücü usulü*, mit 17 Jahren verheiratet und musste ein Jahr später den Militärdienst antreten. Nicht der Trennungsschmerz von seiner jungen Frau, sondern der von seiner Mutter hätte ihm große Schmerzen bereitet, weswegen er eine Magenblutung erlitten habe. Während seiner Militärzeit starb seine Frau an Tuberkulose, doch empfand er bei dieser Nachricht keine Trauer. Ein zweites Mal heiratete der Patient mit 24 Jahren. In dieser Ehe wurde eine Tochter geboren, doch nach vier Jahren ließ er sich wieder scheiden. Nachdem sein Vater, als der Patient 38 Jahre alt war, starb, erlitt er eine zweite Magenblutung. Ein Jahr später heiratete er zum dritten Mal und hat aus dieser Ehe einen Sohn und eine Tochter.

Der Patient arbeitete bis zu seiner Erkrankung in einer staatlichen Einrichtung und wurde von der Familie und den nahen Angehörigen als ein hilfsbereiter, in der Gemeinschaft beliebter und anerkannter Familienvater beschrieben. Die Kernfamilie des Patienten lebte mit seiner Mutter und weiteren Angehörigen in einer Wohnung. Viele Verwandte redeten die Mutter des Patienten ebenfalls als »Mutter« an. Nachdem einer seiner Neffen (ein Enkel der Mutter des Patienten), der zusammen mit seiner Frau auch im Haushalt des Patienten wohnte, auszog, habe seine Mutter aus Trauer über diesen Auszug einen Herzinfarkt erlitten, in dessen Folge sie wenige Monate später auch verstarb.

Laut den Autorinnen ergaben sich aus den psychologischen Tests (MMPI, TAT, dem türkischen Satzergänzungstest CTT und weiteren Zeichnungstests) signifikant pathologische Ergebnisse in den Bereichen der Sexualität, des Schuldempfindens, der Depressivität, Aggressivität und bei körperlichen Befunden.

In der stationären Aufnahme war der Patient zunächst isoliert, doch nach und nach nahm er Kontakte zu seinen MitpatientInnen auf und kooperierte auch mit der behandelnden Psychiaterin und Psychotherapeutin. Waren diese jedoch abwesend, fühlte er sich verlassen und zeigte in der Beziehung zum behandelnden Personal große Abhängigkeit.

Die Autorinnen vergleichen das Ritual des Patienten, vor und nach der Arbeit an der Mutterbrust zu saugen, mit der Phase der Trennung und Zusammenkunft eines Kindes, das nach einer »Entleerung des psychischen Depots« (ebd., S. 236) während eines Spiels wieder zu seiner Mutter zurückkehrt, um bei ihr Kraft zu schöpfen und sein Spiel fortsetzen zu können. Zudem erkannten sie beim Patienten Strukturen einer Borderline-Störung mit depressiven Anteilen. Auf der bewussten Ebene empfand er zwar keine Scham- oder Schuldgefühle, doch konnten durch die projektiven Tests unbewusste Gefühle der Scham, Schuld und Aggressivität exploriert werden. Seine hilfsbereite, freundliche, autoritätskonforme und emphatische Art im zwischenmenschlichen Umgang wird durch die Autorinnen als ein Abwehrmechanismus in Form von Verkehrung ins Gegenteil beschrieben.

Als die Hauptquelle seiner verdrängten Aggressivität wird die Mutterfigur gesehen, die die Trennung ihres Sohnes nicht erlaubt hatte. Die Verlust- und Trennungsängste des Patienten, die er im Abhängigkeitsverhalten mit dem behandelnden

Personal der Klinik ausagierte, konnten mit den unbewussten Schuldgefühlen gegenüber der Mutter erklärt werden.

Obwohl sein Saugen an der Mutterbrust als eine inzestuöse Beziehung gedeutet werden könnte – dabei beziehen sich die Autorinnen auf die Theorien des Zusammenhanges zwischen Psychopathologie und Inzest von Salman Akhtar (Akhtar/ Kramer 1991) – sehen sie keinen Inzest in dieser Handlung, da sie jegliche sexuelle Erregung und Lust entbehre. Vielmehr wird diese Handlung als ein »Ritual« (Vahip/Önen Sertöz 2003, S. 237) zwischen Mutter und Sohn angesehen, wobei der Patient durch diese symbiotische Handlung die Trauer seiner Mutter über den Verlust ihres Mannes und ihrer Söhne mildern wollte. Schöpfte die Mutter durch diese symbiotische Handlung wieder psychische Kraft, konnte auch ihr Sohn ohne Schuldgefühle wieder seiner Arbeit und seiner Rolle als Familienvater nachgehen. Wahrscheinlich hatte sich die Angst der Mutter, die keine weiteren Trennungen mehr von ihren Kindern ertragen konnte, am jüngsten Sohn in Form eines Trennungsverbots manifestiert, welches ihm in weiterer Folge die Individuation nicht erlaubte.

Die Autorinnen bemerken auch, dass Trennungen überhaupt in dieser Großfamilie vermieden wurden. Der Patient beispielsweise erlebte generell Trennungen wie einen Todesverlust und erklärte auch in der Behandlung, dass seine Mutter durch die Trauer über den Auszug ihres Enkels einen Herzinfarkt erlitt und nach einem darauffolgenden Schlaganfall verstarb. Um von der Liebe der Mutter ernährt zu werden und um sich damit die psychische Existenz zu sichern, musste er zunächst sie ernähren. Ihr Ritual ermöglichte somit beiden, ihre Ängste zu bändigen. Nachdem aber die Mutter gestorben war, konnte der Patient, der nie die Möglichkeit hatte, eine erwachsene Individuation durchzumachen, keine normale Trauer zeigen und verfiel in eine Depression.

Im Zusammenhang mit der Symptomatik dieses Patienten kann meiner Ansicht nach auch an den türkischen Ausdruck *Sütümü helal etmem* (Ich gebe dir nicht den Segen meiner Milch) erinnert werden, den Mütter aussprechen, wenn sie nicht wollen, dass ihre Kinder eine bestimmte Handlung durchführen. Dieser äußerst aggressive Spruch wirkt wie ein Bann, mit dem die Mütter ihre Dominanz über ihre Kinder auszubreiten beabsichtigen. Obwohl die außerordentlich hohe Bedeutung und das »Recht« der »heiligen Mütter« auf ihre Kinder besonders in den islamischen Lehren verankert ist – eine *Hadis-i şerif* (Überlieferungen des Propheten Mohammed) besagt beispielsweise »Cennet annelerin ayakları altındadır« (Das Paradies liegt unter den Füßen der Mütter) (vgl. auch Volkan/Özbek 1976, S. 577) – ist diese Androhung nicht nur im islamischen Kontext zu sehen, da er auch von nicht streng religiösen Frauen ausgesprochen wird. Viel eher bringen sie dadurch ihre absolute Macht zum Ausdruck und sind im Glauben – wegen ihrer

Funktion als primäre Ernährerin –, ein Leben lang das Recht über ihre Kinder zu besitzen. Verwehren Mütter ihren Kindern den Segen der reinen Milch, wird sie zu *Haram*, d.h. zu einer Nahrung, die Kinder nach islamischen Regeln nicht in sich aufnehmen dürfen, da sie ihren Geist und Körper »beschmutzen« würden. Die ursprünglich weiße Milch »der guten Brust« (Klein 1962) würde sich in dem Fall zur schwarzen Milch »der bösen Brust« (ebd.) formen und die Kinder ein Leben lang verfolgen. Um die Vorstellung einer bestrafenden Mutter und damit zusammenhängend die Schuldgefühle zu vermeiden, unterwerfen sich viele Kinder daher den Anweisungen ihrer Mütter, wobei sich ihre Individuation erschwert. Am Beispiel des »46-jährigen Babys« scheint sich diese Androhung von der Symbolebene auf die Realitätsebene überlagert zu haben. Der Patient musste an der Brust seiner Mutter saugen, um die primäre, reine Muttermilch in sich aufzunehmen. Erst durch das Saugen wurde seine Mutter wieder »gut gestimmt« (Vahip/Önen Sertöz 2003, S. 237) und der Patient konnte wieder als »ein gesellschaftliches Individuum (Ehemann, Vater, Freund etc.) funktionieren« (ebd.).

Die Autorinnen beziehen diese abnorme Mutter-Sohn-Beziehung aber ausschließlich auf die persönliche Geschichte der Familie, in der frühe Todesverluste der Mutter zum Trennungsverbot für den jüngsten Sohn geführt haben. Die (unbewusste) Hemmung von Autonomiebestrebungen der Kinder ist aber, wie schon dargestellt, vor allem in traditionellen Kreisen der Türkei ein häufig beobachtbares Phänomen. Daher kann meiner Ansicht nach die Fallvignette »des 46-jährigen Babys« auch aus einer kulturell-kollektiven Perspektive betrachtet werden, die die Konsequenzen der autoritären Stellung der Eltern gegenüber den Kindern, hier besonders die der Mütter über ihre Söhne, sehr deutlich veranschaulicht. Diese müssen im psychoanalytischen Behandlungsprozess mit traditionellen PatientInnen aus der Türkei besonders in Erwägung gezogen werden.

Laut Zwiebel hat sich die Psychoanalyse »im Kontext der westlichen Welt mit der Betonung des individualisierten Selbst« (1993, S. 115) entwickelt und darin liege ihre Stärke und Schwäche zugleich. Insbesondere durch die weltpolitischen Ereignisse in jüngster Vergangenheit, vor allem nach dem 11. September 2001, sind der Islam und die innere Welt der Menschen aus »östlichen Kulturen« in den Fokus »des Westens« gerückt, wovon auch die Psychoanalyse nicht unberührt blieb. Der rasante Anstieg an psychoanalytischen Studien über das »Nicht-europäische« (Said 2004) ist der auffallendste Beweis für dieses neue Interessensfeld.

Die Einbeziehung religiöser und kultureller Vielfalt wird meines Erachtens weiterhin dazu beitragen, »das Fremde in der Psychoanalyse« (Streek 1993) immer deutlicher in das Bewusstsein über unsere vertrauten »Seelenlandschaften« (Kämmerer/Funke 2004) zu rücken. An dieser Schnittstelle werden sowohl die »fremden« PatientInnen als auch die Psychoanalyse selbst gedeihen.

Schlusswort

Die moderne türkische Psychiatrie des 20. Jahrhunderts war sicherlich eine der größten Barrieren für die Entwicklung der Psychoanalyse in der Türkei. Obwohl die frühen Psychiater, insbesondere Mazhar Osman Uzman und sein enger Mitarbeiterkreis, institutionelle Strukturen für ihr Berufsmetier aufgebaut hatten und in persönlicher wie auch in institutioneller Verbindung zu ihren europäischen Kollegen standen, konnte sich die Psychoanalyse ob ihres heftigen Widerstandes keine Nische in diesen transnationalen Beziehungen erwerben. Die türkischen Psychiater jener Zeit, welche trotz der Modernisierungsbewegungen der jungen Republik immer noch von islamischen Grundwerten beeinflusst waren, standen der Psychoanalyse vor allem wegen ihres »Pansexualismus« feindlich gegenüber. Doch dieses Phänomen ist – wie die Geschichte der Psychoanalyse in vielen Ländern der Welt zeigt[237] – nicht einzig aus dem islamischen Kontext der türkischen Psychiater abzuleiten, sondern kann auch als ein Einhergehen mit der Mainstream-Grundhaltung europäischer, hier vor allem deutscher Psychiater der organischen Psychiatrietradition angesehen werden.

Laut Burnham (1982, S. 603) waren es in vielen Staaten Europas oder in den USA jene Ärzte, die sich für die Psychoanalyse interessierten, die mit der Praxis der organischen Medizin am Anfang des letzten Jahrhunderts – hier besonders mit der neurologisch orientierten Behandlung mentaler Störungen – unzufrieden

---

[237] Die Betonung der Sexualität und die Erklärung ihrer Ursache aus einer psychodynamischen anstatt einer ausschließlich organischen Perspektive waren insbesondere in den USA (vgl. Hale 1995), in Deutschland (vgl. Makari 2008), aber auch in Belgien (vgl. Heenen-Wolff 2009), Italien (vgl. Gaddini 1982), Skandinavien (vgl. Moore 1982) und in weiteren Ländern ein gewichtiger Grund für die Distanziertheit, manchmal sogar für die Feindseligkeit mancher Psychiater gegenüber der Psychoanalyse.

waren. Dies ist auch für die frühe Geschichte der Psychoanalyse in der Türkei
gültig, betrachten wir nur die Biografie des türkischen Pioniers der Psychoanalyse,
Izeddin A. Şadan. Für das Gebiet der Psychologie führt Burnham (ebd.) weiter an,
dass nicht die experimentell orientierten, sondern Psychologen mit einer philosophischen Ausrichtung für psychoanalytische Theorien aufgeschlossen waren. So
kann nicht von einem Zufall die Rede sein, dass auch in der Türkei ein Werk von
Sigmund Freud erstmals von einem humanistischen Psychologen und Philosophen,
Mustafa Şekip Tunç, ins Türkische übersetzt wurde.

Die kulturübergreifende Verbreitung und Entwicklung der Psychoanalyse ist
auch sehr stark mit Emigrationsbewegungen verbunden. Kamen noch in den
1910er und 1920er Jahren InteressentInnen aus dem europäischen Ausland und
den USA – wie Abraham Arden Brill (vgl. Roudinesco/Plon 2004), Jelliffe Smith
Ely (vgl. Burnham 1983), Sylvia Payne, Edward Glover, Ella Sharpe (vgl. May 2008;
Robinson 2008) und viele andere – aus persönlicher Motivation nach Wien und
Berlin, um bei Sigmund Freud oder den Psychoanalytikern der ersten Stunde in
Analyse zu gehen, so wurde in den 1930er Jahren der Großteil der europäischen
PsychoanalytikerInnen durch den Nationalsozialismus zur Emigration in verschie-
denste Regionen der Welt gezwungen, sodass man nach Handlbauer (2006) sogar
von »Exodus der Psychoanalyse aus Mitteleuropa« (S. 244) sprechen kann.

Auch die Biografien der Psychoanalytikerin Edith Weigert-Vowinckel und der
Ärztin Ruth Wilmanns Lidz sind durch einen, mit der nationalsozialistischen
Herrschaft einhergegangenen Bruch gekennzeichnet. Aufgrund der Emigration
Edith Weigert-Vowinckels »[ging] zusammen mit dem Jojo, dem Tango und dem
Charleston [...] die Freudsche Theorie in den Strom von westlichen Dingen und
Ideen ein, die weitreichende Auswirkungen auf die neue Türkei haben sollten«
(Volkan/Itzkowitz 2007, S. 385f., Übersetzung von Holmes 2007, S. 26). Die
Auswirkungen müssten meines Erachtens aber bescheidener dargelegt werden,
denn obwohl unter ihrem Einfluss türkische Intellektuelle einige Übersetzungen
psychoanalytischer Werke ins Türkische vornahmen und »man [die] Metapsychologie aus Büchern lernen [kann], [werden] aber [...] Praxis und Technik von
einem Analytiker zum anderen weitergegeben« (Robinson 2008, S. 44). So nahm
Weigert-Vowinckel neben deutschsprachigen EmigrantInnen nur einen Einheimischen – Izeddin A. Şadan – in Analyse, der aber als einsamer Mann, gekränkt
ob der geringen Anerkennung mit im Alter zusehends größeren Persönlichkeitsveränderungen in der Geschichte der Psychoanalyse der Türkei untergegangen ist
und keinen weitreichenden Einfluss auf die angewandte Psychoanalyse ausüben
konnte.

Auch Akhtar führt in seiner Diskussion über »Muslime in der Psychoanalytischen Welt« (2008, S. 315) die wichtige Bedeutung der Emigration in der welt-

weiten Verbreitung der Psychoanalyse an. Alle von ihm genannten muslimischen PsychoanalytikerInnen – wie Masud Khan, Afaf Mahfouz, Talaat Mohammed, Roknedin Safavi, Shahid Najeeb, Aisha Abbasi u. v. m. – haben ihren Emigrationsweg als Erwachsene bestritten und daher den »bittersweet process of postmigration transformation of identity« (ebd., S. 330) durchgemacht (vgl. auch Akhtar 1995, 1999). Seiner Ansicht nach haben sie alle als talentierte und ambitionierte Persönlichkeiten die schwierigen Erfahrungen einer Emigration gemeistert und ihre »geocultural laceration« (geokulturelle Schnittwunde) (2008, S. 330) hat einen entscheidenden Einfluss auf ihre klinische Arbeit, auf ihre Bemühungen in der angewandten Psychoanalyse und auf ihre theoretische Auffassung ausgeübt.

Mit seiner weiteren Darstellung des Wirkungsbereiches von Vamık D. Volkan (ebd., S. 326ff.) ist auch der Bogen zu den Berufsbiografien türkischer PsychoanalytikerInnen und den aktuellen Entwicklungslinien der Psychoanalyse in der Türkei gespannt.

Die in meiner Dissertation als Mitglieder der ersten Generation angeführten PsychoanalytikerInnen – namentlich Günsel Koptagel-Ilal, Ulviye Etaner, Celal Odağ, Vamık D. Volkan und Elif Ülkü Gürışık – sind ebenfalls die beschwerlichen Etappen einer Emigration im Erwachsenenalter durchlaufen. An diesen zutiefst persönlichen Erfahrungen auch gewachsen, sind sie durch ihre Neugier, ihre Aufgeschlossenheit gegenüber kultureller und sprachlicher Vielfalt sowie durch ihr berufliches Engagement als GründerInnenpersönlichkeiten hervorgetreten und haben die aktuelle Entwicklung der Psychoanalyse mit dem Hintergrund der psychoanalytischen Schulen ihrer Ausbildungsländer entscheidend beeinflusst. Auffallend ist in dieser Generation, dass die Mehrheit der Mitglieder die Psychoanalyse im Gebiet der Psychiatrie anzusiedeln beabsichtigte und in ihre Seminargruppen oder auch in ihre Analysen nur PsychiaterInnen aufnahm.

Die Einbettung der Psychoanalyse innerhalb der Psychiatrie ist in der zweiten Generation nicht mehr dominierend, nicht zuletzt deshalb, weil ungefähr die Hälfte ihrer Mitglieder Psychologie in ihrer Grundausbildung studiert und die Mehrheit ihre psychoanalytische Ausbildung in der *SPP* in Frankreich absolviert hat, wo gegenwärtig auch Nicht-MedizinerInnen berufspolitische Offenheit entgegengebracht wird (vgl. Barande/Barande 1982, S. 584).

Die PsychoanalytikerInnen dieser Generation sind in ihren Biografien von Bikulturalität geprägt, die bereits in ihrer Gymnasialzeit gründet, und die sich auch auf die Wahl ihrer Shuttle-Analysen übertragen hat. Die Jahrzehnte zuvor in die Wege geleitete Verwestlichungspolitik des Osmanischen Reiches hat ihre Früchte demnach auch in der aktuellen angewandten Psychoanalyse in seinem Nachfolgestaat Türkei geerntet. Die zahlreichen christlichen, jüdischen und französischen

Schulen, die zu jener Zeit im Sultanat erbaut wurden, haben ihre Sprachen und ihr europäisches Gedankengut ebenfalls auf die Jugendlichen übertragen können, indem sie ihr Interesse für die Psychoanalyse geweckt, ihren Weg zur psychoanalytischen Profession beeinflusst und somit »ihre Mission erfüllt haben«[238]. Genauso trug die ethnische Vielfalt der Türkei – bezogen auf die türkisch-jüdischstämmigen PsychoanalytikerInnen dieser Generation – zum Gedeihen der Psychoanalyse in diesem Land bei.

Auch die Institutionalisierung der Psychoanalyse in der Türkei hat hauptsächlich durch die Verdienste der Mitglieder der zweiten Generation begonnen und somit wurde der Weg zur psychoanalytischen Ausbildung für kommende Generationen eröffnet.

Die dritte Generation, in der auch zunehmend mehr Berufsgruppen aus weiteren Humanwissenschaften als AusbildungskandidatInnen vertreten sind, hat nun erstmals in der Geschichte der Psychoanalyse in der Türkei die langersehnte Möglichkeit der psychoanalytischen Ausbildung im eigenen Land und in der eigenen Muttersprache erhalten.

So wichtig und unabdingbar die Verbindung zur Internationalen Psychoanalytischen Vereinigung in der institutionellen Entstehungsgeschichte der Psychoanalyse in der Türkei auch war und heute noch ist, wird deren Eigenständigkeit durch unabhängige, lokale Institutionen mehr forciert werden und dadurch auch eine speziell »türkische Psychoanalyse« gedeihen. Als eine wichtige Voraussetzung für den Weg zur Autonomie kann das staatlich anerkannte Psychotherapiegesetz in der Türkei gesehen werden, dessen Verabschiedung für die Zukunft dringendst zu wünschen ist.

Die kulturellen Traditionen und der Islam haben in der psychoanalytischen Theorie und Praxis in der Türkei noch eine untergeordnete Rolle inne. Die Psychoanalyse ist, wie es in der Geschichte vieler Länder der Welt war, auch in der Türkei noch auf eine großbürgerliche, sozial abgesicherte Klientel beschränkt. Erst wenn mit dem Psychotherapiegesetz auch die Sozialversicherungsträger die Kosten für psychoanalytische Behandlungen übernehmen werden, kann sich der Wirkungskreis der Psychoanalyse auch auf die breite türkische Bevölkerung ausdehnen. Kulturelle und religiöse Besonderheiten werden somit im analytischen Raum vermehrt ihren Platz haben und ihr Eigenes zur Bereicherung der psychoanalytischen Theorie und Praxis beitragen.

---

238 Selvihan Akkaya: Persönliche Mitteilung am 4. März 2010.

Literatur

A. Izeddin (1948): Notes. Psychoanalytic Quarterly 17, S. 572–573.

Abbasi, Aisha (2008): Whose Side Are You On? Muslim Psychoanalysts Treating Non-Muslim Patients. In: Akhtar, Salman (Hg.): The crescent and the couch. Cross-currents between Islam and Psychoanalysis. Maryland (Jason Aronson, Rowman & Littlefield Publishing Group, Inc.), S. 335–350.

Abrevaya, Elda (2000): Aynadan Ötekine. Çocuk Öznelliğinin Oluşumu Üzerine Bir Çalışma. Düş/Düşün 2. İstanbul (Bağlam Yayıncılık).

Dies. (2002): Deliliğin Tutkusu/Tutkunun Deliliği. Psikoz Sorununa Psikanalitik Yaklaşım. Düş/Düşün 9. İstanbul (Bağlam Yayıncılık).

Abse, Wilfred D. (1974): Clinical Notes on Group-Analytic Psychotherapy. Charlottesville (University Press of Virginia).

Akashe-Böhme, Farideh (2006): Sexualität und Körperpraxis im Islam. Frankfurt am Main (Brandes & Apsel Verlag).

Akhtar, Salman & Kramer, Selma (1991): The Trauma of Transgression: Psychotherapy of Incest Victims. Lanham (Jason Aronson Inc. Publishers).

Akhtar, Salman (1995): A third individuation: Immigration, identity, and the psychoanalytic process. Journal of the American Psychoanalytic Association 43, S. 1051–1084.

Ders. (1999): Immigration and Identity: Turmoil, Treatment, and Transformation. Northvale, New Jersey (Jason Aronson Publishers).

Ders. (Hg.) (2008): The crescent and the couch. Cross-currents between Islam and Psychoanalysis. Maryland (Jason Aronson, Rowman & Littlefield Publishing Group, Inc.).

Alkan, Erdoğan (1996): Espiri Sanatı. İstanbul (Toplumsal Dönüşüm Yayınları).

Amati Mehler, Jacqueline; Argentieri, Simona & Canestri, Jorge (2010): Das Babel des Unbewussten. Muttersprache und Fremdsprachen in der Psychoanalyse. Gießen (Psychosozial-Verlag).

Anlı, Irem; Erten, Yavuz; Mercan, Sibel; Siegel, Allen; Şahin, Alper; Özalkuş Şahin, Ayşe; Tanık, Melis; Taşkıntuna, Nilgün & Tüzer, Verda (2003): Learning Self Psychology Abroad: The Turkish Experience. Unveröffentlichter Artikel, präsentiert auf der jährlichen Konferenz der IAPSP vom 6. bis 9. November 2003 in Chicago/USA

Ardalı, Cahit & Erten, Yavuz (1999): Psikanalizden Dinamik Psikoterapilere. İçgörü Dizisi 014. İstanbul (Alfa Yayım).

Ardjomandi, Mohammad E. (1990): Destruktivität und Versöhnung im schiitischen Islam. In: Herdieckerhoff, Eberhard (Hg.): Hassen und Versöhnen. Psychoanalytische Erkundungen. Göttingen (Vandenhoeck & Ruprecht Verlag), S. 121–137.

Ders. (1993): Die fremde Kultur der Schiiten. Scham, Schuld und Narzißmus in der psychoanalytischen und psychotherapeutischen Behandlung von Iranern. In: Streek, Ulrich (Hg.): Das Fremde in der Psychoanalyse. Erkundungen über das »Andere« in Seele, Körper und Kultur. München (Verlag J. Pfeiffer), S. 65–77.

Arkonaç, Sibel A. (Hg.) (2004): Doğunun ve Batının Yerelliği. Bireylik Bilgisine Dair. İstanbul (Alfa Yayım).

Arslan, Mehmet (2008): Beiträge deutscher Wissenschaftler zur Medizinerausbildung in der Türkei. Uluslararası Sosyal Araştırmalar Dergisi 1 (3), S. 83–103.

Atabek, Emine & Görkey, Şefik (1998): Başlangıçtan Rönesansa Kadar Tıp Tarihi. İstanbul (İ. Ü. Cerrahpaşa Tıp Fakültesi Yayınları).

Atılgan, Inanç (2006): Tarihten bir yaprak: Berggasse 19. Freud ve Togan, iki komşu, iki kader, iki hayat görüşü. Psikanaliz Yazıları. psikanaliz ve psikanalitik psikoterapiler 12, S. 97–104.

Ayni, Mehmet Ali (2007): Darülfünun Tarihi. İstanbul (Kitabevi Yayınları).

Bakacsy, Judith (1994): Die Rezeption der Lehre Freuds in Rußland unter besonderer Berücksichtigung translatorischer Problemstellungen. Unveröffentlichte Diplomarbeit, Leopold-Franzens-Universität Innsbruck.

Barande, Robert & Barande, Ilse (1982): Psychoanalyse in Frankreich In: Eicke, Dieter (Hg.): Tiefenpsychologie. (Kindlers »Psychologie des 20. Jahrhunderts«) Band 2. Weinheim, Basel (Beltz Verlag), S. 578–631.

Batur, Sertan (2002): Institutionalisierung der Psychologie an der Universität Istanbul. Medial veröffentlichte Diplomarbeit, Universität Wien. URL: http://othes.univie.ac.at/10733/1/Institutionalisierung.PDF (Stand: 03.06.2012).

Batur, Sertan & Aslıtürk, Ersin (2006): On Critical Psychology in Turkey. Annual Review of Critical Psychology 5, S. 21–41.

Baudouin, Charles (1929): Psychoanalyse de l'Art. Paris (Presses Universitaires).

Beck, Ulrich & Beck-Gernsheim, Elisabeth (1990): Das ganz normale Chaos der Liebe. Frankfurt am Main (Suhrkamp Verlag).

Benbassa, Esther (1982): Cultures juives méditerranéennes et orientales. Paris (Editions Syros).

Dies. (2010): Suffering as Identity. The Jewish Paradigm. London, New York (Publisher Verso).

Bennani, Jalil (2008): Die Psychoanalyse in Marokko: Geschichte und Bestandsaufnahme. URL: http://www.psf-de.com/spip.php?article3 (Stand: 03.06.2012).

Benslama, Fethi (2009): Psychoanalysis and the Challenge of Islam. Minneapolis (University of Minnesota Press).

Berkes, Niyazi (1947): Totem ve Tabu. Ankara (Milli Eğitim Bakanlığı Yayınları).

Bettelheim, Bruno (1984): Freud und die Seele des Menschen. Düsseldorf (Claassen Verlag).

Blochet, Edgar (1899): Etudes sur l'histoire religieuse de l'Iran. Paris (Ernest Leroux).

Bogner, Alexander; Littig, Beate & Menz, Wolfgang (Hg.) (2005): Das Experteninterview. Theorie, Methode, Anwendung. Wiesbaden (VS Verlag für Sozialwissenschaften).

Bozay, Kemal (2001): Exil Türkei. Ein Forschungsbeitrag zur deutschsprachigen Emigration in der Türkei (1933–1945). Münster (Lit Verlag).

Brandtner, Andreas, Arbeitsgruppe Stolzenbachhilfe (Hg.) (1992): Nach der Katastrophe. Das Grubenunglück von Borken. Ein Erfahrungsbericht über drei Jahre psychosoziale Hilfe. Göttingen (Vandenhoeck und Ruprecht).

Bruder, Klaus-Jürgen (2003): »Die biographische Wahrheit ist nicht zu haben«. Psychoanalyse und Biographieforschung. Gießen (Psychosozial-Verlag).

Burda, Gerhard (2008): Wer fürchtet sich vorm Muselmann? Über Islamonoia. Werkblatt. Zeitschrift für Psychoanalyse & Gesellschaftskritik 25 (60/1), S. 78–103.

Burnham, John C. (1982): The Reception of Psychoanalysis in Western Cultures: An Afterword on Its Comparative History. Comparative Studies in Society and History. An International Quarterly 24 (4), S. 603–610.

Ders. (1983): Jelliffe: American Psychoanalyst and Physician. His Correspondence with Sigmund Freud and C. G. Jung. Chicago (The University of Chicago Press).

Cevdet, Abdullah (1917): Ruh-ül Akvam. İstanbul (Kütüphane-i İçtihad).

Chang, Choo Suk (1998): An Effective Analytical Psychotherapy in Crosscultural Context. An East Asian Student in the United States. American Journal of Psychotherapy 52 (2), S. 229–239.

Charlier, Mahrokh (2007): Macht und Ohnmacht. Religiöse Tradition und die Sozialisation des muslimischen Mannes. Psyche. Zeitschrift für Psychoanalyse und ihre Anwendungen 61 (11), S. 1116–1131.

Cohen, Robert A. (1982): Edith V. Weigert 1894–1982. Obituary. Psychiatry. Journal for the Study of Interpersonal Processes 45, S. 271–273.

Çağlar, Ayşe & Glick-Schiller, Nina (2009): Towards a Comparative Theory of Locality in Migration Studies: Migrant Incorporation and City Scale. Journal of Ethnic and Migration Studies 35 (2), S. 177–202.

Dalaman, Cem (1998): Die Türkei in ihrer Modernisierungsphase als Fluchtland für deutsche Exilanten. Inauguraldissertation, Freie Universität Berlin.

Dammann, Gerhard (2004): Interaktionelle Methode und übertragungsfokussierte Psychotherapie. Gemeinsamkeiten und Unterschiede zweier psychodynamischer Therapieverfahren für persönlichkeitsgestörte Patienten. Forum der Psychoanalyse. Zeitschrift für klinische Theorie und Praxis 20, S. 314–330.

Dare, Christopher (1982): Psychoanalyse in Grossbritannien. In: Eicke, Dieter (Hg.): Tiefenpsychologie. (Kindlers »Psychologie des 20. Jahrhunderts«) Band 2. Weinheim, Basel (Beltz Verlag), S. 542–549.

Deliorman, Altan (2006): Eski albümden tanıdık çehreler. Deli Doktoru. Türk Edebiatı 389, S. 62–64.

Ders. (2009): Hatırat Kitaplığı. Türk Yurdunun Bilgeleri. İstanbul (Timaş Yayınları).

Devereux, Georges (1976): Angst und Methode in den Verhaltenswissenschaften. Frankfurt am Main (Verlag Ullstein).

Dolto, Françoise (1991): Selbstporträt einer Psychoanalytikerin. Weinheim, Berlin (Beltz Quadriga).

Eğrilmez, Ayhan (1996): Olgu Öyküleri II. İstanbul (Payel Yayınları).

Eğrilmez, Ayhan & Vahip, Işıl (Hg.) (2002): Psikopatoloji ve Psikanalitik Teknik. İzmir (Meta Basım).

Eicke, Dieter (Hg.) (1982): Tiefenpsychologie. (Kindlers »Psychologie des 20. Jahrhunderts«) Band 2. Weinheim, Basel (Beltz Verlag).

Eraksoy, Mefkure (2003): Mustafa Hayrullah Diker (1875–1950). Journal of Neurology 250 (12), S. 1505–1506.

Erdheim, Mario (1982): Die gesellschaftliche Produktion von Unbewußtheit. Eine Einführung in den ethnopsychoanalytischen Prozess. Frankfurt am Main (Suhrkamp Verlag).

Erichsen, Regine (1991): Die Emigration deutschsprachiger Naturwissenschaftler von 1933 bis 1945 in die Türkei in ihrem sozial- und wissenschaftshistorischen Wirkungszusammenhang. In: Strauss, Herbert A. (Hg.): Die Emigration der Wissenschaften nach 1933. Disziplingeschichtliche Studien. München (K·G·Saur Verlag), S. 73–104.

Dies. (2005): Das türkische Exil als Geschichte von Frauen und ihr Beitrag zum Wissenschaftstransfer in die Türkei von 1933 bis 1945. Berichte zur Wissenschaftsgeschichte 28, S. 337–353.

Erkoç, Şahap & Kazancıgil, Aykut (2006): Edward G. Browne'nin »Arabian Medicine« adlı kitabının Dr. Feridun Nafız Uzluk ve Dr. İzzettin Şadan tarafından yapılmış ve yayınlanmamış iki farklı Türkçe çevirisi. Tıp Tarihi Araştırmaları 14, S. 61–65.

Erkoç, Şahap & Yazıcı, Olcay (2006): Mazhar Osman ve Dönemi. Mecnunları, Mekanları, Dostları. İstanbul (Argos İletişim Hizmetleri Reklamcılık ve Ticaret A.Ş.).

Erkoç, Şahap & Kutlar, Tarık (2007): Izzettin Şadan'a göre Merkez Efendi'nin psikanalitik yorumu. Tıp Tarihi Araştırmaları 17, S. 13–31.

Ersevim, Ismail (1997): Freud ve Psikanalizin Temel İlkeleri. İstanbul (Nobel Tıp Kitapevleri).

Erten, Yavuz; Geçtan, Engin; Ardalı, Cahit; Şahin, Doğan; Saydam, Bilgin; Koçak Orhan; Tükel, Raşit; Tura, Saffet Murat & Erk, Selma (2000): Kişilik ve Psikoterapi Yazıları. Salı Toplantıları Kitabı. İstanbul (Alan Yayıncılık).

Erten, Yavuz (2003): »bay psikanaliz kimdir?« heinz kohut üzerine allen siegel ile bir söyleşi. Psikanaliz Yazıları. hangi psikanalist? 6, S. 91–100.

Erten, Yavuz; Dindar, Cemal & Timuçin, Afşar (Hg.) (2006): Bilim ve Felsefe Açısından Ruhsallık Bilgileri. İstanbul (Bulut Yayınları).

Erten, Yavuz (2010): Inter-subjective versus Inter-cultural in the context of West and East Relationship: Hi-s-tory or Our-Story? Unveröffentlichter Artikel, präsentiert auf dem XVI. International Forum of Psychoanalysis vom 20. bis 23. Oktober 2010 in Athen/Griechenland.

Etaner, Ulviye; Akvardar, Yıldız; Çalak, Erdoğan; Hürol, Cem; Sunat, Haluk; Tükel, Raşit; Üçok, Alp & Yücel, Başak (Hg.) (2000 [1997, Mepev Yayınları]): Psikanalitik Kurama Giriş. Düş/Düşün 4. İstanbul (Bağlam Yayıncılık).

Etkind, Alexander (1996): Eros des Unmöglichen. Die Geschichte der Psychoanalyse in Rußland. Leipzig (Gustav Kiepenheuer Verlag).

Evliya Çelebi (2006): Seyahatname. İstanbul (Say Yayınları).

Evrim, Selmin (1944): Hayatım ve Psikanaliz. İstanbul (Insel Kitapevi).

Fallend, Karl; Eppensteiner, Barbara & Reichmayr, Johannes (1987): Die Psychoanalyse im Film 1925/26 (Berlin/Wien). Psyche. Zeitschrift für Psychoanalyse und ihre Anwendungen 41 (2), S. 129–139.

Fallend, Karl (1995): Sonderlinge, Träumer, Sensitive. Psychoanalyse auf dem Weg zur Institution und Profession. Protokolle der Wiener Psychoanalytischen Vereinigung und biografische Studien. Wien (Verlag Jugend & Volk).

Fallend, Karl & Hofstadler, Beate (2004): Zur Methodik qualitativer Sozialforschung. Eine Einführung in Erhebung und Auswertung. Unveröffentlichtes Skriptum, Leopold-Franzens Universität Innsbruck.

Falzeder, Ernst & Burnham, John C. (2007): A perfectly staged »concerted action« against psychoanalysis: The 1913 congress of German psychiatrists. International Journal of Psychoanalysis 88, S. 1223–1244.

Fenichel, Otto (1939): 119 Rundbriefe. Band II. Amerika (1938–1945). In: Mühlleitner, Elke & Reichmayr, Johannes (Hg.) (1998). Frankfurt am Main (Stoemfeld Verlag).

Fermi, Laura (1968): Illustrious Immigrants. The Intellectual Migration From Europe 1930–1941. Chicago (The University of Chicago Press).

Fine, Reuben (1979): The History of Psychoanalysis. New York (The Continuum Publishing Company).

Fischer, Eugenia; Fischer, René; Otto, Hans-Heinrich & Rothe, Hans-Joachim (Hg.) (2009): Sigmund Freud/Nikolaj J. Ossipow. Briefwechsel 1921–1929. Frankfurt am Main (Brandes & Apsel Verlag).

Flick, Uwe (2002): Qualitative Sozialforschung. Eine Einführung. Reinbek bei Hamburg (Rowohlt Taschenbuch-Verlag).

Fonagy, Peter (2001): Joseph Sandler (1927–1998). International Journal of Psycho-analysis 82, S. 815–817.

Freud, Sigmund (1900a). Die Traumdeutung. GW II-III.

Ders. (1927c): Die Zukunft einer Illusion. GW XIV, S. 325–380.

Ders. (1930a): Das Unbehagen in der Kultur. GW XIV, S. 419–506.

Freud, Sigmund & Zweig, Arnold (1936): Sigmund Freud Briefe 1873–1939. In: Freud, Ernst & Freud, Lucie (Hg.) (1960). Frankfurt am Main (Fischer Taschenbuchverlag).

Freud, Sigmund & Fließ, Wilhelm (1900): Sigmund Freud. Aus den Anfängen der Psychoanalyse 1887–1902. Briefe an Wilhelm Fließ. In: Bonaparte, Marie; Freud, Anna & Kris, Ernst (Hg.) (1962). Frankfurt am Main (Fischer Taschenbuchverlag).

Freud, Sigmund & Abraham, Karl (1916): Sigmund Freud/Karl Abraham Briefwechsel 1907–1925. Band II: 1915–1925. In: Falzeder, Ernst & Hermanns, Ludger M. (Hg.) (2009). Wien (Verlag Turia + Kant).

Freud, Sigmund & Eitingon, Max (1916): Sigmund Freud/Max Eitingon Briefwechsel 1906–1939. Band 1. In: Schröter, Michael (Hg.) (2004). Tübingen (edition discord).

Fromm-Reichmann, Frieda (1960): Principles of Intensive Psychotherapy. Chicago (The University of Chicago Press).

Gaddini, Eugenio (1982): Psychoanalyse in Italien. In: Eicke, Dieter (Hg.): Tiefenpsychologie. (Kindlers »Psychologie des 20. Jahrhunderts«) Band 2. Weinheim, Basel (Beltz Verlag), S. 650–667.

Gampel, Yolanda (2009): Kinder der Shoah. Die transgenerationelle Weitergabe der seelischen Zerstörung. Gießen (Psychosozial-Verlag).

Gathelier, François-Michel (1991): Die Veröffentlichung von Freuds »Gesammelten Werken« in französischer Sprache. Gespräch mit Jean Laplanche. Psyche. Zeitschrift für Psychoanalyse und ihre Anwendungen 45 (8), S. 700–712.

Geçtan, Engin (2004a): Varoluş ve Psikiyatri. İstanbul (Metis Yayınları).

Ders. (2004b): Psikodinamik Psikiyatri ve Normaldışı Davranışlar. İstanbul (Metis Yayınları).

Ders. (2004c): Kimbilir? İstanbul (Metis Yayınları).

Ders. (2005a): Psikanaliz ve Sonrası. İstanbul (Metis Yayınları).

Ders. (2005b): Seyyar. İstanbul (Metis Yayınları).

Ders. (2006): Hayat. İstanbul (Metis Yayınları).

Ders. (2007): İnsan Olmak. İstanbul (Metis Yayınları).

Ders. (2010): Zamane. İstanbul (Metis Yayınları).

Gfäller, Georg R. (2002): In Memoriam Annelise Heigl-Evers. Gruppenanalyse 12, S. 91–93.

Goldschmidt, Georges-Arthur (2005): Als Freud das Meer sah. Freud und die deutsche Sprache. Frankfurt am Main (Fischer Taschenbuchverlag).

Ders. (2008): Freud wartet auf das Wort. Frankfurt am Main (Fischer Taschenbuchverlag).

Gökay, Fahrettin Kerim & Polvan, Necmeddin (1939): Die Bestimmung der Leberinsuffizienz durch Santonin bei Melancholikern. Sonderdruck der Zeitschrift für die gesamte Neurologie und Psychiatrie 165, S. 470–473.

Göle, Nilüfer (2004): Modern Mahrem. Medeniyet ve Örtünme. İstanbul (Metis Yayınları).

Graez, Michael (1996): The Jews in Nineteenth-Century France: From the French Revolution to the Alliance Israelite Universelle. Stanford (Stanford University Press).

Grinberg, León & Grinberg, Rebeca (1990): Psychoanalyse der Migration und des Exils. Stuttgart (Klett-Cotta Verlag).

Grossmann, Atina (1993): German Women Doctors from Berlin to New York: Maternity and Modernity in Weimar and in Exile. Feminist Studies 19 (1), S. 65–88.

Dies. (1995): New Women in Exile. German Women Doctors and the Emigration. In: Quack, Sibylle (Hg.): Between Sorrow and Strength. Women Refugees of the Nazi Period. Washington, Cambridge (Cambridge University Press), S. 215–239.

Gülerce, Aydan (2008): On the Absence of Presence/The Presence of an Absence. Psychoanalysis in the Turkish Context. Theory & Psychology 18 (2), S. 237–251.

Gürdal Küey, Ayça (2000): Rüya, Arzu ve Zaman. Psikanaliz Yazıları. yüz yıl sonra düş ve düşlerin yorumu 1, S. 71–75.

Dies. (2009): Yabancı ülkede Divan (Divan á l'étranger). In: Oedipe le Salon & Association Psychanalytique d'Istanbul (Hg.): Oedipus Istanbul'da. Divan Yazısı (Oedipe à Istanbul. L'Ecriture du Divan). Paris (Editions des crepuscules), S. 60–74.

Gürışık, Elif Ülkü (1997a): Challenges to the Ambulatory Process and How to Survive Them – A Case Study. In: Van Marle, Hjalmar (Hg.): Challenges in Forensic Psychotherapy. Forensic Focus 5. London (Jessica Kinsley Publishers) S. 43–52.

Dies. (1997b): The Flasher. In: Adshead, Gwen (Hg.): Practical Guide to Forensic Psychotherapy. Forensic Focus 3. London (Jessica Kinsley Publishers), S. 155–160.

Dies. (1997c): Female Prostitution. In: Adshead, Gwen (Hg.): Practical Guide to Forensic Psychotherapy. Forensic Focus 3. London (Jessica Kinsley Publishers), S. 182–187.

Gürkan, Kazım İsmail (1967): Bezm-İ-Âlem Vâlide Sultan-Vakıf Gureba Hastahanesi Tarihçesi. İstanbul (Özışık Matbaası).

Güvenç, Rahmi Oruç (1985): Türklerde ve Dünyada Müzikle Ruhi Tedavinin Tarihçesi ve Günümüzdeki Durumu. İ. Ü. Cerrahpaşa Tıp Fakültesi Psikiyatri Anabilim Dalı. Unveröffentlichte Dissertation, Istanbul Universität.

Habip, Bella (Hg.) (2002): bensizbiz. Topluluk Zihniyetin Psikanalizi. İstanbul (Ithaki Yayınları).

Dies. (Hg.) (2003): kadınlık, yeniden. Çağdaş Psikanalizin Bakışı. İstanbul (Ithaki Yayınları).

Dies. (2007): Psikanalizin Aktarımı ve Türkiye'de Psikanaliz. In: Dies.: psikanalizin içinden. İstanbul (YKY), S. 26–35.

Dies. (Hg.) (2009): Uluslararası Psikanaliz Yıllığı. İstanbul (YKY).

Hâcib, Yusuf Has (2006): (Übersetzer: Arat, Reşit Rahmeti): Kutadgu Bilig. İstanbul (Kabalcı Yayınevi).

Hale, Nathan G. (1971): Freud and the Americans: The Beginnings of Psychoanalysis in the United States, 1876–1917. New York (Oxford University Pres Inc.).

Ders. (1995): The Rise and Crisis of Psychoanalysis in the United States: Freud and the Americans, 1917–1985. New York (Oxford University Press Inc.).

Handlbauer, Bernhard (1999): Über den Einfluß der Emigration auf die Geschichte der Psychoanalyse. Forum der Psychoanalyse. Zeitschrift für klinische Theorie und Praxis 15, S. 151–166.

Ders. (2006): Brüche und Brücken – Psychoanalyse und Individualpsychologie im Exil. In: Wiesinger-Stock, Sandra; Weinzierl, Erika & Kaiser, Konstantin (Hg.): Vom Weggehen. Zum Exil von Kunst und Wissenschaft. Wien (Mandelbaum Verlag), S. 244–260.

Hartmann, Katrin (2007): Die Psychoanalyse im Libanon. Zur Entwicklung einer westlichen Profession in einer arabischen Gesellschaft. Berlin (Verlag Hans Schiler).

Hastings, James (1908–1927): Encyclopaedia of Religions and Ethics. 12 Bände. Edinburgh (T&T Clark).

Heenen-Wolff, Susann (2007): Wichtige Strömungen in der französischen Psychoanalyse. Forum der Psychoanalyse. Zeitschrift für klinische Theorie und Praxis 23, S. 364–378.

Dies. (2009): Pionierzeiten der Psychoanalyse in Belgien: Julien (Johan) Varendonck. Luzifer-Amor. Zeitschrift zur Geschichte der Psychoanalyse 22 (44), S. 45–53.

Heigl-Evers, Annelise & Heigl, Franz (1978): Konzepte der analytischen Gruppenpsychotherapie. Göttingen (Vandenhoeck & Ruprecht).

Heigl-Evers, Annelise & Ott, Jürgen (2002): Die psychoanalytisch-interaktionelle Methode. Theorie und Praxis. Göttingen (Vandenhoeck & Ruprecht).

Heimann-Jelinek, Felicitas & Schubert, Kurt (1992): Spharadim-Spaniolen. Die Juden in Spanien – Die sephardische Diaspora. Studia Judaica Austriaca, Bd. XIII. Eisenstadt (Österreichisches Jüdisches Museum).

Hermle, Leo (1988): Karl Wilmanns (1873–1945) – biobibliographische Betrachtung einer psychiatrischen Ära. Fortschritte der Neurologie und Psychiatrie 56, S. 103–110.

Herr, Thomas (1991): Ein deutscher Sozialdemokrat an der Peripherie – Ernst Reuter im türkischen Exil 1935–1946. In: Strauss, Herbert A. (Hg.): Die Emigration der Wissenschaften nach 1933. Disziplingeschichtliche Studien. München (K·G Saur Verlag), S. 193–218.

Hirt, Jean-Michel (2009): To Believe or to Interpret. S. Journal of the Jan van Eyck Circle for Lacanian Ideology Critique 2, S. 10–13.

Holmes, Maren (2006): Leben und Werk der Psychiaterin und Psychoanalytikerin Dr. med. Edith Weigert-Vowinckel (1894–1982). Unveröffentlichte Diplomarbeit, Freie Universität Berlin.

Dies. (2007): Düsseldorf – Berlin – Ankara – Washington: Der Lebenslauf von Edith Weigert, geb. Vowinckel (1894–1982). Luzifer-Amor. Zeitschrift zur Geschichte der Psychoanalyse 39, S. 7–52.

Hornstein, Gail A. (2000): To Redeem one Person is to Redeem the World. The Life of Frieda Fromm-Reichmann. New York (Other Press).

Huo, Datong; Qing, Wie & Zhang, Jinyan (2007): China. Von Null aus gehen. Riss. Zeitschrift für Psychoanalyse. Freud – Lacan. Psychoanalyse in China 21 (67), S. 15–21.

İstanbul Psikanaliz Grubu (Hg.) (2000): Psikanaliz Tartışmaları/1. Düş/Düşün 3. İstanbul (Bağlam Yayıncılık).

Jambet, Christian (2009): Four Discourses on Authority in Islam. S. Journal of the Jan van Eyck Circle for Lacanian Ideology Critique 2, S. 44–61.

Jasser, Samar A. (2008): Islam and Family Strukture. In: Akhtar, Salman (Hg.): The crescent and the couch. Cross-currents between Islam and Psychoanalysis. Maryland (Jason Aronson, Rowman & Littlefield Publishing Group, Inc.), S. 123–139.

Jiko, Jihad (2004): Die Verleugnung der Ambivalenz. Eine psychoanalytische Annäherung an den Monotheismus im Islam. Psyche. Zeitschrift für Psychoanalyse und ihre Anwendungen 58 (1), S. 26–46.

Ders. (2007): Die Idealisierung des sexuellen Triebes im Islam. Psyche. Zeitschrift für Psychoanalyse und ihre Anwendungen. Migration. Islam. Psychoanalyse 61 (11), S. 1132–54.

Jones, Ernest (1923): Papers on Psychoanalysis. London (Ballière, Tindall & Cox.).

Ders. (1925): Traite Theorique et Pratique de Psychanalyse. Paris (Payot).

Ders. (1941): (Übersetzer: Şadan, Izeddin A.): Psikanaliz. İstanbul (Sebat Basımevi).

Jordan, Stefan (2005): Einführung in das Geschichtsstudium. Stuttgart (Reclam Verlag).

Kakar, Sudhir (1978): The Inner World: A Psychoanalytic Study of Childhood and Society in India. Delhi (Oxford University Press).

Ders. (1982): Shamans, Mystics and Doctors: A Psychological Inquiry into India and its Healing Traditions. Chicago (The University of Chicago Press).

Ders. (1999): Psychoanalyse in nicht westlichen Kulturen. In: Pedrina, Fernanda; Saller, Vera; Weiss, Regula & Würgler, Mirna (Hg.): Kultur, Migration, Psychoanalyse. Tübingen (edition diskord), S. 13–28.

Kapkın, Emre (2000): Freud Çevrileri Üzerine. Psikanaliz Yazıları. yüz yıl sonra düş ve düşlerin yorumu 1, S. 115–122.

Ders. (2001): Düşlerin Yorumu I. Freud Kitaplığı: 4. İstanbul (Panel Yayınevi).

Ders. (2002): Metapsikoloji. Freud Kitaplığı: 12. İstanbul (Panel Yayınevi).

Karasu, Byram T. (1996): Destruction of Psychotherapy. Northvale (Jason Aronson).

Ders. (2001): The Psychotherapist as Healer. Northvale (Jason Aronson).

Ders. (2002): The Art of Serenity. The Path to a Joyful Life in the Best and Worst of Times. New York (Simon & Schuster).

Ders. (2006): Of God and Madness: A Historical Novel. Lanham (Rowman & Littlefield Publishers).

Ders. (2008): The Spirit of Happiness: Discovering God's Purpose for Your Live. New York (Simon & Schuster).

Kayaalp, Levent (2004): L'histoire d'un rendez-vous manqué: l'exemple de la Turquie. Topique. L'Esprit du temps 89 (4), S. 119–127.

Kayatekin, Sağman M. (2008): Christian-Muslim Relations. The Axis of Balkans and the West. In: Akhtar, Salman (Hg.): The crescent and the couch. Cross-currents between Islam and Psychoanalysis. Maryland (Jason Aronson, Rowman & Littlefield Publishing Group, Inc.), S. 199–216.

Kazanskaya, Anna (2004): Analysis is a shuttle: mapping shuttle analysis. Unveröffentlichter Artikel, präsentiert im 5 PIEE Candidates' Seminar in St. Petersburg/Russland.

Kämmerer, Annette & Funke, Joachim (Hg.) (2004): Seelenlandschaften. Göttingen (Vandenhoeck & Ruprecht Verlag).

Kernberg, Otto F. (2000): Psychoanalytic Perspectives on the Religious Experience. American Journal of Psychotherapy 54 (4), S. 452–476.

Khan, Ruqayya Yasmine (2008): Oedipus in Egypt. A Twentieth-Century Rendition of Majnun Layla. In: Akhtar, Salman (Hg.): The crescent and the couch. Cross-currents between Islam and Psychoanalysis. Maryland (Jason Aronson, Rowman & Littlefield Publishing Group, Inc.), S. 283–294.

Kızılhan, Jan (2011): Zum psychotherapeutischen Arbeiten mit Migrantinnen und Migranten in psychosomatisch-psychiatrischen Kliniken. Psychotherapeutenjournal 1, S. 21–27.

Klein, Melanie (2006 [1962]): Das Seelenleben des Kleinkindes und andere Beiträge zur Psychoanalyse. Stuttgart (Klett-Cotta Verlag).

Koptagel-Ilal, Günsel (1967): Der Adrenalin-Histamin-Hauttest bei Schizophrenen unter Pharmakotherapie. Archiv für Psychiatrie und Zeitschrift f. d. ges. Neurologie 209 (1), S. 38–52.

Dies. (1971): A psychoanalytic and neurovegetative investigation of gastro-colitis patients. Psychotherapy and Psychosomatics 19 (3), S. 175–191.

Dies. (1972): Gastro-Kolit Hastaların Psikanalitik ve Nöro-Vegetativ Açıdan İncelenmesi. İstanbul Üniversitesi Tıp Fakültesi Çapa Nöro-Psikiyatri Kliniği 53. İstanbul (Bozak Matbaası).

Dies. (1993 [1973]): Psikanalize Giriş. İstanbul (Star Yaprak Yayıncılık).

Dies. (1993): Türkiye'de Sigmund Freud. In: Psikanalize Giriş. Genel Nevroz Öğretisi. İstanbul (Star Yaprak Yayıncılık), S. 323–331.

Dies. (1998): Psychoanalyse und deren Anwendung in der Türkei. In: Koch, Eckhardt; Özek, Metin; Pfeiffer, Wolfgang & Schepker, Renate (Hg.): Chancen und Risiken von Migration. Freiburg im Breisgau (Lambertus-Verlag), S. 225–232.

Dies. (2006a): Çapa Psikiyatri Kliniği ve Ben. Kök'ten Gövde'ye 1955–2005. In: Yazıcı, Olcay (Hg.): I.Ü.T.F Çapa Psikiyatri Kliniği'nin 50 Yılı. İstanbul. Zitiert aus der mir 2010 persönlich übermittelten, ungebundenen Erinnerungsschrift, S. 1–29.

Dies. (2006b): Communicative Function of Dreams in the Therapeutic Process. Türk Psikiyatri Dergisi 17 (3), S. 1–7.

Dies. (2009): Psychopathology of Expression and Art-Therapy in Turkey and Relations with S.I.P.E [Société Internationale de Psychopathologie de l'Expression et d'Art-thérapie]. From Yesterday to Now. Jubilée de la S.I.P.E 1959–2009. Paris (Publ. de la S.I.P.E).

König, Karl (2008): Gruppenanalyse im Göttinger Modell – theoretische Grundlagen und praktische Hinweise. Heidelberg (Mattes Verlag).

Köse, Ali (2000): Freud ve Din. İstanbul (İz Yayıncılık).

Kubik, Gerhard (2007): Tabus in den islamischen Kulturen und das Problem transkultureller Übertretung. In: Ders. (Hg.): Tabu. Erkundungen transkultureller Psychoanalyse in Afrika, Europa und anderen Kulturgebieten 7. Wien, Berlin (LIT Verlag), S. 66–77.

Kücükkaya, Ismail (2008). Cumhuriyetimize Dair. Ankara (Aşina Kitaplar).

Lacan, Jacques (2006): Der Triumph der Religion. Wien (Verlag Turia + Kant).

Laplanche, Jean & Pontalis, Jean-Bertrand (2004): Vocabulaire de la psychanalyse. Paris (Presses Universitaires de France).

Le Bon, Gustav (1895): Psychologie des Foules. Paris (Édition Félix Alcan).

Liban, Alex & Goldman, Dodi (2000): Freud comes to Palestine. A Study of Psychoanalysis in a Cultural Context. The International Journal of Psychoanalysis 81, S. 893–906.

Lidz, Ruth & Lidz, Theodore (1949): The family environment of schizophrenic patients. American Journal of Psychiatry 106, S. 332–345.

Lidz, Theodore (1972): Der Einfluss von Familienuntersuchungen auf die Behandlung der Schizophrenie. Psyche. Zeitschrift für Psychoanalyse und ihre Anwendungen 26 (3), S. 169–190.

Likierman, Meira (1990): Translation in Translition. Some issues surrounding the Strachey translation of Freud's works. International Review of Psycho-analysis 17, S. 115–120.

Limentani, Adam (1972): Assessment of analysability. Major hazard in selection. International Journal of Psycho-Analysis 53, S. 351–362.

Ders. (1991): Neglected fathers in aetiology. Treatment of sexual deviations. International Journal of Psycho-Analysis 72, S. 573–584.

Lockot, Regine (2002): Erinnern und Durcharbeiten. Zur Geschichte der Psychoanalyse und Psychotherapie im Nationalsozialismus. Gießen (Psychosozial-Verlag).

Lohmann, Hans-Martin (Hg.) (1996): Hundert Jahre Psychoanalyse. Bausteine und Materialien zu ihrer Geschichte. Stuttgart (Verlag Internationale Psychoanalyse).

Loizos, Peter (1981): The heart grown bitter. A chronicle of Cypriot war refugees. Cambridge (Cambridge University Press).

Maetze, Gerhard (1971): Psychoanalyse in Berlin von 1950 bis 1970. Psyche. Zeitschrift für Psychoanalyse und ihre Anwendungen 25 (4), S. 269–286.

Ders. (1982) Psychoanalyse in Deutschland. In: Eicke, Dieter (Hg.): Tiefenpsychologie. (Kindlers »Psychologie des 20. Jahrhunderts«) Band 2. Weinheim, Basel (Beltz Verlag), S. 408–442.

Mahony, Patrick J. (1989): Der Schriftsteller Sigmund Freud. Frankfurt am Main (Suhrkamp Verlag).

Makari, George (2008): Revolution in Mind. The Creation of Psychoanalysis. New York (HarperCollins books).

Marcos, Luis R. (1976): Bilinguals in Psychotherapy. Language as an Emotional Barrier. American Journal of Psychotherapy 30 (4), S. 552–560.

Marinelli, Lydia (2004): Freuds verschwundene Nachbarn. Wien (Verlag Turia+Kant).

Massar Bey (1909): Zur Pathogenese der Geistes- und Nervenkrankheiten im Orient. Deutsche Medizinische Wochenschrift 18, S. 805–806.

Maucade, Julien (2009): Cogito and the Subject of Arab Culture. S. Journal of the Jan van Eyck Circle for Lacanian Ideology Critique 2, S. 6–9.

May, Ulrike (1982): Psychoanalyse in den USA. In: Eicke, Dieter (Hg.): Tiefenpsychologie. (Kindlers »Psychologie des 20. Jahrhunderts«) Band 2. Weinheim, Basel (Beltz Verlag), S. 482–527.

Dies. (2008): Psychoanalyse in Berlin: 1920–1936. Jahrbuch der Psychoanalyse. Beiträge zur Theorie, Praxis und Geschichte. Psychoanalyse aus Berlin (1920–1933) 57, S. 13–39.

Mayring, Philipp (1983): Qualitative Inhaltsanalyse. Grundlagen und Techniken. Weinheim (Psychologie Verlag Union Beltz).

Ders. (1999): Einführung in die qualitative Sozialforschung. Weinheim (Psychologie Verlag Union Beltz).

Middlemore, Merell P. (1934): Applied Psycho-Analysis. A. Izeddin. ›Eine mohammedanische Legende‹. Imago, 1932, Bd. XVII, S. 189–213. International Journal of Psychoanalysis 15, S. 328.

Modena, Emilio (1980): Marxismus, Freudismus, Psychoanalyse. Psychoanalyse. praxisbezogen – kontrovers – interdisziplinär 1 (3), S. 202–228.

Ders. (2008): Politisches Asyl. Zur Individualisierung der Revolutionäre. In: Werkblatt. Zeitschrift für Psychoanalyse & Gesellschaftskritik 25 (61/2), S. 55–71.

Molnar, Michael (1996): Sigmund Freud. Tagebuch 1929–1939. Kürzeste Chronik. Frankfurt am Main (Stroemfeld Verlag).

Moore, Nigel (1982): Psychoanalyse in Skandinavien. In: Eicke, Dieter (Hg.): Tiefenpsychologie. (Kindlers »Psychologie des 20. Jahrhunderts«) Band 2. Weinheim, Basel (Beltz Verlag), S. 550–577.

Muhs, Aribert & Lieberz, Klaus (1993): Das Fremde in der Psychodynamik bei Patienten mit bikultureller Abstammung. In: Streek, Ulrich (Hg.): Das Fremde in der Psychoanalyse. Erkundungen über das »Andere« in Seele, Körper und Kultur. München (Verlag J. Pfeiffer), S. 147–163.

Müller, Max (1982): Erinnerungen. Erlebte Psychiatriegeschichte 1920–1960. Berlin (Springer-Verlag).

Naderi, Sait (2004): Mazhar Osman ve Türkiye'de Nöroşirurjinin Doğuşu. İzmir (Dokuz Eylül Yayınları).

Nadig, Maya (1986): Die verborgene Kultur der Frau. Ethnopsychoanalytische Gespräche mit Bäuerinnen in Mexiko. Frankfurt am Main (Fischer Taschenbuchverlag).

Namal, Arın (2003a): Ord. Prof. Dr. Phillip Schwartz'ın (1894–1977) İstanbul Üniversitesi Tıp Fakültesi'nde Patoloji Eğitimine Katkıları. Türk Patoloji Dergisi 19 (1–2), S 1–6.

Dies. (2003b): Die kurze Tätigkeit des österreichischen Hals-Nasen-Ohren-Spezialisten Prof. Dr. Erich Ruttin an der Universität Istanbul in den Jahren 1934 und 1935. Wiener Klinische Wochenschrift 115 (12), S. 432–437.

Neumark, Fritz (1980): Zuflucht am Bosporus: deutsche Gelehrte, Politiker und Künstler in der Emigration 1933–1953. Frankfurt am Main (Knecht Verlag).

Niyazi, Mehmed (2007): Dahiler ve Deliler. İstanbul (Ötüken Neşriyat).

Odağ, Celal; Heigl-Evers, Annelise & Henneberg-Mönch, Ursula (Hg.) (1986): Die Vierzigstundenwoche für Patienten. Konzept und Praxis teilstationärer Psychotherapie. Psychotherapie in Klinik und Praxis. Göttingen, Zürich (Verlag für Medizinische Psychologie im Verlag Vandenhoeck & Ruprecht).

Odağ, Celal (1999): Nevrozlar 1. İzmir (Halime Odağ Psikanaliz ve Psikoterapi Vakfı Yayınları).

Ders. (2004): Preödipalden Ödipale: İkili İlişkilerden Üçlü İlişkilere Geçiş Sorunlarına Özgü Bir Örnek. Türk Psikiyatri Dergisi 15 (4), S. 317–325.

Ders. (2005): Ergenler. Bizi Örnek Alanlar, Örnek Aldıklarımız. İzmir (Meta Basım).

Ders. (2008a): Nevrozlar 2. İzmir (Halime Odağ Psikanaliz ve Psikoterapi Vakfı Yayınları).

Ders. (2008b): Özkıyım. İzmir (Halime Odağ Psikanaliz ve Psikoterapi Vakfı Yayınları).

Ders. (2009): Nevrozlar 3. İzmir (Halime Odağ Psikanaliz ve Psikoterapi Vakfı Yayınları).

Osman Uzman, Mazhar (1941): Tababet-i Ruhiye. Faskül I. İstanbul (Kader Basımevi).

Osman, Mazhar & Schükrü, Ihsan (1935): Beitrag zur Histopathologie der Hallervorden-Spatzschen Erkrankung. Journal of Neurology 136 (1–2), S. 78–86.

Öneş, Avni A. (1991): Psikanaliz Üzerine. İstanbul (Say Yayınları).

Özbek, Yılmaz (2007): edebiat ve psikanaliz. Konya (Çizgi Kitapevi).

Özcan, Tevfik (1985): Ruhi Bunalımlar ve Islam Ruhiyatı. Ankara (Güven Matbaası).

Özdağlar, Aydan (2007): »Irgendwie anders« – Über Schwierigkeiten in deutsch-türkischen Psychoanalysen. In: Psyche. Zeitschrift für Psychoanalyse und ihre Anwendungen 61 (11), S. 1093–1115.

Özek, Metin; Häfner, Heinz & Moschel, Günther. (1977): Psychische Störungen bei türkischen Gastarbeitern. Eine prospektiv-epidemiologische Studie zur Untersuchung der Reaktion auf Einwanderung und partielle Anpassung. Nervenarzt 48, S. 268–275.

Özek, Metin (2006): Vortrag. In: Möckelmann, Reiner (Hg.): Diskussionsabend im Deutschen Generalkonsulat am 08.06.2006 zum Thema »Exil und Gesundheitswesen: Deutsche Mediziner in der Türkei ab 1933«, S. 1–25. URL: http://www.istanbul.diplo.de/contentblob/1513062/Daten/70171/ExilMediziner_DD.pdf (Stand: 03.06.2012).

Özmen, Erdoğan (2003): Psikanalizin Serüveni ve Çağrısı. İstanbul (İletişim Yayıncılık).

Özmen, Mine (2007): Transference and Countertransference in Medically Ill Patients. Türk Psikiyatri Dergisi 18(1), S. 1–7.

Öztürk, Orhan M. (1964): Folk Treatment of Mental Illness in Turkey. In: Kiev, Arı (Hg.): Magic, Faith, and Healing. New York (The Free Press), S. 343–363.

Ders. (1978): Psychotherapy under option-limited conditions. A psychotherapeutic work with a Turkish youth. American Journal of Psychotherapy 32 (3), S. 307–319.

Ders. (2008): Ruh Sağlığı ve Bozuklukları. Ankara (Hekimler Yayın Birliği).

Öztürk, Şeyda (Hg.) (2008): doğumunun 150. yılında freud konuşmaları. İstanbul (YKY).

Páramo-Ortega, Raúl (1992): Freud in Mexiko. Zur Geschichte der Psychoanalyse in Mexiko. München (Quintessenz Verlag).

Parman, Talat; Tunaboylu Ikiz, Tevfika; Kayaalp, Levent M.; Abrevaya, Elda; Gürdal, Ayça; Tükel, Raşit & Yücel, Başak (2002): Psikanaliz Dünyasından. İstanbul Psikanaliz Derneği Kuruluş Bildirgesi. Psikanaliz Yazıları. dürtü 4, S. 110.

Parman, Talat (2002): Psikanalizi Yazmak. Düş/Düşün 8. İstanbul (Bağlam Yayıncılık).

Ders. (2004): Psikanalitik Denemler. Düş/Düşün 13. İstanbul (Bağlam Yayıncılık).

Ders. (2005): Haberler – Duyurular. 2005 Psikanaliz Yazıları Ödülleri 30 Ekim'de açıklanacak. Psikanaliz Yazıları. Psikanalizin kurumsallaşması 10, S. 118.

Ders. (2008): Ergenlik ya da Merhaba Hüzün. İstanbul (Bağlam Yayınları).

Ders. (2009): Sunuş. Psikanaliz Yazıları. psikanaliz ve sanat 18, S. 5–10.

Parman, Talat & Başarır, Şükran İ. (Hg.) (2009): Yatılık: Okul Ev Olunca. Düş/Düşün 21. İstanbul (Bağlam Yayıncılık).

Peham, Doris (1999): Psychoanalyse in Tirol. Geschichtliche Entwicklungslinien bis 1990. Unveröffentlichte Diplomarbeit, Leopold-Franzens-Universität Innsbruck.

Peters, Uwe Henrik (1992a): Die Einführung der Schockbehandlungen und die psychiatrische Emigration. Fortschritte der Neurologie und Psychiatrie 60, S. 356–365.

Ders (1992b): Frieda Fromm-Reichmann und die psychoanalytisch orientierte Psychotherapie der Schizophrenie. In: Ders. Psychiatrie im Exil. Die Emigration der dynamischen Psychiatrie aus Deutschland 1933–1939. Düsseldorf (Kupka Verlag), S. 173–188.

Ders. (1992c): Psychiatrie im Exil. Die Emigration der dynamischen Psychiatrie aus Deutschland 1933–1939. Düsseldorf (Kupka Verlag).

Ders. (2001): Max Müller über Manfred Sakel und andere jüdische Emigranten aus Nazi-Deutschland. Schweizer Archiv für Neurologie und Psychiatrie. 152 (3), S. 128–130.

Pfäfflin, Friedemann & Kalmykova, Katja (2007): Supervision per E-Mail. Psychodynamische Psychotherapie. Forum der tiefenpsychologisch fundierten Psychotherapie 6, S. 150–161.

Piller, Uli (2006): Rauf Denktaş. Sein Leben für Nordzypern. Norderstedt (Books on Demand).

Pontalis, Jean-Bertrand (2006): (Übersetzer: Parman, Talat): Bir Adam Yok Oluyor. Düş/Düşün 16. İstanbul (Bağlam Yayıncılık).

Pratt-Ewing, Katherine (1997): Arguing Sainthood. Modernity, Psychoanalysis and Islam. Durham and London (Duke University Press).

Raşit, Münir (1933): Normal İnsanlarda Gayri Şuur ve Psychanglsye'in Tekniği. İstanbul (Semih Lütfi: Sühulet Kütüphanesi).

Reichmayr, Johannes (1994): Spurensuche in der Geschichte der Psychoanalyse. Frankfurt am Main (Fischertaschenbuchverlag).

Richter, Horst-Eberhard (1962): Eltern, Kind und Neurose. Die Rolle des Kindes in der Familie/ Psychoanalyse der kindlichen Rolle. Reinbek bei Hamburg (Rowohlt Verlag).

Riemann, Wolfgang (2007): Nachwort. In: Uşaklıgil, Halid Ziya: Verbotene Lieben. Zürich (Unionsverlag), S. 459–468.

Robinson, Ken (2008): Der Einfluß der Psychoanalyse in Berlin während der Zwischenkriegszeit auf die Entwicklung der Theorie und klinischen Praxis in Großbritannien. Jahrbuch der Psychoanalyse. Beiträge zur Theorie, Praxis und Geschichte. Psychoanalyse aus Berlin (1920–1933) 57, S. 41–55.

Rodrique, Aron (1990): French Jews, Turkish Jews: The Alliance Israélite Universelle and the Politics of Jewish Schooling in Turkey, 1860–1925. Bloomington (Indiana University Press).

Rogues de Fursac, Joseph (1903): Manuel de Psychiatrie. Paris (Ancienne Librairie Germer Baillière et Cie.).

Roland, Alan (1988): In Search of Self in India and Japan. New Jersey (Princeton University Press).

Rolnik, Eran J. (2008): Berliner Empfindlichkeiten, russische Bildwelten und Jerusalemer Wirklichkeiten. Die Etablierung der Psychoanalyse im jüdischen Palästina/Israel. Jahrbuch der Psychoanalyse. Beiträge zur Theorie, Praxis und Geschichte. Psychoanalyse aus Berlin (1920–1933) 57, S. 57–77.

Rosenthal, Gabriele; Völter, Bettina; Dausien, Bettina & Lutz, Helma (Hg.) (2005): Biographieforschung im Diskurs. Theoretische und Methodologische Verknüpfungen. Wiesbaden (VS Verlag für Sozialwissenschaften).

Roudinesco, Elisabeth (1996): Freud in der Sowjetunion. In: Lohmann, Hans-Martin (Hg.): Hundert Jahre Psychoanalyse. Bausteine und Materialien zu ihrer Geschichte. Stuttgart (Verlag Internationale Psychoanalyse), S. 268–271.

Roudinesco, Elisabeth & Plon, Michael (Hg.) (2004): Wörterbuch der Psychoanalyse. Namen. Länder. Werke. Begriffe. Wien, New York (Springer-Verlag).

Röder, Werner (Hg.) (1999): Biographisches Handbuch der deutschsprachigen Emigration nach 1933. Band III. München (K. G. Saur Verlag).

Ruff, Wilfried (2005): Entwicklung religiöser Glaubensfähigkeit. Forum der Psychoanalyse. Zeitschrift für klinische Theorie und Praxis 21, S. 293–306.

Ruffiot, André & Eiguer, Alberto (1991): Das Paar und die Liebe. Stuttgart (Klett-Cotta Verlag).

Ruffiot, André (Hg.) (1995): Psychologie du Sida (Aids). Liège (Editions Mardaga).

Rushdie, Salman (1997): Die satanischen Verse. München (Droemer Knaur Verlag).

Sabila, Mohamed (2007): Islam und Okzident. Dialog angesichts gegenseitiger Vorurteile. Fromm Forum. Sonderheft 11a, S. 19–22.

Said, Edward W. (2004): Freud und das Nicht-europäische. Zürich (Dörlemann Verlag).

Saller, Vera (2003): Wanderungen zwischen Ethnologie und Psychoanalyse. Psychoanalytische Gespräche mit Migrantinnen aus der Türkei. Tübingen (edition diskord).

Dies. (2004): Freud auf Türkisch. Psychoanalyse und Migration. WOZ – die Wochenzeitung 31, S. 19.

Samuk, Fevzi (1980): Türkiye'de Akıl Hastanelerinin Dünü ve Bugünü. İ. Ü. Cerrahpaşa Tıp Fakültesi Psikiyatri Kliniği Vakfı Yayınları 3. İstanbul (Güryay Matbaası).

Sandler, Joseph; Kennedy, Hansi & Tyson, Robert L. (1982): Kinderanalyse. Gespräche mit Anna Freud. Frankfurt am Main (Fischertaschenbuchverlag).

Sandler, Joseph; Dare, Christopher; Holder, Alex & Dreher, Anna U. (1992): The Patient and the Analyst: The Basis of the Psychoanalytic Process. London (Karnac Books).

Sandler, Joseph & Dreher, Anna U. (1999): Was wollen die Psychoanalytiker? Das Problem der Ziele in der psychoanalytischen Behandlung. Stuttgart (Klett-Cotta Verlag).

Sandler, Joseph & Sandler, Anne-Marie (1999): Innere Objektbeziehungen. Entstehung und Struktur. Stuttgart (Klett-Cotta Verlag).

Sandler, Joseph; Dare, Christopher; Holder, Alex & Dreher, Anna U. (2001): Die Grundbegriffe der psychoanalytischen Therapie. Stuttgart (Klett-Cotta Verlag).

Dies. (2003): Freuds Modelle der Seele. Eine Einführung. Gießen (Psychosozial-Verlag).

Saoud, Tazi Abdelwahab (2007): Der Islam, die Moderne und der Westen. Fromm Forum. Sonderheft 11a, S. 23–27.

Sapir, Michel & Cohen-Léon, Simone (2003): Rencontre avec Michel Sapir: Le corps en relation, Toulouse (Ed. Érès).

Sarı, Nil; Altıntaş, Ayten; Başağaoğlu, Ibrahim; Özaydın, Zuhal; Doğan, Hanzade; Ülman, Yeşim Işıl; Dinç, Gülten & Hot, İnci (2007): Tıp Tarihi ve Tıp Etiği Ders Kitabı. İstanbul (İ. Ü. Basım ve Yayınevi Müdürlüğü).

Sarı, Nil & Akgün, Burhan (2008): Türkiye Tarihinde Psikiyatri Hastasına Kısa Bakış. In: Uğur, Müfit; Balcıoğlu, Ibrahim & Kocabaşoğlu, Neşe (Hg.): Türkiye'de Sık Karşılaşılan Psikiyatrik Hastalıklar 62, İstanbul (İ. Ü. Cerrahpaşa Tıp Fakültesi Yayınları), S. 1–24.

Saydam, M. Bilgin (1997): Deli Dumrul'un Bilinci. »Türk-Islam Ruhu« Üzerine Bir Kültür Psikolojisi Denemesi. İstanbul (Metis Yayınları).

Schmid, Michael (2007): Das Unbewusste, die Figur des Vaters und das Problem, den Islam zu verstehen. Fromm Forum. Sonderheft 11a, S. 49–57.

Schönau, Walter (2006): Sigmund Freuds Prosa. Literarische Elemente seines Stils. Gießen (Psychosozial-Verlag).

Sencer, Muammer (1977): Psikanaliz ve uygulama. İstanbul (Altın kitaplar yayınevi).

Shafti, Saeed Shoja (2005): Letter to the Editor. Psychoanalysis in Persia. American Journal of Psychotherapy 59 (4), S. 385–389.

Sherman, Arnold (1999): Zypern – die gefolterte Insel. Der griechisch-türkische Zypernkonflikt und seine Hintergründe. Freiburg (Ahriman Verlag).

Siebenhüner, Gerda (2005): Frieda Fromm-Reichmann. Pionierin der analytisch orientierten Psychotherapie von Psychosen. Gießen (Psychosozial-Verlag).

Siegel, Allen (2000): Einführung in die Selbstpsychologie. Das psychoanalytische Konzept von Heinz Kohut. Stuttgart (Kohlhammer Verlag).

Siegel, Allen M. & Topel, Eva (2000): eSupervision: Something New Under the Sun. Progress in Self Psychology 16, S. 103–139.

Siegel, Allen (2003): Studying psychoanalyis in Turkey. The American Psychoanalyst 37 (1), S. 10–12.

Sigel, Richard (1990): Lernziel: Reformfähigkeit. Schule von unten verändern. Freinet-Pädagogik – Balintgruppe – Videosupervision. Bad Heilbrunn (Verlag Klinkhardt).

Steinbach, Udo (2007): Die Geschichte der Türkei. München (C. H. Beck).

Steiner, Riccardo (1999): ›Endliches und unendliches Exil‹. Zur Frage der Übersetzung von Freuds Werken ins Englische. Forum der Psychoanalyse. Zeitschrift für klinische Theorie und Praxis 15, S. 360–373.

Stiefel, Ernst C. & Mecklenburg, Frank (1991): Deutsche Juristen im amerikanischen Exil (1933–1950). Tübingen (Mohr Verlag).

Stoffer, Astrid (1999): Türkische Sepharden-Sephardische Türken? In: Rehrmann, Norbert & Koechert, Andreas (Hg.): Spanien und die Sepharden. Tübingen (Max Niemeyer Verlag), S. 145–159.

Strauss, Herbert A. (1991): Wissenschaftsemigration als Forschungsproblem. In: Ders. (Hg.): Emigration der Wissenschaften nach 1933. Disziplingeschichtliche Studien. München (K·G·Saur Verlag), S. 9–23.

Streek, Ulrich (Hg.) (1993): Das Fremde in der Psychoanalyse. Erkundungen über das »Andere« in Seele, Körper und Kultur. München (Verlag J. Pfeiffer).

Ders. (2007): Psychotherapie komplexer Persönlichkeitsstörungen: Grundlagen der psychoanalytisch-interaktionellen Methode. Stuttgart (Klett-Cotta Verlag).

Streek, Ulrich & Leichsenring, Falk (2009): Handbuch psychoanalytisch-interaktionelle Therapie. Behandlung von Patienten mit strukturellen Störungen und schweren Persönlichkeitsstörungen. Göttingen (Vandenhoeck & Ruprecht).

Sunat, Haluk (2000): yaratma sorunsalı/1. »Gece Hayatı(m)« ve Roman: »Ölmeye Yatmak«. Psikanaliz Yazıları. yüz yıl sonra düş ve düşlerin yorumu 1, S. 77–105.

Ders. (2004): Boşluğa Açılan Kapı. İstanbul (Bağlam Yayınları).

Szönyi, Gábor & Štajner-Popović, Tamara (2008): Shuttle Analysis, Shuttle Supervision, and Shuttle Life – Some Facts, Experiences, and Questions. Psychoanalytic Inquiry 28, S. 309–328.

Şadan, Izzedin A. (1932): Eine mohammedanische Legende. Ein psychoanalytischer Versuch. Imago. Zeitschrift für Anwendung der Psychoanalyse auf die Natur- und Geisteswissenschaften 18, S. 189–213.

Ders. (1934): Batıl İtikatler ve Freud. Yeni Adam. İstanbul.

Ders. (1934): Psikanalize göre sanatta cinsiyet. Yeni Adam. İstanbul.

Ders. (1941): Psikanaliz. İstanbul (Sebat Basımevi).

Ders. (1977): Hatırat. İstanbul Bakırköy Akıl ve Sinir Hastalıkları Hastahanesi Yıllığı. Bakırköy'de 50 Yıl, S. 130–136.

Şahin, Hale (2006): Unter unserem Seelenteppich. Lebensgeschichten türkischer Frauen in der Emigration. Sozialpsychologische Studien. Psychoanalyse und Qualitative Sozialforschung. Band 3. Innsbruck (Studienverlag).

Şenyener, Şebnem (2004): How the »divan« became the »couch«? Eurozine. URL: http://www.eurozine.com/articles/2004-03-03-senyener-en.html (Stand: 10.06.2012).

Şipal, Kâmuran (2000): Psikanaliz Üzerine. İstanbul (Cem Yayınevi).

Tamar Gürol, Defne (2005): Bakırköy'de divan. Psikanaliz Yazıları. psikanalizin kurumsallaşması 10, S. 113–116.

Taşkın, Oryal E. & Aydemir, Ömer (2004): Freudyen düş yorumu ve geleneksel rüya tabirleri. 3P Dergisi 12 (4), S. 317–326.

Taştan, Coşkun (2011a): Türkiye'de Psikanaliz hakkında en eski metinler – I, 1917–1928. Düş/Düşün 25. İstanbul (Bağlam Yayıncılık).

Taştan, Coşkun (2011b): Türkiye'de Psikanaliz hakkında en eski metinler – II, 1929–1960. Düş/Düşün 26. İstanbul (Bağlam Yayıncılık).

Tazi, Nadia (2009): Jannah. S. Journal of the Jan van Eyck Circle for Lacanian Ideology Critique 2, S. 28–43.

Tiner, Şükrü Hzim (1951): Onun Manevi Huzurunda. İstanbul Seririyatı 33, S. 21–24.

Togan, Zeki Velidi (1969): Hatıralar. Türkistan ve diğer müslüman doğu türklerinin milli varlık ve kültür mücadeleleri. İstanbul (Hikmet Gazetecilik Ltd. Şti).

Tögel, Christfried (2006): Freud und Berlin. Berlin (Aufbau Taschenbuch Verlag).

Tunaboylu-Ikiz, Tevfika & Habip, Bella (1996): Türkiye'de Psikanalizin Konumu üzerine bir Söyleşi. Cogito. Yüz Yılın Psikanalizi 9, S. 211–218.

Tunaboylu-Ikiz, Tevfika (1996): Mizah ve Türkiye'de Psikanalizin Doğuşu (L'Humour et la Naissance de la Psychanalyse en Turquie). Unveröffentlichte Dissertation, Universität Paris-Nord XIII.

Dies. (2000): Tarihten bir sayfa: izzeddin şadan. Psikanaliz Yazıları. yüz yıl sonra düş ve düşlerin yorumu 1, S. 131–134.

Dies (2001): Şakalar ve Psikanaliz. Cogito. Şakanın Sırası Değil 26, S. 199–203.

Dies. (2002): Şeytan dürttü. Psikanaliz Yazıları. dürtü 4, S. 9.

Dies. (2004a): Doğu Batı Kavşağında Psikanaliz: Psikanalitik Özne'ye Bakış. In: Arkonaç, Sibel A. (Hg.): Doğunun ve Batının Yerelliği. Bireylik Bilgisine Dair. İstanbul (Alfa Yayınları), S. 275–289.

Dies. (2004b): Les raisons diverses d'un retard de 100 ans de la psychanalyse en Turquie. Topique. L'Esprit du temps 89, S. 111–118.

Dies. (2005a): Psikanaliz Konuşmaları. Düş/Düşün 14. İstanbul (Bağlam Yayıncılık).

Dies. (2005b): Dini Topluluklardaki Bilgi Aktarımına Psikanalitik bir Bakış. In: Dies.: Psikanaliz Konuşmaları. Düş/Düşün 14. İstanbul (Bağlam Yayıncılık), S. 9–20.

Dies. (2010): La Psychanalyse en Turquie. Topique. L'Esprit du temps 110 (1), S. 129–141.

Tunç, Mustafa Şekip (1931): Froydizm. Psikanalize dair beş ders. İstanbul (Muallim Ahmet Halit Kitaphanesi).

Tura, Saffet Murat (2002): Şeyh ve Arzu. İstanbul (Metis Yayınları).

Ders. (2005): Günümüzde Psikoterapi. İstanbul (Metis Yayınları).

Ders. (2007a [1989]): Freud'dan Lacan'a Psikanaliz. İstanbul (Kanat Yayınları).

Ders. (2007b): Histerik Bilinç. İstanbul (Metis Yayınları).

Ders. (2011): Madde ve Mana. Rasyonalitenin Kökeni. İstanbul (Metis Yayınları).

Usak, Hale; Posch, Klaus & Altenreiter, Monika (2010): Psychoanalyse in der Türkei. Eine Unterredung mit Talat Parman in Istanbul. Werkblatt. Zeitschrift für Psychoanalyse und Gesellschaftskritik 65 (2/27), S. 120–127.

Usak-Sahin, Hale (2012): Another Dimension of the Émigré Experience: From Central Europe to the United States Via Turkey. In: Burnham, John (Hg.): After Freud Left: A Century of Psychoanalysis in America. Chicago, London (The University of Chicago Press), S. 125–153.

Uşaklıgil, Halid Ziya (2003): Aşk-ı Memnu. Özgür Yayınları, İstanbul. Deutsche Übersetzung von Wolfgang Riemann (2007): Verbotene Lieben. Unionsverlag, Zürich.

Vahip, Işıl & Sertöz Önen, Özen (2003): Kırk Altı Yaşındaki Bebek. Türk Psikiyatri Dergisi. 14 (3), S. 233–238.

Volkan, Vamık D. (1963): Five Poems by Negro Youngsters who Faced a Sudden Desegregation. Psychiatric Quarterly 37 (4), S. 607–617.

Ders. (1966): Some observations of the psychodynamic processes of two Negroes with leukodermia. Psychiatric Quarterly 40 (1), S. 34–42.

Ders. (1972): The Birds of Cyprus. American Journal of Psychotherapy 26, S. 378–383.

Volkan, Vamık D. & Abdükadir, Özbek (1976): Psychiatric Problems with the Satellite-Extended Families in Turkey. American Journal of Psychotherapy 30 (4), S. 576–582.

Volkan, Vamık D. (1977): Mourning and Adaptation After War. American Journal of Psychotherapy 31 (4), S. 561–569.

Ders. (1979): Cyprus – War and Adaptation: A Psychoanalytic History of Two Ethnic Groups in Conflict. Charlottesville (University Press of Virginia).

Volkan, Vamık D. & Itzkowitz, Norman (1986): The Immortal Atatürk. A Psychobiography. Chicago (The University of Chicago Press).

Volkan, Vamık D. (1994): The Need to Have Enemies and Allies. Northvale (Jason Aronson).

Volkan, Vamık D. & Ast, Gabriele (1996): Eine Borderline Therapie. Strukturelle und Objektbeziehungskonflikte in der Psychoanalyse der Borderline-Persönlichkeitsorganisation. Göttingen (Vandenhoeck & Ruprecht).

Volkan, Vamık D. (1999a): Das Versagen der Diplomatie: Zur Psychoanalyse Nationaler, Ethnischer und Religiöser Konflikte. Gießen (Psychosozial-Verlag).

Ders. (1999b): Blutsgrenzen. Die historischen Wurzeln und die psychologischen Mechanismen ethnischer Konflikte und ihre Bedeutung bei Friedensverhandlungen. Bern (Scherz Verlag).

Volkan, Vamık D. & Ast, Gabriele (2002): Spektrum des Narzißmus. Göttingen (Vandenhoeck & Ruprecht).

Volkan, Vamık D. (2003): Atlarla Yaşayan Kadın. İstanbul (Okuyanus Yayınları).

Ders. (2004): Kusursuz Kadının Peşinde. İstanbul (Okuyanus Yayınları).

Ders. (2005): Blindes Vertrauen: Großgruppen und ihre Führer in Krisenzeiten. Gießen (Psychosozial-Verlag).

Ders. (2006): Aufgeklärte Beschneidung. Die Psychoanalyse erreicht in der Türkei nur jene, in deren Alltag die Religion keine Rolle spielt – die Tradition aber sehr wohl. Die Zeit, 18.05.2006, Nr. 21, S. 38.

Volkan, Vamık D. & Itzkowitz, Norman (2007): Ölümsüz Atatürk. İstanbul (Bağlam Yayıncılık).

Volkan, Vamık D. (2007): David Wilfred Abse, M.D. (1915–2005). Group Analysis 40 (4), S. 558–560.

Ders. (2008a): Kozmik Kahkaha. Psikanalitik Öyküler. İstanbul (Okuyanus Yayın).

Ders. (2008b): Vision and Modernization: Atatürk. In: Akhtar, Salman (Hg.): The crescent and the couch. Cross-currents between Islam and Psychoanalysis. Maryland (Jason Aronson, Rowman & Littlefield Publishing Group, Inc.), S. 63–77.

Ders. (2009): Fanustaki İnsanlar. İstanbul (Everest Yayınevi).

Volkan, Vamık D. & Itzkowitz, Norman (2011): Atatürk – Anatürk. İstanbul (ıtım).

Volkan, Vamık D. (2011): Psychoanalysis, Turkey and the IPA. In: Loewenberg, Peter & Thompson, Nellie. L. (Hg.): 100 Years of IPA: The Centenary History of the International Psychoanalytical Association, 1910–2010 – Evolution and Change. IPA Publications, Karnac Books, London.

Von Baumeyer, Franz (1955): Der Fall Schreber. Psyche. Zeitschrift für Psychoanalyse und ihre Anwendungen 9 (9), S. 513–536.

Von Braun, Christine & Mathes, Bettina (2007): Verschleierte Wirklichkeit. Die Frau, der Islam und der Westen. Berlin (Aufbau Verlagsgruppe GmbH).

Von Villiez, Anna (2009): The Emigration of Women Doctors from Germany under National Socialism. Social History of Medicine 22 (3), S. 553–567.

Weigert-Vowinckel, Edith (1936): A Contribution to the Theory of Schizophrenia. International Journal of Psychoanalysis 17, S. 190–201.

Dies. (1938): The Cult and Mythology of Magna Mater from the Standpoint of Psychoanalysis. Psychiatry 1, S. 347–378.

Dies. (1970): The Courage to Love. New Haven (Yale University Press).

Weiss, Regula (1999): Fremd- und Muttersprache im psychoanalytischen Prozess. In: Pedrina, Fernanda; Saller, Vera; Weiss, Regula & Würgler, Mirna (Hg.): Kultur, Migration, Psychoanalyse. Tübingen (edition diskord), S. 243–269.

Widmann, Horst (1973): Exil und Bildungshilfe. Die deutschsprachige akademische Emigration in die Türkei nach 1933. Bern, Frankfurt am Main (Herbert und Peter Lang Verlag).

Wilmanns, Karl (Hg.) (1932): Die Schizophrenie. Handbuch der Geisteskrankheiten 9. Berlin (Springer Verlag).

Wilmanns, Ruth (1935): Wie findet sich der Mensch mit der Amputation eines Gliedes ab? Inaugural-Dissertation, Universität Basel. Leipzig (Druck der Spamer A.-G.).

Wilmanns Lidz, Ruth (1989a): Karl Wilmanns (1873–1945)…einige Ergänzungen und Richtigstellungen. Fortschritte der Neurologie und Psychiatrie 57, S. 161–162.

Dies. (1989b): The use of anxiety and hostility in the treatment of schizophrenic patients. In: Silver, Ann-Louise S. (Hg.): Psychoanalysis and Psychosis. Madison, Connecticut (International Universities Press, Inc.), S. 207–219.

Dies. (1993): Von Heidelberg nach Johns Hopkins. In: Otto M. Marx, Annett Moses (Hg.): Emeriti erinnern sich. Rückblicke auf die Lehre und Forschung in Heidelberg. Die Medizinischen Fakultäten. Band I. Weinheim (VCH Verlagsgesellschaft), S. 249–277.

Dies. (1994): Ein erfülltes Leben. In: Hermanns, Ludger M. (Hg.): Psychoanalyse in Selbstdarstellungen II. Tübingen (edition diskord), S. 277–311.

Dies. Unveröffentlichte Autobiographie für ihre Familie. Persönlich überreicht von Victor Lidz am 26. Juni 2009, S. 1–23.

Wilmanns-Lidz, Ruth & Lidz, Theodore (1984): Oedipus in Stone Age. Journal of the American Psychoanalytic Association 32, S. 507–527.

Witzel, Andreas (1985): Das problemzentrierte Interview. In: Jüttemann, Gerd (Hg.): Qualitative Forschung in der Psychologie. Weinheim (Beltz Verlag), S. 227–255.

Yalcıner, Betül & Hanoğlu, Lütfü (2001): İç Bahçe. Toptaşı'ndan Bakırköy'e Akıl Hastahanesi. İstanbul (Okyanus Yayın).

Yalçıner, Betül; Gökalp, Peykan & Mumcu, Cem (Hg.) (2010): Bakırköy Akıl Hastanesi'nin Gizli Tarihi. İstanbul (Okuyanus Yayın).

Yardımlı, Aziz (2000): Bir Yanılsamanın Geleceği. İstanbul (Idea Yayınevi).

Zauner, Johann (Hg.) (1976): Familiendynamik und analytische Kindertherapie: Methoden und Probleme. Göttingen (Vandenhoeck & Ruprecht).

Zwettler-Otte, Sylvia (2006): Die Melodie des Abschieds. Eine psychoanalytische Studie zur Trennungsangst. Stuttgart (Verlag W. Kohlhammer).

Zwiebel, Ralf (1993): Psychoanalyse in der östlichen und westlichen Welt: Am Beispiel von Indien und Deutschland. In: Streek, Ulrich (Hg.): Das Fremde in der Psychoanalyse. Erkundungen über das »Andere« in Seele, Körper und Kultur. München (Verlag J. Pfeiffer), S. 106–116.

Lexika und Nachschlagwerke

Duden (2003): Das große Fremdwörterbuch. Bibliographisches Institut & F. A. Mannheim (Brockhaus AG).

Günsel, Koptagel & Özkan, Ibrahim (Hg.) (2008): Wörterbuch Psychiatrie – Psychotherapie. Psikiyatri – Psikoterapi Sözlüğü. Göttingen (Vandenhoeck & Ruprecht).

Internationale Zeitschrift für Psychoanalyse (1935). XXI. Band. Wien (Internationaler Psychoanalytischer Verlag).

Internationale Zeitschrift für Psychoanalyse (1936). XXII. Band. Wien (Internationaler Psychoanalytischer Verlag).

Internationale Zeitschrift für Psychoanalyse (1937). XXIII. Band. Wien (Internationaler Psychoanalytischer Verlag).

Internationale Zeitschrift für Psychoanalyse und Imago (1969 [1939]). XXIV. Band. Liechtenstein (Kraus Reprint. Nendeln).

Laplanche, J. & Pontalis, J.-B. (1972): Das Vokabular der Psychoanalyse. Band 1. Frankfurt am Main (Suhrkamp Verlag).

Dies. (1972): Das Vokabular der Psychoanalyse. Band 2. Frankfurt am Main (Suhrkamp Verlag).

Meyer-Palmedo, Ingeborg & Fichtner, Gerhard (Hg.) (1989): Freud-Bibliographie mit Werkkonkordanz. Frankfurt am Main (S. Fischer Verlag).

Rycroft, Charles (1989): Psikanaliz Sözlüğü. (A critical Dictionary of Psychoanalysis). İstanbul (Ara Yayıncılık).

Stadler, Friedrich (Hg.) (2004): Vertriebene Vernunft I. Emigration und Exil österreichischer Wissenschaft 1930–1940. Münster (Lit Verlag).

Ders. (Hg.) (2004): Vertriebene Vernunft II. Emigration und Exil österreichischer Wissenschaft 1930–1940. Münster (Lit Verlag).

Türk Dil Kurumu (1998): Türkçe Sözlük. Band 1. Ankara (Türk Tarih Krumu Basımevi).

Türk Dil Kurumu (1998): Türkçe Sözlük. Band 2. Ankara (Türk Tarih Krumu Basımevi).

Abbildungsverzeichnis

Abb. 1: Musiktherapie in der Toptaşı Bimarhanesi
Aus: Erkoç, Şahap & Yazıcı, Olcay (2006): Mazhar Osman ve Dönemi. Mecnunları, Mekanları, Dostları. Argos İletişim Hizmetleri Reklamcılık ve Ticaret A.Ş., İstanbul, S. 111

Abb. 2: Mazhar Osman Uzman in den 1920er Jahren
Aus: Erkoç, Şahap & Yazıcı, Olcay (2006): Mazhar Osman ve Dönemi. Mecnunları, Mekanları, Dostları. Argos İletişim Hizmetleri Reklamcılık ve Ticaret A.Ş., İstanbul, S. 152

Abb. 3: Izeddin A. Şadan in den 1930er Jahren
Aus: Acıksöz. Zeitung aus Kastamonu, 20. Juli 1936, S. 5

Abb. 4: Izeddin A. Şadans Visitenkarte, Facharzt für Psychiatrie und Neurologie
Aus: Museum des Departments für Deontologie und Medizingeschichte der Istanbul Universität

Abb. 5: Grabmal des Merkez Efendi in Zeytinburnu/Istanbul
Privatbesitz Hale Usak

Abb. 6: Izeddin A. Şadan Karikaturen
Aus: Baltacıoğlu, Tuna (1998): Yeni Adam Günleri. Yapı Kredi Yayınları, İstanbul, S. 22

Abb. 7: Brief von Sigmund Freud an Izeddin A. Şadan, Dezember 1925 oder 1926
Aus: Museum des Departments für Deontologie und Medizingeschichte der Istanbul Universität

Abb. 8: Antwortbrief von Sigmund Freud an Izeddin A. Şadan, 19. März 1936
Aus: Museum des Departments für Deontologie und Medizingeschichte der Istanbul Universität

Abb. 9: Vorderseite des Kuverts, 19. März 1936
Aus: Museum des Departments für Deontologie und Medizingeschichte der Istanbul Universität

Abb. 10: Rückseite des Kuverts, 19. März 1936
Aus: Museum des Departments für Deontologie und Medizingeschichte der Istanbul Universität

Abb. 11: Brief von Izeddin A. Şadan an Sigmund Freud, 12. August 1938
Aus: Library of Congress Washington/USA

Abb. 12: Antwortpostkarte von Sigmund Freud aus England, 21. August 1938
Aus: Museum des Departments für Deontologie und Medizingeschichte der Istanbul Universität

Abb. 13: Kondolenzbrief von Izeddin A. Şadan an Anna Freud, 27. September 1939 (erste Seite)
Aus: Freud-Museum England

Privatbesitz Stella Ovadia
Abb. 47: Bella Habip
Privatbesitz Bella Habip
Abb. 48: Tevfika Tunaboylu-Ikiz
Privatbesitz Tevfika Tunaboylu-Ikiz
Abb. 49: Ayça Gürdal Küey
Privatbesitz Ayça Gürdal Küey
Abb. 50: Levent Kayaalp
Privatbesitz Levent Kayaalp

Abb. 51: Yavuz Erten
Privatbesitz Yavuz Erten
Abb. 52: Berrak Ciğeroğlu
Privatbesitz Berrak Ciğeroğlu
Abb. 53: Vehbi Keser
Privatbesitz Vehbi Keser
Abb. 54: Ferhan Özenen
Privatbesitz Ferhan Özenen
Abb. 55: Ayla Yazıcı
Privatbesitz Ayla Yazıcı